Word ∞ master

고등 어원

Writers

전광훈 김경환 조금희

Staff

발행인 정선욱

퍼블리싱 총괄 남형주

개발 김태원 김한길 박하영 양진희

기획·디자인·마케팅 조비호 김정인 이연수

유통·제작 서준성 신성철

워드마스터 고등 어원 202309 초판 1쇄

펴낸곳 이투스에듀㈜ 서울시 서초구 남부순환로 2547

고객센터 1599-3225

등록번호 제2007-000035호

ISBN 979-11-389-1788-9 [53740]

Preface

Word Master 고등 어원은 단순 어휘 암기 방식이 아닌
어원을 통한 어휘 암기 방식을 배울 수 있는 책입니다.

어원 학습을 통해 모르는 어휘라도 의미를 유추할 수 있는
원리를 학습할 수 있습니다.

빈출 어휘의 빈출 어원 선정

고등학교 1,2학년 주요 채택 교과서, 학력평가 및
고등학교 3학년 모의평가, 수능 데이터를 철저히 분석하여
빈출 어휘를 선정한 후, 어휘 학습을 효율적으로 할 수 있도록
빈출 어원으로 다시 엄선하여 수록하였습니다.

효과적인 어휘 암기 학습법

어휘의 어원을 분석하여 도식화된 설명으로 수록함으로써
어휘를 효과적으로 암기할 수 있는 장치를 추가하였습니다.
또한 파생어 및 유반의어를 수록하여 한 번에 연관 단어를
모두 학습할 수 있도록 구성하였습니다.

다의어 및 혼동 어휘 수록

부록으로는 다양한 의미를 포함한 다의어와 어원에 따라
달라지는 혼동 어휘를 수록하여 어휘를 심화 학습할 수 있도록
구성하였습니다.

STRUCTURE & FEATURES

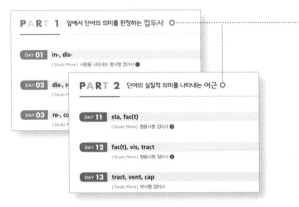

어원별 어휘 학습

PART 1에서는 앞에서 단어의 의미를
한정하는 접두사를 먼저 학습한 후
PART 2에서 단어의 실질적 의미를
나타내는 어근을 학습합니다.
뒤에서 품사를 결정하는 접미사는
Study More에서 학습합니다.

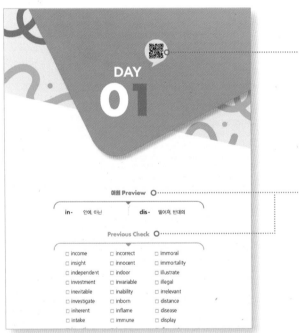

듣기 QR 코드

QR 코드를 통해 MP3도 쉽게
들을 수 있습니다.

어원 Preview 및 Previous Check

각 DAY별 어원과 단어들을
미리 체크해 보거나, 본문 학습 후
복습할 때 활용할 수 있습니다.

🔊 **MP3 활용 Tip**

1회독 학습 후에는 표제어 암기 MP3 파일로, 2회독 학습 후에는 표제어와 뜻, 예문까지 읽어 주는 리스닝 훈련
MP3 파일로 학습한 단어를 속도감 있게 복습해 볼 수 있습니다.

빈출 어휘의 빈출 어원 수록

교과서 및 기출 어휘들을 빈출순으로 선별하여,
빈출 어원을 먼저 학습할 수 있습니다.

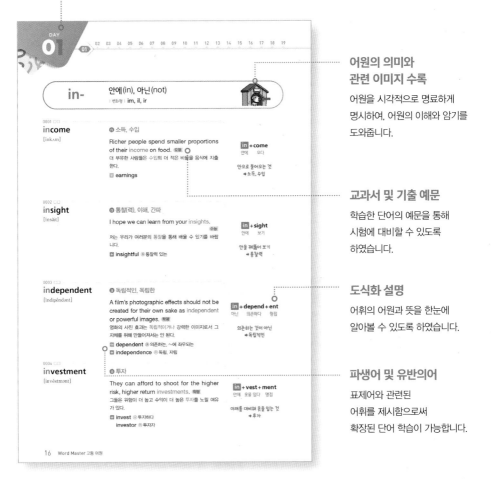

어원의 의미와 관련 이미지 수록

어원을 시각적으로 명료하게
명시하여, 어원의 이해와 암기를
도와줍니다.

교과서 및 기출 예문

학습한 단어의 예문을 통해
시험에 대비할 수 있도록
하였습니다.

도식화 설명

어휘의 어원과 뜻을 한눈에
알아볼 수 있도록 하였습니다.

파생어 및 유반의어

표제어와 관련된
어휘를 제시함으로써
확장된 단어 학습이 가능합니다.

일러두기   ⓝ 명사 ⓥ 동사 ⓐ 형용사 ⓐ 부사 ⓟ 전치사 🔲 유의어 🔳 반의어 ➕ 파생어

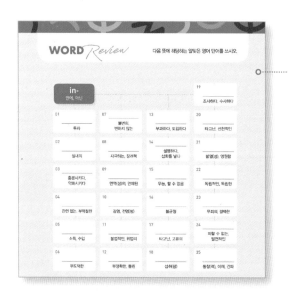

WORD Review

DAY별 단어 학습 후에 암기한 어휘를
확인하고, 파악할 수 있습니다.

Study More

접두사와 어근 외에 뒤에서 품사를 결정
하는 접미사를 학습하고, 다양한 의미를
가진 다의어를 추가 학습할 수 있도록
하였습니다.

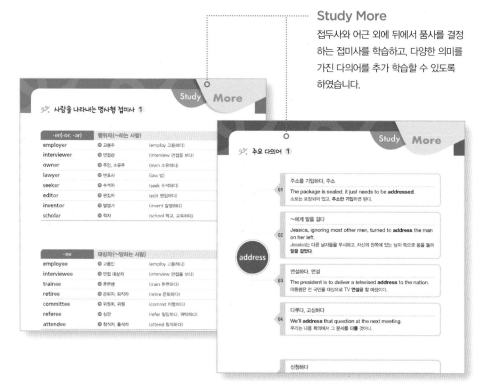

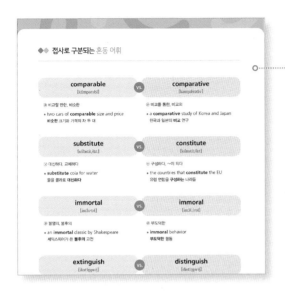

◆◆ 접사로 구분되는 혼동 어휘

o┄┄┄┄┄┄┄┄┄ 부록

접사로 구분되는 혼동 어휘와
철자가 유사한 혼동 어휘를 제공하여
확장 학습이 가능합니다.

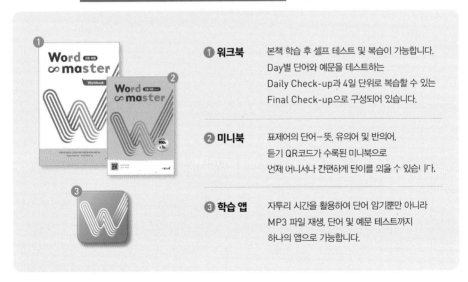

① 워크북 본책 학습 후 셀프 테스트 및 복습이 가능합니다.
Day별 단어와 예문을 테스트하는
Daily Check-up과 4일 단위로 복습할 수 있는
Final Check-up으로 구성되어 있습니다.

② 미니북 표제어의 단어-뜻, 유의어 및 반의어,
듣기 QR코드가 수록된 미니북으로
언제 어니서나 간편하게 단어를 외울 수 있습니다.

③ 학습 앱 자투리 시간을 활용하여 단어 암기뿐만 아니라
MP3 파일 재생, 단어 및 예문 테스트까지
하나의 앱으로 가능합니다.

CONTENTS

PART 1 앞에서 단어의 의미를 한정하는 접두사

PART 2　단어의 실질적 의미를 나타내는 어근

CONTENTS

PART

1

WORD MASTER
SERIES

앞에서 단어의 의미를 한정하는

접두사

WORD MASTER SERIES

DAY 01

어원 Preview

| **in-** 안에, 아닌 | **dis-** 떨어져, 반대의 |

Previous Check

□ income	□ incorrect	□ immoral
□ insight	□ innocent	□ immortality
□ independent	□ indoor	□ illustrate
□ investment	□ invariable	□ illegal
□ inevitable	□ inability	□ irrelevant
□ investigate	□ inborn	□ distance
□ inherent	□ inflame	□ disease
□ intake	□ immune	□ display
□ incentive	□ impose	□ discount
□ infection	□ imbalance	□ disappear

in- 안에(in), 아닌(not)

| 변화형 | im, il, ir

0001 ☐☐

income
[ínkʌm]

ⓝ 소득, 수입

Richer people spend smaller proportions of their income on food. 모평
더 부유한 사람들은 수입의 더 적은 비율을 음식에 지출한다.

🟰 earnings

in + come
안에 　 오다

안으로 들어오는 것
➡ 소득, 수입

0002 ☐☐

insight
[ínsàit]

ⓝ 통찰(력), 이해, 간파

I hope we can learn from your insights. 수능
저는 우리가 여러분의 통찰을 통해 배울 수 있기를 바랍니다.

➕ insightful ⓐ통찰력 있는

in + sight
안에 　 보기

안을 꿰뚫어 보기
➡ 통찰력

0003 ☐☐

independent
[ìndipéndənt]

ⓐ 독립적인, 독립한

A film's photographic effects should not be created for their own sake as independent or powerful images. 학평
영화의 사진 효과는 독립적이거나 강력한 이미지로서 그 자체를 위해 만들어져서는 안 된다.

↔ dependent ⓐ의존하는, ~에 좌우되는
➕ independence ⓝ독립, 자립

in + depend + ent
아닌 　 의존하다 　 형접

의존하는 것이 아닌
➡ 독립적인

0004 ☐☐

investment
[invéstmənt]

ⓝ 투자

They can afford to shoot for the higher risk, higher return investments. 학평
그들은 위험이 더 높고 수익이 더 높은 투자를 노릴 여유가 있다.

➕ invest ⓥ투자하다
　 investor ⓝ투자자

in + vest + ment
안에 　 옷을 입다 　 명접

미래를 대비해 옷을 입는 것
➡ 투자

DAY
01

0005 □□

inevitable
[inévitəbl]

ⓐ 피할 수 없는, 불가피한, 필연적인

Edison saw these mistakes not as failures but as an inevitable part of the invention process. 교과서
Edison은 이러한 실수들을 실패가 아니라 발명 과정의 필연적인 부분으로 여겼다.

≡ unavoidable
⊞ inevitably ⓐ 불가피하게

in + evit(e) + able
아닌   피하다   할 수 있는

피할 수 없는
➡ 불가피한

0006 □□

investigate
[invéstəgèit]

ⓥ 조사하다, 수사하다

In this workshop, you will investigate crime scenes! 모평
이 워크숍에서 여러분은 범죄 현장을 조사할 것입니다!

≡ examine, inspect
⊞ investigation ⓝ 조사

in + vestig(e) + ate
안으로   흔적   동접

안으로 흔적을 살펴보다
➡ 조사하다

0007 □□

inherent
[inhí(:)ərənt]

ⓐ 타고난, 내재하는, 고유의

Her inherent talent for music was evident from a young age.
음악에 대한 그녀의 타고난 재능은 어릴 때부터 눈에 띄었다.

≡ innate, inborn

in + her + ent
안에   붙다   형접

내면에 붙어 있는
➡ 타고난

0008 □□

intake
[íntèik]

ⓝ 섭취(량)

The positive correlation between caffeine intake and staying alert throughout the day has also been well established. 학평
카페인 섭취와 하루 종일 정신을 바짝 차리는 것 사이의 긍정적인 상관관계 또한 잘 확립되었다.

≡ consumption ⓝ 섭취, 소비

in + take
안에   취하다

몸 안에 취하는 것
➡ 섭취

0009 □□

incentive
[inséntiv]

ⓐ 자극하는, 격려하는   **ⓝ** 장려책, 동기

The tendency for the market to reward caring for others may just be an incentive to act as if one cares for others. 학평
타인을 배려하는 것을 보상하려는 시장의 경향은 그저 타인을 배려하는 것처럼 행동하도록 유도하는 장려책일 수 있다.

in + cent + ive
안에   노래하다   형접

내면을 즐겁게 하는
➡ 자극하는

0010 □□

infection
[infékʃən]

ⓝ 감염, 전염(병)

The patient was hospitalized with a serious infection.
그 환자는 심각한 전염병으로 입원했다.

➕ infect ⓥ 감염시키다, 전염시키다
be infected with ~에 감염되다
infectious ⓐ 감염성의, 감염되는

in + fect + ion
안에   두다   명접

내부에 들어온 것
➡ 감염

0011 □□

incorrect
[ìnkərékt]

ⓐ 부정확한, 틀린

An inference is not a fact and may turn out to be incorrect. 교과서
추론은 사실이 아니며 틀린 것으로 판명될 수 있다.

🔁 inaccurate
↔ correct ⓐ 정확한, 옳은

in + correct
아닌   정확한

정확하지 않은
➡ 부정확한

0012 □□

innocent
[ínəsənt]

ⓐ 무죄의, 결백한, 순진한

Even her parents were unconvinced that she was innocent.
그녀의 부모조차도 그녀가 무죄라는 것을 확신하지 못했다.

↔ guilty ⓐ 유죄의
➕ innocence ⓝ 결백, 무죄

in + nocent
아닌   해로운, 유죄의

유죄가 아닌
➡ 무죄의

0013 □□

indoor
[índɔːr]

ⓐ 실내의

Animals that had previously spent large parts of the year outdoors were now kept at indoor facilities. 학평 변형
예전에는 일 년의 대부분을 실외에서 보냈던 동물들이 이제 실내 시설에 맡겨졌다.

↔ outdoor ⓐ 실외의, 야외의

in + door
안에   문

문 안의
➡ 실내의

0014 □□

invariable
[invέ(ː)əriəbl]

ⓐ 불변의, 변하지 않는

The invariable laws of physics govern the universe.
불변의 물리학 법칙이 우주를 지배한다.

↔ variable ⓐ 변하기 쉬운, 가변적인
➕ invariably ⓐ 변함없이

in + vari + able
아닌   달라지다   할 수 있는
(vary)

달라질 수 없는
➡ 불변의

DAY
01

0015 □□
inability
[ìnəbíləti]

❶ 무능, 무력, 할 수 없음

The inability to walk made him dependent on others.
걸을 수 없는 것이 그를 다른 사람들에게 의존하게 만들었다.

🔁 ability ⑪ 능력

in + ability
아닌   능력

능력이 없는 상태
➡ 무능

0016 □□
inborn
[ínbɔ́ːrn]

ⓐ 타고난, 선천적인

Humans have an inborn sense of fairness.
인간은 공정성에 대한 선천적인 감각을 가진다.

🔁 inherent, innate

in + born
안에   태어난

내면으로 태어난
➡ 타고난

0017 □□
inflame
[infléim]

ⓥ 흥분시키다, (상황을) 악화시키다

The protesters' words inflamed the crowd.
시위대의 발언은 군중을 흥분시켰다.

🔁 provoke ⓥ 자극하다, 흥분시키다
➕ inflammation ⑪ 염증

in + flame
안에   타오르다

내면에 타오르게 하다
➡ 흥분시키다

0018 □□
immune
[imjúːn]

ⓐ 면역(성)의, 면제된, ~의 영향을 받지 않는

Regular exercise and a healthy diet can strengthen the immune system.
규칙적인 운동과 건강한 식단은 면역 체계를 강화할 수 있다.

➕ immunity ⑪ 면역

im + mun(e)
아닌   의무

의무가 아닌
➡ 면제된

0019 □□
impose
[impóuz]

ⓥ 부과하다, 도입하다, 강요하다

It can regulate the private sector in order to account for the external costs companies may impose on the public, such as pollution. 학평
그것은 기업이 공해와 같이 공공에 부과할 수 있는 외적인 비용을 처리하기 위해 민간 부문을 규제할 수 있다.

➕ impose A on B A를 B에게 부과하다

im + pos(e)
안에   놓다

내부에 놓다
➡ 부과하다, 도입하다

0020 □□

imbalance

[imbǽləns]

ⓝ 불균형

The imbalance of power between the rich and the poor is a major problem.
부자들과 가난한 사람들 사이의 힘의 불균형은 중대한 문제이다.

↔ **balance** ⓝ 균형

im + balance
아닌   균형

균형이 아님
➡ 불균형

0021 □□

immoral

[imɔ́(:)rəl]

ⓐ 부도덕한, 비도덕적인

It is immoral to steal from the weak.
약자에게서 훔치는 것은 부도덕하다.

↔ **moral** ⓐ 도덕적인

im + moral
아닌   도덕적인

도덕적이지 않은
➡ 부도덕한

0022 □□

immortality

[ìmɔːrtǽləti]

ⓝ 불멸(성), 영원함

The emperor couldn't achieve the impossible goal of immortality.
그 황제는 불멸이라는 불가능한 목표를 달성할 수 없었다.

➕ **immortal** ⓐ 죽지 않는, 불멸의
　 mortal ⓐ (생명이) 유한한

im + mortal + ity
아닌   언젠가는 죽는   명접

죽지 않음
➡ 불멸

0023 □□

illustrate

[íləstrèit]

ⓥ 설명하다, 삽화를 넣다

In the mid-1960s, children's author Bill Martin Jr. asked Carle to illustrate a book he was writing. 학평
1960년대 중반, 아동 도서 작가 Bill Martin Jr.는 Carle 에게 자신이 집필 중인 책에 삽화를 넣어 달라고 부탁했다.

🟰 **explain** ⓥ 설명하다
➕ **illustration** ⓝ 삽화, (설명을 위한) 실례

il + lustr + ate
안에   빛   동접

안에 빛을 비추어 주다
➡ 설명하다

0024 □□

illegal

[ilíːɡəl]

ⓐ 불법적인, 위법의

Technology has not been developed as an illegal weapon for gaining an unfair advantage. 교과서
기술은 부당한 이득을 얻기 위한 불법적인 공격 수단으로 개발되지 않았다.

↔ **legal** ⓐ 합법적인

il + legal
아닌   합법적인

합법적이지 않은
➡ 불법적인

DAY
01

0025 ☐☐
irrelevant
[irélǝvǝnt]

ⓐ 관련[관계] 없는, 부적절한

They will develop simple techniques that will enable them to manage ever-increasing volumes of irrelevant email. 학평
그들은 계속 증가하는 관련 없는 이메일의 양을 관리할 수 있게 해 주는 간단한 기술을 개발할 것이다.

↔ relevant ⓐ 관련 있는, 적절한

ir + relevant
아닌   관련 있는

관련 있는 것이 아닌
➡ 관련 없는

---

dis-
떨어져(away), 반대의(opposite)
| 변화형 | dif

0026 ☐☐
distance
[dístǝns]

ⓝ 거리, 간격   ⓥ 거리를 두다

I can't do hard physical activities like running long distances. 교과서
나는 장거리를 달리는 것과 같은 힘든 신체 활동을 할 수 없다.

dis + (s)t + ance
떨어져   서다   명접

목적지로부터 떨어져서
서 있음
➡ 거리

0027 ☐☐
disease
[dizíːz]

ⓝ 질병, 질환

Having overcome many difficulties, she gained a reputation for her work in treating cholera and other diseases. 교과서
많은 어려움을 극복하면서, 그녀는 콜레라와 다른 질병을 치료하는 일로 인해 명성을 얻었다.

🔳 illness

dis + ease
반대의 몸의 편함

몸의 편함의 반대 상태
➡ 질병

0028 ☐☐
display
[displéi]

ⓥ 보여주다, 전시하다   ⓝ 전시

This was different from other drawings of the time, which displayed only single specimens on a plain background. 교과서
이것은 그 시대의 다른 그림들과는 달랐는데, 그것들은 단순한 배경에 단 하나의 표본만을 보여주었을 뿐이었다.

🔳 exhibit ⓥ 전시하다

dis + play
떨어져   접다

접혀 있던 것을 펴서
보이게 하다
➡ 보여주다

0029 ☐☐

discount
[dískaunt] ⓝ
[diskáunt] ⓥ

ⓝ 할인 ⓥ 할인하다, 경시하다

Guests will receive a 15% discount for all meals in the restaurant. 교과서
투숙객들은 식당의 모든 식사에 대해 15퍼센트 할인을 받을 것입니다.

dis + count
떨어져 셈하다

셈한 것과 떨어져 계산하다
➡ 할인하다

0030 ☐☐

disappear
[dìsəpíər]

ⓥ 사라지다, 없어지다

She has a strong fear of her youth disappearing and feels uncomfortable around old people. 교과서
그녀는 자신의 젊음이 사라지는 것에 대해 강한 공포심을 가지고 있고 나이 든 사람들 주위에서 불편함을 느낀다.

⟷ appear ⓥ 나타나다
➕ disappearance ⓝ 사라짐, 실종

dis + appear
반대의 나타나다

'나타나다'의 반대
➡ 사라지다

WORD Review

다음 뜻에 해당하는 알맞은 영어 단어를 쓰시오.

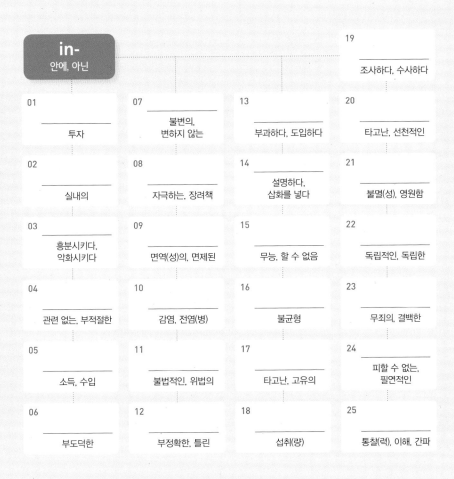

in-
안에, 아닌

19
_____
조사하다, 수사하다

01
_____
투자

07
_____
불변의,
변하지 않는

13
_____
부과하다, 도입하다

20
_____
타고난, 선천적인

02
_____
실내의

08
_____
자극하는, 장려책

14
_____
설명하다,
삽화를 넣다

21
_____
불멸(성), 영원함

03
_____
흥분시키다,
악화시키다

09
_____
면역(성)의, 면제된

15
_____
무능, 할 수 없음

22
_____
독립적인, 독립한

04
_____
관련 없는, 부적절한

10
_____
감염, 전염(병)

16
_____
불균형

23
_____
무죄의, 결백한

05
_____
소득, 수입

11
_____
불법적인, 위법의

17
_____
타고난, 고유의

24
_____
피할 수 없는,
필연적인

06
_____
부도덕한

12
_____
부정확한, 틀린

18
_____
섭취(량)

25
_____
통찰(력), 이해, 간파

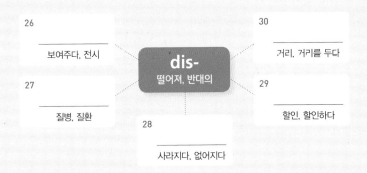

26
_____
보여주다, 전시

dis-
떨어져, 반대의

30
_____
거리, 거리를 두다

27
_____
질병, 질환

29
_____
할인, 할인하다

28
_____
사라지다, 없어지다

✂ 사람을 나타내는 명사형 접미사 1

-er(-or, -ar)	행위자(~하는 사람)	
employer	⑪ 고용주	(employ 고용하다)
interviewer	⑪ 면접관	(interview 면접을 보다)
owner	⑪ 주인, 소유주	(own 소유하다)
lawyer	⑪ 변호사	(law 법)
seeker	⑪ 수색자	(seek 수색하다)
editor	⑪ 편집자	(edit 편집하다)
inventor	⑪ 발명가	(invent 발명하다)
scholar	⑪ 학자	(school 학교, 교육하다)

-ee	대상자(~당하는 사람)	
employee	⑪ 고용인	(employ 고용하다)
interviewee	⑪ 면접 대상자	(interview 면접을 보다)
trainee	⑪ 훈련생	(train 훈련하다)
retiree	⑪ 은퇴자, 퇴직자	(retire 은퇴하다)
committee	⑪ 위원회, 위원	(commit 이행하다)
referee	⑪ 심판	(refer 일임하다, 위탁하다)
attendee	⑪ 참석자, 출석자	(attend 참석하다)

-ist	행위자(~하는 사람)	
artist	⑪ 예술가	(art 예술)
terrorist	⑪ 테러리스트	(terror 공포, 테러)
specialist	⑪ 전문가	(special 특별한, 전문의)
racist	⑪ 인종차별주의자	(race 인종)
psychologist	⑪ 심리학자	(psychology 심리학)
individualist	⑪ 개인주의자	(individual 개인)

DAY 02

어원 Preview

| **dis-** 떨어져, 반대의 | **re-** 다시, 뒤로 |

Previous Check

- ☐ discussion
- ☐ disadvantage
- ☐ dislike
- ☐ dismiss
- ☐ disorder
- ☐ discard
- ☐ disguise
- ☐ disability
- ☐ disagree
- ☐ disgust

- ☐ discomfort
- ☐ dispose
- ☐ dispersal
- ☐ disobedient
- ☐ differ
- ☐ research
- ☐ record
- ☐ remain
- ☐ replace
- ☐ remove

- ☐ represent
- ☐ recycle
- ☐ recall
- ☐ recover
- ☐ restore
- ☐ remark
- ☐ reproduce
- ☐ retire
- ☐ reunion
- ☐ refuge

dis- 떨어져(away), 반대의(opposite)

| 변화형 | **dif**

0031 ☐☐

dis**cussion**
[diskʌ́ʃən]

ⓝ 토론, 토의, 논의

We must conclude today's discussion about the pros and cons of a cashless society. 교과서
우리는 현금 없는 사회의 장단점에 대한 오늘의 토론을 끝마쳐야 한다.

🟰 debate, dispute
➕ discuss ⓥ 토론하다

dis + **cuss** + **ion**
떨어져　흔들다　명접

서로 떨어져 의견을 흔듦
➡ 토론

0032 ☐☐

dis**advantage**
[dìsədvǽntidʒ]

ⓝ 불리한 점, 약점　ⓥ 불리하게 하다

The disadvantage is that no single food provides the nutrition necessary for survival. 학평
불리한 점은 단일 식품만으로는 생존에 필요한 영양분을 제공하지 못한다는 것이다.

↔ advantage ⓝ 유리한 점, 장점

dis + **advantage**
반대의　　유리함

유리한 것의 반대
➡ 불리한 점, 약점

0033 ☐☐

dis**like**
[disláik]

ⓥ 싫어하다　ⓝ 싫어함, 혐오

I dislike the taste of mushrooms, but I enjoy other vegetables.
나는 버섯의 맛을 싫어하지만, 다른 채소는 좋아한다.

↔ like ⓥ 좋아하다 ⓝ 좋아하는 것

dis + **like**
반대의　좋아하다

'좋아하다'의 반대
➡ 싫어하다

0034 ☐☐

dis**miss**
[dismís]

ⓥ 해고하다, 해산시키다, 무시하다

We are likely to actively dismiss information that doesn't confirm our beliefs. 학평 변형
우리는 우리의 믿음을 확인해 주지 못하는 정보를 적극적으로 무시할 가능성이 높다.

🟰 ignore ⓥ 무시하다
　discharge ⓥ 해산시키다

dis + **miss**
떨어져　보내다

(생각으로부터)
떨어뜨려 보내다
➡ 무시하다

DAY
02

0035 ☐☐

disorder
[disɔ́:rdər]

ⓝ 무질서, 혼란, 장애

The disorder is treatable with medication and therapy.
그 장애는 약물과 치료 요법으로 치료할 수 있다.

dis + order
반대의   질서

질서의 반대
➡ 무질서

0036 ☐☐

discard
[diská:rd]

ⓥ 버리다, 폐기하다   ⓝ 버림, 포기

Hunter-gatherer cultures across the world have adopted and subsequently discarded agriculture. 학평
전 세계의 수렵 채집 문화는 농업을 채택했다가 그 후에 폐기했다.

▣ **abandon** ⓥ 버리다, 포기하다

dis + card
떨어져   카드

카드를 떨어뜨리다
➡ 버리다

0037 ☐☐

disguise
[disgáiz]

ⓝ 변장   ⓥ 변장하다, 위장하다

Their amazing disguises were only the tip of the iceberg of the transformation they would experience. 교과서
그들의 놀라운 변장은 그들이 경험할 변화의 빙산의 일각에 불과했다.

dis + guise
떨어져   모습

(본래와) 다른 모습
➡ 변장

0038 ☐☐

disability
[dìsəbíləti]

ⓝ 장애, 능력 없음

People with disabilities deserve the same opportunities as everyone else.
장애를 가진 사람들도 다른 모든 사람과 동등한 기회를 가질 자격이 있다.

➕ **disabled** ⓐ 장애를 가진

dis + ability
반대의   능력

능력의 반대
➡ 능력 없음

0039 ☐☐

disagree
[dìsəgrí:]

ⓥ 동의하지 않다, 의견이 일치하지 않다

If two people disagree without arguing, all they do is yell at each other. 학평
두 사람이 언쟁 없이 의견이 일치하지 않으면, 그들이 할 일은 오직 서로에게 소리를 지르는 것이다.

▣ **agree** ⓥ 동의하다
➕ **disagreement** ⓝ 의견 차이, 불일치

dis + agree
반대의   동의하다

'동의하다'의 반대
➡ 동의하지 않다

0040 ☐☐

disgust
[disgʌ́st]

ⓝ 혐오감, 역겨움 **ⓥ** 혐오감을 유발하다

The automatic reaction of most people to something new is often worry, sometimes even disgust. 학평 변형
새로운 것에 대한 대부분의 사람들의 반사적인 반응은 흔히는 걱정이며, 때로는 심지어 혐오감이다.

➕ disgusting ⓐ 혐오스러운, 역겨운

dis + **gust**
반대의   맛

(선호하는) 입맛의 반대
➡ 혐오감

0041 ☐☐

discomfort
[diskʌ́mfərt]

ⓝ 불편(함) **ⓥ** 불편하게 하다

The discomfort of the new shoes made her want to take them off.
새 신발의 불편함은 그녀가 그것을 벗고 싶게 만들었다.

↔ comfort ⓝ 편안함

dis + **comfort**
반대의   편안함

편안함의 반대
➡ 불편함

0042 ☐☐

dispose
[dispóuz]

ⓥ 버리다, 폐기하다, 배치하다

Some cities have required households to dispose of all waste in special trash bags. 수능

몇몇 도시는 가정에서 모든 쓰레기를 특별한 쓰레기 봉투에 담아 버리도록 요구해 왔다.

➕ dispose of ~을 처리하다
disposal ⓝ 처리, 폐기
disposable ⓐ 처분할 수 있는 ⓝ 일회용품

dis + **pos(e)**
떨어져   두다

떨어진 곳에 두다
➡ 버리다

0043 ☐☐

dispersal
[dispə́:rsəl]

ⓝ 분산, 해산

The dispersal of the seeds ensured the survival of the plant species.
씨앗의 분산은 식물 종의 생존을 보장했다.

➕ disperse ⓥ 분산시키다, 뿌리다

dis + **(s)pers** + **al**
떨어져   뿌리다   명접

떨어진 곳에 뿌림
➡ 분산, 해산

0044 ☐☐

disobedient
[dìsəbí:diənt]

ⓐ 말을 듣지 않는, 반항하는

The disobedient child refused to eat vegetables.
말을 듣지 않는 그 아이는 채소 먹기를 거부했다.

↔ obedient ⓐ 복종하는, 순종적인
➕ disobey ⓥ 복종하지 않다, 반항하다

dis + **obedient**
반대의   순종적인

순종적인 것의 반대인
➡ 말을 듣지 않는

DAY
02

0045 ☐☐
differ
[dífər]

ⓥ 다르다, 동의하지 않다

Adolescents differ from adults in the way they behave, solve problems, and make decisions. 학평
청소년은 행동하고 문제를 해결하고 의사 결정을 내리는 방식에서 성인과 다르다.

➕ different ⓐ 다른
difference ⓝ 차이(점)

dif + fer
떨어져 나르다

종류가 달라 떨어뜨려
나르다
➜ 다르다

---

re-
다시(again), 뒤로(back)
| 변화형 | retro

0046 ☐☐
re**search**
[risə́:rtʃ]

ⓝ 연구 ⓥ 연구하다, 조사하다

Even though carbon dioxide is a major cause of global warming in the air, recent research has shown that methane can have a greater impact. 교과서
비록 이산화탄소가 대기 속에서 지구 온난화의 주요 원인일지라도, 최근 연구는 메탄이 더 큰 영향을 줄 수 있다는 것을 보여 주고 있다.

➖ study, investigate ⓥ 연구하다
➕ researcher ⓝ 연구원

re + search
다시 찾다

다시 찾아보다
➜ 연구하다

0047 ☐☐
re**cord**
[rékərd] ⓝ
[rikɔ́:rd] ⓥ

ⓝ 기록 ⓥ 기록하다

Usain Bolt, the Jamaican sprinter, broke the world record for the 100-meter sprint in 2009. 교과서
자메이카의 단거리 경주 선수인 Usain Bolt는 2009년에 100미터 단거리 경주 세계 기록을 깼다.

re + cord
다시 심장(마음)

다시 마음에 새길 수 있는 것
➜ 기록

0048 ☐☐
re**main**
[riméin]

ⓥ 남아 있다, 여전히 ～이다

With all these gone, the only thing that remained was his pitiful self. 교과서
이것들이 모두 사라지자, 남아 있는 유일한 것은 그 자신의 초라한 모습뿐이었다.

➕ remains ⓝ 남은 것, 유적

re + main
뒤로 남다

뒤에 남다
➜ 남아 있다

0049 ☐☐

replace
[ripléis]

ⓥ 대체하다, 대신하다, 교체하다

Soon water-resistant trench coats began to replace the old ones. 교과서
곧 방수 트렌치코트가 예전의 것을 대체하기 시작했다.

目 substitute
➕ replacement ⓝ 대체, 대체품

re + place
다시   놓다

다시 (다른 것으로) 놓다
➡ 대체하다

0050 ☐☐

remove
[rimúːv]

ⓥ 제거하다, 옮기다, 벗다

As Trysdale removed his second glove, the worst memory returned. 교과서
Trysdale이 자신의 두 번째 장갑을 벗었을 때, 최악의 기억이 되살아났다.

目 eliminate ⓥ 제거하다
➕ removal ⓝ 제거, 이동

re + mov(e)
뒤로   움직이다

뒤로 움직이다
➡ 옮기다, 제거하다

0051 ☐☐

represent
[rèprizént]

ⓥ 나타내다, 대표하다

The shading at the back of each ball represents the lower air pressure zone. 교과서
각 공의 뒤쪽에 있는 음영은 공기 압력이 더 낮은 구역을 나타낸다.

➕ representative ⓐ 대표적인 ⓝ 대표자
representation ⓝ 표현, 대표

re + pre + sent
다시   앞에   존재하다

다시 앞에 존재하게 하다
➡ 나타내다

0052 ☐☐

recycle
[riːsáikl]

ⓥ 재활용하다

When we learn to read, we recycle a specific region of our visual system known as the visual word-form area. 수능
우리는 읽기를 배울 때, 시각적 단어 형태 영역으로 알려진 우리의 시각 시스템의 특정한 영역을 재활용한다.

➕ recyclable ⓐ 재활용할 수 있는

re + cycle
다시   순환하다

다시 순환시키다
➡ 재활용하다

0053 ☐☐

recall
[rikɔ́ːl] ⓥ
[ríkɔːl] ⓝ

ⓥ 기억해 내다, 상기시키다, 회수하다
ⓝ 상기, 회수

People in life-threatening situations can recall years of their lives in just a few seconds. 교과서
생명을 위협받는 상황에 처한 사람들은 단 몇 초 안에 자신의 인생을 상기시킬 수 있다.

目 recollect ⓥ 기억해 내다

re + call
다시   부르다

(생각을) 다시 불러들이다
➡ 기억해 내다

DAY
02

0054 □□

recover
[rikʌ́vər]

ⓥ 회복하다, 회복시키다, 되찾다

In fact, she herself contracted and recovered from cholera while in Panama.
교과서 변형

사실, 그녀 자신도 파나마에 있는 동안 콜레라에 걸렸다가 회복되었다.

➕ recovery ⓝ 회복

re + cover
다시   덮다

(상처를) 다시 덮다
➡ 회복하다

0055 □□

restore
[ristɔ́ːr]

ⓥ 복원[복구]하다, 회복시키다

My job is restoring old artworks.
내 직업은 오래된 예술 작품을 복원하는 것이다.

➕ restoration ⓝ 복원, 회복

re + store
다시   서다

다시 세우다
➡ 복원하다

0056 □□

remark
[rimáːrk]

ⓥ (~라고) 말하다, 논평하다 ⓝ 논평, 말

Polaroid founder Edwin Land remarked, "No person could possibly be original in one area unless he were possessed of the emotional and social stability." 학평

Polaroid의 창립자 Edwin Land는 "정서적이고 사회적인 안정감을 가지지 못한다면 그 누구도 한 분야에서 독창적일 수는 없을 것이다"라고 말했다.

➕ remarkable ⓐ 놀라운

re + mark
다시   표시하다

다시 (말로) 표시하다
➡ 논평하다

0057 □□

reproduce
[rìːprədjúːs]

ⓥ 재현하다, 복제하다, 번식하다

At night, her hair will look pitch-black, which could never be reproduced by any artificial means. 교과서

밤에, 그녀의 머리는 칠흑같이 새까맣게 보일 것이고, 이것은 어떤 인공적인 수단으로도 절대 재현될 수 없을 것이다.

➕ reproduction ⓝ 재현, 복제, 번식

re + produce
다시   생산하다

다시 생산하다
➡ 재현하다

0058 □□

retire
[ritáiər]

ⓥ 은퇴하다, 물러나다

A retired investor will generally take less risk than a young investor just entering the market. 학평

은퇴한 투자자는 일반적으로 시장에 막 진입한 젊은 투자자보다 위험을 덜 감수할 것이다.

➕ retirement ⓝ 은퇴, 퇴장

re + tire
뒤로   끌다

뒤로 (몸을) 이끌다
➡ 은퇴하다

0059 ☐☐

reunion
[riːjúːnjən]

ⓝ 재결합, 재회, 동창회

The long-awaited reunion finally took place in the schoolyard.
오랫동안 기다렸던 동창회가 드디어 학교 운동장에서 열렸다.

➕ reunite ⓥ 재회하다, 재결합하다

re + union
다시　결합

다시 결합함
➡ 재결합

0060 ☐☐

refuge
[réfjuːdʒ]

ⓝ 피난(처), 보호 시설, 쉼터

The small bird found refuge in the tree's branches.
그 작은 새는 나뭇가지들 속에서 피난처를 찾았다.

➖ shelter ⓝ 피난처, 보금자리

re + fuge
뒤로　도망치다

뒤로 도망치는 장소
➡ 피난처

WORD *Review*

다음 뜻에 해당하는 알맞은 영어 단어를 쓰시오.

dis- 떨어져, 반대의	04 _____ 분산, 해산	08 _____ 불편(함), 불편하게 하다	12 _____ 버리다, 배치하다
01 _____ 다르다, 동의하지 않다	05 _____ 무질서, 혼란, 장애	09 _____ 동의하지 않다	13 _____ 해고하다, 무시하다
02 _____ 불리한 점, 불리하게 하다	06 _____ 혐오감, 혐오감을 유발하다	10 _____ 폐기하다, 버림, 포기	14 _____ 말을 듣지 않는, 반항하는
03 _____ 싫어하다, 혐오	07 _____ 변장, 변장하다	11 _____ 장애, 능력 없음	15 _____ 토론, 논의

re- 다시, 뒤로	19 _____ 대체하다, 교체하다	23 _____ 기억해 내다, 회수	27 _____ 연구, 조사하다
16 _____ 재현하다, 번식하다	20 _____ 피난(처), 보호 시설	24 _____ (~라고) 말하다, 논평	28 _____ 은퇴하다, 물러나다
17 _____ 재활용하다	21 _____ 나타내다, 대표하다	25 _____ 복원[복구]하다	29 _____ 재결합, 재회
18 _____ 남아 있다, 여전히 ~이다	22 _____ 기록, 기록하다	26 _____ 회복하다, 되찾다	30 _____ 제거하다, 벗다

🔖 사람을 나타내는 명사형 접미사 2

-ant(-ent)	행위자(~하는 사람)		
accountant	ⓝ 회계사	(account 회계 보고를 하다)
applicant	ⓝ 지원자	(apply 지원하다)
assistant	ⓝ 조수, 돕는 사람	(assist 돕다)
contestant	ⓝ 경기 참가자, 경쟁자	(contest 겨루다, 경쟁하다)
consultant	ⓝ 상담사	(consult 상담하다)
defendant	ⓝ 피고	(defend 방어하다)
dependent	ⓝ 부양가족	(depend 의존하다)
descendant	ⓝ 후손	(descend (~의) 자손이다)
occupant	ⓝ 점유자	(occupy 점유하다)
participant	ⓝ 참가자	(participate 참가하다)
president	ⓝ 회장, 대통령	(preside 통솔하다, 주재하다)
resident	ⓝ 주민	(reside 거주하다)
servant	ⓝ 하인	(serve 봉사하다)
student	ⓝ 학생	(study 공부하다)

-ary	사람(~하는 사람)		
adversary	ⓝ 상대방, 적수	(adverse 거스르는, 반대의)
secretary	ⓝ 비서	(secret 비밀을 지키는)
missionary	ⓝ 선교사	(mission 임무, 전도)

-ive	행위자(~하는 사람)		
executive	ⓝ 중역, 경영진	(execute 집행하다)
detective	ⓝ 형사, 탐정	(detect 탐지하다)
operative	ⓝ 직공, 정보원	(operate 작동하다)
representative	ⓝ 대표자	(represent 대표하다)

DAY 03

어원 Preview

re -	다시, 뒤로	**de -**	반대의, 떨어져, 정말, 아래로, 아닌
com -	함께, 모두		

Previous Check

□ resort	□ concern	□ corrupt
□ reconcile	□ connect	□ develop
□ rejoin	□ concentrate	□ desire
□ retrospect	□ confirm	□ demonstrate
□ company	□ contour	□ derive
□ combine	□ condense	□ debate
□ complain	□ collapse	□ detect
□ compose	□ collision	□ depress
□ compact	□ coexist	□ depict
□ combustion	□ correction	□ declare

re-

다시(again), 뒤로(back)
| 변화형 | **retro**

0061 ☐☐

re**sort**
[rizɔ́:rt]

ⓥ 의지하다, 자주 가다
ⓝ 휴양지, 의지, 호소

Occasionally I glance through the list of all the museums, resorts, and other places I've visited in my travels. 교과서
가끔 나는 내가 여행에서 방문했던 모든 박물관, 휴양지와 다른 장소들의 목록을 쭉 훑어본다.

➕ **resort to** ~에 의지하다

re + **sort**
다시   나가다

나갔다가 다시 돌아오게
되다
➡ 의지하다

0062 ☐☐

re**concile**
[rékənsàil]

ⓥ 조화시키다, 화해시키다

The historian tried to reconcile the different accounts of the battle.
그 역사학자는 그 전투에 대한 다른 기록을 조화시키려고 노력했다.

🟰 **harmonize** ⓥ 조화시키다, 일치시키다

re + **concile**
다시   친하게 하다

다시 친하게 하다
➡ 조화시키다

0063 ☐☐

re**join**
[ri:dʒɔ́in]

ⓥ 다시 만나다, 다시 합류하다, 재가입하다

The students were happy to rejoin their classmates after the break.
학생들은 방학이 끝나고 자신들의 반 친구들과 다시 만나게 되어 기뻤다.

re + **join**
다시   합류하다

다시 합류하다
➡ 다시 만나다

0064 ☐☐

retro**spect**
[rétrəspèkt]

ⓝ 회상, 회고 ⓥ 회상하다

In retrospect, his decision was a wise one.
회상해 보면, 그의 결정은 현명한 것이었다.

retro + **spec(t)**
뒤로   보다

뒤돌아봄
➡ 회상

---

com-

함께(with), 모두(together)

| 변화형 | con, col, co, cor

DAY
03

0065 ☐☐

company
[kʌ́mpəni]

ⓝ 회사, 일행

Because countries all have different telecommunication companies, each SIM card can be a unique souvenir from that country. 교과서 변형
나라마다 모두 다른 통신 회사를 가지고 있기 때문에, 각각의 SIM 카드는 그 나라로부터의 독특한 기념품이 될 수 있다.

🔄 firm ⓝ 회사

com + pan(y)
함께   빵

먹을 것을 함께함
➡ 회사

0066 ☐☐

combine
[kəmbáin]

ⓥ 결합하다, 결합시키다, 겸비하다

This pressure from society combined with FOMO can wear us down. 학평
FOMO(Fear Of Missing Out)와 결합된 이러한 사회로부터의 압박은 우리를 지치게 할 수 있다.

🔄 unite
➕ combination ⓝ 결합, 화합(물)

com + bin(e)
함께   둘(bi)

둘을 하나로 만들다
➡ 결합하다

0067 ☐☐

complain
[kəmpléin]

ⓥ 불평하다, 항의하다

"I didn't think we'd have to wait in line," Josh complains. 교과서
Josh는 "우리가 줄을 서서 기다려야 할 거라고는 생각하지 않았어."라고 불평한다.

➕ complaint ⓝ 불평, 항의

com + plain
함께   한탄하다

함께 한탄하다
➡ 불평하다

0068 ☐☐

compose
[kəmpóuz]

ⓥ 구성하다, 작곡하다, (글을) 쓰다

The poet composed a moving poem about her experiences.
그 시인은 그녀의 경험에 대한 감동적인 시를 썼다.

🔄 comprise, constitute ⓥ 구성하다
➕ composition ⓝ 구성, 작문
　　composer ⓝ 작곡가

com + pos(e)
함께   놓다

(단어들을) 함께 놓다
➡ (글을) 쓰다

0069 ☐☐

compact
[kəmpǽkt]

ⓐ 작은, 밀집한, 촘촘한　**ⓥ** 꽉 채우다

The future of the Earth depends on more people gathering together in compact communities. 모평
지구의 미래는 더 많은 사람들이 밀집한 공동체 속에 모이는 것에 달려 있다.

com + pact
함께　묶다

여러 개를 함께 묶은
➡ 밀집한

0070 ☐☐

combustion
[kəmbʌ́stʃən]

ⓝ 연소

The graph shows the global sales expectations of internal combustion cars and electric cars. 학평
그 도표는 내부 연소(내연) 자동차와 전기 자동차의 전 세계 예상 판매량을 보여 준다.

com + bust + ion
함께　타다　명접

함께 태움
➡ 연소

0071 ☐☐

concern
[kənsə́ːrn]

ⓝ 걱정, 관심사　**ⓥ** 걱정시키다, 관심을 갖다

Great scientists are not concerned with results but with the next questions. 수능
위대한 과학자들은 결과가 아니라 다음 질문에 관심을 가졌다.

➕ **be concerned about** ~에 대해 걱정하다
be concerned with ~와 관계가 있다
concerned ⓐ 걱정하는
concerning ⓟ ~에 관하여

con + cern
모두　체에 거르다

모두 체에 걸러 세세하게
가려내는 것
➡ 걱정

0072 ☐☐

connect
[kənékt]

ⓥ 연결하다, 관련지어 생각하다

Things connected to the Internet will be communicating with one another without human intervention. 교과서
인터넷에 연결된 사물들은 인간의 개입 없이 서로 소통하게 될 것이다.

🟰 **associate** ⓥ 관련지어 생각하다
➕ **connection** ⓝ 연결, 연관

con + nect
함께　잇다

함께 있다
➡ 연결하다

0073 ☐☐

concentrate
[kánsəntrèit]

ⓥ 집중하다, 농축시키다

Concentrated levels of nutrients in water result in the blooming of algae, which are simple forms of water plants. 교과서
물속 영양분의 농축된 수준은 해조류의 번성이라는 결과를 낳는데, 그것은 단순한 형태의 수생 식물이다.

↔ **distract** ⓥ 산만하게 하다
➕ **concentration** ⓝ 집중, 농축, 농도

con + centr + ate
모두　중심　동접

중심에 모두 모이게 하다
➡ 집중하다

DAY
03

0074 ☐☐

confirm
[kənfə́:rm]

ⓥ 확인하다, 입증하다

The National Portrait Gallery in London confirmed that the painting was genuine and purchased it. 교과서
런던의 국립 초상화 미술관은 그 그림이 진품임을 확인하고 그것을 구입했다.

➕ confirmation ⓝ 확인, 입증

| con | + firm |
| 함께 | 확실한 |

함께 확실히 하다
➔ 확인하다

0075 ☐☐

contour
[kántuər]

ⓝ (사물의) 윤곽, 등고선   ⓥ 윤곽을 그리다

Another, technically more accurate way is to draw contour lines. 수능
기술적으로 더 정확한 또 다른 방법은 등고선을 그리는 것이다.

| con | + tour |
| 모두 | 돌다 |

사물을 모두 돌아서 그리는 것
➔ 윤곽, 등고선

0076 ☐☐

condense
[kəndéns]

ⓥ 응축[농축]시키다, 응결되다, 요약하다

The water vapor condensed on the cold window.
차가운 창문에 수증기가 응결되었다.

▤ concentrate

| con | + dense |
| 함께 | 밀도 높은 |

함께 밀도 높게 만들다
➔ 응축시키다

0077 ☐☐

collapse
[kəlǽps]

ⓥ 무너지다, 붕괴하다, 쓰러지다   ⓝ 붕괴

The fireman could hear the sound of the floor above collapsing. 학평
그 소방관은 위층의 바닥이 무너지는 소리를 들을 수 있었다.

▤ fall ⓝ 붕괴, 몰락

| col | + lapse |
| 함께 | 떨어지다 |

함께 (땅에) 떨어지다
➔ 무너지다

0078 ☐☐

collision
[kəlíʒən]

ⓝ 충돌, 부딪침

There are risks of collision with vehicles on the road where students walk. 학평
학생들이 걷는 도로에는 차량과 충돌할 위험이 있다.

➕ collide ⓥ 충돌하다

| col | + lis | + ion |
| 함께 | 치다 | 명접 |

함께 부딪침
➔ 충돌

0079 ☐☐

coexist

[kòuigzíst]

ⓥ 공존하다

People of different religions can coexist respectfully.
서로 다른 종교를 가진 사람들이 존중하며 공존할 수 있다.

➕ **coexistence** ⓝ 공존

co + exist
함께   존재하다

함께 존재하다
➜ 공존하다

0080 ☐☐

correction

[kərékʃən]

ⓝ 수정, 교정

The teacher made a correction to the student's math homework.
선생님이 그 학생의 수학 숙제를 수정했다.

➕ **correct** ⓥ 수정하다 ⓐ 정확한

cor + rect + ion
함께 똑바로 하다 명접

함께 바로잡음
➜ 수정, 교정

0081 ☐☐

corrupt

[kərʌ́pt]

ⓐ 부패한, 손상된   ⓥ 부패[타락]시키다

The corrupt data was the result of a cyberattack.
손상된 데이터는 사이버 공격의 결과였다.

➕ **corruption** ⓝ 부패, 손상

cor + rupt
모두   깨뜨리다

모두 깨뜨리다
➜ 타락시키다

| **de-** | 반대의(opposite), 떨어져(away), 정말(very), 아래로(down), 아닌(not) |

0082 ☐☐

develop

[divéləp]

ⓥ 발달[발전]하다, 개발하다

Some came about accidentally while others were developed as solutions to particular military problems. 교과서
어떤 것들은 우연히 생겨났지만 다른 것들은 특정한 군사적인 문제의 해결책으로서 개발되었다.

➕ **development** ⓝ 발달, 성장, 개발

de + velop
반대의   싸다

꽁꽁 싸 두는 것의 반대
➜ 개발하다

0083 ☐☐
de**sire**
[dizáiər]

ⓥ 바라다, 몹시 원하다 **ⓝ** 욕구, 욕망

Seeing these lifeless creatures stuck in cases only made Merian desire to see them in their real habitat. 교과서
진열장에 갇혀 있는 이러한 죽은 생물들을 보는 것은 Merian이 그것들을 실제 서식지에서 보는 것을 바라도록 만들었을 뿐이었다.

🔲 want
➕ desirable ⓐ 바람직한

de + sire
떨어져   별

별이 떨어질 때 이루어지길 바라는 것
➡ 바라다, 욕망

0084 ☐☐
de**monstrate**
[démənstrèit]

ⓥ 입증하다, 시연하다, 시위하다

While other scientists of the day were debating whether or not insects grew out of mud, she demonstrated the stages of metamorphosis. 교과서
당시의 다른 과학자들이 곤충이 진흙에서 자라나는지 아닌지를 논쟁하고 있던 동안, 그녀는 변태의 단계들을 입증하였다.

➕ demonstration ⓝ 입증, 시연, 시위

de + monstrate
정말   지적하다

명확하게 지적하다
➡ 입증하다

0085 ☐☐
de**rive**
[diráiv]

ⓥ 얻다, ~에서 유래하다, 파생하다

Much of our knowledge of the biology of the oceans is derived from "blind" sampling. 모평
해양의 생명 활동에 관한 우리 지식의 대부분은 '맹목' 표집으로부터 얻어진다.

➕ derive from ~에서 유래하다
derivation ⓝ 유도, 끌어냄
derived ⓐ 유래된, 파생된

de + rive
떨어져   강

강에서 떨어져 나오다
➡ ~에서 유래하다

0086 ☐☐
de**bate**
[dibéit]

ⓝ 토론, 논쟁 **ⓥ** 토론하다, 곰곰이 생각하다

When people state opinions in debates, they often give some statistics to support or reinforce their point. 교과서
사람들이 토론에서 의견을 말할 때, 그들은 종종 자신의 의견을 뒷받침하거나 강화하기 위해 몇몇 통계 자료를 제시한다.

🔲 discussion, dispute ⓝ 토론

de + bat(e)
아래로   치다

상대방의 주장을 아래로 치다
➡ 토론하다

0087 ☐☐

detect
[ditékt]

ⓥ 발견하다, 찾아내다, 감지하다

If a suspected fraud is detected, the account holder has to deal with the phone call from the bank. 모평 변형

사기로 의심되는 것이 발견되면, 예금주는 은행으로부터의 전화 통화를 처리해야 한다.

🟰 discover
➕ detection ⓝ 발견, 간파
   detective ⓝ 탐정

de + tect
떨어져   덮다

덮은 것을 제거하다
➡ 찾아내다

0088 ☐☐

depress
[diprés]

ⓥ 우울하게 만들다, (사기 등을) 떨어뜨리다

The rainy weather tends to depress my mood and motivation.

비가 오는 날씨는 나의 기분과 의욕을 떨어뜨리는 경향이 있다.

➕ depression ⓝ 우울, 우울증, 경기 침체
   depressed ⓐ 우울한

de + press
아래로   누르다

아래로 누르다
➡ 사기를 떨어뜨리다

0089 ☐☐

depict
[dipíkt]

ⓥ 묘사하다, 그리다

She was awarded three medals for her bravery and her work from England, Turkey, and France, which is vividly depicted in her portrait. 교과서

그녀는 용감한 행동과 노고에 대해 영국, 튀르키예, 프랑스로부터 3개의 메달을 받았고, 그것은 그녀의 초상화에 생생하게 묘사되어 있다.

🟰 illustrate ⓥ 생생히 보여 주다
   describe ⓥ 설명하다, 묘사하다

de + pict
아래로   그리다

(종이 위에) 그리다
➡ 묘사하다

0090 ☐☐

declare
[diklέər]

ⓥ 선언하다, 신고하다

He is supposed to have declared, "I hate what you say, but will defend to the death your right to say it." 학평

그는 "나는 당신이 하는 말이 싫지만, 그것을 말할 당신의 권리를 사력을 다해 옹호할 것입니다."라고 선언했을 것으로 추정된다.

🟰 announce, proclaim
➕ declaration ⓝ 선언(문)

de + clar(e)
아래로   명백한

(아래쪽으로) 명백하게 말하다
➡ 선언하다

WORD *Review*

다음 뜻에 해당하는 알맞은 영어 단어를 쓰시오.

re-
다시, 뒤로

01 _____
다시 만나다,
재가입하다

02 _____
조화시키다,
화해시키다

03 _____
의지하다, 휴양지

04 _____
회상, 회상하다

com-
함께, 모두

17 _____
무너지다, 붕괴

05 _____
구성하다, 작곡하다

09 _____
작은, 밀집한

13 _____
충돌, 부딪침

18 _____
집중하다,
농축시키다

06 _____
결합하다, 겸비하다

10 _____
연소

14 _____
확인하다, 입증하다

19 _____
공존하다

07 _____
불평하다, 항의하다

11 _____
부패한, 부패시키다

15 _____
수정, 교정

20 _____
등고선,
윤곽을 그리다

08 _____
회사, 일행

12 _____
연결하다,
관련지어 생각하다

16 _____
응축[농축]시키다,
요약하다

21 _____
걱정, 관심을 갖다

de-
반대의, 떨어져, 정말,
아래로, 아닌

28 _____
우울하게 만들다

22 _____
발견하다, 감지하다

24 _____
선언하다, 신고하다

26 _____
토론, 토론하다

29 _____
묘사하다, 그리다

23 _____
바라다, 욕구

25 _____
얻다, 파생하다

27 _____
발달하다, 개발하다

30 _____
입증하다, 시위하다

행위, 성질, 상태를 나타내는 명사형 접미사 1

-ion(-(a)tion)	행위(〜하기)	
action	⑩ 행동	(act 행동하다)
celebration	⑩ 축하	(celebrate 축하하다)
creation	⑩ 창조	(create 창조하다)
decision	⑩ 결정	(decide 결정하다)
evaluation	⑩ 평가	(evaluate 평가하다)
examination	⑩ 검사, 시험	(examine 검사하다)
formation	⑩ 구성, 형태	(form 구성하다)
investigation	⑩ 조사, 수사	(investigate 조사하다)
observation	⑩ 관찰	(observe 관찰하다)
promotion	⑩ 촉진, 홍보, 승진	(promote 촉진하다)

-ment	행위(〜하기, 〜하는 과정)	
achievement	⑩ 성취	(achieve 성취하다)
development	⑩ 개발, 발전	(develop 개발하다)
employment	⑩ 고용	(employ 고용하다)
improvement	⑩ 개선	(improve 개선하다)
management	⑩ 경영, 관리	(manage 경영하다)
movement	⑩ 이동, 움직임	(move 이동하다)
treatment	⑩ 취급, 치료	(treat 취급하다)

-ness	상태(〜임, 〜정도임)	
boldness	⑩ 대담성	(bold 대담한)
darkness	⑩ 어두움	(dark 어두운)
freshness	⑩ 신선함	(fresh 신선한)
happiness	⑩ 행복	(happy 행복한)
loneliness	⑩ 외로움	(lonely 외로운)
sadness	⑩ 슬픔	(sad 슬픈)
weakness	⑩ 약함, 약점	(weak 약한)

DAY 04

어원 Preview

de-	반대의, 떨어져, 정말, 아래로, 아닌	**en-**	안에, 하게 만들다
		un-	아닌

Previous Check

☐ delicate	☐ endanger	☐ unexpected
☐ depart	☐ enthusiasm	☐ unusual
☐ deforestation	☐ enrich	☐ unknown
☐ devour	☐ entitle	☐ unable
☐ decode	☐ enlarge	☐ unfamiliar
☐ engage	☐ ensue	☐ unwanted
☐ ensure	☐ embrace	☐ unfair
☐ enable	☐ empower	☐ unlikely
☐ enhance	☐ embed	☐ unlock
☐ encounter	☐ unfortunate	☐ unforgettable

de- | 반대의(opposite), 떨어져(away), 정말(very), 아래로(down), 아닌(not)

0091 ☐☐

delicate
[délәkit]

ⓐ 미묘한, 섬세한, 연약한

The caps are famous for their delicate and beautiful patterns. 교과서
그 관모들은 그것의 섬세하고 아름다운 문양으로 유명하다.

▤ subtle ⓐ미묘한, 희미한

de + lic + ate
떨어져 빛 형접

빛으로부터 떨어져 희미한
➡ 미묘한

0092 ☐☐

depart
[dipá:rt]

ⓥ 출발하다

The plane departed from the airport on time.
그 비행기는 정시에 공항에서 출발했다.

↔ arrive ⓥ도착하다
➕ departure ⓝ출발

de + part
떨어져 나누다

있던 곳에서 떨어져 나가다
➡ 출발하다

0093 ☐☐

deforestation
[difɔ̀:ristéiʃәn]

ⓝ 삼림 벌채[파괴]

Deforestation is a major cause of biodiversity loss.
삼림 벌채는 생물 다양성 손실의 주요 원인이다.

↔ forestation ⓝ조림, 식림
➕ deforest ⓥ삼림을 벌채하다

de + forest + ation
아닌 숲 명접

숲이 아니도록 만듦
➡ 삼림 벌채

0094 ☐☐

devour
[diváuәr]

ⓥ (게걸스럽게) 먹어 치우다, 삼키다

The hungry lion devoured the zebra whole.
배고픈 사자가 얼룩말을 통째로 먹어 치웠다.

▤ swallow ⓥ삼키다

de + vour
아래로 먹다

머리를 아래로 숙이고 먹다
➡ 먹어 치우다

0095 ☐☐

decode
[diːkóud]

ⓥ (암호 등을) 해독하다, 이해하다

The scientist was able to decode the ancient message.
그 과학자는 고대의 메시지를 해독할 수 있었다.

⬌ encode ⓥ 암호화하다, 부호를 입력하다

de + code
아닌   암호화하다

암호가 아니도록 만들다
➡ 해독하다

DAY
04

---

en-
안에(in), 하게 만들다(make)
| 변화형 | em

0096 ☐☐

engage
[ingéidʒ]

ⓥ 관계를 맺다, 약속하다, ~와 약혼하다

People engage with infants by exaggerating their facial expressions. 학평
사람들은 자신의 얼굴 표정을 과장하여 유아들과 관계를 맺는다.

➕ be engaged in ~에 관련되다, ~하느라 바쁘다
　　be engaged to ~와 약혼하다
　　engagement ⓝ 약속, 관여, 약혼

en + gage
하게 만들다   서약

서약을 하게 만들다
➡ 관계를 맺다

0097 ☐☐

ensure
[inʃúər]

ⓥ 반드시 ~하게 하다, 보장하다

There is still a long way to go to ensure shoppers are adequately informed about the environmental impact of the products they buy. 학평
쇼핑객들이 자신이 구매하는 제품의 환경적 영향에 대해 반드시 적절하게 정보를 제공받게 하기 위해서는 아직 갈 길이 멀다.

en + sure
하게 만들다   확실한

확실하게 만들다
➡ 보장하다

0098 ☐☐

enable
[inéibl]

ⓥ ~할 수 있게 하다, 가능하게 하다

The evolution of a horse's hoof from a five-toed foot has enabled the horse to gallop rapidly over open plains. 모평
발가락이 다섯 개인 발에서 말발굽으로의 진화는 말이 탁 트인 평원을 빠르게 질주할 수 있게 해 주었다.

en + able
하게 만들다   할 수 있는

할 수 있게 만들다
➡ 가능하게 하다

0099 ☐☐

enhance
[inhǽns]

Ⓥ 향상하다, 높이다

Retrieval of those memories is then enhanced by contextual effects. 학평
그런 다음 그러한 기억들의 회복은 맥락 효과에 의해 향상된다.

☰ improve
➕ enhancement ⓝ 향상

en + hance
하게 만들다   높은

높아지게 만들다
➡ 향상하다

0100 ☐☐

encounter
[inkáuntər]

Ⓥ (우연히) 만나다, 직면하다 ⓝ (우연한) 만남

When Trent took a short trip to Colombia, he encountered a delightful older couple. 교과서
Trent가 콜롬비아로 짧은 여행을 갔을 때, 그는 유쾌한 노부부를 만났다.

☰ come across 우연히 만나다
　 face ⓥ 직면하다

en + counter
안에   맞서

안에서 맞서다
➡ 만나다, 만남

0101 ☐☐

endanger
[indéindʒər]

Ⓥ 위험에 빠뜨리다, 위태롭게 하다

Introducing new species could endanger existing native species.
새로운 종을 도입하는 것은 기존의 토종 종들을 위험에 빠뜨릴 수 있다.

☰ threaten ⓥ 위협하다
➕ endangered ⓐ 멸종 위기에 처한

en + danger
하게 만들다   위험

위험하게 만들다
➡ 위험에 빠뜨리다

0102 ☐☐

enthusiasm
[inθjúːziæzəm]

ⓝ 열광, 열정

Melanie's mother saw her dancing with the flawless steps and enthusiasm of a ballerina. 학평
Melanie의 어머니는 그녀가 발레리나의 완벽한 스텝과 열정으로 춤을 추는 것을 보았다.

☰ passion
➕ enthusiastic ⓐ 열정적인

en + thus + iasm
안에   신   명접

신이 안에 불어 넣는 것
➡ 열광, 열정

0103 ☐☐

enrich
[inrítʃ]

Ⓥ 풍요롭게 하다, 강화하다

Travel is really about personal memories and unique experiences that will color your soul and enrich your life. 교과서
여행은 정말 여러분의 마음을 물들이고 여러분의 삶을 풍요롭게 할 개인적인 추억과 특별한 경험에 관한 것이다.

➕ enrichment ⓝ 풍부하게 함

en + rich
하게 만들다 부유한

부유하게 만들다
➡ 풍요롭게 하다

DAY
04

0104 ☐☐
entitle
[intáitl]

ⓥ 자격[권리]을 주다, 제목을 붙이다

People will be entitled to their pensions when they reach 65.
사람들은 65세가 되면 연금을 받을 자격이 주어진다.

empower ⓥ 권한을 주다
entitlement ⓝ 권한 부여, 권한

en + title
하게 만들다 지위, 제목

지위를 가지게 하다
➔ 자격을 주다

0105 ☐☐
enlarge
[inláːrdʒ]

ⓥ 확대[확장]하다, 크게 하다

Workers then wanted more leisure and leisure time was enlarged by union campaigns. 수능
그 후 노동자들은 더 많은 여가를 원했고, 노동조합 운동에 의해 여가 시간이 확대되었다.

expand
diminish ⓥ 축소하다

en + large
하게 만들다 큰

크게 만들다
➔ 확대하다

0106 ☐☐
ensue
[insjúː]

ⓥ (일·결과가) 이어지다, 뒤따르다

A heated argument ensued after the game.
경기 후 격렬한 논쟁이 이어졌다.

follow ⓥ 이어지다, 뒤따르다

en + sue
하게 만들다 따르다

따르게 만들다
➔ 이어지다

0107 ☐☐
embrace
[imbréis]

ⓥ 받아들이다, 포옹하다

Bryan suggests that we should embrace nouns more thoughtfully. 학평
Bryan은 우리가 명사를 좀 더 신중하게 받아들여야 한다고 주장한다.

accept ⓥ 받아들이다
reject ⓥ 거절하다, 거부하다

em + brace
안에 팔

팔(품) 안에 두다
➔ 포옹하다

0108 ☐☐
empower
[impáuər]

ⓥ 힘을 부여하다, 권한을 주다

Indeed, empowering tourists with mobile access to services generates strong interest and considerable profits. 학평
사실, 관광객에게 서비스에 대한 모바일 접근 권한을 주는 것은 강력한 흥미와 상당한 수익을 만들어 낸다.

entitle ⓥ 권한[권리]을 부여하다

em + power
하게 만들다 권력

권력을 가지게 하다
➔ 힘을 부여하다

0109 □□
embed
[imbéd]

ⓥ (단단히) 박다, 끼워 넣다

Product placement is advertising "embedded" in the program. 교과서
간접 광고(PPL)는 프로그램 안에 '끼워 넣은' 광고이다.

em + bed
안에 놓다

안에 넣다
➜ 끼워 넣다

un- 아닌 (not)

0110 □□
unfortunate
[ʌnfɔ́:rtʃənit]

ⓐ 불운한, 불행한, 유감스러운

Many of his characters are in unfortunate situations. 교과서
그의 많은 등장인물이 불행한 상황에 처해 있다.

- ⊜ unlucky ⓐ 불운한
- ↔ fortunate ⓐ 운이 좋은
- ⊕ unfortunately ⓐⓓ 불행하게도

un + fortun(e) + ate
아닌 운 형접

운이 없는
➜ 불운한

0111 □□
unexpected
[ʌ̀nikspéktid]

ⓐ 예상치 못한, 뜻밖의

Using it carelessly can lead to unexpected outcomes. 교과서
그것을 부주의하게 사용하는 것은 예상치 못한 결과로 이어질 수 있다.

un + expect(ed)
아닌 예상하다

예상하는 것이 아닌
➜ 예상치 못한

0112 □□
unusual
[ʌnjú:ʒuəl]

ⓐ 특이한; 흔치 않은, 색다른

Curious about the unusual sight, my father suggested, "Why don't we pull the car over?" 교과서
특이한 그 광경에 호기심을 느껴, 나의 아버지는 "차를 저쪽에 대는 게 어떨까?"라고 제안하셨다.

- ⊜ extraordinary ⓐ 비범한, 놀라운
- ↔ usual ⓐ 보통의, 일상적인
- ⊕ unusally ⓐⓓ 특이하게, 평소와 다르게

un + usual
아닌 보통의

보통이 아닌
➜ 특이한

0113 □□

unknown
[ʌnnóun]

ⓐ 미지의, 알려지지 않은

The higher figures come thanks to improved survey methods and the discovery of previously unknown populations. 학평

더 높은 수치는 개선된 조사 방법과 이전에 알려지지 않은 개체수의 발견 덕분에 나온 것이다.

↔ **well-known** ⓐ 잘 알려진

DAY 04

un + known
아닌   알려진

알려지지 않은
➡ 미지의

0114 □□

unable
[ʌnéibl]

ⓐ ~할 수 없는, 약한

If you are unable to come to our regularly scheduled Saturday tour, you can email us to schedule an alternate tour. 학평

정기적으로 예정된 토요일 투어에 오실 수 없는 경우에는, 저희에게 이메일을 보내 대체 투어의 일정을 잡으실 수 있습니다.

↔ **able** ⓐ ~할 수 있는, 유능한

un + able
아닌   할 수 있는

하지 못하는
➡ 할 수 없는

0115 □□

unfamiliar
[ʌnfəmíljər]

ⓐ 익숙하지 않은, 낯선

Even the slight difference of being unfamiliar with pumpkin pie can serve as a source of interference for the student. 학평

호박 파이에 익숙하지 않다는 사소한 차이도 학생에게는 방해의 원인이 될 수 있다.

↔ **familiar** ⓐ 익숙한, 친숙한

un + familiar
아닌   익숙한

익숙지 않은
➡ 낯선

0116 □□

unwanted
[ʌnwántid]

ⓐ 원치 않는, 반갑지 않은

This difference in air pressure creates an unwanted effect called "drag." 교과서

이런 공기 압력의 차이는 '항력'이라고 불리는 원치 않는 효과를 만든다.

un + want(ed)
아닌   원하다

원하지 않다
➡ 원치 않는

0117 ☐☐

unfair
[ʌnféər]

ⓐ 불공평한, 부당한

Doping in sports usually involves drugs that players illegally take to gain an unfair advantage in performance. 교과서
스포츠에서 도핑은 일반적으로 선수가 경기력에서 부당한 이득을 얻기 위해 불법적으로 복용하는 약물과 관련된다.

↔ fair ⓐ 공평한, 공정한
➕ unfairness ⓝ 불공평(함)

un + fair
아닌   공평한

공평하지 않은
➡ 불공평한

0118 ☐☐

unlikely
[ʌnláikli]

ⓐ 있을 것 같지 않은, ~할 것 같지 않은

An unlikely friendship blossomed between the two rivals.
두 라이벌 사이에 있을 것 같지 않은 우정이 꽃피었다.

↔ likely ⓐ 있을 법한, ~할 것 같은

un + likely
아닌   ~할 것 같은

할 것 같지 않은
➡ 있을 것 같지 않은

0119 ☐☐

unlock
[ʌnlák]

ⓥ 열다, 드러내다

Despite Carter's speech, the board votes to unlock the gym. 교과서
Carter의 연설에도 불구하고, 이사회는 체육관을 여는 것을 투표로 결정한다.

↔ lock ⓥ 잠그다

un + lock
아닌   잠그다

잠그지 않다
➡ 열다

0120 ☐☐

unforgettable
[ʌnfərgétəbl]

ⓐ 잊을 수 없는

I was so proud of her empathy and warmth, and this was an unforgettable experience for our family. 학평
나는 그녀의 공감과 따뜻함이 매우 자랑스러웠고, 이것은 우리 가족에게 잊을 수 없는 경험이었다.

🟰 memorable ⓐ 기억할 만한, 잊을 수 없는
↔ forgettable ⓐ 잊기 쉬운

un + forget(t)
아닌   잊다

+ able
할 수 있는

잊을 수 있지 않은
➡ 잊을 수 없는

WORD Review

다음 뜻에 해당하는 알맞은 영어 단어를 쓰시오.

de-
반대의, 떨어져, 정말, 아래로, 아닌

01 _____
출발하다

02 _____
미묘한, 섬세한

03 _____
(암호 등을) 해독하다

05 _____
먹어 치우다, 삼키다

04 _____
삼림 벌채[파괴]

en-
안에, 하게 만들다

06 _____
관계를 맺다, 약속하다

07 _____
받아들이다, 포옹하다

08 _____
~할 수 있게 하다

09 _____
향상하다, 높이다

10 _____
자격[권리]을 주다

11 _____
위험에 빠뜨리다

12 _____
(단단히) 박다, 끼워 넣다

13 _____
풍요롭게 하다, 강화하다

14 _____
(우연히) 만나다, (우연한) 만남

15 _____
확대[확장]하다

16 _____
이어지다, 뒤따르다

17 _____
반드시 ~하게 하다

18 _____
힘을 부여하다, 권한을 주다

19 _____
열광, 열정

un-
아닌

20 _____
잊을 수 없는

21 _____
있을 것 같지 않은

22 _____
특이한, 흔치 않은

23 _____
원치 않는, 반갑지 않은

24 _____
~할 수 없는, 약한

25 _____
익숙하지 않은, 낯선

26 _____
미지의, 알려지지 않은

27 _____
불공평한, 부당한

28 _____
예상치 못한, 뜻밖의

29 _____
열다, 드러내다

30 _____
불운한, 유감스러운

행위, 성질, 상태를 나타내는 명사형 접미사 2

-ance(-ence)	행동, 과정(~하기)		
accept**ance**	ⓝ 받아들임	(accept 받아들이다)
differ**ence**	ⓝ 차이	(differ 다르다)
compli**ance**	ⓝ 따름, 순응	(comply 따르다)
exist**ence**	ⓝ 존재	(exist 존재하다)
guid**ance**	ⓝ 안내	(guide 안내하다)
perform**ance**	ⓝ 수행	(perform 수행하다)
persist**ence**	ⓝ 지속됨, 고집	(persist 지속하다)
resist**ance**	ⓝ 저항, 반대	(resist 저항하다)

-al	행동, 과정(~하기)		
arriv**al**	ⓝ 도착	(arrive 도착하다)
approv**al**	ⓝ 인정, 찬성	(approve 인정하다)
betray**al**	ⓝ 배신	(betray 배신하다)
deni**al**	ⓝ 부인, 거부	(deny 부인하다)
propos**al**	ⓝ 제안	(propose 제안하다)
refus**al**	ⓝ 거절, 거부	(refuse 거절하다)
rehears**al**	ⓝ 리허설, 예행연습	(rehearse 리허설하다)
revers**al**	ⓝ 전환, 반전	(reverse 뒤집다)
surviv**al**	ⓝ 생존	(survive 생존하다)

-ure	행동, 과정(~하기)		
clos**ure**	ⓝ 폐쇄, 종결	(close 닫다)
expos**ure**	ⓝ 노출	(expose 노출시키다)
fail**ure**	ⓝ 실패	(fail 실패하다)
proced**ure**	ⓝ 절차	(proceed 진행하다)
architect**ure**	ⓝ 건축	(architect 건축가, 건축하다)

DAY 05

어원 Preview

un -	아닌	a -	매우, 정말, 아닌, ~에
ex -	밖으로	pro -	앞으로, 앞에

Previous Check

- ☐ unbearable
- ☐ explain
- ☐ exchange
- ☐ examine
- ☐ expand
- ☐ expose
- ☐ exhaust
- ☐ explicit
- ☐ exotic
- ☐ erosion

- ☐ evaporate
- ☐ escort
- ☐ amaze
- ☐ arise
- ☐ ashamed
- ☐ atom
- ☐ alike
- ☐ abroad
- ☐ aboard
- ☐ arouse

- ☐ analyze
- ☐ anatomy
- ☐ produce
- ☐ protect
- ☐ progress
- ☐ propose
- ☐ prospect
- ☐ proverb
- ☐ profile
- ☐ proactive

un- 아닌(not)

0121 ☐☐
unbearable
[ʌ̀nbέ(:)ərəbl]

ⓐ 견딜 수 없는, 참기 어려운

The unbearable heat made it difficult to sleep.
견딜 수 없는 더위가 잠을 자는 것을 어렵게 만들었다.

🔲 intolerable
🔄 bearable ⓐ 견딜 수 있는
➕ bear ⓥ 견디다, 참다

un + bear + able
아닌   견디다 할 수 있는

견디기 어려운
➡ 견딜 수 없는

---

ex- 밖으로(out)

| 변화형 | exo, e, es

0122 ☐☐
explain
[ikspléin]

ⓥ 설명하다, 해명하다

He explained that each of these objects had faced the same adversity, but each one reacted differently. 교과서
그는 이 각각의 물체가 같은 역경에 처했지만, 각각 다르게 반응했다고 설명했다.

🔲 illustrate
➕ explanation ⓝ 설명, 해명

ex + plain
밖으로 분명한

밖으로 분명하게 하다
➡ 설명하다

0123 ☐☐
exchange
[ikstʃéindʒ]

ⓥ 교환하다 ⓝ 교환

The IoT is a network of objects that exchange and act upon data. 교과서
사물 인터넷은 데이터를 교환하고 이에 기반하여 작동하는 사물의 네트워크이다.

ex + change
밖으로 바꾸다

(집) 밖으로 (물건을) 바꾸다
➡ 교환하다

0124 □□
examine
[igzǽmin]

ⓥ 검토하다, 검사하다, 시험하다

They constantly examine and test their theories and conclusions. 학평 변형
그들은 끊임없이 자신들의 이론과 결론을 검토하고 시험한다.

- investigate, inspect ⓥ 조사하다, 검사하다
- examination ⓝ 검사, 시험

ex + amine
밖으로 움직이게 하다

안에 있는 것을 밖으로
나오게 하다
➡ 검토하다

DAY 05

0125 □□
expand
[ikspǽnd]

ⓥ 확장하다, 확대하다

The human species is unique in its ability to expand its functionality by inventing new cultural tools. 수능
인간 종은 새로운 문화적 도구를 발명하여 자신의 기능성을 확장하는 능력에 있어서 독특하다.

- contract ⓥ 줄이다, 수축시키다
- expansion ⓝ 확장, 확대

ex + pand
밖으로 펼치다

밖으로 펼치다
➡ 확장하다

0126 □□
expose
[ikspóuz]

ⓥ 노출시키다, 드러내다, 폭로하다

The idea that people selectively expose themselves to news content has been around for a long time. 학평
사람들이 뉴스 콘텐츠에 스스로를 선택적으로 노출시킨다는 생각은 오랫동안 존재해 왔다.

- conceal ⓥ 감추다
- exposure ⓝ 노출

ex + pose
밖으로 내놓다

밖으로 내놓다
➡ 노출시키다

0127 □□
exhaust
[igzɔ́ːst]

ⓥ 지치게 하다, 연소시키다, 다 써버리다

I finally fell asleep, exhausted from my grief. 학평
나는 슬픔에 지쳐 마침내 잠이 들었다.

- exhaustion ⓝ (극도의) 피로

ex + haust
밖으로 끌어내다

밖으로 끌어내다
➡ 지치게 하다

0128 □□
explicit
[iksplísit]

ⓐ 명시적인, 명백한, 솔직한

Although not the explicit goal, the best science can really be seen as refining ignorance. 수능
비록 명시적인 목표는 아니지만, 최고의 과학은 실제로 무지를 개선하는 것이라고 여겨질 수 있다.

- implicit ⓐ 암시적인, 암묵적인
- explicitly ⓐ 명백하게

ex + plic(it)
밖으로 접다

접은 것을 밖으로
펼쳐 보이는
➡ 명시적인

0129 ☐☐

exotic
[igzátik]

ⓐ 이국적인, 이색적인

Each year millions of people visit Morocco to enjoy its exotic and unusual culture, and to view its beautiful scenery. 교과서
매년 수백만 명의 사람들이 그것의 이국적이고 특이한 문화를 즐기고 아름다운 풍경을 보기 위해 모로코를 방문한다.

exo + tic
밖으로 형접

국가 밖의
➡ 이국적인

0130 ☐☐

erosion
[iróuʒən]

ⓝ 침식, 부식

Many marine species including oysters, marsh grasses, and fish were deliberately introduced for food or for erosion control. 학평

굴, 습지 풀, 그리고 어류를 포함한 많은 해양 생물 종은 식량이나 침식 방지를 위해 의도적으로 도입되었다.

➕ erode ⓥ 침식하다

e + ros + ion
밖으로 갉아먹다 명접

밖으로 갉아먹혀 사라짐
➡ 침식

0131 ☐☐

evaporate
[ivǽpərèit]

ⓥ 증발하다, 증발시키다

When heated, these long molecules disintegrate into smaller units, some of which are so small that they evaporate. 학평

가열되면, 이 긴 분자들은 더 작은 단위로 분해되고, 그중 일부는 너무 작아서 증발한다.

➕ evaporation ⓝ 증발

e + vapor + ate
밖으로 증기 동접

증기가 밖으로 나가다
➡ 증발하다

0132 ☐☐

escort
[iskɔ́ːrt] ⓥ
[éskɔːrt] ⓝ

ⓥ 호위하다 ⓝ 호위대(원)

The bodyguard escorted the celebrity to her car after the show.
경호원은 공연이 끝난 후 그 유명인을 그녀의 차까지 호위했다.

es + cort
밖으로 안내하다

안내하여 나가다
➡ 호위하다

a-

매우, 정말(very), 아닌(not), ~에(on)

| 변화형 | ana

DAY
05

0133 □□

amaze

[əméiz]

ⓥ (몹시) 놀라게 하다

The customer was amazed to see tears well up in the eyes of the man. 학평
그 손님은 그 남자의 눈에 눈물이 고이는 것을 보고 놀랐다.

🔁 astonish, surprise

➕ amazement ⓝ놀람, 경탄
　　amazing ⓐ놀라운

a + maze
매우　당황하게 하다

매우 당황하게 하다
➡ 놀라게 하다

0134 □□

arise

[əráiz]

ⓥ 발생하다, 유발되다

Related issues arise in connection with current and persistently inadequate aid for these nations. 수능
이러한 국가들을 위한 현재의 지속적으로 부적절한 원조와 관련하여 연계된 문제들이 발생한다.

🔁 happen, occur

a + rise
정말　일어나다

실제로 일어나다
➡ 발생하다

0135 □□

ashamed

[əʃéimd]

ⓐ 부끄러운, 수치스러운

If she found out that her hero hadn't won, she would be terribly disappointed, and the hero would feel ashamed. 모평 변형
만약 그녀가 자신의 영웅이 우승하지 못했다는 것을 알게 된다면, 그녀는 몹시 실망할 것이고, 그 영웅은 부끄러워할 것이다.

➕ be ashamed of ~을 부끄러워하다
　　shame ⓝ부끄러움, 수치

a + shame(d)
매우　부끄럽게 하다

매우 부끄럽게 하다
➡ 부끄러운

0136 □□

atom

[ǽtəm]

ⓝ 원자

Sugars are carbohydrates, which is to say that they are made of carbon, hydrogen, and oxygen atoms. 학평
당분은 탄수화물인데, 이는 그것이 탄소, 수소, 산소 원자로 구성되어 있다는 것을 의미한다.

➕ atomic ⓐ원자의

a + tom
아닌　자르다

자르지 못하는 것
➡ 원자

0137 □□

alike
[əláik]

ⓐ 닮은, 비슷한 ⓐⓓ 매우 비슷하게, 둘 다

The twins are alike in many ways, such as their hair color and eye color.
쌍둥이는 그들의 머리 색깔과 눈 색깔과 같이 여러 면에서 닮았다.

ᵉ similar ⓐ 비슷한

a + like
정말   비슷한

정말 비슷한
➜ 닮은

0138 □□

abroad
[əbrɔ́ːd]

ⓐⓓ 외국에(서), 외국으로

Putting it in other words, the sign is a symbol of being abroad. 교과서 변형
다시 말하자면, 그 표지판은 외국에 있다는 상징이다.

ᵉ overseas

a + broad
~에   넓은

넓은 곳에서
➜ 외국에서

0139 □□

aboard
[əbɔ́ːrd]

ⓐⓓ (배·비행기 등에) 탑승하여
ⓟ (배·비행기 등에) 탑승해 있는

The captain welcomed all the passengers aboard the luxurious cruise ship.
선장은 호화 유람선에 탑승해 있는 모든 승객들을 환영했다.

a + board
~에   갑판

갑판에 있는
➜ 배에 탑승해 있는

0140 □□

arouse
[əráuz]

ⓥ (감정 등을) 자극하다, 각성시키다

Rather, the dog is trained to become emotionally aroused by one smell versus another. 모평
오히려 개는 다른 냄새와 대조하여 한 냄새에 의해 감정적으로 자극되도록 훈련된다.

➕ arousal ⓝ 자극, 흥분

a + rouse
정말   각성시키다

정말 각성시키다
➜ 자극하다

0141 □□

analyze
[ǽnəlàiz]

ⓥ 분석하다

These IoT wearable devices track and analyze your vital signs. 교과서
이 착용형 사물 인터넷 기기는 여러분의 활력 징후를 추적하여 분석한다.

➕ analysis ⓝ 분석

ana + ly + (i)ze
매우   느슨하게   동접
하다

매우 느슨하게 풀어 자세히 보다
➜ 분석하다

DAY
05

0142 ☐☐
anatomy
[ənǽtəmi]

ⓝ 해부학적 구조, 해부, 인체

The human body is a complex system with a fascinating anatomy.
인체는 매혹적인 해부학적 구조를 가진 복잡한 체계이다.

ana + tom + y
정말   자르다   명접

매우 잘게 자름
➜ 해부

---

pro-
앞으로(forward), 앞에(front)
| 변화형 | pur

0143 ☐☐
produce
[prədjúːs] ⓥ
[prádjuːs] ⓝ

ⓥ 만들어 내다, 생산[제조]하다   ⓝ 농산물

Little creatures have to produce heat more rapidly than large creatures. 학평
작은 생명체들은 큰 생명체들보다 더 빨리 열을 생산해야 한다.

🔲 manufacture ⓥ 생산하다
➕ product ⓝ 제품, 생산품
    production ⓝ 생산

pro + duce
앞으로   끌다

결과물을 앞으로 끌어내다
➜ 만들어 내다

0144 ☐☐
protect
[prətékt]

ⓥ 보호하다, 방어하다

Only they can protect it and pass it on to tomorrow's generations. 교과서
오직 그들만이 그것을 보호하고 다음 세대에게 전달할 수 있다.

🔲 defend ⓥ 방어하다
➕ protection ⓝ 보호
    protective ⓐ 보호하는, 방어적인

pro + tect
앞에   덮다

앞을 (방패로) 덮다
➜ 보호하다

0145 ☐☐
progress
[prágres] ⓝ
[prəgrés] ⓥ

ⓝ 발전, 진보   ⓥ 발전하다, 전진하다

It is to be used as a tool for progress. 교과서
그것은 발전을 위한 도구로 사용되어야 한다.

🔲 advancement ⓝ 발전, 진보
➕ progressive ⓐ 진보적인

pro + gress
앞으로   걸어가다

앞으로 걸어가다
➜ 발전하다

0146 ☐☐

propose
[prəpóuz]

ⓥ 제안하다, 청혼하다

How glad, how shy, how nervous she was when he proposed! 교과서
그가 청혼했을 때, 그녀가 얼마나 기뻐하고, 얼마나 수줍어 하며, 얼마나 긴장하였던가!

目 suggest ⓥ 제안하다
➕ proposal ⓝ 제안, 청혼

pro + **pose**
앞으로   놓다

앞으로 내놓다
➡ 제안하다

0147 ☐☐

prospect
[práspèkt]

ⓝ 전망, 예상, 가능성

For them, the prospect of losing money is not that bad. 학평
그들에게, 돈을 잃는다는 전망은 그리 나쁜 것은 아니다.

目 outlook, perspective ⓝ 전망
➕ prospective ⓐ 유망한, 장래의

pro + **spect**
앞에   보다

앞에 보이는 것
➡ 전망

0148 ☐☐

proverb
[právə:rb]

ⓝ 속담

A proverb is a short, wise saying that is passed down through generations.
속담은 여러 세대에 걸쳐 전해 내려오는 짧고 지혜로운 문구이다.

目 saying

pro + **verb**
앞에   말

앞서 전해 오는 말
➡ 속담

0149 ☐☐

profile
[próufail]

ⓝ 윤곽, 옆모습, 개요 **ⓥ** 개요를 작성하다

When dealing with investments, different people have different risk profiles. 학평
투자를 다룰 때, 다양한 사람들은 다양한 위험 개요를 가진다.

目 outline ⓝ 개요 ⓥ 개요를 작성하다

pro + **file**
앞에   실을 뽑다

실선만 앞으로 뽑아내는 것
➡ 개요

0150 ☐☐

proactive
[prouǽktiv]

ⓐ 사전 예방적인, 앞서서 주도하는

A proactive approach to customer service can help prevent problems.
고객 서비스에 대한 사전 예방적인 접근법은 문제를 예방하는 데 도움이 될 수 있다.

pro + **active**
앞에   활동적인

앞서 활동을 하는
➡ 사전 예방적인

다음 뜻에 해당하는 알맞은 영어 단어를 쓰시오.

un-
아닌

01
_____
견딜 수 없는

ex-
밖으로

04
_____
검토하다, 시험하다

07
_____
지치게 하다,
연소시키다

10
_____
교환하다, 교환

02
_____
설명하다, 해명하다

05
_____
확장하다, 확대하다

08
_____
명시적인, 명백한

11
_____
증발하다,
증발시키다

03
_____
침식, 부식

06
_____
이국적인, 이색적인

09
_____
노출시키다,
폭로하다

12
_____
호위하다,
호위대(원)

a-
매우, 정말, 아닌, ~에

17
_____
닮은, 매우 비슷하게

20
_____
자극하다,
각성시키다

13
_____
분석하다

15
_____
외국에(서),
외국으로

18
_____
부끄러운,
수치스러운

21
_____
(몹시) 놀라게 하다

14
_____
발생하다, 유발되다

16
_____
원자

19
_____
(배·비행기 등에)
탑승하여

22
_____
해부학적 구조, 해부

23
_____
속담

24
_____
보호하다, 방어하다

25
_____
발전, 진보,
발전하다

pro-
앞으로, 앞에

27
_____
사전 예방적인

26
_____
제안하다, 청혼하다

28
_____
만들어 내다,
생산하다, 농산물

29
_____
윤곽,
개요를 작성하다

30
_____
전망, 예상, 가능성

행위, 성질, 상태를 나타내는 명사형 접미사 3

-th	행동, 상태 (~하기, ~임)	
birth	⑩ 탄생	(bear 낳다)
length	⑩ 길이	(long 긴)
depth	⑩ 깊이	(deep 깊은)
strength	⑩ 강도	(strong 강한)
warmth	⑩ 따뜻함	(warm 따뜻한)
width	⑩ 너비	(wide 넓은)

-cy	행동, 성질 (~하기, ~임)	
accuracy	⑩ 정확성	(accurate 정확한)
conspiracy	⑩ 음모	(conspire 모의하다)
efficiency	⑩ 효율성	(efficient 효율적인)
emergency	⑩ 비상 상황	(emerge 나타나다, 드러나다)
fluency	⑩ 유창함	(fluent 유창한)

-(i)ty(-ety)	상태, 성질 (~임, ~함)	
creativity	⑩ 창의성	(creative 창의적인)
clarity	⑩ 명확성	(clear 명확한)
generosity	⑩ 너그러움	(generous 너그러운)
stability	⑩ 안정	(stable 안정적인)
variety	⑩ 다양성	(various 다양한)

-sis	행동 (~함)	
analysis	⑩ 분석	(analyze 분석하다)
basis	⑩ 근거, 토대	(basic 기본적인)
diagnosis	⑩ 진단	(diagnose 진단하다)
paralysis	⑩ 마비	(paralyze 마비시키다)

DAY

06

어원 Preview

pro -	앞으로, 앞에	ab -	~로부터, 떨어져
ad -	~에, ~ 쪽으로	inter -	사이에, 서로
out -	밖으로, 더 ~한		

Previous Check

- ☐ purchase
- ☐ adjust
- ☐ approach
- ☐ account
- ☐ accompany
- ☐ accumulate
- ☐ accelerate
- ☐ abandon
- ☐ assure
- ☐ arrogant

- ☐ outcome
- ☐ output
- ☐ outstanding
- ☐ outweigh
- ☐ outlet
- ☐ outlook
- ☐ outbreak
- ☐ utmost
- ☐ absorb
- ☐ abundant

- ☐ absurd
- ☐ abnormal
- ☐ amend
- ☐ advantage
- ☐ advance
- ☐ interaction
- ☐ international
- ☐ interpret
- ☐ interfere
- ☐ interpersonal

pro-
앞으로(forward), 앞에(front)
| 변화형 | **pur**

0151 ☐☐
purchase
[pə́ːrtʃəs]

ⓥ 구입하다 **ⓝ** 구입한 물건, 구입

However, a souvenir doesn't have to be something purchased in a gift shop. 교과서
하지만, 기념품이 선물 가게에서 구입한 것일 필요는 없다.

🟰 buy
↔ sell ⓥ 팔다

pur + chase
앞으로 쫓다

앞으로 쫓아가 원하는 것을 얻다
➡ 구입하다

---

ad-
~에(to), ~쪽으로(toward)
| 변화형 | **ap, ac, a, as, ar**

0152 ☐☐
adjust
[ədʒʌ́st]

ⓥ 조절하다, 조정하다, 적응하다

They are cold-blooded organisms that adjust their body temperature to their environment. 학평
그것들은 환경에 따라 자신의 체온을 조절하는 냉혈 유기체이다.

➕ adjust to ~에 적응하다
adjustment ⓝ 조절, 적응
adjustable ⓐ 조절 가능한

ad + just
~쪽으로 올바른

무언가를 올바른 쪽으로 움직이다
➡ 조절하다

0153 ☐☐
approach
[əpróutʃ]

ⓥ 접근하다, 다가가다 **ⓝ** 접근법, 접근

Looking at a problem from a different perspective can lead you to a new approach to handle the problem. 교과서
다른 관점에서 문제를 보는 것은 그 문제를 다룰 새로운 접근법으로 여러분을 이끌 수 있다.

ap + proach
~에 가까이

~에 가까이 가다
➡ 접근하다

DAY
06

0154 ☐☐

account
[əkáunt]

ⓝ 계좌, 계정, 설명
ⓥ 간주하다, 원인이 되다, 설명하다

For example, in 2016, a bank in the UK froze its online operations because 40,000 accounts had been hacked. 교과서
예를 들어, 2016년에 영국의 한 은행은 4만 개의 계좌가 해킹당했기 때문에 온라인 거래를 동결시켰다.

➕ account for ~을 설명하다, ~의 비율을 차지하다
take ~ into account ~를 고려하다
accountant ⓝ 회계사

ac + count
~에 　계산하다

계산한 내용이 있는 것
➜ 계좌

0155 ☐☐

accompany
[əkʌ́mpəni]

ⓥ 동행하다, 동반하다, 반주하다

The instructor invited Melanie to accompany her to a ballet training center. 학평

강사는 Melanie를 발레 교습소에 그녀와 동행하도록 초대했다.

🟰 escort
➕ be accompanied by ~을 동반하다
accompaniment ⓝ 반주, 동반되는 것

ac + company
~에 　동행, 일행

~에 일행이 되다
➜ 동행하다

0156 ☐☐

accumulate
[əkjúːmjəlèit]

ⓥ 쌓이다, 모으다, 축적하다

The body tends to accumulate problems, often beginning with one small, seemingly minor imbalance. 학평
신체는 종종 사소해 보이는 하나의 작은 불균형으로 시작하여 문제를 축적하는 경향이 있다.

🟰 collect
➕ accumulation ⓝ 축적, 쌓임

ac + cumulate
~ 쪽으로 　쌓다

한쪽으로 쌓다
➜ 쌓이다

0157 ☐☐

accelerate
[əksélərèit]

ⓥ 가속하다, 촉진하다

Thus, bringing together contradictory characteristics can accelerate the process of new ideas. 학평
따라서 상반되는 특성을 한데 모으는 것은 새로운 아이디어의 과정을 가속할 수 있다.

➕ acceleration ⓝ 가속

ac + celer + ate
~ 쪽으로 　빠른 　동접

한쪽으로 바르게 하다
➜ 가속하다

0158 ☐☐

abandon
[əbǽndən]

ⓥ 포기하다, 버리다

We certainly should not abandon efforts to develop standards in different content areas. 학평
우리는 확실히 다양한 콘텐츠 영역에서 표준을 개발하려는 노력을 포기해서는 안 된다.

🔗 discard ⓥ 버리다
➕ abandonment ⓝ 포기, 버림

a + bandon
~에   권력

~에 권력을 주다
➡ (자신의 권리를) 포기하다

0159 ☐☐

assure
[əʃúər]

ⓥ 보장하다, 장담하다, 확인하다

I offered to help the children into their stroller on the jet way, but the mother assured she could manage quite well on her own. 학평
나는 아이들이 이동식 탑승교에서 유모차에 타는 것을 돕겠다고 제안했지만, 그 어머니는 스스로 아주 잘 해낼 수 있다고 장담했다.

🔗 guarantee ⓥ 보장하다, 장담하다
➕ assurance ⓝ 보장, 장담

as + sure
~에   확신하다

~에 대해 확신하다
➡ 장담하다

0160 ☐☐

arrogant
[ǽrəgənt]

ⓐ 거만한, 오만한

The arrogant king's behavior turned people away.
그 오만한 왕의 행동은 사람들을 외면하게 했다.

↔ modest, humble ⓐ 겸손한
➕ arrogance ⓝ 거만, 오만

ar + rog + ant
~쪽으로 요구하다 형접

~을 향해 무리한 것을
요구하는
➡ 오만한

---

out-
밖으로(outside), 더 ~한(more ~ than)
| 변화형 | ut

0161 ☐☐

outcome
[áutkʌm]

ⓝ 결과, 성과

They offer players the chance to influence outcomes through their own efforts. 학평
그것들은 선수들에게 자신의 노력을 통해 결과에 영향을 미칠 수 있는 기회를 제공한다.

🔗 result, consequence, effect

out + come
밖으로   오다

밖으로 나온 것
➡ 결과

0162 ☐☐

output
[áutpùt]

ⓝ 출력, 산출, 생산(량)

The timing of inputs and outputs varies greatly depending on the type of energy. 수능

입력과 출력의 시간 선정은 에너지의 종류에 따라 크게 다르다.

↔ input ⓝ 입력, 투입

out + put
밖으로   놓다

밖으로 내놓은 것
➡ 생산

DAY
06

0163 ☐☐

outstanding
[àutstǽndiŋ]

ⓐ 뛰어난, 눈에 띄는, 우수한

The outstanding student received a perfect score on the test.
그 뛰어난 학생은 시험에서 만점을 받았다.

🔳 excellent, prominent

out + standing
밖으로   서 있는

(무리) 밖에 서 있는
➡ 뛰어난

0164 ☐☐

outweigh
[àutwéi]

ⓥ (~보다) 더 크다, 대단하다

The benefits of the new job outweigh the risks.
새로운 직업의 이점이 위험보다 더 크다.

🔳 exceed ⓥ 초과하다, 능가하다

out + weigh
더 ~한   무게가 나가다

무게가 더 나가다
➡ 더 크다

0165 ☐☐

outlet
[áutlet]

ⓝ 배출구, 직판점, 콘센트

Exercise is a great outlet for stress relief.
운동은 스트레스 해소를 위한 훌륭한 배출구이다.

out + let
밖으로   허락하다

밖으로 나오도록 허락하는 것
➡ 배출구

0166 ☐☐

outlook
[áutlùk]

ⓝ 전망, 세계관, 관점

The company's outlook is positive, despite the recent failure.
최근의 실패에도 불구하고 그 회사의 전망은 긍정적이다.

🔳 prospect ⓝ 전망
　　perspective ⓝ 관점, 전망

out + look
밖으로   보다

밖으로 보는 것
➡ 전망

0167 □□
outbreak
[áutbrèik]

ⓝ (전쟁·질병 등의) 발발, 발생

The outbreak of the virus caused widespread panic.
바이러스의 발발은 광범위한 공황을 일으켰다.

out + break
밖으로 깨뜨리다

밖으로 깨고 나오는 것
➡ 발생

0168 □□
utmost
[ʌ́tmòust]

ⓐ 최고의, 극도의 ⓝ 최대한도

The team gave their utmost effort to win the game.
그 팀은 경기에서 이기기 위해 최고의 노력을 다했다.

≡ extreme ⓐ 극도의

ut + most
더 ~한 가장 많은

가장 많은 것 중에 더 많은
➡ 최고의

ab-
~로부터(from), 떨어져(away from)
| 변화형 | a, adv

0169 □□
absorb
[əbsɔ́ːrb]

ⓥ 빨아들이다, 흡수하다,
(사람 마음을) 열중시키다

He had received her praise, like the desert absorbs the rain. 교과서
그는 마치 사막이 빗물을 빨아들이는 것처럼 그녀의 칭찬을 받아들였다.

⊕ be absorbed in ~에 열중하다
absorption ⓝ 흡수

ab + sorb
~로부터 빨아들이다

~로부터 빨아들이다
➡ 흡수하다

0170 □□
abundant
[əbʌ́ndənt]

ⓐ 풍부한, 많은

The rice farmers wish for enough rainfall and abundant harvests. 교과서 변형
쌀 농사를 짓는 농부들은 충분한 강우량과 풍부한 수확을 바란다.

≡ rich, plentiful
↔ scarce ⓐ 부족한, 드문
⊕ abundance ⓝ 풍부

ab + und + ant
~로부터 물결치다 형접

물결쳐 흘러나올 만큼
➡ 풍부한, 많은

DAY
06

0171 □□

absurd
[əbsə́:rd]

ⓐ 터무니없는, 어리석은 ⓝ 불합리, 부조리

The idea of a talking eagle wearing a top hat seemed absurd to them.
말하는 독수리가 모자를 쓰고 있다는 아이디어는 그들에게 터무니없어 보였다.

〓 stupid, foolish ⓐ 어리석은
⊞ absurdly ⓐ 불합리하게

ab + surd
떨어져 안 들리는

상식과 동떨어져 들리지 않는
➡ 터무니없는

0172 □□

abnormal
[æbnɔ́:rməl]

ⓐ 비정상적인

The abnormal cells were a threat to the patient's health.
비정상적인 세포는 그 환자의 건강에 위협이 되었다.

↔ normal ⓐ 정상적인, 보통의
⊞ abnormality ⓝ 비정상

ab + normal
떨어져 보통의

보통과 동떨어진
➡ 비정상적인

0173 □□

amend
[əménd]

ⓥ (법 등을) 수정[개정]하다, 고치다

The judge amended the sentence to a lesser charge.
판사는 그 선고를 더 낮은 혐의로 수정했다.

⊞ amendment ⓝ 수정, 개정

a + mend
~로부터 고치다

(원본으로부터) 고치다
➡ 수정하다

0174 □□

advantage
[ədvǽntidʒ]

ⓝ 유리한 점, 이점, 장점, 이익

A specially designed swim suit or a small device in a bicycle clearly gives an unfair advantage. 교과서
특별하게 고안된 수영복이나 자전거 안의 작은 장치는 분명히 불공정한 이점을 제공한다.

↔ disadvantage ⓝ 불리한 점, 약점

adv + ant + age
~로부터 앞에 명접

(다른 사람으로부터) 앞선 것
➡ 이점, 유리한 점

0175 □□

advance
[ədvǽns]

ⓥ 전진하다, 발전하다 ⓝ 전진, 발전

With the larger populations and more advanced technologies, European nations became powerful enough to venture into other parts of the world and colonize them.
교과서
더 많은 인구와 더 발전된 기술과 함께, 유럽의 국가들은 세계의 다른 지역으로 모험을 떠나 그곳들을 식민지화할 만큼 강력해졌다.

〓 progress
⊞ in advance 미리, 사전에

adv + anc(e)
~로부터 앞에

앞에 있는 목표로 나아가다
➡ 전진하다

inter- 사이에(between), 서로(each other)

0176 ☐☐

interaction
[ìntərǽkʃən]

ⓝ 교류, 상호 작용, 소통

Trent had very little interaction with elderly people except for his grandfather. 교과서
Trent는 자신의 할아버지를 제외하고는 노인들과의 교류가 거의 없었다.

➕ interact ⓥ 상호 작용하다, 교류하다

inter + action
서로   행동

서로 간의 행동
➡ 교류

0177 ☐☐

international
[ìntərnǽʃənl]

ⓐ 국제적인

Open international online access is understood using the metaphor "flat earth." 학평
개방형 국제적 온라인 접근은 '평평한 지구'라는 은유를 사용하여 이해된다.

🔁 national, domestic ⓐ국내의

inter + nation + al
사이에   국가   형접

국가 사이의
➡ 국제적인

0178 ☐☐

interpret
[intə́ːrprit]

ⓥ 해석하다, 이해하다, 통역하다

It can be seen as threatening if that help is interpreted as implying incompetence. 학평
그 도움이 무능함을 암시하는 것으로 해석될 경우 그것은 위협적으로 보여질 수 있다.

🟰 translate ⓥ통역하다
➕ interpretation ⓝ 해석   interpreter ⓝ통역사

inter + pret
서로   거래하다

서로 (용건을) 거래하다
➡ 해석하다

0179 ☐☐

interfere
[ìntərfíər]

ⓥ 방해하다, 참견하다, 간섭하다

Ripening could be slowed down by interfering with ethylene production. 모평
에틸렌 생성을 방해함으로써 익는 것을 늦출 수 있다.

➕ interference ⓝ방해, 간섭

inter + fere
서로   치다

서로 치다
➡ 방해하다

0180 ☐☐

interpersonal
[ìntərpə́ːrsənl]

ⓐ 대인 관계의, 사람 간의

A group working together successfully requires a high level of interpersonal awareness. 학평
함께 성공적으로 일하는 단체는 높은 수준의 대인 관계 인식을 필요로 한다.

inter + person + al
사이에   사람   형접

사람 사이의
➡ 대인 관계의

다음 뜻에 해당하는 알맞은 영어 단어를 쓰시오.

pro-
앞으로, 앞에

02 _____
교류, 상호 작용

inter-
사이에, 서로

03 _____
대인 관계의,
사람 간의

01 _____
구입하다, 구입

04 _____
해석하다, 통역하다

05 _____
방해하다, 참견하다

06 _____
국제적인

ad-
~에, ~ 쪽으로

13 _____
접근하다, 접근법

07 _____
쌓이다, 축적하다

09 _____
계좌, 설명,
간주하다

11 _____
조절하다, 적응하다

14 _____
보장하다, 장담하다

08 _____
포기하다, 버리다

10 _____
동행하다, 반주하다

12 _____
가속하다, 촉진하다

15 _____
거만한, 오만한

ab-
~로부터, 떨어져

17 _____
풍부한, 많은

19 _____
비정상적인

21 _____
터무니없는, 불합리

16 _____
빨아들이다,
흡수하다

18 _____
유리한 점, 장점

20 _____
수정[개정]하다,
고치다

22 _____
전진하다, 발전

23 _____
(전쟁·질병 등의)
발발, 발생

24 _____
출력, 산출

25 _____
최고의, 최대한도

26 _____
(~보다) 더 크다,
대단하다

out-
밖으로, 더 ~한

27 _____
배출구, 콘센트

28 _____
전망, 세계관, 관점

29 _____
결과, 성과

30 _____
뛰어난, 눈에 띄는

학문, 주의, 권리를 나타내는 명사형 접미사

-ics	학문, 기술 (~학, ~술)	
ethics	ⓝ 윤리학	(ethic 윤리)
economics	ⓝ 경제학	(economy 경제)
linguistics	ⓝ 언어학	(language 언어)
physics	ⓝ 물리학	(physical 물리적인)
politics	ⓝ 정치학, 정치	(political 정치의)
mathematics	ⓝ 수학	(mathematical 수학적인)
mechanics	ⓝ 역학	(mechanical 역학의)
statistics	ⓝ 통계학	(statistic 통계)

-ism	주의, 이론 (~주의, ~론)	
Buddhism	ⓝ 불교	(Buddha 부처)
capitalism	ⓝ 자본주의	(capital 자본)
humanism	ⓝ 인도주의	(human 인간)
modernism	ⓝ 모더니즘, 현대주의	(modern 현대적인)
nationalism	ⓝ 민족주의, 국가주의	(nation (민족)국가)
racism	ⓝ 인종주의	(race 인종)
romanticism	ⓝ 낭만주의	(romantic 낭만적인)
socialism	ⓝ 사회주의	(social 사회적인)
utilitarianism	ⓝ 공리주의	(utilitarian 실용적인)

-ship	상태, 권리 (~임, ~권)	
citizenship	ⓝ 시민권	(citizen 시민)
internship	ⓝ 인턴직, 인턴 근무	(intern 인턴)
friendship	ⓝ 우정	(friend 친구)
leadership	ⓝ 지도력	(leader 지도자)
partnership	ⓝ 동반자 관계	(partner 동반자)
membership	ⓝ 구성원임, 구성원의 권리	(member 구성원)
relationship	ⓝ 관계	(relation 관계)

DAY 07

어원 Preview

inter-	사이에, 서로	**sub-**	아래에, 아래로
over-	넘어서, 위에	**uni-**	하나
per-	완전히, 두루	**mis-**	잘못된

Previous Check

- ☐ interval
- ☐ interchange
- ☐ overcome
- ☐ overall
- ☐ overwhelm
- ☐ overlook
- ☐ overlap
- ☐ overtake
- ☐ overflow
- ☐ perfect

- ☐ perform
- ☐ perspective
- ☐ permanent
- ☐ persuade
- ☐ persist
- ☐ subtle
- ☐ suburb
- ☐ support
- ☐ suppress
- ☐ suggest

- ☐ suffer
- ☐ unique
- ☐ unite
- ☐ uniform
- ☐ unit
- ☐ union
- ☐ unify
- ☐ mistake
- ☐ mislead
- ☐ misunderstand

inter-　사이에(between), 서로(each other)

0181 ☐☐

interval
[íntərvəl]

ⓝ (장소·시간의) 간격, 사이

We have already seen that learning is much more efficient when done at regular intervals. 학평
우리는 이미 학습이 일정한 간격으로 이루어질 때 훨씬 더 효율적이라는 것을 보았다.

inter + val
사이에　벽

벽 사이의 구간
➔ 간격

0182 ☐☐

interchange
[ìntərtʃéindʒ] ⓝ
[ìntərtʃéindʒ] ⓥ

ⓝ 교환, 분기점　ⓥ 교환하다, 교체하다

The Silk Road could only function at all because translators were always available at interchange points. 학평
비단길이 제 기능을 발휘할 수 있었던 것은 오로지 교환 지점에 항상 통역사가 있었기 때문이다.

inter + change
서로　바꾸다

서로 바꾸다
➔ 교환하다

over-　넘어서(beyond), 위에(above)

0183 ☐☐

overcome
[òuvərkÁm]

ⓥ 극복하다, 압도하다

To overcome this problem, almost all animals habituate to safe stimuli that occur frequently.
이 문제를 극복하기 위해, 거의 모든 동물은 자주 발생하는 안전한 자극에 익숙해진다.

over + come
넘어서　오다

어려움을 넘어오다
➔ 극복하다

0184 ☐☐

overall
[òuvərɔ́:l]

ⓐ 전반적인, 전체의

In terms of the overall value of an automobile, you can't drive without tires, but you can drive without cup holders. 학평
자동차의 전반적인 가치 면에서, 당신은 타이어 없이는 운전할 수 없지만, 컵 홀더가 없어도 운전할 수 있다.

over + all
위에　전체

위쪽으로 전체적인
➔ 전반적인

🔁 entire ⓐ 전체의

0185 ☐☐

overwhelm
[òuvərʰwélm]

ⓥ 압도하다, 어쩔 줄 모르게 만들다, 사로잡다

The sudden noise overwhelmed my senses.
갑작스러운 소음은 나의 감각을 압도했다.

≡ overpower

over + **whelm**
위에   짓누르다

위에서 짓누르다
➡ 압도하다

DAY
07

0186 ☐☐

overlook
[òuvərlúk]

ⓥ 간과하다, 눈감아 주다

The fact that substantial numbers of designers are employed in implementing a concept can easily be overlooked. 모평
개념을 구현하는 데 많은 수의 디자이너가 고용된다는 사실은 쉽게 간과될 수 있다.

≡ dismiss, ignore, neglect ⓥ 무시하다, 간과하다

over + **look**
넘어서   보다

시야의 위로 넘기다
➡ 간과하다

0187 ☐☐

overlap
[òuvərlǽp] ⓥ
[óuvərlæ̀p] ⓝ

ⓥ (서로) 겹치다   **ⓝ** 공통 부분, 겹침, 중복

The two projects have some overlap in terms of their goals.
두 프로젝트는 목표 측면에서 일부 공통 부분이 있다.

over + **lap**
위에   겹치다

위에 겹치다
➡ (서로) 겹치다

0188 ☐☐

overtake
[òuvərtéik]

ⓥ 따라잡다, 추월하다, 엄습하다

Sleepiness overtook me for a short while.
잠시 졸음이 나를 엄습했다.   학평

over + **take**
넘어서   잡다

앞사람을 넘어서 따라잡다
➡ 추월하다

0189 ☐☐

overflow
[òuvərflóu] ⓥ
[óuvərflòu] ⓝ

ⓥ 넘치다, (감정 등으로) 가득 차다
ⓝ 넘침, 범람

As a young amateur bone-hunter, she was overflowing with anticipation. 수능
젊은 아마추어 뼈 발굴자로서 그녀는 기대감으로 가득 차 있었다.

over + **flow**
넘어서   흐르다

넘쳐 흐르다
➡ 넘치다

per- 완전히(completely), 두루(through)

100%

0190 ☐☐

perfect

[pə́:rfikt] ⓐ
[pərfékt] ⓥ

ⓐ 완벽한, 완전한　ⓥ 완벽하게 하다

When perfect preservation is possible, time has been suspended. 학평
완벽한 보존이 가능해지면, 시간이 정지된 것이다.

🔁 imperfect ⓐ불완전한
➕ perfection ⓝ완벽, 완전

per + fect
완전히　만들다

완전하게 만들다
➡ 완벽하게 하다

0191 ☐☐

perform

[pərfɔ́:rm]

ⓥ 수행하다, 공연하다

The way the ritual is performed varies from place to place. 교과서
그 의식이 수행되는 방식은 지역마다 다르다.

➕ performance ⓝ수행, 공연

per + form
완전히　형태

완전한 형태를 이루다
➡ 수행하다

0192 ☐☐

perspective

[pərspéktiv]

ⓝ 관점, 전망, 원근법

The earth might appear to be increasingly flat from the perspective of international online communication. 학평
국제 온라인 의사소통의 관점에서 보면 지구는 점점 더 평평해지는 것처럼 보일 수 있다.

🔁 view ⓝ시각, 관점

per + spect + ive
두루　보다　명접

두루 보는 것
➡ 관점

0193 ☐☐

permanent

[pə́:rmənənt]

ⓐ 영구적인, 영원한

The permanent solution fixed the problem once and for all.
영구적인 해결책이 그 문제를 완전히 해결했다.

🔁 temporary ⓐ일시적인
➕ permanently ⓐ영구적으로

per + man + ent
완전히　남다　형접

완전하게 남는
➡ 영구적인

0194 ☐☐

persuade

[pərswéid]

ⓥ 설득하다, 납득시키다

He is persuaded to behave in an appropriate way. 학평
그는 적절한 방식으로 행동하도록 설득된다.

➕ persuasion ⓝ설득
　persuasive ⓐ설득력 있는

per + suade
완전히　충고하다

완전히 충고하다
➡ 설득하다

0195 □□

per**sist**
[pərsíst]

ⓥ 고집하다, 지속하다

However, the pain persisted and was worse than before. 학평
하지만, 통증은 지속되었고 이전보다 더 심해졌다.

➕ persistent ⓐ 지속적인, 끈질긴
persistence ⓝ 고집, 지속

per + sist
완전히   서다

한자리에 완전히 서다
➜ 지속하다

DAY
07

---

sub-   아래에 (under), 아래로 (down)
| 변화형 | sup, sug, suf

0196 □□

sub**tle**
[sʌ́tl]

ⓐ 미묘한, 섬세한, 희미한

She carefully painted each step of their life cycles, depicting even subtle changes. 교과서

그녀는 미묘한 변화들까지도 묘사하며, 그것들의 생명 주기의 각 단계를 세심히 그렸다.

🟰 delicate

sub + tle
아래에   짜여진

옷감 아래에 짜여진 실 같은
➜ 섬세한

0197 □□

sub**urb**
[sʌ́bəːrb]

ⓝ 교외, 근교

The pattern of life in the country and most suburbs involves long hours in the automobile each week. 모평
시골과 대부분의 교외의 생활 패턴은 매주 자동차 안에서 긴 시간 동안 있는 것을 포함한다.

sub + urb
아래에   도시

도시 아래의 지역
➜ 교외, 근교

0198 □□

sup**port**
[səpɔ́ːrt]

ⓥ 지지하다, 지원하다   **ⓝ** 지원, 후원

He decided to start a fund-raising project to support organizations dedicated to ending modern-day slavery. 교과서
그는 현대판 노예 제도 종식에 헌신하는 단체를 지원하기 위한 기금 모금 프로젝트를 시작하기로 결정했다.

➕ supportive ⓐ 지원하는, 격려하는

sup + port
아래에   나르다

아래에서 (짐을) 나를 수 있도록 하다
➜ 지지하다

0199 ☐☐

suppress
[səprés]

ⓥ 억압하다, 억누르다

If you had a bad day at work, you may suppress your feelings at the office. 학평
만약 당신이 직장에서 기분 나쁜 하루를 보낸다면, 당신은 사무실에서 당신의 감정을 억누를 수도 있다.

➕ suppression ⓝ억압, 억제

sup + press
아래로 누르다

아래로 누르다
➡ 억압하다

0200 ☐☐

suggest
[səgdʒést]

ⓥ 시사하다, 주장하다, 제안하다

Science suggests that the more options we have, the harder our decision making process will be. 학평 변형
과학은 우리에게 선택지가 더 많을수록 우리의 의사 결정 과정이 더 어려워질 거라고 시사한다.

➕ suggestion ⓝ제안, 시사, 주장

sug + gest
아래로 가져오다

(물건을) 아래로 가져오다
➡ 제안하다

0201 ☐☐

suffer
[sʌ́fər]

ⓥ 고통받다, 시달리다, 겪다

Along with fitness lovers, people suffering from diseases can also benefit from IoT wearable devices. 교과서
운동 애호가뿐만 아니라, 병으로 고통받는 사람들도 착용형 IoT(사물 인터넷) 기기의 효과를 얻을 수 있다.

➕ suffer from ~로 고통받다

suf + fer
아래에 나르다, 견디다

(고통) 아래에서 견디다
➡ 고통받다

---

uni-   하나(one)

0202 ☐☐

unique
[juːníːk]

ⓐ 독특한, 유일한, 고유한

At first glance there is nothing particularly unique about this. 학평
언뜻 보기에 이것에 대해 특별히 독특한 것은 없다.

🟰 unusual
🔄 usual, common ⓐ흔한
➕ uniqueness ⓝ고유함

uni + (i)que
하나   형접

세상에 하나인
➡ 고유한

DAY
07

0203 ☐☐

unite
[juːnáit]

ⓥ 단결하다, 연합하다, 결속시키다

The countries united to fight against terrorism.
그 국가들은 테러 행위와 맞서 싸우기 위해 연합했다.

➕ unity ⓝ일치단결, 통일

uni + te
하나 동접

하나가 되다
➡ 단결하다

0204 ☐☐

uniform
[júːnəfɔ̀ːrm]

ⓐ 균일한, 동일한　ⓝ 제복

One area where animals are curiously uniform is with the number of heartbeats they have in a lifetime. 학평
동물들이 기묘하게도 균일한 하나의 영역은 그들이 일생 동안 가지는 심장 박동 수이다.

uni + form
하나 형태

하나의 형태인
➡ 균일한

0205 ☐☐

unit
[júːnit]

ⓝ (구성) 단위, 한 개, 부문

The networks do not only cover the business units of a single firm but typically also include multiple units from different firms. 수능
그 네트워크는 단일 회사의 사업 부문을 포함할 뿐만 아니라 일반적으로 다른 회사의 여러 부문을 포함하기도 한다.

uni + t
하나 어미

하나의 것
➡ 단위

0206 ☐☐

union
[júːnjən]

ⓝ 조합, 연합, 동맹

Broadcasters accepted union demands for employment and decent wages. 학평
방송사는 고용과 더 나은 임금에 대한 조합의 요구를 받아들였다.

▣ alliance ⓝ동맹, 연합

uni + (i)on
하나 명접

하나로 만든 것
➡ 조합

0207 ☐☐

unify
[júːnəfài]

ⓥ 통일하다, 통합하다

The quality of the image must not be considered so important that the purpose of the film as a unified whole is ignored.
학평
이미지의 질이 통일된 전체로서의 영화의 목적이 무시될 정도로 중요하게 여겨져서는 안 된다.

➕ unification ⓝ통일

uni + fy
하나 만들다(fac)

하나로 만들다
➡ 통일하다

mis- 잘못된(bad, wrong)

0208 ☐☐

mistake

[mistéik]

ⓝ 실수 ⓥ 실수하다, 잘못 생각하다

Maybe she knew she was making a mistake. 교과서

아마도 그녀는 자신이 실수하고 있다는 것을 알고 있었을 것이다.

➕ **mistakenly** ⓐⓥ 잘못하여, 실수로

mis + **take**
잘못된 취하다

잘못된 행동을 취하다
➡ 실수하다

0209 ☐☐

mislead

[mislí:d]

ⓥ 오도하다, 잘못 이끌다

The environments of our youth mislead us as adults into thinking we are one kind of person — when we are really another. 학평

어린 시절의 환경은 우리가 사실은 다른 유형의 사람인데도 특정한 유형의 사람이라고 생각하도록 성인인 우리를 오도한다.

🟰 **misguide**
➕ **misleading** ⓐ 오해의 소지가 있는, 오도하는

mis + **lead**
잘못된 이끌다

잘못된 곳으로 이끌다
➡ 잘못 이끌다

0210 ☐☐

misunderstand

[mìsʌndərstǽnd]

ⓥ 오해하다, 잘못 해석하다

Don't misunderstand my silence for agreement.

나의 침묵을 동의로 오해하지 말라.

➖ **understand** ⓥ 이해하다
➕ **misunderstanding** ⓝ 오해, 착오

mis + **understand**
잘못된 이해하다

잘못 이해하다
➡ 오해하다

다음 뜻에 해당하는 알맞은 영어 단어를 쓰시오.

inter-
사이에, 서로

01 _____
교환, 교환하다

02 _____
(장소·시간의)
간격, 사이

mis-
잘못된

03 _____
실수, 실수하다

04 _____
오도하다,
잘못 이끌다

05 _____
오해하다,
잘못 해석하다

over-
넘어서, 위에

07 _____
압도하다, 사로잡다

09 _____
(서로) 겹치다, 중복

11 _____
따라잡다, 추월하다

06 _____
넘치다, 범람

08 _____
간과하다,
눈감아 주다

10 _____
극복하다, 압도하다

12 _____
전반적인, 전체의

13 _____
완벽한,
완벽하게 하다

per-
완전히, 두루

14 _____
수행하다, 공연하다

15 _____
고집하다, 지속하다

16 _____
영구적인, 영원한

17 _____
설득하다,
납득시키다

18 _____
관점, 전망, 원근법

19 _____
고통받다, 겪다

sub-
아래에, 아래로

20 _____
교외, 근교

21 _____
시사하다, 제안하다

22 _____
억압하다, 억누르다

23 _____
지지하다, 지원

24 _____
미묘한, 섬세한

25 _____
독특한, 고유한

uni-
하나

26 _____
단결하다,
결속시키다

27 _____
조합, 연합, 동맹

28 _____
(구성) 단위, 부문

29 _____
균일한, 제복

30 _____
통일하다, 통합하다

시기, 장소, 사물을 나타내는 명사형 접미사

-hood	시기, 상태 (~기, ~임)	
adulthood	ⓝ 성인기	(adult 성인)
brotherhood	ⓝ 형제애	(brother 형제)
childhood	ⓝ 유년기	(child 어린이)
motherhood	ⓝ 모성(애)	(mother 어머니)
nationhood	ⓝ 국민임, 국민성	(nation 국가)
neighborhood	ⓝ 이웃, 근처	(neighbor 이웃)
parenthood	ⓝ 부모애, 부모임	(parent 부모)
sisterhood	ⓝ 자매애	(sister 자매)

-ory(-(r)ium)	장소 (~ 곳)	
auditorium	ⓝ 강당	(audit 청취하다)
dormitory	ⓝ 기숙사	(dorm 침실)
laboratory	ⓝ 연구실, 실험실	(labor 노동)
observatory	ⓝ 관측소	(observe 관찰하다)
aquarium	ⓝ 수족관	(aqua 물)

-(l)et	사물 (작은 것)	
booklet	ⓝ 소책자	(book 책)
bracelet	ⓝ 팔찌	(brace 죔쇠)
droplet	ⓝ (작은) 물방울	(drop 물방울)
tablet	ⓝ 태블릿	(table 네모난 평평한 것)

DAY 08

어원 Preview

mis -	잘못된	**multi -**	여럿, 많은
pre -	미리, 먼저	**under -**	아래에
sym -	같은, 함께	**para -**	반하는, 옆에

Previous Check

- ☐ misery
- ☐ misguide
- ☐ misplace
- ☐ predict
- ☐ preview
- ☐ predetermine
- ☐ preoccupy
- ☐ precaution
- ☐ premature
- ☐ symbol

- ☐ symptom
- ☐ symphony
- ☐ syndrome
- ☐ synergy
- ☐ synthesize
- ☐ multiple
- ☐ multitask
- ☐ multitude
- ☐ multipurpose
- ☐ multicultural

- ☐ multimedia
- ☐ underlie
- ☐ undermine
- ☐ undergo
- ☐ undertake
- ☐ undergraduate
- ☐ paradox
- ☐ parade
- ☐ paralyze
- ☐ parasitic

---

mis- 잘못된(bad, wrong)

0211 ☐☐
misery
[mízəri]

ⓝ 불행, 고통, 비참(함)

If we take this journey, it can shorten our misery in the world. 학평
우리가 이 여행을 한다면, 그것은 세상에서의 우리의 불행을 줄여 줄 수 있다.

➕ miserable ⓐ불행한

mis + **ery**
잘못된   명접

잘못된 것
➡ 불행

0212 ☐☐
misguide
[misgáid]

ⓥ 오도하다, 잘못 인식시키다

False information can misguide people into making bad decisions.
잘못된 정보는 사람들이 나쁜 결정을 내리도록 오도할 수 있다.

🔗 mislead

mis + **guide**
잘못된   안내하다

잘못 안내하다
➡ 오도하다

0213 ☐☐
misplace
[mispléis]

ⓥ 제자리에 두지 않다, 잘못 두다

He misplaced his car key so often that his secretary used to carry a spare one for him.
그는 자신의 자동차 열쇠를 너무 자주 제자리에 두지 않아서 그의 비서가 그를 위해 여분의 열쇠를 가지고 다니곤 했다.

mis + **place**
잘못된   놓다

잘못된 곳에 놓다
➡ 잘못 두다

---

pre- 미리, 먼저(before, beforehand)

0214 ☐☐
predict
[pridíkt]

ⓥ 예언하다, 예측하다, 예상하다

The world's population is predicted to reach around nine billion by 2050. 교과서
세계의 인구는 2050년까지 대략 90억 명에 도달할 것으로 예측된다.

🔗 foresee, foretell, forecast
➕ prediction ⓝ예언, 예측
predictable ⓐ예측할 수 있는

pre + **dict**
미리   말하다

미리 말하다
➡ 예언하다

DAY
08

0215 ☐☐

preview
[príːvjùː]

n 시사회, 미리 보기, 시연

The preview of the new product showed off its innovative features.
신제품 시연에서 그것의 혁신적인 특징을 과시했다.

pre + view
미리   보다

미리 보는 것
➡ 시사회

0216 ☐☐

predetermine
[prìːditə́ːrmin]

v 예정하다, 미리 결정하다

The predetermined schedule was disrupted by an accident.
예정된 일정이 사고로 인해 중단되었다.

➕ predetermination ⑩ 예정

pre + determine
미리   결정하다

미리 결정하다
➡ 예정하다

0217 ☐☐

preoccupy
[priːɑ́kjəpài]

v 선취하다, 사로잡히게 하다

Rather than be engaged actively in the lesson, he may have been preoccupied with trying to imagine pumpkin pie. 학평
수업에 적극적으로 참여하기보다는, 그는 호박파이를 상상하기 위해 노력하는 데 사로잡혀 있었을지도 모른다.

➕ be preoccupied with ~에 몰두하다
preoccupation ⑩ 선취, 몰두, 열중

pre + occupy
먼저   차지하다

(마음을) 앞서 차지하다
➡ 선취하다

0218 ☐☐

precaution
[prikɔ́ːʃən]

n 예방 조치, 조심

They began to believe that the risks could be managed with some safety precautions. 학평
그들은 몇몇 안전 예방 조치를 통해 위험이 관리될 수 있다고 믿기 시작했다.

➕ take precautions 조심하다
precautious ⓐ 미리 주의하는, 조심하는

pre + caution
미리   주의

미리 주의함
➡ 예방 조치

0219 ☐☐

premature
[prìːmətʃúər]

a 시기상조의, 조숙한, 조산의

Think of the world as a premature baby in an incubator. 학평
세상을 인큐베이터 안에 있는 조숙아라고 생각해 보라.

➕ mature ⓐ 성숙한 ⓥ 성숙해지다
immature ⓐ 미숙한

pre + mature
미리   성숙한

미리 성숙한
➡ 조숙한

sym-

같은(same), 함께(together)

| 변화형 | **syn**

0220 ☐☐

symbol
[símbəl]

ⓝ 상징, 기호

So by about 3100 BC, the envelopes had turned into simple squares of clay recording trade deals in symbols. 학평

그래서 기원전 3100년경에는 그 싸개가 거래를 기호로 기록한 단순한 정사각형의 점토로 바뀌었다.

➕ **symbolize** ⓥ 기호화하다, 상징하다
　symbolic ⓐ 상징적인, 상징하는

sym + **bol**
같은　던지다

같은 의미를 던지는 것
➡ 상징

0221 ☐☐

symptom
[símptəm]

ⓝ 증상, 조짐

The amount can be so small that the cancer is discovered even before any symptoms have developed. 학평

그 양이 너무 적어서 어떤 증상이 나타나기도 전에 암이 발견될 수 있다.

sym + **ptom**
함께　떨어지다

병과 함께 떨어져 나타나는 것
➡ 증상

0222 ☐☐

symphony
[símfəni]

ⓝ 교향곡

In Beethoven's most celebrated work, the Fifth Symphony, he scrapped the conclusion of the first movement. 학평

베토벤의 가장 유명한 작품인 '제5번 교향곡'에서 그는 1악장의 결말 부분을 폐기했다.

sym + **phon** + **y**
함께　소리　명접

소리를 함께 내는 것
➡ 교향곡

0223 ☐☐

syndrome
[síndroum]

ⓝ 증후군

The FAST Walk Day raises funds for research to find treatments and a cure for a rare neurogenetic disorder, Angelman syndrome. 학평 변형

FAST Walk Day는 희귀 신경 유전 장애인 Angelman 증후군의 치료법과 치료약 연구를 위한 기금을 모금합니다.

syn + **drome**
함께　달리다

병과 함께 달려 나오는 것
➡ 증후군

DAY 08

0224 ☐☐

synergy
[sínərdʒi]

ⓝ 시너지 효과, 동반 상승 효과

Combining the strengths of these machines with human strengths creates synergy. 학평
이러한 기계들의 강점과 인간의 강점을 결합하면 시너지 효과가 발생한다.

syn + ergy
함께   일하다

함께 일함
➜ 시너지 효과

0225 ☐☐

synthesize
[sínθisàiz]

ⓥ 합성하다, 종합[통합]하다

Scientists synthesize new materials to improve battery performance.
과학자들은 배터리 성능을 개선하기 위해 새로운 소재를 합성한다.

➕ synthetic ⓐ 합성된
　synthesis ⓝ 합성, 종합

syn + thes + ize
함께   두다   동접

(여러 가지를) 합하다
➜ 합성하다

---

multi-   여럿(several), 많은(many)

0226 ☐☐

multiple
[mʌ́ltəpl]

ⓐ 많은, 다수의, 복합적인   ⓝ 배수

The ability to retain an accurate mental image of the chessboard permits players to play multiple boards at a time. 학평
체스판에 대한 정확한 머릿속 이미지를 간직하는 능력은 플레이어가 한 번에 다수의 체스판에서 (체스를) 둘 수 있게 한다.

➕ multiply ⓥ 곱하다

multi + ple
여럿   겹

여러 겹의
➜ 다수의

0227 ☐☐

multitask
[mʌ̀ltitǽsk]

ⓥ 멀티태스킹하다, 다중 작업을 하다

I multitasked by making dinner while watching TV.
나는 TV를 보면서 저녁 식사를 준비하며 멀티태스킹했다.

multi + task
여럿   일

여러 일을 하다
➜ 멀티태스킹하다

0228 ☐☐
multitude
[mʌ́ltitjùːd]

ⓝ 다수, 일반 대중, 군중

Individual human beings differ from one another physically in a multitude of visible and invisible ways. 학평
개별 인간은 다수의 가시적이고 비가시적인 방식에서 신체적으로 서로 다르다.

multi + tude
많은   명접

많은 것
➡ 다수

0229 ☐☐
multipurpose
[mʌ̀ltipə́ːrpəs]

ⓐ 다목적의, 다용도의

The multipurpose room was used for a variety of events.
다목적실은 다양한 행사를 위해 사용되었다.

multi + purpose
여럿   목적

목적이 여럿인
➡ 다목적의

0230 ☐☐
multicultural
[mʌ̀ltikʌ́ltʃərəl]

ⓐ 다문화의

The Multicultural Festival is where you can enjoy different cultures of the world in one place and at one time. 학평
다문화 축제는 여러분이 세계의 다양한 문화들을 한 곳에서 한 번에 즐길 수 있는 자리입니다.

multi + cultur(e) + al
여럿   문화   형접

문화가 여럿인
➡ 다문화의

0231 ☐☐
multimedia
[mʌ̀ltimíːdiə]

ⓐ 다중 매체의, 멀티미디어의

Multimedia presentations are more engaging than traditional lectures.
다중 매체 프레젠테이션은 기존 강의보다 참여도가 높다.

multi + media
여럿   매체

매체가 여럿인
➡ 다중 매체의

---

under- 아래에(under, below)

0232 ☐☐
underlie
[ʌ̀ndərlái]

ⓥ (~의) 기저를 이루다,
(~의 아래에) 놓여 있다

One widely held view is that self-interest underlies all human interactions. 학평
널리 알려진 견해 중 하나는 자기 이익이 인간의 모든 상호작용의 기저를 이룬다는 것이다.

➕ underlying ⓐ 근본적인, 근원적인

under + lie
아래에   누워 있다

아래에 누워 있다
➡ 기저를 이루다

0233 ☐☐

undermine
[ʌ̀ndərmáin]

ⓥ 약화시키다, 훼손하다, 손상하다

Statistical errors can undermine research ethics. 학평
통계적 오류는 연구 윤리를 훼손할 수 있다.

🔁 damage ⓥ 손상시키다 ⓝ 손상

under + mine
아래에   땅굴을 파다

아래에 (토대의) 땅굴을 파다
➡ 훼손하다

DAY
08

0234 ☐☐

undergo
[ʌ̀ndərgóu]

ⓥ (안 좋은 일 등을) 겪다, 경험하다

Just like any other organisms, individual bacteria can undergo random mutations. 교과서

다른 유기체와 마찬가지로, 개별 박테리아도 무작위 돌연변이를 겪을 수 있다.

🔁 experience ⓥ 경험하다

under + go
아래에   가다

무언가의 아래로 가다
➡ 겪다

0235 ☐☐

undertake
[ʌ̀ndərtéik]

ⓥ 떠맡다, 착수하다, 약속하다

The government undertook a new program to combat climate change.
정부는 기후 변화에 대응하기 위한 새로운 프로그램에 착수했다.

🔁 launch ⓥ 착수하다

under + take
아래에   잡다

일을 손 아래로 잡다
➡ 떠맡다

0236 ☐☐

undergraduate
[ʌ̀ndərgrǽdʒuit]

ⓐ 학부생의, 대학의 ⓝ 학부생

I was a 19-year-old Dubai-raised kid away from home for the first time to start my undergraduate studies in mechanical engineering. 학평
나는 기계 공학 학부 과정을 시작하기 위해, 처음으로 집을 떠나온 두바이에서 자란 19살의 아이였다.

➕ graduate ⓝ 대학 졸업자 ⓥ 졸업하다

under + graduate
아래에   졸업생

졸업생 아래의
➡ 학부생의

para- 반하는(contrary), 옆에(beside)

0237 □□

paradox
[pǽrədàks]

ⓝ 역설, 모순

This dilemma, the need to experiment combined with the need for conservatism, is known as the omnivore's paradox. 학평
이 딜레마, 즉 보수성에 대한 필요와 결합된 실험의 필요는 잡식 동물의 역설이라고 알려져 있다.

➕ paradoxical ⓐ 역설적인

para + dox
반하는   의견

의견에 반하는 것
➡ 역설

0238 □□

parade
[pəréid]

ⓝ 퍼레이드, 행진 ⓥ 행진하다

The parade marched down the street with a festive air.
퍼레이드는 축제 분위기로 거리를 행진했다.

para + (a)de
옆에   명접

옆에서 줄지어 가는 것
➡ 행진

0239 □□

paralyze
[pǽrəlàiz]

ⓥ 마비시키다, 무효가 되게 하다

We are paralyzed, in effect not knowing whether to make ready for the morning commute or not. 수능
우리는 마비되어서 사실상 아침 출근 준비를 해야 할지 말아야 할지 모르게 된다.

➕ paralysis ⓝ 마비

para + ly + (i)ze
반하는 느슨하게 동접
       하다(lax)

의지에 반하여 몸이 느슨하게
되다
➡ 마비시키다

0240 □□

parasitic
[pæ̀rəsítik]

ⓐ 기생하는

Parasitic plants can damage crops and trees.
기생 식물은 농작물과 나무에 피해를 줄 수 있다.

➕ parasite ⓝ 기생충, 기생 생물

para + sit(e) + ic
옆에   음식   형접

음식을 옆에서 먹는
➡ 기생하는

WORD Review

다음 뜻에 해당하는 알맞은 영어 단어를 쓰시오.

mis-
잘못된

01 _____
오도하다,
잘못 인식하다

02 _____
불행, 고통

03 _____
잘못 두다

pre-
미리, 먼저

04 _____
예언하다, 예측하다

05 _____
시사회, 미리 보기

06 _____
예방 조치, 조심

07 _____
선취하다,
사로잡히게 하다

08 _____
예정하다,
미리 결정하다

09 _____
시기상조의, 조숙한

sym-
같은, 함께

10 _____
증후군

11 _____
증상, 조짐

12 _____
교향곡

13 _____
상징, 기호

14 _____
시너지 효과,
동반 상승 효과

15 _____
합성하다,
종합[통합]하다

multi-
여럿, 많은

16 _____
다문화의

17 _____
다중 작업을 하다

18 _____
다수, 군중

19 _____
다목적의, 다용도의

20 _____
많은, 다수의, 배수

21 _____
다중 매체의,
멀티미디어의

under-
아래에

24 _____
(~의) 기저를 이루다,
(아래에) 놓여 있다

27 _____
역설, 모순

28 _____
마비시키다

22 _____
겪다, 경험하다

25 _____
떠맡다, 착수하다

para-
반하는, 옆에

23 _____
약화시키다,
훼손하다

26 _____
학부생의, 학부생

29 _____
퍼레이드, 행진하다

30 _____
기생하는

🌀 동사형 접미사

-ize	하게 하다(~화하다)	
commercialize	ⓥ 상업화하다	(commercial 상업적인)
criticize	ⓥ 비판하다, 비평하다	(critic 비평가)
realize	ⓥ 실현하다	(real 현실의)
maximize	ⓥ 극대화하다	(maximum 최대의)
urbanize	ⓥ 도시화하다	(urban 도시의)

-ate	하게 만들다	
originate	ⓥ 비롯되다	(origin 기원)
collaborate	ⓥ 협력하다	(labor 노동)
evaluate	ⓥ 평가하다	(value 가치, 평가)
generate	ⓥ 생성하다	(gene 유전자)
mediate	ⓥ 중재하다	(medium 중간)

-(i)fy	하게 하다(~화하다)	
clarify	ⓥ 명확하게 하다, 해명하다	(clear 분명한)
diversify	ⓥ 다양하게 하다	(diverse 다양한)
intensify	ⓥ 강화하다	(intense 강렬한)
purify	ⓥ 정화하다	(pure 순수한)
simplify	ⓥ 단순화하다	(simple 단순한)

-en	하게 만들다	
broaden	ⓥ 넓히다	(broad 넓은)
heighten	ⓥ 높이다	(height 높이)
lengthen	ⓥ 늘이다	(length 길이)
shorten	ⓥ 줄이다	(short 짧은)

DAY 09

어원 Preview

para -	반하는, 옆에	**super -**	위에, 넘어서
du -	둘	**se -**	떨어져
ob -	맞서, 향하여	**trans -**	가로질러
extra -	밖에, 넘어서	**ante -**	앞에, 전에

Previous Check

□ parallel   □ extra   □ secure

□ dual   □ extraordinary   □ segregation

□ duet   □ extreme   □ transform

□ duplicate   □ extrovert   □ transfer

□ dioxide   □ superior   □ translate

□ dilemma   □ supernatural   □ transaction

□ obscure   □ superb   □ anticipate

□ offer   □ surface   □ antique

□ occasion   □ separate   □ ancestor

□ opponent   □ select   □ anchor

para- 반하는(contrary), 옆에(beside)

0241 □□

parallel
[pǽrəlèl]

ⓐ 평행의, 유사한 ⓝ 상응하는 것

The parallel lines of the train tracks stretched out to the horizon.
기차 선로의 평행선이 수평선까지 뻗어 있었다.

➕ unparalleled ⓐ 비할 데 없는

para + (a)ll + el
옆에   다른   형접
       (alter)

옆에 다른 것이 있는
➜ 평행하는

---

du- 둘(two)
│변화형│ di

0242 □□

dual
[djú(:)əl]

ⓐ 둘의, 이중의, 두 부분으로 된

The dual SIM card allows me to use two different phone numbers.
이중 SIM 카드를 사용하여 나는 서로 다른 두 개의 전화번호를 사용할 수 있다.

🟰 double

du + al
둘   형접

둘의
➜ 이중의

0243 □□

duet
[dju(:)ét]

ⓝ 이중창, 이중주

The singers performed a duet of their favorite song.
그 가수들은 자신들이 좋아하는 곡을 이중창으로 불렀다.

du + et
둘   명접

둘이 노래 / 연주하는 것
➜ 이중창 / 이중주

0244 □□

duplicate
[djú:pləkèit] ⓥ
[djú:pləkit] ⓐ, ⓝ

ⓥ 복사하다, 복제하다 ⓐ 사본의 ⓝ 사본

A photocopier can duplicate documents quickly and easily.
복사기는 문서를 빠르고 쉽게 복사할 수 있다.

🟰 copy ⓥ복사하다, 복제하다
➕ duplication ⓝ복사, 중복

du + plic + ate
둘   접다   동접

둘로 접어 만들다
➜ 복제하다

0245 □□
dioxide
[daiáksaid]

ⓝ 이산화물

Methane is over 20 times as powerful as carbon dioxide in trapping the sun's heat in the atmosphere. 교과서
메탄은 대기 속에 태양열을 가두는 데 이산화탄소보다 20배 이상 강력하다.

di + **oxide**
둘 산화물

산소 원자가 두 개인 물질
➜ 이산화물

0246 □□
dilemma
[dilémə]

ⓝ 딜레마, 진퇴양난

Ethical decision making is not always easy because there are always gray areas that create dilemmas. 모평
윤리적인 의사결정은 항상 딜레마를 만드는 애매한 영역이 있기 때문에 언제나 쉬운 것은 아니다.

di + **lemma**
둘 전제

전제가 두 개
➜ 딜레마

ob- 맞서(against), 향하여(toward)

변화형 of, oc, op

0247 □□
obscure
[əbskjúər]

ⓐ 모호한, 무명의 ⓥ 보기 어렵게 하다

Her tailor was an obscure craftsman, perhaps talented but perhaps not. 모평
그녀의 재단사는 무명의 장인이었는데, 아마도 재능이 있었겠지만 없었을지도 모른다.

유 **unclear** ⓐ 불분명한
반 **clear** ⓐ 분명한
famous ⓐ 유명한

ob + **scure**
맞서 덮여진

눈 앞에 맞서 덮인 채로 있는
➜ 모호한

0248 □□
offer
[ɔ́(:)fər]

ⓥ 제공하다, 제안하다 ⓝ 제공, 제안

The following pages offer an insight into the great diversity of humanity's living heritage across the world. 교과서
다음 쪽들은 전 세계 인류의 아주 많은 다양한 살아 있는 유산에 대한 통찰력을 제공한다.

유 **provide** ⓥ 제공하다

of + **fer**
향하여 나르다

누군가를 향하여 물건을 나르다
➜ 제공하다

0249 ☐☐

occasion
[əkéiʒən]

ⓝ (특정한) 경우, 기회, 행사

He felt he would be forgiven on this occasion. 학평 변형
그는 이번 기회에 자신이 용서받을 것이라고 느꼈다.

➕ occasional ⓐ 가끔의
　　occasionally ⓐ 가끔, 때때로

oc + cas + ion
향하여 떨어지다 명접

누군가를 향하여 떨어지는 것
➡ 기회

0250 ☐☐

opponent
[əpóunənt]

ⓝ 상대, 적수, 반대자

My opponent got lucky; the task was too hard; I just don't have any natural ability for this. 학평
나의 상대는 운이 좋았고, 그 과제는 너무 어려웠으며, 단지 나는 이 일에 타고난 재능이 없을 뿐이다.

🟰 rival, enemy

op + pon + ent
맞서 　놓다 명접
　　(pos)

맞서 놓인 사람
➡ 적수

---

extra-　밖에(outside), 넘어서(beyond)
ǀ 변화형 ǀ extr, extro

0251 ☐☐

extra
[ékstrə]

ⓐ 추가의, 여분의　ⓝ 추가되는 것

A small machine was found inside her bike frame that gave her extra power while she pedaled. 교과서
그녀의 자전거 프레임 안에서 그녀가 페달을 밟을 때 추가적인 동력을 제공하는 작은 기계가 발견되었다.

🟰 additional ⓐ 추가의

extra
넘어서

정량보다 더 넘은
➡ 추가의

0252 ☐☐

extraordinary
[ikstrɔ́ːrdənèri]

ⓐ 기이한, 놀라운, 비범한

She doctors and cures all manner of men with extraordinary success. 교과서
그녀는 놀라운 성공을 거두며 모든 종류의 사람들을 진료하고 치료한다.

🟰 unusual
↔ ordinary, usual ⓐ 평범한

extra + ordinary
넘어서　　평범한

평범함을 넘어선
➡ 기이한

0253 ☐☐

extreme
[ikstríːm]

ⓐ 극도의, 극단적인   ⓝ 극단

It makes the change seem much more extreme. 교과서
그것은 그 변화를 훨씬 더 극단적으로 보이도록 만든다.

➕ extremely ⓐⓓ 극단적으로

extr + eme
밖에   가장 ~한

가장 밖으로 나간
➡ 극단적인

0254 ☐☐

extrovert
[ékstrəvə̀ːrt]

ⓝ 외향적인 사람   ⓥ 외향적으로 만들다

He was an extrovert and loved being the center of attention.
그는 외향적인 사람이었고 관심의 중심이 되는 것을 아주 좋아했다.

⟷ introvert ⓝ 내성적인 사람

extro + vert
밖에   돌리다

밖으로 도는 사람
➡ 외향적인 사람

DAY
09

super-

위에(above), 넘어서(beyond)
| 변화형 | sur

0255 ☐☐

superior
[sjuː(ː)pí(ː)əriər]

ⓐ 우월한, 우수한, 상급의   ⓝ 선배, 상사

It often requires of us the courage to deliver bad news to our superiors. 학평
그것은 자주 우리의 상사에게 나쁜 소식을 전할 우리의 용기를 필요로 한다.

⟷ inferior ⓐ 열등한
➕ superiority ⓝ 우월함, 우수

super + ior
넘어서   더 ~한

기존의 것을 넘어선
➡ 우월한

0256 ☐☐

supernatural
[sjùːpərnǽtʃərəl]

ⓐ 초자연적인

The supernatural power was beyond human comprehension.
초자연적인 힘은 인간이 이해할 수 없는 것이었다.

⟷ natural ⓐ 자연의

super + natural
넘어서   자연스러운

자연스러운 것을 넘어서는
➡ 초자연적인

0257 ☐☐

superb
[sjuː(ː)pə́ːrb]

ⓐ 최고의, 최상의, 대단히 훌륭한

The superb view from the top of the mountain was breathtaking.
산 정상에서 바라본 대단히 훌륭한 경치는 숨이 멎을 정도였다.

＝ terrific, fantastic, excellent, outstanding

super + b
위에   있다

다른 것보다 위에 있는
➡ 최고의

0258 ☐☐

surface
[sə́ːrfis]

ⓝ 표면, 외관 **ⓥ** 나타나다, 드러나다

Tap your finger on the surface of a wooden table or desk. 학평
나무 테이블이나 책상의 표면을 손가락으로 두드려라.

sur + **face**
위에   얼굴

얼굴의 위쪽 겉면
➡ 표면

---

se-   떨어져 (away, apart)

0259 ☐☐

separate
[sépərèit] ⓥ
[sépərət] ⓐ

ⓥ 갈라놓다, 분리하다 **ⓐ** 떨어진, 분리된

The brutal act of physically separating a mother from her children is a deep assault on our basic humanity. 교과서
어머니를 그녀의 자녀들로부터 물리적으로 분리하는 잔인한 행위는 우리의 기본적인 인간성에 대한 깊은 공격이다.

➕ separate A from B A와 B를 분리하다
separation ⓝ 분리

se + **par** + **ate**
떨어져 준비하다 동접

서로 떨어져 준비하다
➡ 분리하다

0260 ☐☐

select
[silékt]

ⓥ 선택하다, 고르다

The contents and representations of the resource are selected according to the demands of the present. 수능
그 자원의 내용과 표현은 현재의 요구에 따라 선택된다.

🟰 choose, pick
➕ selection ⓝ 선택
selective ⓐ 선택적인

se + **lect**
떨어져 고르다

따로 떨어져 있는 것 중 고르다
➡ 선택하다

0261 ☐☐

secure
[sikjúər]

ⓐ 안전한, 안심하는 **ⓥ** 확보하다, 고정시키다

What can people do to make sure that their personal information stays secure? 교과서
사람들이 자신들의 개인 정보를 안전한 상태로 유지하기 위해 무엇을 할 수 있는가?

🟰 safe ⓐ 안전한
↔ insecure ⓐ 불안정한, 안전하지 못한
➕ security ⓝ 보안

se + **cure**
떨어져 돌봄

위험 요소로부터 떨어져 돌보는
➡ 안전한

0262 ☐☐

segregation
[sègrəgéiʃən]

ⓝ (인종 등에 따른) 분리, 차별

The Civil Rights Movement fought against segregation.
시민 권리 운동은 인종 차별에 맞서 싸웠다.

➕ **segregated** ⓐ (인종적으로) 분리된

se + greg + ation
떨어져   무리   명접

무리로부터 떨어뜨림
➡ 분리

---

trans-   가로질러(across)

DAY 09

0263 ☐☐

transform
[trænsfɔ́ːrm]

ⓥ 변형하다, 변화시키다

Customizing the product, modifying or transforming it according to the user, was routine. 수능
제품을 주문 제작하는 것, 즉 사용자에 따라 그것을 수정하거나 변형하는 것은 일상이었다.

🟰 **alter** ⓥ 변경하다, 바꾸다
➕ **transformation** ⓝ 변형

trans + form
가로질러   형태

형태를 가로지르다
➡ 변형하다

0264 ☐☐

transfer
[trænsfɔ́ːr] ⓥ
[trǽnsfəːr] ⓝ

ⓥ 옮기다, 전달하다, 갈아타다   **ⓝ** 이동, 환승

Solids transfer the sound waves much better than air. 학평
고체는 공기보다 음파를 훨씬 더 잘 전달한다.

trans + fer
가로질러   나르다

가로질러 나르다
➡ 옮기다

0265 ☐☐

translate
[trænsléit]

ⓥ 번역하다, 해석하다, 바꾸다

This book has been translated into more than 66 languages. 학평 변형
이 책은 66개 이상의 언어로 번역되어 왔다.

🟰 **interpret**
➕ **translation** ⓝ 번역, 해석, 변화
translator ⓝ 번역가, 통역사

trans + lat(e)
가로질러   나르다

(말을) 가로질러 나르다
➡ 번역하다

0266 ☐☐

transaction
[trænsǽkʃən]

ⓝ 거래, 처리

The transaction was a success, thanks to the help of the bank teller.
은행 직원의 도움 덕분에 거래는 성공적이었다.

➕ **transact** ⓥ 거래하다

trans + act + ion
가로질러 행동하다 명접

(서로) 물건을 가로지르는 행동
➡ 거래

ante- 앞에, 전에 (before)

| 변화형 | ant(i), anc

0267 ☐☐

anticipate
[æntísəpèit]

ⓥ 기대하다, 예상하다

I anticipate that your approval of this request will greatly improve the safety of our children. 학평
귀하가 이 요청을 승인해 주시면 우리 아이들의 안전이 크게 향상될 것으로 기대합니다.

≡ expect
➕ anticipation ⓝ 기대, 예상

anti + cip + ate
앞에   잡다   동접

앞으로 일어날 일을 미리 잡아내다
➡ 예상하다

0268 ☐☐

antique
[æntíːk]

ⓝ 골동품 **ⓐ** 골동품의, 매우 오래된

An antique dealer accidentally found the portrait behind a framed print at a garage sale. 교과서 변형
한 골동품 상인이 차고 염가 판매장에 있는 액자에 담긴 사진 뒤에서 우연히 그 초상화를 발견했다.

≡ classic ⓐ 고전적인

anti + (i)que
전에   형접

전에 있었던
➡ 매우 오래된

0269 ☐☐

ancestor
[ǽnsestər]

ⓝ 조상

Our poor ancient ancestors were lucky to live past the age of 35. 학평
우리의 불쌍한 고대 조상들은 운이 좋으면 35세를 넘겨서 살 수 있었다.

≡ forefather ⓝ 선조
↔ descendant ⓝ 후손

anc + (c)est + or
앞에   가다   명접

앞서 간 사람
➡ 조상

0270 ☐☐

anchor
[ǽŋkər]

ⓝ 닻, 정신적 지주 **ⓥ** 닻을 내리다, 고정시키다

The anchor was dropped into the water, and the boat came to a stop.
닻이 물속으로 내려졌고 배가 멈췄다.

anc + hor
앞에   뻗은

배의 앞에 뻗어 있는 것
➡ 닻

WORD Review

다음 뜻에 해당하는 알맞은 영어 단어를 쓰시오.

ob-
맞서, 향하여

01 _____
모호한,
보기 어렵게 하다

02 _____
제공하다, 제안

03 _____
상대, 적수, 반대자

04 _____
경우, 기회, 행사

extra-
밖에, 넘어서

05 _____
극도의, 극단

06 _____
기이한, 비범한

07 _____
추가의, 추가되는 것

08 _____
외향적인 사람,
외향적으로 만들다

super-
위에, 넘어서

09 _____
우월한, 상사

10 _____
표면, 나타나다

11 _____
최고의,
대단히 훌륭한

12 _____
초자연적인

para-
반하는, 옆에

13 _____
평행의, 상응하는 것

du-
둘

26 _____
이중창, 이중주

se-
떨어져

14 _____
분리, 차별

15 _____
선택하다, 고르다

16 _____
안전한, 확보하다

17 _____
갈라놓다, 분리된

trans-
가로질러

18 _____
변형하다,
변화시키다

19 _____
거래, 처리

20 _____
번역하다, 해석하다

21 _____
옮기다, 환승

ante-
앞에, 전에

22 _____
닻, 고정시키다

23 _____
골동품,
매우 오래된

24 _____
조상

25 _____
기대하다, 예상하다

27 _____
둘의, 이중의,
두 부분으로 된

28 _____
복사하다, 사본의,
사본

29 _____
딜레마, 진퇴양난

30 _____
이산화물

🪢 형용사형 접미사 ①

-able(-ible)	능력(~할 수 있는, ~하기 쉬운)	
account**able**	ⓐ 책임이 있는, 설명할 수 있는	(account 설명하다)
aud**ible**	ⓐ 들을 수 있는	(audio 소리의)
break**able**	ⓐ 부서지기 쉬운	(break 부수다)
forgett**able**	ⓐ 잊기 쉬운	(forget 잊다)
flex**ible**	ⓐ 잘 구부러지는, 유연한	(flex 몸을 풀다)
reli**able**	ⓐ 신뢰할 수 있는	(rely 신뢰하다, 의지하다)
sustain**able**	ⓐ 지속할 수 있는	(sustain 유지하다)

-ous	상태(~한)	
adventur**ous**	ⓐ 모험심이 강한	(adventure 모험)
ambiti**ous**	ⓐ 야망이 있는	(ambition 야망)
courage**ous**	ⓐ 용감한	(courage 용기)
glori**ous**	ⓐ 영광스러운	(glory 영광)
nerv**ous**	ⓐ 긴장된	(nerve 신경)
mysteri**ous**	ⓐ 수수께끼 같은, 신비로운	(mystery 수수께끼, 신비)

-ful	상태(~로 가득한)	
joy**ful**	ⓐ 즐거운	(joy 즐거움)
hope**ful**	ⓐ 희망찬	(hope 희망)
resource**ful**	ⓐ 자원이 많은	(resource 자원)
respect**ful**	ⓐ 존경하는	(respect 존경)
suspect**ful**	ⓐ 의심하는	(suspect 용의자)

-less	상태(~가 없는)	
breath**less**	ⓐ 숨이 찬	(breathe 숨쉬다)
care**less**	ⓐ 부주의한	(care 조심, 주의)
end**less**	ⓐ 끝없는	(end 끝)
home**less**	ⓐ 집이 없는	(home 집)
fear**less**	ⓐ 겁이 없는	(fear 공포, 겁)

DAY

10

어원 Preview

up-	위로	**intro-**	안으로
dia-	가로질러	**for-**	떨어져
fore-	앞에, 미리	**anti-**	반대의, 대항하여
contra-	반대의, 대항하여	**by-**	옆에, 부수적인
auto-	스스로		

Previous Check

□ upcoming	□ forefather	□ introspective
□ update	□ foretell	□ foreign
□ upright	□ contrast	□ forbid
□ uphold	□ contrary	□ forgive
□ dialogue	□ controversy	□ antibiotic
□ dialect	□ automatic	□ antibody
□ diabetes	□ autograph	□ antarctic
□ diameter	□ authenticity	□ by-product
□ foresee	□ introduction	□ bypass
□ forehead	□ introvert	□ bystander

up- 위로(upward)

0271 ☐☐
upcoming
[ʌ́pkʌ̀miŋ]

ⓐ 다가오는, 곧 있을

Sharon received a ticket to an upcoming tango concert from her friend. 모평
Sharon은 그녀의 친구로부터 곧 있을 탱고 콘서트 티켓을 받았다.

up + coming
위로   오고 있는

위로 오고 있는
➡ 다가오는

0272 ☐☐
update
[ʌ̀pdéit]

ⓥ 업데이트하다, 최신의 것으로 하다
ⓝ 업데이트, 갱신

Actually, we need to update our phones on a regular basis. 학평
사실, 우리는 정기적으로 우리의 전화기를 업데이트해야 한다.

up + date
위로   날짜를 적다

계일 위에 있는 최신 날짜를
적다
➡ 업데이트하다

0273 ☐☐
upright
[ʌ́pràit]

ⓐ 똑바른, 수직의, 곧은 ⓐⓓ 똑바로

Standing upright, he battled the wave all the way back to shore. 수능
똑바로 선 채로, 그는 해안으로 돌아오는 내내 파도와 싸웠다.

up + right
위로   정확한

위쪽으로 정확한
➡ 똑바른

0274 ☐☐
uphold
[ʌ̀phóuld]

ⓥ 지지하다, 지탱하다

The judge upheld the law, believing that it was right.
판사는 그것이 옳다고 믿으며 그 법을 지지했다.

🔳 support

up + hold
위로   떠받치다

위로 떠받치다
➡ 지지하다

---

dia- 가로질러 (across)

0275 ☐☐

dia**logue**
[dáiəlɔ̀(:)g]

ⓝ 대화

In a philosophical dialogue, the participants are aware that there are things they do not know or understand. 학평
철학적 대화에서 참여자들은 자신이 모르거나 이해하지 못하는 것이 있다는 것을 인식한다.

🔲 conversation

dia + log(ue)
가로질러 말하다

(서로) 가로질러 말함
➡ 대화

DAY
10

0276 ☐☐

dia**lect**
[dáiəlèkt]

ⓝ 사투리, 방언

The dialect is dying out, but some people are trying to preserve it.
그 방언은 사라져 가고 있지만, 일부 사람들은 그것을 보존하려고 노력하고 있다.

➕ dialectal ⓐ 사투리의, 방언의

dia + lect
가로질러 말하다

지방을 가로질러 말하는 언어
➡ 방언

0277 ☐☐

dia**betes**
[dàiəbíːtiːz]

ⓝ 당뇨병

The device allows patients to adjust their lives around their diabetes. 교과서 변형
그 장치는 환자들이 자신들의 당뇨병에 맞춰 그들의 생활을 조절할 수 있도록 한다.

dia + betes
가로질러 가다

당이 몸을 가로질러 가는 병
➡ 당뇨병

0278 ☐☐

dia**meter**
[daiǽmitər]

ⓝ 지름, 직경

The diameter of the moon is about one-fourth of the diameter of the Earth.
달의 지름은 지구 지름의 약 4분의 1이다.

dia + meter
가로질러 측정하다

(원의 양쪽을) 가로질러 측정한 것
➡ 지름

---

fore- 앞에, 미리(before)

0279 ☐☐

foresee
[fɔːrsíː]

ⓥ 예견하다, 예상하다

A businessman's optimistic forecast can be blown away by a cruel recession in ways he could not have foreseen. 학평
한 사업가의 낙관적인 예측은 그가 예상할 수 없었던 방식으로 잔혹한 경기 침체에 의해 날아갈 수 있다.

⊜ predict, foretell, forecast

fore + see
미리   보다

미리 보다
➡ 예상하다

0280 ☐☐

forehead
[fɔ́(ː)rhed]

ⓝ 이마, (물건의) 전면

Sweat ran down his forehead as he awaited the results.
그가 결과를 기다리는 동안 그의 이마에는 땀이 흘렀다.

fore + head
앞에   머리

머리의 앞부분
➡ 이마

0281 ☐☐

forefather
[fɔ́ːrfɑːðər]

ⓝ 선조, 조상

No state could be sovereign if its inhabitants lacked the ability to change a course of action adopted by their forefathers in the past. 모평
주민에게 과거에 자신들의 선조들에 의해 채택된 일련의 행동을 바꿀 수 있는 능력이 없다면, 그 어떤 국가도 자주적일 수 없을 것이다.

⊜ ancestor

fore + father
앞에   아버지

아버지 앞의 사람
➡ 선조

0282 ☐☐

foretell
[fɔːrtél]

ⓥ 예언하다, 예지하다

The prophet was renowned for his ability to foretell events accurately.
그 예언자는 사건을 정확하게 예언하는 능력으로 유명했다.

⊜ predict, foresee

fore + tell
미리   말하다

미리 말하다
➡ 예언하다

---

contra- 반대의(opposite), 대항하여(against)
| 변화형 | contro

DAY 10

0283 ☐☐
contrast
[kəntrǽst] ⓥ
[kántræst] ⓝ

ⓥ 대조하다　ⓝ 대조, 대비

We can be flooded with happiness that becomes more intense as we contrast it with previous suffering. 학평
우리는 이전의 고통과 대조함에 따라 더욱 강렬해지는 행복으로 넘쳐날 수 있다.

➕ contrast A with B A와 B를 대조하다

contra + st
반대의　서다

반대로 세워 놓다
➡ 대조하다

0284 ☐☐
contrary
[kántreri]

ⓐ 반대의, 정반대되는　ⓝ 반대의 것, 정반대

Quite the contrary: while we sleep, our brain remains active. 학평
완전히 반대로, 우리가 잠을 자는 동안에도 뇌는 계속 활동한다.

➖ opposite
➕ on the contrary 그와는 반대로

contra + (a)ry
반대의　형접

반대인
➡ 정반대되는

0285 ☐☐
controversy
[kántrəvə̀ːrsi]

ⓝ 논란, 논쟁

His claim sparked much controversy in the science community. 학평
그의 주장은 과학계에서 많은 논란을 불러일으켰다.

➖ argument ⓝ논쟁
➕ controversial ⓐ논란의 여지가 있는

contro + vers + y
반대의　돌리다　명접

반대의 의견으로 문제를 돌리는 것
➡ 논쟁

auto- 스스로(self)
| 변화형 | aut

0286 ☐☐
automatic
[ɔ̀ːtəmǽtik]

ⓐ 자동적인, 무의식적인

Much of what we do each day is automatic and guided by habit. 모평
우리가 매일 하는 일의 많은 부분은 자동적이며 습관에 따라 이루어진다.

➖ unconscious ⓐ무의식적인

auto + mat + ic
스스로　움직이다　형접

스스로 움직이는
➡ 자동적인

0287 ☐☐

autograph
[ɔ́:təgræf]

ⓥ 사인[서명]을 하다 ⓝ 서명

Among boys, the autographed baseball was a prized possession.
소년들 사이에서 사인된 야구공은 소중한 소유물이었다.

🟰 signature ⓝ 서명

auto + graph
스스로   쓰다

자기 스스로 쓰다
➡ 사인을 하다

0288 ☐☐

authenticity
[ɔ̀:θentísəti]

ⓝ 진품[진짜]임, 진정성

The artwork's authenticity was confirmed by a team of experts.
전문가 팀에 의해 그 작품이 진품임이 확인되었다.

➕ authentic ⓐ 진정한, 진품인

aut + hent + ic + ity
스스로   되다   형접 명접

스스로 진짜가 되는 것
➡ 진품임

intro- 안으로 (inwardly)

0289 ☐☐

introduction
[ìntrədʌ́kʃən]

ⓝ 입문서, 도입, 소개

He wrote many books on psychology including the well-known *Introduction to Social Psychology*. 모평
그는 잘 알려진 '사회 심리학 입문서'를 포함해 심리학에 관한 많은 책을 저술했다.

➕ introduce ⓥ 소개하다, 도입하다

intro + duc + tion
안으로   끌다   명접

안으로 끌어 넣음
➡ 도입

0290 ☐☐

introvert
[ìntrəvə́:rt]

ⓝ 내성[내향]적인 사람

An introvert may prefer online to in-person communication. 모평
내성적인 사람은 직접 대면하는 의사소통보다 온라인으로 하는 의사소통을 더 좋아할 수도 있다.

🔁 extrovert ⓝ 외향적인 사람

intro + vert
안으로   돌리다

안으로 도는 사람
➡ 내성[내향]적인 사람

0291 ☐☐

introspective
[ìntrəspéktiv]

ⓐ 자기 성찰적인, 내성[내향]적인

Her introspective nature led her to discover profound insights about herself.
그녀는 자기 성찰적인 성격으로 인해 자신에 대한 심오한 통찰을 발견하게 되었다.

🟰 introverted ⓐ 내성[내향]적인

intro + spec(t) + ive
안으로   보다   형접

내면을 보는
➡ 자기 성찰적인

for-   떨어져 (away, apart)

0292 ☐☐

foreign
[fɔ́:rin]

ⓐ 외국의, 낯선

There was merely a tag on the plant showing some foreign or botanical name. 교과서

그 식물에는 단지 어떤 외국 이름인지 또는 식물학상 이름인지를 보여 주는 이름표가 있을 뿐이었다.

▣ **alien** ⓐ 낯선, 외계의

for + **(r)eign**
떨어져   다스리다

다스리는 곳에서 떨어져 있는
➡ 외국의

0293 ☐☐

forbid
[fərbíd]

ⓥ 금지하다

Credit card companies adopted rules that forbade their retailers from charging different prices to cash and credit customers. 학평

신용 카드 회사는 소매업체가 현금과 신용 거래 고객에게 다른 가격을 청구하는 것을 금지하는 규정을 채택했다.

▣ **ban, prohibit**

for + **bid**
떨어져   명령하다

무언가로부터 떨어지도록 명령하다
➡ 금지하다

0294 ☐☐

forgive
[fərɡív]

ⓥ 용서하다

All these years I haven't been able to forgive myself. 학평

그동안 나는 나 자신을 용서할 수 없었다.

➕ **forgiveness** ⓝ 용서

for + **give**
떨어져   주다

죄책감을 떨치게 해주다
➡ 용서하다

---

anti-   반대의 (opposite), 대항하여 (against)
│ 변화형 │ **ant**

0295 ☐☐

antibiotic
[æntibaiátik]

ⓝ 항생제, 항생 물질

These medicines are called "antibiotics," which means "against the life of bacteria." 학평

이 약들은 '항생제'라고 불리는데, 이는 '세균의 생명에 대항하는 것'을 의미한다.

anti + **biotic**
대항하여   생물의

다른 미생물에 대항하는 것
➡ 항생제

0296 ☐☐

antibody
[ǽntibàdi]

ⓝ 항체

The presence of antibodies in her bloodstream indicated an immune response.
그녀의 혈류 안의 항체의 존재는 면역 반응을 나타냈다.

anti + body
대항하여   신체

(병원균에) 대항하여 생체 내에 만들어진 것
➡ 항체

0297 ☐☐

antarctic
[æntά:rktik]

ⓝ 남극 (지방)   ⓐ 남극의

Mammals are able to live in a variety of habitats, from Arctic tundra to Antarctic pack ice. 학평 변형
포유류는 북극의 툰드라에서부터 남극의 유빙에 이르기까지 다양한 서식지에서 살 수 있다.

➕ arctic ⓐ북극의, 극지방의

ant + arctic
반대의   북극

북극의 반대
➡ 남극

---

by-   옆에(beside), 부수적인(secondary)

0298 ☐☐

by-product
[báiprὰdəkt]

ⓝ 부산물, 부작용

The production of electricity often generates heat as a by-product.
전기 생산은 종종 부산물로 열을 발생시킨다.

🟰 side effect ⓝ부작용

by + product
부수적인   생산물

부수적인 생산물
➡ 부산물

0299 ☐☐

bypass
[báipæ̀s]

ⓥ 우회하다, 회피하다   ⓝ 우회 도로

This traditional allocation per unit of land has been bypassed, partly by the development of new supplies. 모평
토지 단위당 하는 이 전통적인 분배는 부분적으로 새로운 공급의 개발에 의해 회피되었다.

by + pass
옆에   통과하다

길 옆의 다른 길로 통과하다
➡ 우회하다

0300 ☐☐

bystander
[báistæ̀ndər]

ⓝ 구경꾼, 방관자

As the accident unfolded, the crowd watched as mere bystanders.
사고가 벌어지는 동안 군중은 그저 구경꾼으로 지켜보았다.

🟰 spectator

by + stand + er
옆에   서다   명접

옆에 선 사람
➡ 방관자

WORD *Review*

다음 뜻에 해당하는 알맞은 영어 단어를 쓰시오.

up-
위로

01
_____
지지하다, 지탱하다

02
_____
업데이트하다, 업데이트

03
_____
똑바른, 수직의

04
_____
다가오는, 곧 있을

dia-
가로질러

05
_____
사투리, 방언

06
_____
대화

07
_____
당뇨병

08
_____
지름, 직경

fore-
앞에, 미리

09
_____
예견하다, 예상하다

10
_____
선조, 조상

11
_____
이마, (물건의) 전면

12
_____
예언하다, 예지하다

contra-
반대의, 대항하여

13
_____
대조하다, 대비

14
_____
논란, 논쟁

15
_____
반대의, 정반대

auto-
스스로

16
_____
진품임, 진정성

17
_____
사인을 하다, 서명

18
_____
자동적인, 무의식적인

intro-
안으로

19
_____
내성적인 사람

20
_____
입문서, 도입, 소개

21
_____
자기 성찰적인, 내성적인

for-
떨어져

22
_____
외국의, 낯선

23
_____
용서하다

24
_____
금지하다

anti-
반대의, 대항하여

25
_____
항생제, 항생 물질

26
_____
남극 (지방), 남극의

27
_____
항체

by-
옆에, 부수적인

28
_____
구경꾼, 방관자

29
_____
우회하다, 우회 도로

30
_____
부산물, 부작용

🔖 형용사형 접미사 2

-ic(ical)	상태, 태도(~의, ~적인)	
acidic	ⓐ 산성의, 신랄한	(acid 산)
economic	ⓐ 경제적인	(economy 경제)
heroic	ⓐ 영웅적인	(hero 영웅)
historic	ⓐ 역사적인	(history 역사)
political	ⓐ 정치적인	(politics 정치)
scientific	ⓐ 과학적인	(science 과학)

-al	상태(~적인, ~인)	
cultural	ⓐ 문화적인	(culture 문화)
emotional	ⓐ 감정적인	(emotion 감정)
professional	ⓐ 전문적인	(profession 전문직)
social	ⓐ 사회적인	(society 사회)
national	ⓐ 국가적인	(nation 국가)
viral	ⓐ 바이러스성의	(virus 바이러스)

-ish	상태, 태도(~하는, ~인)	
childish	ⓐ 유치한	(child 어린이)
foolish	ⓐ 어리석은	(fool 바보)
girlish	ⓐ 소녀 같은	(girl 소녀)
selfish	ⓐ 이기적인	(self 자신)
yellowish	ⓐ 노란색이 감도는	(yellow 노란색)

-like	상태(~ 같은)	
childlike	ⓐ 아이 같은	(child 어린이)
dreamlike	ⓐ 꿈같은	(dream 꿈)
gemlike	ⓐ 보석 같은	(gem 보석)
featherlike	ⓐ 깃털 같은	(feather 깃털)
warlike	ⓐ 호전적인, 전쟁의	(war 전쟁)

PART

2

WORD MASTER
SERIES

단어의 실질적 의미를 나타내는

어근

DAY 11

어원 Preview

sta 서다, 세우다   **fac(t)** 행하다, 만들다

Previous Check

- ☐ stable
- ☐ establish
- ☐ state
- ☐ constant
- ☐ standard
- ☐ status
- ☐ instant
- ☐ obstacle
- ☐ install
- ☐ statistics

- ☐ substance
- ☐ statue
- ☐ estate
- ☐ consist
- ☐ resist
- ☐ destination
- ☐ steady
- ☐ destiny
- ☐ arrest
- ☐ institute

- ☐ substitute
- ☐ constitute
- ☐ superstition
- ☐ factor
- ☐ facility
- ☐ manufacture
- ☐ faculty
- ☐ effect
- ☐ affect
- ☐ defect

sta
서다, 세우다(stand)
| 변화형 | sist, stina, st, stit

0301 ☐☐

stable
[stéibl]

ⓐ 안정된, 견고한, 튼튼한

Trent has decided to find a more stable job and move out of his parents' house. 교과서

Trent는 더욱 안정된 직업을 찾아 부모님 집에서 이사 나오기로 결정했다.

↔ **unstable** ⓐ불안정한
➕ **stability** ⓝ안정성

sta + **(a)ble**
서다   할 수 있는

넘어지지 않고 서 있을 수 있는
➡ 안정된, 견고한

0302 ☐☐

establish
[istǽbliʃ]

ⓥ 세우다, 설립하다, 확립하다

She established a hospital and refuge on her family's land. 교과서
그녀는 그녀 가족의 부지에 병원과 대피소를 세웠다.

➕ **establishment** ⓝ설립, 확립, 기관

(e)stabl(e) + **ish**
안정적인   동접

안정적으로 하다
➡ 세우다, 설립하다

0303 ☐☐

state
[steit]

ⓝ 상태, 지위, 국가   ⓥ 말하다, 진술하다

The animal can remain in this dehydrated state for decades. 교과서 변형
그 동물은 수십 년 동안 이런 탈수 상태로 있을 수 있다.

🟰 **remark** ⓥ진술하다, 말하다
➕ **statement** ⓝ진술, 성명서

sta(te)
서다

어떤 모습으로 서 있음
➡ 상태, 지위

0304 ☐☐

constant
[kánstənt]

ⓐ 일정한, 불변의, 끊임없는

It is difficult for any of us to maintain a constant level of attention. 학평
우리 중 누구라도 일정한 수준의 주의 집중을 유지하기는 어렵다.

🟰 **steady**
➕ **constantly** ⓐ끊임없이

con + **sta** + **(a)nt**
함께   서다   있는

(늘) 함께 서 있는
➡ 일정한

0305 ☐☐

standard
[stǽndərd]

ⓝ 기준, 표준 **ⓐ** 표준의, 일반적인

Today you have a different standard. 학평
오늘날 여러분은 다른 기준을 가지고 있다.

➕ standardize ⓥ 표준화하다

sta(nd) + ard
서다　명접

서 있는 집결 지점
➡ 기준, 표준

0306 ☐☐

status
[stéitəs]

ⓝ 지위, 신분, 자격, 상태

In the early 1940s, she gained star status
in Hollywood. 학평
1940년대 초에, 그녀는 할리우드에서 스타의 지위를 얻
었다.

🟰 rank ⓝ 지위, 계급

sta(t) + us
서다　명접

서 있는 위치
➡ 지위, 신분

DAY
11

0307 ☐☐

instant
[ínstənt]

ⓐ 즉시의, 즉각의 **ⓝ** 순간, 찰나

For some reason, she took an instant
liking to me. 학평
어떤 이유에서인지, 그녀는 나를 즉시 마음에 들어 했다.

🟰 immediate ⓐ 즉시의, 인접한
➕ instantly ⓐ 즉시

in + sta + nt
안에　서다　있는

가까운 시간 안에 서 있는
➡ 즉시의

0308 ☐☐

obstacle
[ábstəkl]

ⓝ 장애(물), 방해(물)

The romantic couple almost always find
each other despite the obstacles and
difficulties they encounter. 수능
그 낭만적인 커플은 그들이 마주치는 장애물과 어려움에
도 불구하고 거의 항상 서로를 찾는다.

🟰 barrier ⓝ 장벽, 장애물

ob + sta + cle
맞서　서다　명접

(가는 진로 등에) 대항하여
서 있는 것
➡ 장애물, 방해물

0309 ☐☐

install
[instɔ́:l]

ⓥ 설치하다, 장치하다

The task requires specialized knowledge
such as how to install a toner cartridge.
학평 변형
그 업무는 토너 카트리지를 설치하는 방법과 같은 전문적
인 지식을 필요로 한다.

➕ installation ⓝ 설치
installment ⓝ 분할, 할부 구입

in + sta(ll)
안에　세우다

건물 안에 두다
➡ 설치하다

0310 ☐☐
statistics
[stətístiks]

ⓝ 통계, 통계학

Industry statistics indicate that the average age of video gamers is rising. 학평

산업 통계는 비디오 게임을 하는 사람들의 평균 연령이 증가하고 있다는 것을 보여 준다.

➕ **statistical** ⓐ 통계의, 통계학의
statistically ⓐⓓ 통계상으로

sta(te) + **ist**
국가   명접(사람)
+ **ics**
명접(학문)

국가를 운영하는 사람들이
다루는 학문
➡ 통계, 통계학

0311 ☐☐
substance
[sʌ́bstəns]

ⓝ 물질, 본질, 핵심, 중요성

Water is one of the most important substances on our planet. 교과서 변형
물은 지구에서 가장 중요한 물질 중 하나이다.

➖ **material** ⓝ 물질, 재료
➕ **substantial** ⓐ 실질적인, 상당한

sub + **sta** + **(a)nce**
아래   서다   명접

어떤 사물 아래 위치한 것
➡ 물질, 본질

0312 ☐☐
statue
[stǽtʃuː]

ⓝ 동상, 조각상

The massive population of pigeons damages statues and creates a mess. 교과서

엄청난 개체수의 비둘기가 조각상을 훼손하고 혼란을 만들어 낸다.

➖ **figure** ⓝ 조상, 초상

sta(tue)
세우다

세워 놓은 것, 서 있는 것
➡ 동상, 조각상

0313 ☐☐
estate
[istéit]

ⓝ 사유지, 재산, (정치·사회상의) 계급

Instead, her estate was left to her friends and work colleagues.
대신에, 그녀의 재산은 친구들과 직장 동료들에게 남겨졌다.

➖ **asset, property** ⓝ 재산
➕ **real estate** ⓝ 부동산

e + **sta** + **te**
밖에 서다 ~ 없이

밖에 움직임 없이 위치한 것
➡ 사유지, 재산

0314 ☐☐
consist
[kənsíst]

ⓥ 구성되다, 이루어지다

The sport consisted of climbing about the roofs and towers at night. 학평
그 스포츠는 밤에 지붕과 탑들을 올라다니는 것으로 구성되었다.

➕ **consist of** ~로 구성되다[이루어지다]

con + **sist**
함께   서다

함께 서서 어떤 것을 이루다
➡ 구성되다

0315 ☐☐

resist

[rizíst]

ⓥ 저항하다, 견디다

When technologies take the form of capital that replaces workers, they are more likely to be resisted. 학평
기술이 노동자들을 대체하는 자본의 형태를 취할 때, 그것들은 저항받을 가능성이 더 크다.

↔ yield, surrender ⓥ 항복하다
➕ resistant ⓐ 저항하는, 견디는
resistance ⓝ 저항

re + sist
반대하여 서다

반대 입장에 서다
➜ 저항하다, 견디다

DAY
11

0316 ☐☐

destination

[dèstənéiʃən]

ⓝ 목적지, 행선지

However, both of the lines end up reaching the destination. 교과서 변형
하지만 선들은 둘 다 결국 목적지에 도착하게 된다.

de + st(ina) + tion
아래로   서다   명접

운명의 이정표 아래에
정해둔 곳
➜ 목적지, 행선지

0317 ☐☐

steady

[stédi]

ⓐ 꾸준한, 안정된, 한결같은

There is a steady demand in my country for high quality leather gloves. 학평
우리나라에서는 고품질의 가죽 장갑에 대한 꾸준한 수요가 있다.

= constant ⓐ 꾸준한
stable ⓐ 안정된
➕ steadily ⓐ 꾸준히, 착실하게

st(ead) + y
서다   형접

단단히 서 있는
➜ 안정된

0318 ☐☐

destiny

[déstəni]

ⓝ 운명, 운

Humans seek to become the creators, the active shapers of their own destiny. 학평
인간은 창조자, 즉 자신의 운명을 적극적으로 만드는 사람이 되려고 노력한다.

= fate

de + st(in) + y
아래로 세우다 명접

(신이 정해 놓은) 자리 아래
서 있는 것
➜ 운명, 운

0319 ☐☐

arrest

[ərést]

ⓥ 체포하다, 저지하다 ⓝ 체포, 저지

The police may make an arrest of a suspect on the spot if they witness the crime.
경찰은 범죄를 목격하면 현장에서 용의자를 체포할 수도 있다.

ar + re + st
~로 뒤로 세우다

범죄자의 팔을 뒤로 잡아
세우다
➜ 체포하다

0320 ☐☐

institute
[ínstit*j*ùːt]

ⓝ 연구소, 협회, 학회 　ⓥ 도입하다, 설립하다

From 1960 until his death he was director of the institute of antibiotics. 학평
1960년부터 사망할 때까지 그는 항생제 연구소의 소장이었다.

➕ institution ⓝ 협회, 제도, 기관

in + stit(ute)
안에　세우다

집단 안에 세우다
➡ 설립하다

0321 ☐☐

substitute
[sʌ́bstit*j*ùːt]

ⓥ 대체하다, 대용하다
ⓝ 대리인, 대체물, 대용물

"Trying harder" cannot substitute for talent, equipment, and method. 학평
'더 열심히 노력하는 것'이 재능, 장비, 그리고 방법을 대체할 수는 없다.

➕ replace ⓥ 대체하다, 되돌리다
➕ substitute A for B B를 A로 대체하다
　substitution ⓝ 대체, 대용

sub + stit(ute)
아래에　세우다

아래에 대기해 세우다
➡ 대체하다, 대체물

0322 ☐☐

constitute
[kánstit*j*ùːt]

ⓥ ～이 되다, 구성하다

Yeti crabs survive by growing bacteria on their hairy claws, which constitute their main food source. 교과서 변형
예티 크랩은 털이 가득한 집게발에 박테리아를 키우며 생존하는데, 그것은 그들의 주요 식량원이 된다.

➕ constitution ⓝ 구성, 조직, 헌법

con + stit(ute)
함께　세우다

함께 세워져 있다
➡ 구성하다

0323 ☐☐

superstition
[sjùːpərstíʃən]

ⓝ 미신, 미신적 관습

There are many superstitions surrounding the world of the theater. 학평
연극계를 둘러싸고 있는 많은 미신이 있다.

➕ superstitious ⓐ 미신의, 미신적인

super + stit + ion
위로　세우다　명접

위로 떠받들어 모셔 놓은 것
➡ 미신

fac(t) 행하다(do), 만들다(make)

| 변화형 | fec(t), fit, fig, feat, fy, fic(t), fair

0324 □□

factor
[fǽktər]

ⓝ 요인, 요소

The most common factor that triggers a collapse is a change in underground water levels. 교과서
붕괴를 유발하는 가장 흔한 요인은 지하수 수위의 변화이다.

☰ element ⓝ요소, 성분

fac(t) + **or**
행하다   명접

어떤 행동을 하게 하는 것
➡ 요인

DAY
11

0325 □□

facility
[fəsíləti]

ⓝ 시설, 기능, 재능, 쉬움

They decided to destroy the plant's buildings or abandon the entire facility.
그들은 공장의 건물들을 철거하거나 전체 시설을 버리기로 결정했다.

➕ facilitate ⓥ용이하게 하다

fac + **il(e)** + **ity**
행하다   쉬운   명접

손쉽게 해 주는 것
➡ 쉬움

0326 □□

manufacture
[mǽnjəfǽktʃər]

ⓥ 제조하다, 생산하다   ⓝ 제조, 생산

Plants rely on their ability to manufacture chemical compounds. 학평
식물은 화학 혼합물을 제조하는 스스로의 능력에 의존한다.

➕ manufacturer ⓝ제조업자, 생산자

manu + **fac(t)** + **ure**
손   만들다   명접

손으로 만들어 내는 것
➡ 제조, 생산

0327 □□

faculty
[fǽkəlti]

ⓝ 능력, (타고난) 재능, 학부, 교수단

Jessica had a faculty for seeing what other people miss.
Jessica에게는 다른 사람들이 놓치는 것을 보는 능력이 있었다.

☰ ability ⓝ능력
    talent ⓝ재능

fac(ul) + **ty**
만들다   명접

만들어 내는 것
➡ 능력

0328 ☐☐

effect

[ifékt]

ⓝ 효과, 영향, 결과   ⓥ 초래하다

You may be under the influence of the bandwagon effect. 교과서
당신은 밴드왜건 효과(편승 효과)의 영향을 받고 있을 수도 있다.

- consequence, outcome, result ⓝ 결과
- cause ⓝ 원인
- have an effect on ~에 영향을 미치다
  effective ⓐ 효과적인, 유효한

ef + **fec(t)**
밖으로(ex) 만들다

무언가 만들어져 나온 것
➡ 결과, 영향

0329 ☐☐

affect

[əfékt]

ⓥ 영향을 미치다

The person might consider how the new idea affects the group dynamics. 교과서 변형
그 사람은 새로운 아이디어가 집단 역학에 어떻게 영향을 미치는지를 고려할 것이다.

- influence ⓥ ~에 영향을 미치다 ⓝ 영향(력)
- affection ⓝ 애정, 감정

af + **fec(t)**
~에(ad) 행하다

어떤 사람에게 행동하여
영향을 주다
➡ 영향을 미치다

0330 ☐☐

defect

[diːfekt]

ⓝ 결함, 결점

If the item has any defects, you should send it back to the manufacturer.
그 품목에 결함이 있으면, 그것을 제조회사로 돌려보내야 한다.

- fault, flaw
- merit ⓝ 장점
- defective ⓐ 결함이 있는

de + **fec(t)**
떨어져   만들다

(정상적으로) 만들어진
것으로부터 떨어져 나간
것[곳]
➡ 결함, 결점

다음 뜻에 해당하는 알맞은 영어 단어를 쓰시오.

sta
서다, 세우다

01 _____
운명, 운

02 _____
장애(물), 방해(물)

03 _____
일정한, 끊임없는

04 _____
세우다, 설립하다

05 _____
저항하다, 견디다

06 _____
지위, 신분, 자격

07 _____
즉시의, 순간

08 _____
상태, 지위, 말하다

09 _____
설치하다, 장치하다

10 _____
통계, 통계학

11 _____
미신, 미신적 관습

12 _____
동상, 조각상

13 _____
체포하다, 체포

14 _____
구성되다, 이루어지다

15 _____
기준, 표준, 일반적인

16 _____
목적지, 행선지

17 _____
꾸준한, 안정된

18 _____
안정된, 견고한

19 _____
사유지, 재산

20 _____
연구소, 협회, 설립하다

21 _____
대체하다, 대체물

22 _____
~이 되다, 구성하다

23 _____
물질, 본질, 핵심

24 _____
효과, 영향, 초래하다

25 _____
시설, 기능, 재능

26 _____
결함, 결점

27 _____
능력, (타고난) 재능

fac(t)
행하다, 만들다

28 _____
요인, 요소

29 _____
~에 영향을 미치다

30 _____
제조하다, 생산

형용사형 접미사 3

-ar(y), -ory	~인, ~한	
familiar	ⓐ 익숙한, 친숙한	(family 가족)
secondary	ⓐ 이차적인, 부차적인	(second 제2의, 부가의)
momentary	ⓐ 순간적인	(moment 순간)
elementary	ⓐ 기초적인	(element 요소)
complementary	ⓐ 보완적인	(complement 보완하다)
satisfactory	ⓐ 만족하는	(satisfy 만족시키다)
sensory	ⓐ 감각의	(sense 감각)

-ate(ite)	~한, ~적인	
fortunate	ⓐ 운 좋은, 다행한	(fortune 운, 행운)
passionate	ⓐ 열정적인	(passion 열정)
considerate	ⓐ 사려 깊은, 배려하는	(consider 배려하다)
literate	ⓐ 읽고 쓸 줄 아는	(literature 문학)
desperate	ⓐ 절망적인	(despair 절망)
favorite	ⓐ 가장 좋아하는	(favor 호의, 친절)
definite	ⓐ 명확한	(define 뜻을 명확히 하다)

-ant(ent)	~한	
pleasant	ⓐ 즐거운, 기쁜	(please 기쁘게 하다)
abundant	ⓐ 풍부한	(abound 풍부하다)
different	ⓐ 다른	(differ 다르다)
excellent	ⓐ 우수한	(excel 능가하다)
confident	ⓐ 확신하는	(confide 신뢰하다)
obedient	ⓐ 순종하는	(obey 순종하다)

DAY 12

어원 Preview

| fac(t) 행하다, 만들다 | tract 끌다 |
| vis 보다 | |

Previous Check

- □ benefit
- □ profit
- □ figure
- □ feat
- □ feature
- □ defeat
- □ satisfy
- □ qualify
- □ difficulty
- □ efficient

- □ sufficient
- □ fiction
- □ proficient
- □ affair
- □ vision
- □ revise
- □ advise
- □ supervise
- □ view
- □ review

- □ interview
- □ device
- □ evidence
- □ survey
- □ witness
- □ envy
- □ contract
- □ abstract
- □ distract
- □ extract

fac(t) 행하다(do), 만들다(make)

| 변화형 | fec(t), fit, fig, feat, fy, fic(t), fair

0331 ☐☐
benefit
[bénəfit]

ⓥ 이익을 얻다, 이롭다 **ⓝ** 이익, 이득

First, someone who is lonely might benefit from helping others. 학평
우선, 외로운 사람은 다른 사람들을 도와주는 일로부터 이익을 얻을지도 모른다.

➕ **beneficial** ⓐ유익한, 이로운

bene + fit
좋은　행하다

상대방에게 좋게 해주다
➡ 이롭다

0332 ☐☐
profit
[práfit]

ⓝ (금전적인) 이익, 수익 **ⓥ** 이득을 얻다

Innovations in the production of steel provided increased profits to private companies. 학평
철강 생산의 혁신은 민간 기업에 수익의 증가를 가져다주었다.

➕ **profitable** ⓐ수익성이 있는

pro + fit
앞으로 만들다

만들어 앞으로 내는 것
➡ 이익, 수익

0333 ☐☐
figure
[fígjər]

ⓝ 형상, 모습, 수치
ⓥ 계산하다, 그림으로 나타내다

He gradually took away figures and filled his canvases with basic elements such as dots and lines. 교과서
그는 점차 형상들을 없앴고 그의 화폭을 점과 선과 같은 기본적인 요소들로 채웠다.

➕ **figure out** 알아내다

fig + ure
만들다　명접

무언가를 만들어 놓은 것
➡ 형상, 모습

0334 ☐☐
feat
[fi:t]

ⓝ 뛰어난 재주, 위업

Television coverage of the Olympics focuses on the feats the athletes perform.
학평 변형
올림픽의 텔레비전 보도는 선수들이 보이는 뛰어난 재주에 초점을 맞춘다.

feat
만들다, 행하다

노력으로 만들어 낸 것
➡ 위업

0335 □□

feature
[fíːtʃər]

ⓝ 특징, 특집 기사, 용모
ⓥ ~의 특징을 이루다

These features of the smartphone have resulted in new picture-taking habits. 교과서

이러한 스마트폰의 특징들은 새로운 사진 촬영 습관을 낳았다.

■ characteristic ⓝ 특징, 특성

feat + ure
만들다   명접

무언가 특별하게 만드는 것
➡ 특징

0336 □□

defeat
[difíːt]

ⓥ 패배시키다   ⓝ 패배, 타도

It's as if an unwanted behavior is a villain to be aggressively defeated. 학평 변형

바람직하지 못한 행동은 마치 격렬하게 패배시켜야 할 악당인 것 같다.

■ beat ⓥ 이기다, 두드리다

de + feat
아래로 만들다

(자신보다) 아래로 만들다
➡ 패배시키다

0337 □□

satisfy
[sǽtisfài]

ⓥ 충족[만족]시키다

Attract your cat's attention and satisfy their hunting instincts with a unique electronic cat toy. 학평

독특한 전자 고양이 장난감으로 여러분 고양이의 관심을 끌고 그들의 사냥 본능을 충족시키세요.

➕ satisfaction ⓝ 만족(감)
satisfactory ⓐ 만족스러운, 더할 나위 없는

satis + fy
충분한 만들다

충분하게 만들어 주다
➡ 충족[만족]시키다

0338 □□

qualify
[kwálifài]

ⓥ 자격을 주다, 자격을 얻다

Most people acquire a bit of decency that qualifies them for membership. 수능

대부분의 사람들은 그들에게 회원 자격을 주는 약간의 예의를 습득한다.

➕ qualification ⓝ 자격, 자격 증명서

quali(ty) + fy
품질, 우수함 만들다

우수한 사람으로 만들다
➡ 자격을 주다

0339 □□

difficulty
[dífəkʌlti]

ⓝ 어려움, 곤란

Researchers have difficulty determining the link between alcohol consumption and cancer. 학평

연구자들은 알코올 섭취와 암 사이의 연관성을 밝히는 데 어려움을 겪는다.

di + fic(ul) + ty
반대의 만들다 명접

쉽게 만들지 못함
➡ 어려움

0340 ☐☐

efficient
[ifíʃənt]

ⓐ 효율적인, 능률적인, 유능한

Modern technology now allows us to analyze data in an efficient and economical way. 교과서
이제 현대 기술은 우리가 효율적이고 경제적인 방법으로 데이터를 분석할 수 있게 해준다.

↔ inefficient ⓐ비효율적인
➕ efficiency ⓝ효율, 능력

ef + fic(i) + ent
밖으로 만들다 형접
(ex)

(결과를) 밖으로 만들어 내는
➡ 효율적인

0341 ☐☐

sufficient
[səfíʃənt]

ⓐ 충분한

You will know that you have a sufficient number of copies. 모평 변형
여러분은 충분한 수의 사본이 있다는 것을 알게 될 것이다.

↔ deficient ⓐ불충분한, 결함이 있는
insufficient ⓐ불충분한

suf + fic(i) + ent
아래로 만들다 형접
(sub)

아래로 넘칠만큼 충분히
만들어 내는
➡ 충분한

0342 ☐☐

fiction
[fíkʃən]

ⓝ 소설, 허구

The idea of robots making decisions on their own may not be fiction anymore. 교과서
로봇이 스스로 결정을 내린다는 생각은 더 이상 허구가 아닐 수도 있다.

➕ fictional ⓐ허구의, 소설적인

fict + ion
만들다 명접

사실이 아닌 만들어진 이야기
➡ 소설, 허구

0343 ☐☐

proficient
[prəfíʃənt]

ⓐ 능숙한, 숙련된

To communicate, we have to be proficient in several languages.
의사소통하기 위해서 우리는 여러 언어에 능숙해야 한다.

≒ skillful ⓐ능숙한, 숙달된
➕ proficiency ⓝ능숙, 숙달

pro + fic(i) + ent
앞으로 만들다 형접

앞으로 나아가게 만들어
내는
➡ 능숙한

0344 ☐☐

affair
[əfέər]

ⓝ 일, 사건

The vast majority of voters will be completely unaware of the whole affair.
유권자들 대다수는 그 모든 일을 전혀 알지 못할 것이다.

af + fair
~로 행하다

사람이 해야 하는 것
➡ 일

vis

보다(see)
| 변화형 | **view, vic, vid, vey, wit, vy**

0345 □□

vision
[víʒən]

ⓝ 시력, 시야, 시각, 비전

Prey often have eyes facing outward, maximizing peripheral vision. 학평
피식자(먹이)에게는 흔히 바깥쪽을 향하는 눈이 있어서 주변 시야를 최대화한다.

➕ visible ⓐ 눈에 보이는

vis + **ion**
보다 명접

보는 것
➡ 시야, 시각

DAY
12

0346 □□

revise
[riváiz]

ⓥ 수정하다, 개정하다

We must change what we believe, or revise it, or replace it. 학평
우리는 우리가 믿는 것을 바꾸거나, 수정하거나, 대체해야 한다.

🟰 amend
➕ revision ⓝ 수정, 개정

re + **vis(e)**
다시 보다

끝마친 일을 다시 한번 보다
➡ 수정하다, 개정하다

0347 □□

advise
[ədváiz]

ⓥ 충고하다, 조언하다, 통지하다

I would always advise that you use your loudest voice incredibly rarely. 수능 변형
나는 가장 큰 목소리는 놀랍도록 드물게 써야 한다고 항상 조언하고자 한다.

➕ advice ⓝ 충고, 조언

ad + **vis(e)**
~쪽으로 보다

한쪽만 보지 말고 다른 쪽도
보라고 하다
➡ 충고하다

0348 □□

supervise
[sjú:pərvàiz]

ⓥ 감독하다, 관리하다, 지휘하다

He continued to supervise the building of the bridge for years.
그는 수년 동안 그 다리의 건설을 계속해서 감독했다.

🟰 direct ⓥ 감독하다, 지시하다
➕ supervision ⓝ 감독, 관리
supervisor ⓝ 감독관, 관리자

super + **vis(e)**
위에서 보다

높은 곳에서 내려보다
➡ 감독하다

0349 ☐☐

view
[vju:]

ⓥ 보다, 간주하다 **ⓝ** 견해, 관점, 전망

Like many successful people, we should view failure not as the opposite of success. 교과서

많은 성공한 사람들처럼, 우리는 실패를 성공의 반대로 보아서는 안 된다.

➕ **viewer** ⓝ 보는 사람, 시청자

view
보다

보이는 것
➡ 전망

0350 ☐☐

review
[rivjú:]

ⓝ 검토, 복습, 비평 **ⓥ** 재검토하다, 비평하다

In the beginning, he received negative reviews from critics. 교과서
처음에, 그는 비평가들로부터 부정적인 비평을 받았다.

➕ **preview** ⓝ 시사회, 시연 ⓥ 시사평을 쓰다
　 overview ⓝ 개관, 개요

re + **view**
다시　보다

다시 보는 것
➡ 복습, 검토

0351 ☐☐

interview
[íntərvjù:]

ⓝ 면접, 인터뷰 **ⓥ** 면접을 보다, 인터뷰하다

By not taking the risk of attending an interview, you will never get a job. 학평
면접에 참석하는 위험을 무릅쓰지 않으면, 여러분은 결코 직장을 얻지 못할 것이다.

➕ **interviewer** ⓝ 면접관
　 interviewee ⓝ 면접 대상자

inter + **view**
서로　보다

개인적으로 만나서 서로 보는 것
➡ 면접

0352 ☐☐

device
[diváis]

ⓝ 고안, 기기, 장치

We need to understand the elemental principles behind our devices. 학평
우리는 기기 뒤에 숨겨진 기본 원리를 이해할 필요가 있다.

➕ **devise** ⓥ 고안하다, 궁리하다

de + **vic(e)**
떨어져　보는 것

떨어져서 이리저리 보아 새로운 안을 생각해 냄
➡ 고안

0353 ☐☐

evidence
[évidəns]

ⓝ 증거, 증언, 명백함

To this day, the Brooklyn Bridge stands as evidence of the Roebling family's persistence. 교과서
지금까지도, 브루클린 다리는 Roebling 가문의 끈기의 증거로 서 있다.

➕ **proof** ⓝ 증거
➕ **evident** ⓐ 명백한, 분명한

e + **vid** + **ence**
밖으로 보다　명접

진실이 무엇인지를 밖으로 분명히 보여 주는 것
➡ 증거, 증언

0354 □□
survey
[sə́:rvei] ⓝ
[sə:rvéi] ⓥ

ⓝ (설문) 조사, 측량 ⓥ 조사하다, 전망하다

Surveys show that around a third to two-thirds of all retail prices now end in a 9. 학평

모든 소매가격의 약 3분의 1에서 3분의 2 정도가 지금은 9로 끝난다는 것이 조사들에서 나타난다.

目 investigate, inspect, examine ⓥ 조사하다
⊞ surveyor ⓝ 조사관, 측량 기사

sur + vey
위에서 보다
(super)

위에서 살펴보는 것
➡ 조사, 측량

0355 □□
witness
[wítnis]

ⓥ 목격하다 ⓝ 목격자, 증인

She witnessed a fellow worker injured by faulty equipment. 학평
그녀는 동료 노동자가 결함이 있는 장비에 의해 부상을 당하는 것을 목격했다.

目 observe ⓥ 관찰하다, 목격하다

wit + ness
보다 명접

사건을 본 사람
➡ 목격자, 증인

DAY
12

0356 □□
envy
[énvi]

ⓝ 부러움, 질투 ⓥ 부러워하다, 질투하다

It is very difficult to actually discern the envy that motivates people's actions. 학평
사람들의 행동에 동기를 부여하는 질투를 실제로 식별하는 것은 매우 어렵다.

目 jealousy ⓝ 질투, 시샘
⊞ envious ⓐ 부러워하는, 시샘하는

en + vy
위로 보다

사람을 올려다보다
➡ 부러워하다

tract
끌다(draw)

변화형 tra(c), treat, trai, tray

0357 □□
contract
[kántrækt] ⓝ
[kəntrǽkt] ⓥ

ⓝ 계약(서), 약정(서) ⓥ 계약하다, 수축하다

The gym will stay locked until we all satisfy the terms of this contract. 교과서
우리 모두가 이 계약 조건을 충족시킬 때까지 체육관은 잠겨 있을 것이다.

⊞ contraction ⓝ 수축, 위축

con + tract
함께 끌다

서로 끌어당겨 합의에 이르다
➡ 계약하다

0358 ☐☐

abstract
[ǽbstrækt] ⓐ
[æbstrǽkt] ⓥ

ⓐ 추상적인, 관념적인 ⓥ 추출하다, 요약하다

During this period, his art became more abstract. 교과서
이 시기 동안에, 그의 미술은 더욱 추상적이게 되었다.

↔ concrete ⓐ구체적인
➕ abstraction ⓝ추상 (작용), 추상주의

abs + tract
떨어져   끌다
(ab)

구체적인 현실에서 떨어져
끌어낸
➡ 추상적인

0359 ☐☐

distract
[distrǽkt]

ⓥ 산만하게 하다, (주의를) 딴 데로 돌리다

If you want to stay off your cellphone and concentrate on your work, delete the apps that distract you. 학평
만약 여러분이 휴대 전화를 멀리하고 여러분의 일에 집중하고 싶다면, 여러분을 산만하게 하는 앱들을 삭제하라.

➕ distraction ⓝ주의 산만, 기분 전환

dis + tract
떨어져   끌다

(주의나 관심을) 멀리 끌다
➡ 산만하게 하다

0360 ☐☐

extract
[ikstrǽkt] ⓥ
[ékstrækt] ⓝ

ⓥ 뽑다, 추출하다, 발췌하다 ⓝ 추출물, 발췌

Some of tiny bacteria in the human body help cells extract energy. 교과서 변형
사람의 몸에 사는 작은 박테리아 중 일부는 세포가 에너지를 추출하는 것을 돕는다.

➕ extraction ⓝ뽑아냄, 추출

ex + tract
밖으로   끌다

안에 있던 것을 바깥으로
끌어내다
➡ 뽑다, 추출하다

WORD Review

다음 뜻에 해당하는 알맞은 영어 단어를 쓰시오.

fac(t)
행하다, 만들다

01 _____
효율적인, 유능한

02 _____
특징, 용모,
~의 특징을 이루다

03 _____
형상, 모습,
계산하다

04 _____
뛰어난 재주, 위업

05 _____
수익, 이득을 얻다

06 _____
일, 사건

07 _____
충족[만족]시키다

08 _____
소설, 허구

09 _____
어려움, 곤란

10 _____
이롭다, 이익

11 _____
충분한

12 _____
자격을 주다,
자격을 얻다

13 _____
능숙한, 숙련된

14 _____
패배시키다, 패배

vis
보다

15 _____
시력, 시야, 시각

16 _____
고안, 기기, 장치

17 _____
충고하다, 통지하다

18 _____
(설문) 조사, 측량,
조사하다

19 _____
보다, 견해, 관점

20 _____
검토, 복습,
비평하다

21 _____
면접, 면접을 보다

22 _____
수정하다, 개정하다

23 _____
증거, 증언, 명백함

24 _____
감독하다, 관리하다

25 _____
목격하다, 목격자

26 _____
부러움, 질투,
부러워하다

27 _____
계약(서), 계약하다

28 _____
뽑다, 추출하다,
추출물

tract
끌다

29 _____
산만하게 하다

30 _____
추상적인, 추출하다

형용사형 접미사 4

-ly	~다운, ~의 경향이 있는, 되풀이해서 일어나는	
friendly	ⓐ 친한, 우호적인	(friend 친구)
kingly	ⓐ 왕다운, 왕의	(king 왕)
cowardly	ⓐ 겁 많은, 소심한	(coward 겁쟁이, 겁 많은)
daily	ⓐ 매일의	(day 날, 낮)
monthly	ⓐ 매달의	(month 달, 월)

-y	~투성이의, ~로 가득 찬, ~와 같은	
bloody	ⓐ 피로 뒤덮인, 피가 흐르는	(blood 피, 혈액)
cloudy	ⓐ 구름이 많이 낀, 흐린	(cloud 구름, 구름이 끼다)
dusty	ⓐ 먼지가 덮인, 더러운	(dust 먼지, 가루)
feathery	ⓐ 깃털로 덮인, 깃털 같은	(feather 깃, 깃털)
muddy	ⓐ 진흙투성이의, 질척한	(mud 진흙)
stony	ⓐ 돌이 많은	(stone 돌, 돌멩이)
thirsty	ⓐ 목이 마른, 갈증이 나는	(thirst 갈증, 갈구)

-ive(-ative)	~의 성질을 지닌, ~하기 쉬운	
attractive	ⓐ 마음을 끄는, 매력적인	(attract 끌다, 매혹하다)
impressive	ⓐ 인상적인, 감동을 주는	(impress 강한 인상을 주다)
massive	ⓐ 엄청나게 큰, 육중한	(mass 덩어리, 질량, 다수)
protective	ⓐ 방어[보호]를 위한	(protect 보호하다)
excessive	ⓐ 과도한, 지나친	(exceed 초과하다, 넘어서다)
offensive	ⓐ 무례한, 불쾌한	(offend 화나게 하다, 감정을 상하게 하다)
conservative	ⓐ 보수적인, 전통적인	(conserve 보존하다)
representative	ⓐ 대표적인, 표현하는, 대표하는	(represent 대표하다, 표현하다)

DAY 13

어원 Preview

tract	끌다	cap	잡다, 취하다, 머리
vent	오다, 나오다, 가다		

Previous Check

☐ trade	☐ prevent	☐ escape
☐ track	☐ invent	☐ capture
☐ trace	☐ convention	☐ receive
☐ treat	☐ intervention	☐ perceive
☐ retreat	☐ advent	☐ deceive
☐ trait	☐ souvenir	☐ conceive
☐ trail	☐ convenient	☐ participate
☐ portray	☐ revenue	☐ chef
☐ venture	☐ avenue	☐ chief
☐ event	☐ capable	☐ occupy

tract

끌다(draw)

| 변화형 | tra(c), treat, trai, tray

0361 ☐☐

trade
[treid]

ⓝ 거래, 상업, 무역   ⓥ 거래하다

This resulted in trade and the exchange of ideas, languages, and traditions. 교과서
이것은 무역과 사상, 언어 및 전통의 교환이라는 결과를 낳았다.

➕ trader ⓝ 상인, 무역업자

tra + **(a)de**
끌다   동접

물건을 이리저리 끌어
교환하다
➡ 거래하다

0362 ☐☐

track
[træk]

ⓥ 추적하다   ⓝ 흔적, 자국, 길

Supermarkets give you loyalty cards with which they track your purchasing behaviors precisely. 학평
슈퍼마켓은 여러분의 구매 행동을 정확하게 추적하는 고객 우대 카드를 여러분에게 준다.

🟰 path ⓝ 길, 통로

trac(k)
끌다

어떤 것에 의해서 끌려
남겨진 것
➡ 흔적, 자국

0363 ☐☐

trace
[treis]

ⓥ 추적하다, 기원을 알아내다   ⓝ 자취, 흔적

The special things that individuals do are traced to their genes and their brains. 모평
개인이 하는 특별한 것은 그 사람의 유전자와 두뇌에서 그 기원을 알아낸다.

🟰 track
➕ traceable ⓐ (기원·자취 등을) 추적할 수 있는

trac(e)
끌다

무언가의 뒤를 끌어 쫓다
➡ 추적하다

0364 ☐☐

treat
[triːt]

ⓥ 여기다, 대우하다, 처리하다, 치료하다
ⓝ 특별한 것, 대접

Treating human beings equally requires us to take into account both their similarities and differences. 모평
인간을 동등하게 여기는 것은 우리가 그들의 유사성과 차이점을 둘 다 고려하도록 요구한다.

➕ treatment ⓝ 대우, 처리, 치료

treat
끌다

이리저리 끌어당기다
➡ 처리하다

0365 ☐☐

retreat
[ritríːt]

ⓥ 후퇴하다, 물러가다, 철회하다
ⓝ 후퇴, 철수, 도피

The enemy suffered serious losses and was forced to retreat from its position.
적은 심각한 패배를 당해서 진지에서 후퇴할 수밖에 없었다.

⬌ advance ⓥ 전진하다, 나아가게 하다 ⓝ 전진

re + treat
뒤로   끌다

전투에서 뒷걸음질치다
➡ 후퇴하다

0366 ☐☐

DAY
13

trait
[treit]

ⓝ 특성, 특징

His success seems to have come from certain habits and personality traits. 교과서
그의 성공은 특정한 습관과 성격적 특성에서 비롯된 것으로 보인다.

▤ characteristic, feature

trai(t)
끌다

끄는[구별되는] 특질
➡ 특성, 특징

0367 ☐☐

trail
[treil]

ⓝ 흔적, 자취, 오솔길
ⓥ 끌다, 끌리다, 추적하다

He believes the photographer still has the picture and follows his trail. 교과서
그는 그 사진사가 아직 사진을 가지고 있을 것이라 믿고 그의 자취를 따라간다.

trai(l)
끌다

지면을 따라 끌거나 당겨 남겨진 흔적
➡ 흔적, 자취

0368 ☐☐

portray
[pɔːrtréi]

ⓥ 묘사하다, 표현하다, (초상화를) 그리다

His paintings portrayed the hard life of the common people during wartime. 교과서
그의 그림들은 전시의 민중들의 힘든 삶을 묘사했다.

▤ describe ⓥ 묘사하다
➕ portrait ⓝ 초상(화), 상세한 묘사

por + tray
앞으로   끌다
(pro)

보이는 모습을 눈 앞으로 끌어다 놓다
➡ 그리다, 묘사하다

vent 오다(come), 나오다(come out), 가다(go)

| 변화형 | ven

0369 ☐☐

venture

[véntʃər]

ⓥ 과감히 ~하다, 모험하다
ⓝ (사업상의) 모험, 모험적 사업

You need to leave the safety of the shore and venture into unknown waters. 학평 변형
여러분은 해변의 안전함을 떠나 미지의 바다로 모험할 필요가 있다.

vent + **ure**
가다   명접

한번 가 보는 것
➡ 모험

0370 ☐☐

event

[ivént]

ⓝ (중요한) 사건, 행사, 결과

If we look at the events through another character's eyes, we will interpret them differently. 학평
만약 우리가 다른 등장인물의 눈을 통해 사건을 본다면, 우리는 그것을 다르게 해석할 것이다.

➕ **eventually** ⓐ 결국, 최후에(는)

e + **vent**
밖으로 나오다

어떤 일이 발생해 밖으로 나온 것
➡ 사건

0371 ☐☐

prevent

[privént]

ⓥ 막다, 예방하다, 방지하다

These lead balls prevented him from running too fast. 교과서 변형
납으로 된 이 공들은 그가 너무 빨리 달리지 못하도록 막았다.

➕ **preventive** ⓐ 예방을 위한
prevention ⓝ 예방, 방지

pre + **vent**
미리   오다

일이 생기기 전에 미리 오다
➡ 막다

0372 ☐☐

invent

[invént]

ⓥ 발명하다, 창안하다

That's exactly what happened to Wilbur and Orville Wright, who invented the airplane. 학평
그것이 바로 비행기를 발명했던 Wilbur와 Orville Wright 형제에게 일어난 일이다.

➕ **inventive** ⓐ 발명의, 창의력이 풍부한
invention ⓝ 발명

in + **vent**
안에   오다

번쩍 영감이 머릿속에 오다
➡ 발명하다, 창안하다

0373 ☐☐

convention
[kənvénʃən]

ⓝ 관습, 집회, 협의회

Natural objects are not understood within a framework of culture and convention. 모평 변형

자연물은 문화와 관습의 틀 안에서 이해되지 않는다.

▣ tradition ⓝ 전통, 관습
➕ conventional ⓐ 관습적인, 인습적인

con + **vent** + ion
함께   오다   명접

여러 세대를 거쳐 함께
따라 내려온 것
➔ 관습

0374 ☐☐

intervention
[ìntərvénʃən]

ⓝ 개입, 중재, 간섭

Many universities maintain a list of courses that might signal a need for intervention. 교과서

많은 대학이 개입의 필요성을 알릴 수도 있는 강좌 목록을 유지하고 있다.

➕ intervene ⓥ 개입하다, 중재하다

inter + **ven(e)**
사이에   오다

+ tion
명접

분쟁의 사이로 오는 것
➔ 개입, 중재

0375 ☐☐

advent
[ǽdvent]

ⓝ 도래, 출현

With the advent of social media, our children become impatient for an immediate answer. 학평

소셜 미디어의 도래와 더불어, 우리 아이들은 즉각적인 응답을 초조하게 기다리게 된다.

ad + **vent**
~에   오다

지상 혹은 현실 세계에
온 것
➔ 도래, 출현

0376 ☐☐

souvenir
[sùːvəníər]

ⓝ 기념품, 선물, 추억

Souvenirs will be available on site and online. 학평

기념품은 현장 및 온라인에서 구매할 수 있을 것입니다.

sou + **ven(ir)**
아래에   오다
(sub)

아래(마음)에서부터 위로
올라와 기억하는 것
➔ 기념품

0377 ☐☐

convenient
[kənvíːnjənt]

ⓐ 편리한, 가까운

New technologies have given rise to more convenient means of payment. 교과서

새로운 기술은 더욱 편리한 지불 수단을 만들어 왔다.

↔ inconvenient ⓐ 불편한
➕ convenience ⓝ 편리, 편의

con + **ven(i)** + ent
함께   오다   형접

때맞춰 함께 오는
➔ 편리한

DAY
13

0378 □□

revenue
[révənjùː]

ⓝ (정부·기관의) 수익, 수입

If fans and members are unable to get into a venue, that revenue is lost forever. 학평

팬과 회원이 경기장에 들어갈 수 없으면, 그 수익은 영원히 손실된다.

🟰 income

re + **ven(ue)**
다시   오다

일의 대가로 되돌아오는 것
➡ 수익

0379 □□

avenue
[ǽvənjùː]

ⓝ 길, 거리, 도로

While I was crossing the avenue, I noticed a black cat in the middle of the road.
길을 건너고 있을 때, 나는 길 한가운데 검은 고양이 한 마리가 있는 것을 발견했다.

a + **ven(ue)**
~쪽으로   오다

목적지로 오고 가는 큰길
➡ 도로

---

cap 잡다, 취하다(take), 머리(head)

| 변화형 **ceive, cip, chef, chief, cupy**

0380 □□

capable
[kéipəbl]

ⓐ 유능한, ~할 수 있는

Many of the leaders I know in the media industry are intelligent, capable, and honest. 학평
내가 미디어 업계에서 알고 있는 지도자 중 다수가 지적이고, 유능하며, 정직하다.

➕ be capable of ~할 능력이 있다
capability ⓝ 능력, 수용력

cap + able
취하다   형접

손에 취할[잡을] 수 있는
➡ 유능한

0381 □□

escape
[iskéip]

ⓥ 달아나다, 탈출하다, 빠져나가다
ⓝ 탈출, 도피

The hydrogen tends to escape into space, because it is so light that Earth's gravity cannot retain it. 학평
수소는 우주로 빠져나가는 경향이 있는데, 수소가 너무 가벼워서 지구 중력이 그것을 붙잡아 둘 수 없기 때문이다.

🟰 flee ⓥ 달아나다, 도망하다

es + **cap(e)**
밖으로   잡다

잡은 손아귀 밖으로 나가다
➡ 탈출하다, 달아나다

0382 ☐☐

capture
[kǽptʃər]

ⓥ 포획하다, 포착하다, 사로잡다
ⓝ 포획, 포로

She uses a variety of different methods to capture what she feels is the most important aspect of a scene. 교과서 변형
그녀는 한 장면에서 자신이 가장 중요한 부분이라고 느끼는 것을 포착하기 위해 여러 가지 다양한 방법을 사용한다.

cap + ture
잡다 명접

잡는 것
➡ 포획, 포로

0383 ☐☐

receive
[risíːv]

ⓥ 받다, 수용하다

Knight received 27 patents in her lifetime and entered the National Inventors Hall of Fame in 2006. 학평
Knight는 자신의 일생 동안 27개의 특허를 받았고, 2006년에 국가 발명가 명예의 전당에 입성했다.

≣ accept
➕ receipt ⓝ수령, 영수증
reception ⓝ수용, 환영회, (호텔 등의) 안내 데스크

re + ceive
다시 잡다

누군가 준 것을 다시 잡다
➡ 받다

DAY
13

0384 ☐☐

perceive
[pərsíːv]

ⓥ 인식하다, 지각하다, 이해하다

Basic survival depends on the ability to perceive causes and predict effects. 학평
기본적인 생존은 원인을 인식하고 결과를 예측하는 능력에 달려 있다.

➕ perception ⓝ인식, 지각
perceptual ⓐ지각의

per + ceive
완전히 잡다

직접 경험을 통해서 완전히
알게 되다
➡ 이해하다, 지각하다

0385 ☐☐

deceive
[disíːv]

ⓥ 속이다, 기만하다

Our brains excel at creating coherent (but not necessarily true) stories that deceive us. 학평
우리의 뇌는 우리를 속이는 일관성 있는 (그러나 반드시 사실은 아닌) 이야기를 지어내는 데 있어 탁월하다.

➕ deceit ⓝ속임, 사기
deception ⓝ속임수, 기만

de + ceive
떨어져 잡다

어떤 행위를 딱 잡아떼다
➡ 속이다

0386 ☐☐
conceive
[kənsíːv]

ⓥ 생각하다, 상상하다, 임신하다

Many of these substances are beyond the ability of human beings to conceive. 학평
이 물질들 중 상당수는 인간이 상상할 수 있는 능력을 넘어선다.

➕ concept ⑩ 개념, 발상
conception ⑩ 개념, 구상

con + **ceive**
함께   취하다

함께 공통으로 이미지를
취하다
➡ 생각하다, 상상하다

0387 ☐☐
participate
[pɑːrtísəpèit]

ⓥ 참가[참여]하다, 관여하다

This is why the types of activities teens choose to participate in are especially important. 교과서
이것이 십 대들이 참여하기로 선택하는 활동의 종류가 특히 중요한 이유이다.

➕ participant ⑩ 참가자 ⓐ 참가하는

part(i) + **cip** + **ate**
부분   취하다   동접

(장소의) 한 부분을 차지하다
➡ 참가하다, 관여하다

0388 ☐☐
chef
[ʃef]

ⓝ 주방장, 요리사

Many chefs would argue that every dish they prepare is a work of art. 교과서
많은 요리사들은 자신들이 준비하는 모든 요리가 예술 작품이라고 주장할 것이다.

chef
머리

식당의 우두머리
➡ 주방장

0389 ☐☐
chief
[tʃiːf]

ⓐ 주요한, 우두머리의
ⓝ (조직의) 우두머리, 장(長)

Books gradually yielded ground to the technical journal article as the chief form of scientific communication. 학평
책은 과학적 의사소통의 주요한 형식으로 전문 학술지 논문에 점차 자리를 내주었다.

➖ principal ⓐ 주요한 ⓝ 교장, 총장
primary ⓐ 주요한, 제1의

chief
머리

부족의 우두머리가 되는
➡ 주요한

0390 ☐☐
occupy
[ákjəpài]

ⓥ 점유[점령]하다, 차지하다, 사용하다

Malaysia was occupied by other countries but overcame this tragic history. 교과서
말레이시아는 다른 나라들에 의해 점령당했지만, 이 비극적인 역사를 극복했다.

➕ occupation ⑩ 점유, 점령, 직업

oc + **cupy**
향하여   취하다

다른 사람에게 대항하여
차지하다
➡ 점령하다, 차지하다

WORD Review

다음 뜻에 해당하는 알맞은 영어 단어를 쓰시오.

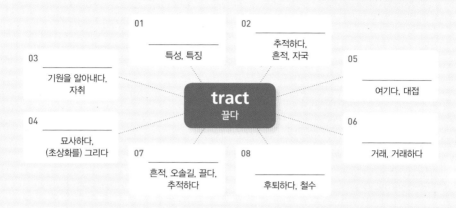

tract
끌다

01 _____
특성, 특징

02 _____
추적하다,
흔적, 자국

03 _____
기원을 알아내다,
자취

04 _____
묘사하다,
(초상화를) 그리다

05 _____
여기다, 대접

06 _____
거래, 거래하다

07 _____
흔적, 오솔길, 끌다,
추적하다

08 _____
후퇴하다, 철수

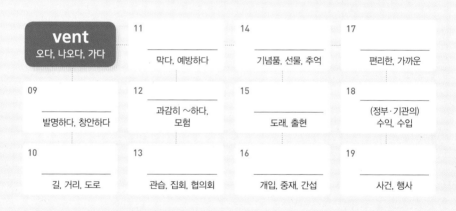

vent
오다, 나오다, 가다

09 _____
발명하다, 창안하다

10 _____
길, 거리, 도로

11 _____
막다, 예방하다

12 _____
과감히 ~하다,
모험

13 _____
관습, 집회, 협의회

14 _____
기념품, 선물, 추억

15 _____
도래, 출현

16 _____
개입, 중재, 간섭

17 _____
편리한, 가까운

18 _____
(정부·기관의)
수익, 수입

19 _____
사건, 행사

cap
잡다, 취하다,
머리

20 _____
유능한,
~ 할 수 있는

21 _____
점유하다, 차지하다

22 _____
참가하다, 관여하다

23 _____
받다, 수용하다

24 _____
인식하다, 지각하다

25 _____
주방장, 요리사

26 _____
생각하다,
상상하다, 임신하다

27 _____
포획하다, 포로

28 _____
속이다, 기만하다

29 _____
주요한, 우두머리

30 _____
달아나다, 탈출

🎗 부사형 접미사

-ly	(방법, 정도) ~하게, ~으로	
consciously	ⓐ 의식적으로	(conscious 의식하는)
enormously	ⓐ 엄청나게, 대단히	(enormous 엄청난, 거대한)
gladly	ⓐ 기꺼이, 즐거이	(glad 기쁜, 즐거운)
fortunately	ⓐ 다행히(도), 운 좋게(도)	(fortunate 운이 좋은)
individually	ⓐ 개별적으로	(individual 개인의)
particularly	ⓐ 특히, 특별히	(particular 특별한, 개개의)
pleasantly	ⓐ 즐겁게, 유쾌하게	(pleasant 즐거운, 유쾌한)
thirdly	ⓐ 세 번째로	(third 세 번째의)
unlikely	ⓐ ~할 것 같지 않게	(unlike 다른, 상이한)

-ward(s)	~(방향)으로	
downward	ⓐ 아래쪽으로	(down 아래로)
upward	ⓐ 위쪽으로	(up 위로)
forward	ⓐ 앞으로	(for ~을 향하여)
toward	ⓐ ~ 쪽으로, ~을 향하여	(to ~로)
inward	ⓐ 내부로, 안으로	(in 안에)
outward	ⓐ 밖으로, 바깥쪽에	(out 밖에)

-way(s)(-wise)	~한 방식, ~ 방향으로	
broadway(s) / broadwise	ⓐ 가로로, 옆으로	(broad 넓은)
midway	ⓐ 중간에	(mid 중앙의, 가운데의)
clockwise	ⓐ 시계 방향으로	(clock 시계)
likewise	ⓐ 똑같이, 마찬가지로	(like ~와 같은)
otherwise	ⓐ 다른 방식으로, 그렇지 않으면	(other 다른)

DAY 14

어원 Preview

mit	보내다	vert	돌리다, 변하다
spec(t)	보다		

Previous Check

☐ admit	☐ messenger	☐ despite
☐ submit	☐ species	☐ convert
☐ transmit	☐ expect	☐ advertise
☐ commit	☐ specific	☐ vertical
☐ emit	☐ aspect	☐ diverse
☐ permit	☐ specialize	☐ version
☐ promise	☐ suspect	☐ adversity
☐ compromise	☐ spectator	☐ universe
☐ mission	☐ spectacular	☐ converse
☐ omission	☐ inspect	☐ reverse

mit

보내다(send)

| 변화형 | mis(s), mess

0391

admit
[ədmít]

ⓥ 인정하다, 입장[입학]을 허락하다

At the end of the school day, my uncle admitted that life as a teen is not as easy as he first thought. 교과서

학교 수업이 끝날 무렵, 삼촌은 십 대로서의 삶이 처음 생각했던 것만큼 쉽지 않다는 것을 인정했다.

➕ **admission** ⓝ 입장(료), 입학, 승인, 시인

ad + mit
~에 보내다

어떤 곳 안으로 들여보내 주다
➡ 입장을 허락하다

0392

submit
[səbmít]

ⓥ 제출하다, 항복하다, 복종시키다

All three papers just had to be submitted by the last day of class. 학평

세 개의 보고서 모두 종강일까지 제출되기만 하면 되었다.

🟰 **surrender** ⓥ 항복하다, 넘겨주다
➕ **submission** ⓝ 제출, 항복, 복종

sub + mit
아래로 보내다

사람을 자신의 아래에 두다, 창구 아래로 보내다
➡ 복종시키다, 제출하다

0393

transmit
[trænsmít]

ⓥ 전달하다, 전송하다, 전도하다

The myth is transmitted in a much more powerful way than by television, movies or books. 모평

신화는 텔레비전, 영화, 또는 책에 의한 것보다 훨씬 더 강력한 방식으로 전달된다.

➕ **transmission** ⓝ 전달, 전송, 송달

trans + mit
가로질러 보내다

무언가를 시공을 가로질러 보내다
➡ 전달하다, 전송하다

0394

commit
[kəmít]

ⓥ (과오 등을) 저지르다, 약속하다, 전념하다

Algorithms can predict whether a prisoner released on parole will go on to commit another crime. 수능 변형

알고리즘은 가석방으로 풀려난 죄수가 계속해서 다른 범죄를 저지를 것인지 예측할 수 있다.

➕ **commission** ⓝ 임무, 위임, 수수료

com + mit
함께 보내다

서로 함께 무언가를 보내다
➡ 약속하다

0395 ☐☐

emit
[imít]

ⓥ 배출하다, 방사하다

Living things emit carbon dioxide when they breathe. 학평
생물은 숨을 쉴 때 이산화탄소를 배출한다.

➕ emission ⓝ 배출(물), 배기(가스)

e + **mit**
밖으로 보내다
(ex)

가스, 열, 빛 등을 밖으로
내보내다
➡ 배출하다, 방사하다

0396 ☐☐

permit
[pərmít] ⓥ
[pɜ́ːrmit] ⓝ

ⓥ 허용하다, 허락하다 ⓝ 허가증

Dogs of any size are not permitted on the train. 학평
어떤 크기의 반려견도 기차 탑승이 허용되지 않는다.

🟰 allow ⓥ 허락하다, 허용하다
➕ permission ⓝ 허용, 허가

per + **mit**
통과시켜 보내다

어떤 사람을 통과하여
들어오게 하다
➡ 허용하다, 허락하다

DAY 14

0397 ☐☐

promise
[prámis]

ⓝ 약속, 장래성 ⓥ 약속하다

He made a promise, from that day on, to never again hunt wild animals. 학평
그는 그날 이후 다시는 결코 야생 동물을 사냥하지 않겠다는 약속을 했다.

➕ promising ⓐ 유망한

pro + **mis(e)**
앞으로 보내다

무엇을 하겠다고 앞으로
보내는 것
➡ 약속

0398 ☐☐

compromise
[kámprəmàiz]

ⓝ 타협, 화해 ⓥ 타협하다, 양보하다

It results in a sort of compromise between abstraction and accuracy. 학평 변형
그것은 추상과 정확성 간의 일종의 타협을 초래한다.

com + **pro** + **mis(e)**
함께 앞으로 보내다

어떤 안을 앞에 두고 서로
약속하다
➡ 타협하다

0399 ☐☐

mission
[míʃən]

ⓝ 사명, 임무, 전도

I was really touched by the mission, so I decided to take part in the next volunteer trip. 교과서
그 사명으로 정말 감동받아서, 나는 다음 자원봉사 여행에 참여하기로 결심했다.

➕ missionary ⓝ 선교사 ⓐ 전도의

miss + ion
보내다 명접

어떤 곳에 일을 하도록
보내는 것
➡ 사명, 임무

0400 □□
omiss**ion**
[oumíʃən]

ⓝ 생략, 누락, 빠진 것

The first performance of the play was shortened by the omission of the fourth act.
그 연극의 첫 번째 공연은 제4막을 생략하여 짧아졌다.

➕ **omit** ⓥ 생략하다, 빠뜨리다

o + **miss** + **ion**
반대 보내다 명접
(ob)

보내지 않는 것
➜ 생략, 누락

0401 □□
messenger
[mésəndʒər]

ⓝ 전달자, 전령, 배달원

They obeyed the queen whose orders were delivered by the messenger.
그들은 전령을 통해 명령을 전달한 여왕에게 복종했다.

mess + **(eng)er**
보내다 명접(사람)

전언을 가지고 있는 사람
➜ 전달자, 배달원

---

spec(t) 보다(look)

| 변화형 | **spite**

0402 □□
species
[spíːʃiːz]

ⓝ 종(種), 종류, 인류

Approximately one trillion species exist today, out of which only 1.6 million are documented. 교과서
대략 1조 개의 종들이 오늘날 존재하며, 그중 오직 160만 종이 문서로 기록되어 있다.

spec + **ies**
보다 명접

보이는 외관으로 분류한 것
➜ 종, 종류

0403 □□
expect
[ikspékt]

ⓥ 기대하다, 예상하다, 기다리다

Ballerinas, engineers, and announcers trembled before him, expecting to die. 교과서

발레리나들, 기술자들, 그리고 아나운서들은 모두 죽을 것으로 예상하고 그의 앞에서 떨었다.

➕ **expectation** ⓝ 기대, 예상
unexpected ⓐ 예상치 못한

ex + **(s)pect**
밖으로 보다

목을 빼고 밖을 내다보다
➜ 기다리다, 예상하다

0404 ☐☐

specific
[spisífik]

ⓐ 구체적인, 특정한

Generalization without specific examples that humanize writing is boring to the listener and to the reader. 학평
글을 인간미 있게 하는 구체적인 사례가 없는 일반화는 듣는 사람과 읽는 사람에게 지루하다.

➕ specify ⓥ 구체적으로 명시하다

spec(i) + fic
보다   만들다

쓰인 글을 상세하게 보이게
만드는
➡ 구체적인

0405 ☐☐

aspect
[ǽspekt]

ⓝ 측면, 양상, 관점

There are also some negative aspects that we should consider, such as potential issues with privacy and security. 교과서
사생활과 보안에 관련된 잠재적인 문제처럼, 우리가 고려해야 할 몇몇 부정적인 측면들도 있다.

a + spect
~ 쪽으로   보다

사물을 ~ 쪽으로 바라본 것
➡ 측면, 양상

DAY
14

0406 ☐☐

specialize
[spéʃəlàiz]

ⓥ 전문적으로 하다, 전공하다

I specialize in marine life photography because the love of nature has been one of my guiding principles in life. 교과서
나는 자연에 대한 사랑이 삶의 신조 중 하나였기 때문에 해양 생물 사진 촬영을 전문으로 하고 있다.

➕ specialized ⓐ 전문적인, 전문화된
specialization ⓝ 전문화

spec + ial + ize
보다   형접   동접

깊이 있게 보게 하다
➡ 전문적으로 하다

0407 ☐☐

suspect
[səspékt] ⓥ
[sʌ́spekt] ⓝ

ⓥ 의심하다, 혐의를 두다   ⓝ 용의자

The growing field of genetics is showing us what many scientists have suspected for years. 학평
성장하고 있는 유전학 분야는 많은 과학자가 여러 해 동안 의심해 왔던 것을 우리에게 보여 주고 있다.

➕ suspicion ⓝ 의심   suspicious ⓐ 의심스러운

su + spect
아래로   보다

사람의 얼굴뿐만 아니라
아래 신발까지 훑어보다
➡ 의심하다

0408 ☐☐

spectator
[spékteitər]

ⓝ 구경꾼, 관객, 방관자

A spectator several rows in front stands up to get a better view, and a chain reaction follows. 학평
몇 줄 앞에 있는 한 관객이 더 잘 보기 위해 일어서고, 연쇄 반응이 이어진다(다른 사람들도 일어선다).

🟰 bystander

spect + at(e) + or
보다   동접   명접
(사람)

경기, 싸움 등을 앞이나
옆에서 보는 사람
➡ 구경꾼, 관객

0409 □□

spectacular
[spektǽkjələr]

ⓐ 장관인, 볼 만한

The Great Blue Hole in Belize is one of the most spectacular. 교과서

Belize의 그레이트 블루홀은 가장 장관인 블루홀들 중 하나이다.

➕ spectacle ⓝ 광경, 구경거리

spect + **acul** + **ar**
보다　　명접　　형접

이리 보고 거리 보기에 충분한
➜ 볼 만한

0410 □□

inspect
[inspékt]

ⓥ 검사하다, 조사하다, 검열하다

When I was in the army, the first thing my instructors would inspect was our bed. 학평

내가 군대에 있을 때 교관들이 검사하곤 했던 첫 번째 것은 우리의 침대였다.

🟰 investigate, examine
➕ inspection ⓝ 검사, 조사

in + **spect**
안에　　보다

사물의 안을 들여다보다
➜ 검사하다, 조사하다

0411 □□

despite
[dispáit]

ⓟ ~에도 불구하고　ⓝ 무례, 경멸

There were still many things he could not do despite all his efforts. 교과서

그의 모든 노력에도 불구하고 그가 할 수 없는 일들이 여전히 많았다.

🟰 in spite of ~에도 불구하고
➕ despise ⓥ 경멸하다

de + **spite**
아래로　　보다

눈 아래로 깔아 보는 것
➜ 경멸

---

vert

돌리다(turn), **변하다**(change)

│ 변화형 │ vers, vorc

0412 □□

convert
[kənvə́:rt]

ⓥ 전환하다, 바꾸다, 개조하다

Recycling requires large amounts of energy to convert used resources into new products. 교과서

재활용은 사용된 자원을 새 제품으로 전환하기 위해 많은 양의 에너지를 필요로 한다.

➕ conversion ⓝ 전환, 개조

con + **vert**
모두　　돌리다

방향을 모두 돌려 완전히 바꾸다
➜ 전환하다

0413 □□

advertise
[ǽdvərtàiz]

ⓥ 광고하다, 알리다

Advertisers manipulate children into purchasing more products they have seen advertised. 학평
광고주들은 아이들이 광고되는 것을 본 제품을 더 많이 구매하도록 교묘히 조종한다.

➕ advertisement ⓝ 광고

ad + **vert** + ise
~ 쪽으로 돌리다 동접

사람들의 관심을 ~ 쪽으로
돌리다
➡ 광고하다

0414 □□

vertical
[və́:rtikəl]

ⓐ 수직의, 세로의 ⓝ 수직선

Vertical farming with an electric light source is now widely used in many countries. 교과서
전기 광원을 이용한 수직 농업은 많은 나라에서 현재 널리 사용되고 있다.

↔ horizontal ⓐ 수평의, 가로의 ⓝ 수평선, 가로선

vert + ical
돌리다 형접

수평선을 돌려서 세우는
➡ 수직의

DAY
14

0415 □□

diverse
[daivə́:rs]

ⓐ 다양한, 여러 가지의

Newton explained a diverse range of phenomena using his law of gravity. 학평
뉴턴은 자신의 중력 법칙을 사용하여 다양한 범위의 현상을 설명했다.

≒ various
➕ diversity ⓝ 다양성

di + **vers(e)**
떨어져 변하다

서로 동떨어지게 변한
➡ 다양한

0416 □□

version
[və́:rʒən]

ⓝ 버전, 번역(판), ~판[형태]

Leopold was the 18th-century version of a modern day parent who goes all out to make his or her child a star. 교과서
Leopold는 자신의 자녀를 스타로 만들기 위해 전력을 다하는 현대 부모의 18세기 버전이었다.

vers + ion
변하다 명접

언어를 바꾸어서 만든 것
➡ 번역, 버전

0417 □□

adversity
[ædvə́:rsəti]

ⓝ 역경, 불운

Timothy accepted life's many challenges and overcame many personal adversities.
Timothy는 인생의 수많은 도전을 받아들였고 많은 개인적인 역경을 극복했다.

➕ adverse ⓐ 불운한, 거스르는

ad + **vers** + ity
~ 쪽으로 돌리다 명접

안 좋은 일이 누군가에게
돌려진 것
➡ 역경

0418 ☐☐

universe
[júːnəvə̀ːrs]

ⓝ 우주, 만물, 전 세계

The Copernican Revolution involved a new story about the place of Earth in the universe. 학평
코페르니쿠스 혁명은 우주 속 지구의 위치에 관한 새로운 이야기를 포함했다.

➕ universal ⓐ우주의, 보편적인

uni + **vers(e)**
하나   돌리다

한 덩어리가 되어 도는 것
➡ 우주

0419 ☐☐

converse
[kənvə́ːrs] ⓥ,ⓐ
[kánvəːrs] ⓝ

ⓥ 대화하다 ⓐ 반대의 ⓝ 정반대, 역

It is necessary to shout to converse with someone at arm's length in the workplace.
그 작업장에서는 가까운 거리에 있는 사람과 대화하기 위해 소리를 지를 필요가 있다.

➕ conversation ⓝ대화
conversely ⓐ정반대로, 역으로

con + **vers(e)**
함께   돌리다

서로 함께 돌아가며 말하다
➡ 대화하다

0420 ☐☐

reverse
[rivə́ːrs]

ⓥ 거꾸로 하다, 뒤바꾸다 ⓐ 반대의 ⓝ 반대

If he took them out and reversed the order, the vibration and noise might disappear. 학평
만약 그가 그것들을 꺼내서 순서를 뒤바꾸면, 진동과 소음이 사라질지도 모른다.

re + **vers(e)**
뒤로   돌리다

앞을 뒤로 돌리다
➡ 거꾸로 하다

WORD Review

다음 뜻에 해당하는 알맞은 영어 단어를 쓰시오.

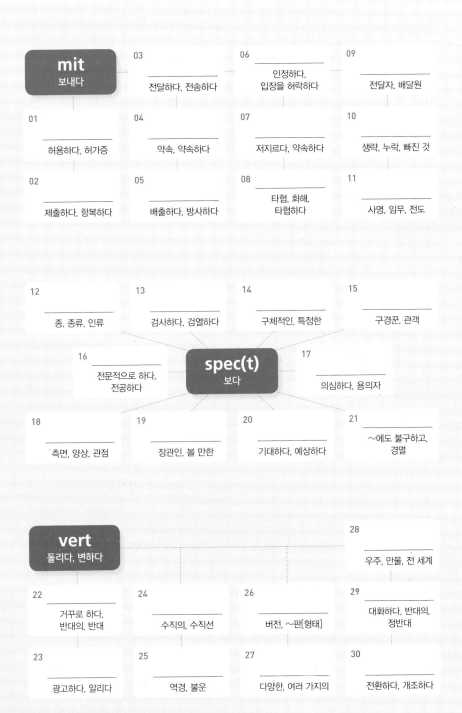

mit
보내다

03 _____
전달하다, 전송하다

06 _____
인정하다,
입장을 허락하다

09 _____
전달자, 배달원

01 _____
허용하다, 허가증

04 _____
약속, 약속하다

07 _____
저지르다, 약속하다

10 _____
생략, 누락, 빠진 것

02 _____
제출하다, 항복하다

05 _____
배출하다, 방사하다

08 _____
타협, 화해,
타협하다

11 _____
사명, 임무, 전도

12 _____
종, 종류, 인류

13 _____
검사하다, 검열하다

14 _____
구체적인, 특정한

15 _____
구경꾼, 관객

16 _____
전문적으로 하다,
전공하다

spec(t)
보다

17 _____
의심하다, 용의자

18 _____
측면, 양상, 관점

19 _____
장관인, 볼 만한

20 _____
기대하다, 예상하다

21 _____
~에도 불구하고,
경멸

vert
돌리다, 변하다

28 _____
우주, 만물, 전 세계

22 _____
거꾸로 하다,
반대의, 반대

24 _____
수직의, 수직선

26 _____
버전, ~판[형태]

29 _____
대화하다, 반대의,
정반대

23 _____
광고하다, 알리다

25 _____
역경, 불운

27 _____
다양한, 여러 가지의

30 _____
전환하다, 개조하다

주요 다의어 1

address

주소를 기입하다, 주소

01 The package is sealed; it just needs to be **addressed**.
소포는 포장되어 있고, **주소만 기입**하면 된다.

~에게 말을 걸다

02 Jessica, ignoring most other men, turned to **address** the man on her left.
Jessica는 다른 남자들을 무시하고, 자신의 왼쪽에 있는 남자 쪽으로 몸을 돌려 **말을 걸었다**.

연설하다, 연설

03 The president is to deliver a televised **address** to the nation.
대통령은 전 국민을 대상으로 TV **연설**을 할 예정이다.

다루다, 고심하다

04 We'll **address** that question at the next meeting.
우리는 다음 회의에서 그 문제를 **다룰** 것이다.

apply

신청하다

01 You have to **apply** to the U.S. embassy for a visa.
당신은 미 대사관에 비자를 **신청해야** 한다.

적용하다, 응용하다

02 A similar technique can be **applied** to the treatment of cancer.
비슷한 기술이 암 치료에 **응용될** 수 있다.

전념하다(oneself)

03 Professionals are those who really **apply** themselves to the job.
전문가들은 정말로 일에 **전념하는** 사람들이다.

DAY 15

어원 Preview

vert	돌리다, 변하다	**mod**	기준, 척도, 방식
pos	두다, 놓다, 넣다	**gen**	출생, 태생, 종류
par	준비하다, 동등한, 보이다		

Previous Check

☐ divorce

☐ pose

☐ position

☐ suppose

☐ oppose

☐ deposit

☐ disposable

☐ component

☐ postpone

☐ compound

☐ prepare

☐ compare

☐ apparent

☐ transparent

☐ apparatus

☐ appear

☐ repair

☐ emperor

☐ mode

☐ modern

☐ modify

☐ moderate

☐ modest

☐ accommodate

☐ commodity

☐ mold

☐ gene

☐ genius

☐ oxygen

☐ genuine

vert

돌리다(turn), 변하다(change)
| 변화형 | vers, vorc

0421 □□

divorce
[divɔ́:rs]

ⓝ 이혼, 분리 **ⓥ** 이혼하다, 분리하다

Her troubled marriage, divorce, and life as a single mother made it even harder for her to write. 교과서

그녀의 힘들었던 결혼 생활과 이혼, 그리고 혼자서 아이를 키우는 엄마로서의 삶은 그녀가 글을 쓰는 것을 훨씬 더 어렵게 만들었다.

➕ **divorced** ⓐ 이혼한, ~와 분리된

di + **vorc(e)**
떨어져 돌리다

서로 갈라져서 돌아서다
➡ 이혼하다

pos

두다, 놓다, 넣다(put)
| 변화형 | pon, pound

0422 □□

pose
[pouz]

ⓥ 자세를 취하다, 제기하다 **ⓝ** 자세, 마음가짐

Cameron convinced friends and family members to pose for photographs. 학평 변형
Cameron은 사진을 위해 친구들과 가족 구성원이 자세를 취하도록 설득했다.

pos(e)
두다

몸을 일시 정지하여 두다
➡ 자세를 취하다

0423 □□

position
[pəzíʃən]

ⓝ 위치, 장소, 지위 **ⓥ** 배치하다

Coworkers and clients are in a better position to evaluate many performance dimensions. 모평 변형
동료와 고객은 많은 성과 규모를 평가할 수 있는 더 나은 위치에 있다.

🟰 **location** ⓝ 위치, 장소

pos(it)+ion
놓다 명접

사물을 놓거나 사람을 배치하는 것
➡ 위치, 지위

0424 □□

suppose
[səpóuz]

ⓥ 가정하다, 생각하다, 추측하다

Suppose we know that Paula suffers from a severe phobia. 수능
Paula가 극심한 공포증을 겪는다는 것을 우리가 안다고 가정해 보자.

➕ supposition ⓝ 가정, 상상, 추측
supposedly @ 아마, 추정상

sup + **pos(e)**
아래에   놓다

어떤 생각을 ~라는 것
아래에 놓아 생각하다
➡ 가정하다

0425 □□

oppose
[əpóuz]

ⓥ 반대하다, 대항하다

He always noted observations that were opposed to what he thought. 교과서
그는 항상 그가 생각했던 것에 반대되는 관찰 정보에 주목했다.

🔄 advocate ⓥ 지지하다, 옹호하다
➕ opposite @ 마주보고 있는, 반대의

op + **pos(e)**
반대쪽에   놓다

어떤 것에 마주[대항]하여
놓다
➡ 반대하다, 대항하다

DAY
15

0426 □□

deposit
[dipázit]

ⓝ 퇴적물, 착수금, 보증금
ⓥ 예금하다, 침전시키다

An underwater volcano erupted and pushed volcanic rock into the layers of the soil deposits. 교과서
수중 화산이 분출해서 화산암을 흙 퇴적물 층으로 밀어 넣었다.

de + **pos(it)**
아래에   놓다

돈을 아래에 놓다
➡ 예금하다

0427 □□

disposable
[dispóuzəbl]

@ 처분할 수 있는, 일회용의 ⓝ 일회용품

There is an artist who shows that disposable cups can be reused as artistic material. 교과서
일회용 컵들이 예술적 재료로 재사용될 수 있다는 것을 보여 주는 미술가가 있다.

➕ dispose ⓥ 버리다, 배치하다

dis + **pos** + **able**
떨어져   놓다 ~할 수 있는

사용 후에 버려질 수 있는
➡ 처분할 수 있는, 일회용의

0428 □□

component
[kəmpóunənt]

ⓝ 구성 요소, 성분 @ 구성하고 있는

Some protectants in their body mass prevent the main components of their cells from being destroyed. 교과서
그것들의 몸속의 일부 보호제들은 세포의 주요 구성 요소가 파괴되는 것을 방지한다.

🟰 element ⓝ 요소, 성분

com + **pon** + **ent**
함께   놓다   명접

무언가와 함께 놓인 것
➡ 구성 요소

0429 ☐☐

postpone
[poustpóun]

ⓥ 연기하다, 미루다

Right before the launch, engineers advised that the launching be postponed. 교과서

발사 직전, 기술자들이 발사가 미루어져야 한다고 충고했다.

⬛ delay, put off

post + pon(e)
후에   놓다

약속을 예정 시간 후에 놓다
➡ 연기하다

0430 ☐☐

compound
[kámpaund] ⓝ,ⓐ
[kəmpáund] ⓥ

ⓝ 화합[합성]물   ⓐ 합성의, 복합의
ⓥ 합성하다, 혼합하다

As magma cools, its atoms lose heat energy, move closer together, and begin to combine into compounds. 학평

마그마가 식으면서, 그것의 원자는 열에너지를 잃고, 서로 더 가까이 이동해, 화합물로 결합하기 시작한다.

com + pound
함께   넣다

무언가를 함께 넣는 것
➡ 합성하다, 화합물

---

par

준비하다(prepare), 동등한(equal), 보이다(show)

| 변화형 | pear, pair, per

0431 ☐☐

prepare
[pripɛ́ər]

ⓥ 준비하다, 대비하다

When you head off into the wilderness, it is important to fully prepare for the environment. 학평

여러분이 미지의 땅으로 향할 때는, 그 환경에 대해 충분히 준비하는 것이 중요하다.

➕ preparation ⓝ준비

pre + par(e)
미리   준비하다

어떤 행위를 미리 준비하다
➡ 준비하다

0432 ☐☐

compare
[kəmpɛ́ər]

ⓥ 비교하다, 비유하다

Journalists occasionally compared her to Thomas Edison by nicknaming her "a woman Edison." 학평

기자들은 가끔 그녀에게 '여자 Edison'이라는 별명을 지어 주어 Thomas Edison과 비교했다.

➕ comparison ⓝ비교
    comparable ⓐ비교할 만한, 필적하는

com + par(e)
함께   동등한

함께 동등한 조건에 두다
➡ 비교하다

0433 ☐☐

apparent
[əpǽrənt]

ⓐ 명백한, 또렷이 보이는

In the mid-1950s, however, a number of faults in this view of history became apparent. 수능

하지만 1950년대 중반에, 역사에 대한 이러한 관점에서 많은 잘못들이 명백하게 되었다.

🔁 obvious ⓐ 명백한
🔄 unclear ⓐ 불분명한

ap + par + ent
~쪽으로 보이다 형접

뚜렷이 보이는 쪽으로 하는
➡ 명백한

0434 ☐☐

transparent
[trænspέ(:)ərənt]

ⓐ 투명한, 명백한, 명료한

Some specimens like zebra fish are almost transparent by nature.

zebra fish(줄무늬가 있는 열대어)와 같은 일부 표본은 본질적으로 거의 투명하다.

🔄 opaque ⓐ 불투명한

trans + par + ent
관통하여 보이다 형접

관통하여 보이는
➡ 투명한

DAY
15

0435 ☐☐

apparatus
[æpərǽtəs]

ⓝ 장치, 기구, 기관

Repeated measurements with the same apparatus neither reveal nor do they eliminate a systematic error. 학평

동일한 기구를 가지고 반복적으로 측정해도 계통 오차가 드러나지도 않고 제거되지도 않는다.

🔁 tool ⓝ 도구

ap + par(a) + tus
~에 준비하다 어미

어떤 용도로 쓰려고 준비해 놓은 것
➡ 장치, 기구

0436 ☐☐

appear
[əpíər]

ⓥ 나타나다, 출연하다, ~인 것 같다

She was fluent in five languages and appeared in a range of films, plays and TV productions. 학평

그녀는 다섯 개의 언어에 유창했고 다양한 영화, 연극, 그리고 TV 작품에 출연했다.

🔄 disappear ⓥ 사라지다, 모습을 감추다
vanish ⓥ 사라지다, 자취를 감추다

ap + pear
~로 보이다

~에 보이다
➡ 나타나다

0437 ☐☐

repair
[ripέər]

ⓥ 수리하다, 바로잡다 ⓝ 수리, 보수

This course is a great way to begin learning how to repair and maintain your bike yourself. 학평

이 과정은 여러분 스스로 자신의 자전거를 수리하고 유지하는 방법을 배우기 시작하는 훌륭한 방법입니다.

re + pair
다시 준비하다

다시 쓸 수 있게 준비하다
➡ 수리하다

0438 □□

emperor
[émpərər]

ⓝ 황제, 제왕

Before the close of the century, that little boy was crowned Emperor of United Germany. 교과서

그 세기가 끝나기 전에, 그 어린 소년은 통일 독일 황제의 왕관을 썼다.

➕ imperial ⓐ 황제의, 제국의

em + **per** + or
안에 준비하다 명접
(사람)

안에서 백성을 보호하기
위해 준비하는 사람
➡ 황제

---

mod

기준, 척도(measure), 방식(manner)

| 변화형 | mold

0439 □□

mode
[moud]

ⓝ 방식, 수단, 기분, 태도

Universities already have certain regulations, such as walk-only zones, to restrict motorized modes of transportation. 학평

대학들은 이미 전동 교통수단을 제한하기 위해 도보 전용 구역과 같은 특정한 규정들을 가지고 있다.

mod(e)
방식

0440 □□

modern
[mádərn]

ⓐ 현대의 ⓝ 현대인

Patricia Moore understood the difficulties the elderly face in our modern society. 교과서 변형

Patricia Moore는 우리 현대 사회에서 노인이 직면한 어려움을 이해했다.

➕ modernity ⓝ 현대성, 현대적인 것

mod(ern)
기준

'지금'이라는 기준의
➡ 현대의

0441 □□

modify
[mádəfài]

ⓥ 수정하다, 조정하다, 한정하다

Similar benefits were achieved by showing goal seekers modified weekly calendars. 학평

목표를 추구하는 사람들에게 수정된 주간 일정표를 보여 줌으로써 비슷한 이점들이 얻어졌다.

🟰 adjust ⓥ 조정하다, 조절하다
➕ modification ⓝ 수정, 변경

mod + ify
기준 동접

어떤 것을 기준이나 척도에
맞추다
➡ 수정하다, 조정하다

0442 ☐☐

moderate
[mádərit] ⓐ
[mádərèit] ⓥ

ⓐ 적정한, 온건한
ⓥ 적당하게 만들다, 완화하다

In active outdoor play, children deliberately dose themselves with moderate amounts of fear. 학평
활동적인 야외 놀이를 통해, 아이들은 의도적으로 자기 자신에게 적정한 수준의 두려움을 준다.

➕ moderation ⓝ 완화, 절제

mod(er) + ate
기준   형접

무언가의 기준이 되는
➔ 적정한

0443 ☐☐

modest
[mádist]

ⓐ 겸손한, 보통의, 적당한

A skyscraper in a large city is a significantly more complex object than a modest family dwelling in a small town. 학평
대도시의 고층 건물은 소도시의 보통 가정집보다 상당히 더 복잡한 물체이다.

🟰 humble ⓐ 겸손한
🔁 immodest ⓐ 무례한, 건방진
➕ modesty ⓝ 겸손, 소박함

mod + est
기준   형접

기준에 맞는
➔ 적당한, 보통의

DAY
15

0444 ☐☐

accommodate
[əkámədèit]

ⓥ 수용하다, 숙박시키다, 적응시키다

City officials had to figure out commuter hot spots so they could accommodate as many people as possible. 교과서
시 공무원들은 가능한 한 많은 사람을 수용할 수 있도록 통근자들이 가장 많은 장소를 알아내야 했다.

➕ accommodation ⓝ 숙박 시설, 편의

ac + com
앞에   함께

+ mod + ate
기준   동접

기준에 함께 맞추다
➔ 적응시키다

0445 ☐☐

commodity
[kəmádəti]

ⓝ 상품, 일용품

It is not surprising that many landscapes are seen as commodities. 모평
많은 경관이 상품으로 여겨지는 것은 놀랄 일이 아니다.

🟰 goods ⓝ 상품, 제품

com + mod + ity
함께   기준   명접

사람들의 필요와 요구의
기준에 부응하여 나온 것
➔ 상품

0446 ☐☐

mold
[mould]

ⓝ 주형, 틀 ⓥ 만들다, 형성하다, 주조하다

Music is used to mold customer experience and behavior. 학평
음악은 고객의 경험과 행동을 형성하는 데 사용된다.

mold
(작은) 척도

작은 척도에 맞추기
➔ 주형, 틀

gen

출생, 태생(birth), 종류(kind)

| 변화형 | gener, gn

0447 ☐☐

gene
[dʒiːn]

ⓝ 유전자, 유전 인자

The notion that food has a specific influence on gene expression is relatively new. 학평

음식이 유전자 발현에 특정한 영향을 미친다는 생각은 비교적 새로운 것이다.

➕ **genetic** ⓐ 유전의, 발생의

gen(e)
출생

출생시 가지고 태어난 것
➡ 유전자

0448 ☐☐

genius
[dʒíːnjəs]

ⓝ 천재, 비범한 재능

No doubt, these traits are not particularly fascinating, but they are, perhaps, the more essential components of genius.

교과서

의심할 여지 없이, 이런 특성들은 특별히 매력적인 것은 아니지만, 아마도 그것들은 천재의 더 필수적인 구성 요소일 것이다.

gen + **ius**
태생   어미

태생부터 타고난 것
➡ 재능

0449 ☐☐

oxygen
[ɑ́ksidʒən]

ⓝ 산소

A frog's lungs do not work very well, and it gets part of its oxygen by breathing through its skin. 학평

개구리의 폐는 그다지 기능을 잘하지 않으며, 그것은 피부를 통해 호흡함으로써 산소를 일부 얻는다.

➕ **hydrogen** ⓝ 수소
nitrogen ⓝ 질소

oxy + **gen**
산   출생

산(acid)을 만들어 내는 원소
➡ 산소

0450 ☐☐

genuine
[dʒénjuin]

ⓐ 진짜의, 진품의, 진심의

The concern must be genuine — the students can't be fooled. 학평

그 관심은 진심이어야 하는데, 학생들이 속을 리가 없기 때문이다.

➕ **authentic** ⓐ 진정한, 진짜의

gen(u) + **ine**
태생   어미

타고난 그대로의
➡ 진짜의

WORD *Review*

다음 뜻에 해당하는 알맞은 영어 단어를 쓰시오.

vert
돌리다, 변하다

01 _____
이혼, 이혼하다

07 _____
준비하다, 대비하다

par
준비하다, 동등한, 보이다

03 _____
비교하다, 비유하다

05 _____
투명한, 명백한

08 _____
명백한, 또렷이 보이는

02 _____
나타나다, 출연하다

04 _____
수리하다, 수리

06 _____
장치, 기구, 기관

09 _____
황제, 제왕

pos
두다, 놓다, 넣다

16 _____
구성 요소, 성분, 구성하고 있는

10 _____
퇴적물, 예금하다

12 _____
연기하다, 미루다

14 _____
자세를 취하다, 자세

17 _____
가정하다, 추측하다

11 _____
위치, 지위, 배치하다

13 _____
반대하다, 대항하다

15 _____
처분할 수 있는, 일회용품

18 _____
화합물, 합성의, 합성하다

mod
기준, 척도, 방식

21 _____
수정하다, 조정하다

23 _____
방식, 수단, 기분

25 _____
상품, 일용품

19 _____
겸손한, 적당한

22 _____
적정한, 완화하다

24 _____
수용하다, 숙박시키다

26 _____
현대의, 현대인

20 _____
주형, 틀, 만들다

gen
출생, 태생, 종류

27 _____
유전자, 유전 인자

28 _____
진짜의, 진품의

29 _____
산소

30 _____
천재, 비범한 재능

🔖 주요 다의어 2

balance

01 균형, 균형을 유지하다

He helped his daughter **balance** on her bicycle before she started pedaling.
그는 딸이 페달 밟기를 시작하기 전에 자전거를 탄 채 **균형을 유지하는** 것을 도왔다.

02 예금 잔액

She was glad to see a large **balance** in her bank account.
그녀는 자신의 계좌에 있는 많은 **예금 잔액**을 보고 기뻤다.

03 (빚·할부 등의) 잔금

He finally paid off the **balance** on his credit cards.
그는 마침내 신용 카드 **잔금**을 전부 갚았다.

measure

01 측정하다

They precisely **measured** the room before ordering the new carpet.
그들은 새 카펫을 주문하기 전에 그 방을 정확히 **측정했다**.

02 조치, 정책, 수단

When you are attacked, you take defensive **measures** against the attacker.
공격을 받았을 때는, 공격하는 사람에 대항하여 방어적 **조치**를 취한다.

03 법안

The state government passed a new **measure** to reduce air pollution.
주 정부는 대기 오염을 줄이기 위한 새로운 **법안**을 통과시켰다.

04 척도, 기준

The test is not an accurate **measure** of performance.
시험이 성과를 정확히 측정하는 **척도**는 아니다.

DAY 16

어원 Preview

gen	출생, 태생, 종류	**tend**	늘리다, 뻗다
sens	느끼다	**sign**	표시
act	행하다		

Previous Check

☐ genre	☐ consent	☐ attend
☐ generate	☐ scent	☐ extend
☐ generous	☐ actual	☐ intend
☐ pregnant	☐ exact	☐ pretend
☐ sensible	☐ active	☐ tender
☐ sensation	☐ react	☐ intense
☐ nonsense	☐ enact	☐ sign
☐ sentence	☐ agent	☐ significant
☐ resent	☐ ambiguous	☐ signal
☐ sentiment	☐ tend	☐ assign

gen 출생, 태생(birth), 종류(kind)

| 변화형 | gener, gn

0451 ☐☐

genre
[ʒɑ́ːŋrə]

ⓝ (예술 작품의) 장르, 종류, 형식

The genre film simplifies film watching as well as filmmaking. 학평
장르 영화는 영화 제작뿐 아니라 영화 시청도 단순화한다.

gen(re)
종류

특정한 종류의 예술
➡ 장르

0452 ☐☐

generate
[dʒénərèit]

ⓥ 낳다, 생성하다, 발생시키다

Because language is processed and generated in the left hemisphere, the left hemisphere is required to respond. 학평
언어는 좌뇌에서 처리되고 생성되기 때문에, 좌뇌가 응답하도록 요구된다.

➕ generation ⓝ 생성, 세대

gener + **ate**
출생　동접

사람이나 사물을 탄생시키다
➡ 생성하다, 발생시키다

0453 ☐☐

generous
[dʒénərəs]

ⓐ 관대한, 너그러운

The elders gave me much advice, and people were kind and generous. 학평
어르신들은 나에게 많은 조언을 해 주셨고, 사람들은 친절하고 너그러웠다.

↔ mean ⓐ 인색한
➕ generosity ⓝ 관대함

gener + **ous**
태생　형접

태생이 좋은
➡ 관대한

0454 ☐☐

pregnant
[prégnənt]

ⓐ 임신한, 가득 찬

Sarah was diagnosed with a genetic condition while she was pregnant with her second child.
Sarah는 둘째를 임신했을 때 유전 질환 진단을 받았다.

➕ pregnancy ⓝ 임신

pre + **gn** + **ant**
전에　출생　형접

출생하기 전의 상태인
➡ 임신한

---

sens
느끼다 (feel)

| 변화형 **sent, scent**

0455 □□

sensible
[sénsəbl]

ⓐ 분별 있는, 느끼고 있는, 합리적인

If everyone's doing it, it must be a sensible thing to do. 학평
모든 사람이 그것을 하고 있다면, 그것은 해야 할 분별 있는 일인 것이 틀림없다.

➕ sensitive ⓐ 민감한, 예민한, 세심한

sens +ible
느끼다 ~할 수 있는

느낄 수 있는
➜ 느끼고 있는

0456 □□

sensation
[senséiʃən]

ⓝ 감각, 느낌, 선풍적 인기

Our brains generate sensations, thoughts, and action plans. 학평
우리의 뇌는 감각, 사고, 그리고 행동 계획을 만들어 낸다.

➕ sensational ⓐ 선풍적 인기의

sens +ation
느끼다 명접

느끼는 것
➜ 느낌, 감각

DAY
16

0457 □□

nonsense
[nánsèns]

ⓝ 터무니없는 생각, 당찮음, 헛튼소리

Nonsense and silliness come naturally to kids. 수능
당찮음과 어리석음은 아이들에게는 자연스럽게 다가온다.

➡ rubbish ⓝ 쓰레기, 헛소리

non+ **sens(e)**
없는   느끼다

느낄 수 없는 생각
➜ 터무니없는 생각

0458 □□

sentence
[séntəns]

ⓝ 문장, 판결, 선고
ⓥ 선고하다, 판결을 내리다

They are as small as the period at the end of every sentence you write. 교과서
그들은 당신이 쓰는 모든 문장의 마지막에 찍혀 있는 마침표만큼이나 작다.

sent +ence
느끼다 명접

느낀 것을 말이나 글로
표현한 것
➜ 문장

0459 □□

resent
[rizént]

ⓥ 분개하다, 원망하다, 괘씸하게 생각하다

The recipient may ignore or even resent the good-intended gesture. 학평
(도움을) 받는 사람이 그 우호적인 몸짓을 무시하거나 심지어 괘씸하게 생각할 수도 있다.

➕ resentment ⓝ 분개, 분함

re+ **sent**
다시 느끼다

나쁜 것에 대해 다시 느껴
화내다
➜ 분개하다

0460 ☐☐

sentiment
[séntəmənt]

ⓝ 감정, 정서, (지나친) 감상

Bob Dylan adapted the themes and sentiment from a tradition of anti-war songs. 교과서
Bob Dylan은 반전 노래들의 전통에서 나온 주제와 정서를 각색했다.

sent(i) + **ment**
느끼다   명접

(기쁨, 슬픔 등을) 느끼는 것
➔ 감정

0461 ☐☐

consent
[kənsént]

ⓥ 동의하다, 승인하다
ⓝ 동의, 허가, (의견의) 일치

I have somewhat reluctantly consented to the publication of this little book.
나는 이 작은 책의 출판에 다소 마지못해 동의했다.

⊜ **agree** ⓥ 동의하다
approve ⓥ 승인하다

con + **sent**
함께   느끼다
(com)

어떤 것을 공감하여 함께
행하다
➔ 동의하다

0462 ☐☐

scent
[sent]

ⓝ 향기, 냄새 ⓥ 냄새 맡다

Plants have evolved intoxicating scents, sweet nectar, and pheromones. 학평
식물은 취하게 하는 향기, 달콤한 과즙, 그리고 페로몬을 진화시켜 왔다.

scent
느끼다

냄새로 느끼는 것
➔ 향기, 냄새

---

act   행하다(do)
| 변화형 | **ag, ig**

0463 ☐☐

actual
[ǽktʃuəl]

ⓐ 실제의, 현행의

Although the discussion of robot ethics began with a fictional story, the need for actual "robot laws" may soon become a reality. 교과서
로봇 윤리에 관한 논의는 허구적인 이야기에서 시작되었을지라도, 실제 '로봇 법안'에 관한 필요는 곧 현실이 될지도 모른다.

➕ **actually** @ 실제로, 현실로

act + **(u)al**
행하다   형접

직접 행동을 하는
➔ 실제의

0464 ☐☐

exact
[igzǽkt]

ⓐ 정확한, 정밀한

The old saying is that "knowledge is power," but when it comes to scary, threatening news, research suggests the exact opposite. 학평

오래된 격언에 따르면 '아는 것이 힘이다'라고 하지만, 무섭고 위협적인 뉴스에 관한 한, 연구는 정확한 반대를 시사한다.

🔹 accurate, correct, precise
➕ exactly ⓐ 정확히

ex + **act**
밖으로 행하다

밖으로 결과가 보일 만큼의
➡ 정확한

0465 ☐☐

active
[ǽktiv]

ⓐ 활동적인, 적극적인

Teachers take an active role in developing and deepening students' comprehension. 학평

교사는 학생들의 이해를 진전시키고 심화시키는 데 적극적인 역할을 한다.

➕ activity ⓝ 활동, 행동
   actively ⓐ 활동적으로, 적극적으로

act + **ive**
행하다 형접

현재 눈앞에 움직이고 있는
➡ 활동적인

DAY
16

0466 ☐☐

react
[riǽkt]

ⓥ 반작용하다, 반응하다

One way to understand more about this system is to look at how we can trick it, that is, to look at how the brain reacts to optical illusions. 교과서

이 시스템에 대해 더 많이 이해할 수 있는 한 방법은 우리가 그것을 어떻게 속일 수 있는지를 보는, 즉 두뇌가 착시 현상에 어떻게 반응하는지를 보는 것이다.

➕ reaction ⓝ 반작용, 반응, 반동

re + **act**
반대로 행하다

행위에 대해 반대로
행동하다
➡ 반작용하다

0467 ☐☐

enact
[inǽkt]

ⓥ (법을) 제정하다, 수행하다, 상연하다

The international community wants lawmakers to enact laws against all cloning.

국제 사회는 입법자들이 모든 복제를 금지하는 법률을 제정하기를 원한다.

🔹 legislate ⓥ 법률을 제정하다
➕ enactment ⓝ 법률 제정

en + **act**
하게   행하다
만들다

법안을 법률로 통과시키다
➡ 제정하다

0468 ☐☐
agent
[éidʒənt]

ⓝ 대리인, 중개인, 행위자

Present-biased agents think: "Please let me know the risks — tomorrow." 모평
현재에 편향되어 있는 행위자들은 "제가 위험을 내일 알게 해 주세요."라고 생각한다.

➕ agency ⓝ 대리점, 대리, 중개

ag + ent
행하다 명접

행동하는 자
➡ 행위자

0469 ☐☐
ambiguous
[æmbíɡjuəs]

ⓐ 모호한, 애매한, 분명하지 않은

As an important symbol, the flag sends an ambiguous message.
중요한 상징으로서, 그 깃발은 모호한 메시지를 전달한다.

➖ vague ⓐ 어렴풋한, 애매한

amb(i) + ig + (u)ous
양쪽의 행하다 형접

해석을 양쪽으로 행할 수 있는
➡ 모호한, 애매한

tend
늘리다, 뻗다 (stretch)
| 변화형 | tens

0470 ☐☐
tend
[tend]

ⓥ (~하는) 경향이 있다, 돌보다, 시중들다

We'll learn why teens tend to act before thinking everything through. 교과서
우리는 왜 십 대들이 모든 것을 충분히 고려하기 전에 행동하는 경향이 있는지 알아볼 것이다.

➕ tendency ⓝ 경향, 성향, 기질

tend
뻗다[늘리다]

일정한 방향으로 뻗다, 도움의 손을 뻗다
➡ 경향이 있다, 돌보다

0471 ☐☐
attend
[əténd]

ⓥ (~에) 참석하다, 다니다, 주의[주목]하다

When she was 17, she attended the Royal Dramatic Theater School in Stockholm. 학평
그녀는 열일곱 살 때 스톡홀름에 있는 Royal Dramatic 연극 학교에 다녔다.

➕ attendant ⓐ 참석한, 수행하는 ⓝ 참석자, 수행원
attention ⓝ 주의, 주목
attentive ⓐ 주의 깊은, 경청하는

at + tend
~ 쪽으로 뻗다[늘리다]
(ad)

~ 쪽으로 자신의 관심을 뻗다
➡ 주의하다

0472 ☐☐

extend
[iksténd]

ⓥ 늘리다, 연장[확장]하다, 뻗다

Plants can't change location or extend their reproductive range without help. 학평

식물들은 도움 없이 위치를 바꾸거나 그것들의 번식 범위를 확장할 수 없다.

➕ extension ⓝ 연장, 확장
extensive ⓐ 광범위한, 광대한

ex + tend
밖으로 뻗다[늘리다]

손이나 발 등을 밖으로
뻗치거나 어떤 것을 밖으로
늘리다
➡ 뻗다, 늘리다

0473 ☐☐

intend
[inténd]

ⓥ 의도하다, 작정하다, (~하려고) 생각하다

We are mostly doing what we intend to do, even though it's happening automatically. 학평

비록 그것이 자동적으로 일어나기는 하지만, 대체로 우리는 우리가 하고자 의도하는 것을 하고 있다.

➕ intention ⓝ 의도, 목적

in + tend
안에 뻗다

마음 안의 생각이 어떤
방향으로 뻗다
➡ 의도하다, 작정하다

DAY
16

0474 ☐☐

pretend
[priténd]

ⓥ 가장하다, ~인 척하다

He had heard it from somewhere by chance and then said it later, pretending to be smart. 교과서

그는 그것을 어딘가에서 우연히 듣고서, 나중에 똑똑한 척하면서 그것을 말했다.

➕ pretense ⓝ 가장, 겉치레, ~인 체하기

pre + tend
앞에 뻗다

위기나 의심을 벗어나려고
오리발 등을 앞으로 내밀다
➡ 가장하다

0475 ☐☐

tender
[téndər]

ⓐ 부드러운, 상냥한 **ⓝ** 돌보는 사람

The old man says that the sea has never been tender towards those seamen.

노인은 바다가 그 뱃사람들에게 결코 부드러웠던 적이 없었다고 말한다.

➕ tenderness ⓝ 부드러움

tend(er)
뻗다

마음이 뻗어진
➡ 부드러운, 상냥한

0476 ☐☐

intense
[inténs]

ⓐ 강렬한, 극심한, 치열한

The intense light source is indispensable for photosynthesis. 교과서

강렬한 광원은 광합성에 없어서는 안 된다.

➕ intensity ⓝ 강렬함, 격렬함
intensify ⓥ 강렬[격렬]하게 하다

in + tens(e)
안에 뻗다

안으로 신경이 뻗치는
➡ 강렬한, 극심한

sign

표시 (mark)

| 변화형 | seal

0477 ☐☐

sign

[sain]

ⓝ 기호, 표시, 표지(판), 징후 **ⓥ** 서명하다

It is a bright-yellow sign, one meter high and two meters across, simple in design. 교과서

그것은 밝은 노란색의 표지판으로 높이 1미터, 너비 2미터의 단순한 디자인이다.

➕ signature ⓝ 서명

sign
표시

0478 ☐☐

significant

[signífikənt]

ⓐ 의미 있는, 중요한, 상당한

The learning pay-off is useful and significant. 학평

배움으로 얻게 되는 이득은 유용하고 의미 있다.

➕ significance ⓝ 의미, 중요성
signify ⓥ 의미하다, 중요하다, 나타내다

sign(i) + **fic** + **ant**
표시   만들다 형접

몸짓, 말, 행동 따위로 표시를 만드는
➡ 의미 있는, 중요한

0479 ☐☐

signal

[sígnəl]

ⓝ 신호, 몸짓, 징후
ⓥ 신호를 보내다, 표시하다

Communication signals are mostly sent out by the "mother tree" of the forest. 교과서

의사소통 신호는 대부분 숲의 '엄마 나무'에 의해 보내진다.

sign + **al**
표시   명접

합의된 표시
➡ 신호

0480 ☐☐

assign

[əsáin]

ⓥ 배정하다, 임명하다, 할당하다

He assigned all classes three reports over the course of the semester. 학평

그는 학기 과정 동안 모든 수업에 세 개의 보고서를 과제로 할당했다.

➖ allot ⓥ 할당하다, 분배하다

as + **sign**
~에   표시
(ad)

수색할 곳을 지도 등에 표시하다
➡ 배정하다

WORD *Review*

다음 뜻에 해당하는 알맞은 영어 단어를 쓰시오.

gen
출생, 태생, 종류

01 _____
관대한, 너그러운

02 _____
낳다, 발생시키다

03 _____
(예술 작품의) 장르,
종류, 형식

04 _____
임신한, 가득 찬

sign
표시

05 _____
배정하다, 임명하다

06 _____
의미 있는, 중요한

07 _____
신호, 징후,
표시하다

08 _____
기호, 표시,
서명하다

sens
느끼다

09 _____
터무니없는 생각,
허튼소리

10 _____
문장, 선고하다

11 _____
분별 있는, 합리적인

12 _____
분개하다, 원망하다

13 _____
감각, 선풍적 인기

14 _____
감정, 정서

15 _____
동의하다, 동의,
허가

16 _____
향기, 냄새 맡다

act
행하다

17 _____
활동적인, 적극적인

18 _____
정확한, 정밀한

19 _____
실제의, 현행의

20 _____
반작용하다,
반응하다

21 _____
모호한, 애매한

22 _____
대리인, 행위자

23 _____
(법을) 제정하다,
수행하다, 상연하다

tend
늘리다, 뻗다

24 _____
(~하는) 경향이
있다, 돌보다

25 _____
강렬한, 극심한

26 _____
늘리다, 연장하다

27 _____
의도하다, 작정하다

28 _____
가장하다,
~인 척하다

29 _____
부드러운, 상냥한,
돌보는 사람

30 _____
참석하다, 다니다

주요 다의어 3

conduct

01 (특정 활동을) 하다, 수행하다

The researchers are **conducting** a survey of consumer attitudes towards organic food.
연구원들은 유기농 음식에 대한 소비자 태도에 관한 조사를 **하는** 중이다.

02 지휘하다

John Williams **conducted** the orchestra in the Christmas concert.
John Williams는 크리스마스 콘서트에서 오케스트라를 **지휘했다**.

03 인도하다, 안내하다

On arrival, Alina will **conduct** you to your dorm room and the international students office.
도착하면, Alina가 여러분을 기숙사 방과 국제 학생 사무실로 **안내할** 것이다.

04 (열·전기를) 전도하다

Those wires **conduct** electricity to the building.
저 전선들이 건물에 전기를 **전도한다**.

05 행동

He was deeply disappointed at his son's **conduct**.
그는 그의 아들의 **행동**에 몹시 실망했다.

sentence

01 문장

It is difficult to sum up one's own life's philosophy in one **sentence**.
자신의 인생관을 한 **문장**으로 요약하는 것은 어렵다.

02 판결, 선고, 판결을 내리다

He received a **sentence** of thirty days in jail for stealing a ring.
그는 반지를 훔친 죄로 징역 30일의 **선고**를 받았다.

DAY 17

어원 Preview

sign	표시	**hab**	가지다, 살다, 잡다
medi	중간, 가운데	**rect**	바르게 이끌다, 통치하다
plic	접다, 꼬다		

Previous Check

☐ designate   ☐ complicate   ☐ behave

☐ resign   ☐ simplicity   ☐ exhibit

☐ seal   ☐ apply   ☐ prohibit

☐ medium   ☐ imply   ☐ inhibit

☐ immediate   ☐ employ   ☐ direct

☐ mediate   ☐ exploit   ☐ regular

☐ intermediate   ☐ perplex   ☐ region

☐ medieval   ☐ habit   ☐ regulate

☐ mean   ☐ habitat   ☐ royal

☐ meanwhile   ☐ inhabit   ☐ rigid

sign

표시(mark)

| 변화형 | seal

0481 ☐☐
designate
[dézignèit]

ⓥ 명시하다, 지정하다, 지명하다

Her house has been designated as a National Historic Landmark. 학평
그녀의 자택은 미국 국가 사적으로 지정되었다.

➕ designation ⓝ 명시, 임명, 지정

de + **sign** + ate
아래에   표시   동접

아래에 표시하여 나타내다
➔ 명시하다

0482 ☐☐
resign
[rizáin]

ⓥ 사임하다, 물러나다, 퇴직하다

In 1956, he resigned from the college and went to Paris, where he lived for three years. 교과서
1956년에, 그는 대학에서 사임하고 파리로 갔으며, 그곳에서 3년동안 살았다.

➕ retire ⓥ 물러나다, 퇴직하다
➕ resignation ⓝ 사임, 포기, 단념

re + **sign**
뒤로   표시

뒤로 물러나겠다고 표시하다
➔ 사임하다

0483 ☐☐
seal
[si:l]

ⓝ 보증해 주는 표시, 도장, 봉인
ⓥ 봉인[밀봉]하다

We looked upon the gift as a seal on our friendship and love.
우리는 그 선물을 우리의 우정과 사랑을 보증해 주는 표시로 여겼다.

seal
표시

문서를 보증하는 권위의 표시
➔ 도장

---

medi

중간, 가운데(middle)

| 변화형 | me

0484 ☐☐
medium
[mí:diəm]

ⓝ 중간, 매체, 수단 (pl. media) ⓐ 중간의

In a sense, soil fungi networks are media that may allow trees to "speak." 교과서
어떤 의미에서 토양균 네트워크는 나무들이 '말하는' 것을 가능하게 해 주는 수단이다.

➕ mass media 매스미디어, 대중 매체

medi + um
중간   어미

두 개의 사물 중간에
들어가는 것
➔ 중간

0485 ☐☐

immediate
[imíːdiət]

ⓐ 즉각적인, 즉시의, 인접한, 당면한

People reported feeling more motivated to make immediate progress on their goals. 학평
사람들은 자신들의 목표에 대한 즉각적인 진전을 이루는 데 더 동기 부여가 되는 것을 느낀다고 보고했다.

➡ instant ⓐ 즉시의
➕ immediately ⓐ 즉시, 직접, 인접하여

im + medi + ate
아닌   중간   형접

중간에 지체 없이 끼어든 것이 아닌
➡ 즉각적인

0486 ☐☐

mediate
[míːdièit]

ⓥ 조정하다, 중재하다 ⓐ 중개의, 조정의

Richard was asked to mediate in a dispute between two health workers.
Richard는 두 의료 종사자 간의 분쟁을 중재해 달라는 요청을 받았다.

➕ mediation ⓝ 조정, 중재, 매개

medi + ate
중간   동접

분쟁하는 중간에 들어가다
➡ 중재하다, 조정하다

0487 ☐☐

intermediate
[ìntərmíːdiit]

ⓐ 중간의, 중급의 ⓝ 중급자, 중개자

In my opinion, he does not need an intermediate step to go as high as possible.
내가 보기에, 그는 최대한 높이 올라가기 위한 중간 단계가 필요 없다.

inter + medi + ate
사이에   중간   형접

양측의 사이에서 조정하는 것
➡ 중간의, 중개자

DAY
17

0488 ☐☐

medieval
[mìːdiíːvəl]

ⓐ 중세의, 구식의

The site is an important example of a medieval Muslim city.
그 유적지는 중세 이슬람 도시의 중요한 사례이다.

medi + ev + al
중간   시대   형접

중간 시대를 나타내는
➡ 중세의

0489 ☐☐

mean
[miːn]

ⓥ 의미하다, 의도하다 ⓐ 비열한, 인색한

Equal rights do not mean identical rights, for individuals with different cultural backgrounds might require different rights to enjoy equality. 모평
다른 문화적 배경을 가진 개인들은 평등을 누리기 위해 다른 권리를 요구할 수 있기 때문에 평등한 권리는 동일한 권리를 의미하지 않는다.

➕ by no means 결코 ~이 아닌
meaning ⓝ 의미
means ⓝ 수단, 방법, 재산

me + an
가운데   어미

가운데에 있는 핵심 내용
➡ (핵심 내용을) 의미하다

0490 □□

meanwhile
[míːn*h*wàil]

ad 그 사이, 그동안에, 한편

Meanwhile, carbon is provided by the tree roots in exchange for nutrients and water the fungi bring to the tree. 교과서
그 사이, 균류가 나무에 가져다주는 양분과 물에 대한 대가로 나무뿌리에 의해 탄소가 제공된다.

■ meantime **ad** 그동안에, 그럭저럭하는 사이에

me(an) + **while**
중간   동안에

특정한 일 중간에
➔ 그 사이, 그동안에

---

plic 접다(fold), 꼬다(twist)
| 변화형 | ply, ploy, ploit, plex

0491 □□

complicate
[kámpləkèit]

v 복잡하게 하다, 까다롭게 하다

Nuclear power continues to complicate efforts to rid the world of nuclear weapons.
원자력은 세계에서 핵무기를 없애려는 노력을 계속 복잡하게 하고 있다.

➕ complicated @복잡한

com + **plic** + **ate**
함께   꼬다 동접

함께 꼬아 겹치게 하다
➔ 복잡하게 하다

0492 □□

simplicity
[simplísəti]

n 단순(함), 간단

Despite its simplicity, the sign delights me. 교과서
그것의 단순함에도 불구하고, 그 표지판은 나를 즐겁게 한다.

↔ complexity ⓝ복잡(성)

sim + **plic** + **ity**
같은   꼬다 명접

같은 방향으로 꼬음
➔ 단순함, 간단

0493 □□

apply
[əplái]

v 적용하다, 응용하다, (약 따위를) 바르다

The right to be forgotten can be applied to information that has been in the public domain. 학평
잊혀질 권리는 공공의 영역에 있었던 정보에 적용될 수 있다.

➕ application ⓝ 적용, 응용, 신청(서), 지원(서)
application ⓝ 적용(물), 기구, 장치
applicant ⓝ 신청자, 지원자

ap + **ply**
~에   접다

사물을 서로 혹은 몸에 접촉하여 두다
➔ 적용하다, 바르다

0494 ☐☐

imply
[implái]

ⓥ 암시하다, 함축하다, 넌지시 비추다

We are implying it was obtained through illegal or questionable means. 학평
우리는 그것이 불법적이거나 의심스러운 수단을 통해 얻어졌다는 것을 암시하고 있다.

- suggest ⓥ 넌지시 비추다, 암시하다, 제안하다
- implicit ⓐ 암시적인, 함축적인
  implication ⓝ 암시, 함축, 관련

im + ply
안에   접다

말 속에 다른 의미가 접혀서
겹쳐 있다
➡ 암시하다, 함축하다

0495 ☐☐

employ
[implɔ́i]

ⓥ 고용하다, 사용하다, 소비하다

They made efforts to employ orchestras, bands, and vocalists to perform on radio programs. 학평
그들은 라디오 프로그램에서 공연할 오케스트라, 악단, 그리고 가수를 고용하기 위해 애썼다.

- employment ⓝ 고용, 취업
  employer ⓝ 고용주, 고용인
  employee ⓝ 피고용자, 종업원

em + ploy
안에   접다

이력서를 접어서 안에
들어오게 하다
➡ 고용하다

DAY
17

0496 ☐☐

exploit
[iksplɔ́it] ⓥ
[éksplɔit] ⓝ

ⓥ 이용하다, 개발하다, 착취하다
ⓝ 위업, 공적

Local officials exploited divers to meet the demand of the government. 교과서
지방 관리들은 정부의 수요를 충족하기 위해 잠수부들을 착취했다.

- exploitation ⓝ 이용, 개발, 착취

ex + ploit
밖으로   접다

접혀 있는 것을 밖으로
펼치다
➡ 이용하다

0497 ☐☐

perplex
[pərpléks]

ⓥ 당혹하게 하다, 난감하게 하다

The complicated format seemed to perplex some of the students.
복잡한 형식이 일부 학생들을 당혹하게 한 것 같았다.

- puzzle, embarrass
- perplexed ⓐ 당황한, 어리둥절한

per + plex
완전히   꼬다

완전히 꼬아서 복잡하게
만들다
➡ 당혹하게 하다

hab 가지다(have), 살다(live), 잡다(hold)
| 변화형 | hav, hib

0498 ☐☐

habit
[hǽbit]

ⓝ 습관, 버릇, 습성

As a habit becomes automatic, you become less sensitive to feedback. 학평
습관이 자동화되면서, 여러분은 피드백에 덜 민감해지게 된다.

➕ **habitual** ⓐ 습관적인, 버릇의

hab(it)
가지다

몸에 가지고 있는 것
➡ 습관, 버릇

0499 ☐☐

habitat
[hǽbitæt]

ⓝ 서식지, 거주지

Their main habitat is wet areas such as tropical rain forests. 교과서
그들의 주요 서식지는 열대 우림 지역 같은 습한 지역이다.

➕ **habitation** ⓝ 주거, 거주

hab(it) + **at**
살다   명접

사람이나 동식물이 사는 곳
➡ 서식지, 거주지

0500 ☐☐

inhabit
[inhǽbit]

ⓥ 살다, 거주하다, 서식하다

The amazing plant inhabits every continent except Antarctica. 교과서
그 놀라운 식물은 남극을 제외한 모든 대륙에서 서식한다.

➕ **inhabitant** ⓝ 주민, 서식 동물

in + **hab(it)**
안에   살다

어느 장소 안에 살다
➡ 살다, 거주하다

0501 ☐☐

behave
[bihéiv]

ⓥ 행동하다, 처신하다, 작용하다

Many parents do not understand why their teenagers occasionally behave in an irrational or dangerous way. 학평
많은 부모들은 그들의 십 대 아이들이 때때로 비합리적이거나 위험한 방식으로 행동하는 이유를 이해하지 못한다.

➕ **behavior** ⓝ 행동, 처신
　　behavioral ⓐ 행동의, 행동에 관한

be + **hav(e)**
있다   가지다

특정한 자신의 행동 방식을 가지다
➡ 행동하다

0502 ☐☐

exhibit
[igzíbit]

ⓥ 보이다, 전시하다, 진열하다 ⓝ 전시(품)

I appreciate your effort to select and exhibit diverse artwork. 학평
다양한 미술 작품을 선정하고 전시한 귀하의 노력에 감사드립니다.

▤ **display**
➕ **exhibition** ⓝ 전람(회), 전시(회)

ex + **hib(it)**
밖으로   가지다

가지고 있는 것을 밖에 내보이다
➡ 보이다, 전시하다

0503 ☐☐

prohibit
[prouhíbit]

ⓥ 금지하다, 방해하다

Food and pets are prohibited in the museum. 학평
박물관에서 음식과 반려동물은 금지됩니다.

▪ forbid ⓥ 금하다, 허락하지 않다
  ban ⓥ 금지하다 ⓝ 금지
➕ prohibition ⓝ 금지

pro + hib(it)
앞에서   잡다

어떤 것을 하지 못하도록
앞에서 잡다
➡ 금지하다

0504 ☐☐

inhibit
[inhíbit]

ⓥ 억제하다, 방해하다, 금지하다

Responses to threats are harder to inhibit than responses to opportunities and pleasures. 학평
위협에 대한 반응은 기회와 유쾌함에 대한 반응보다 억제하기가 더 어렵다.

▪ constrain ⓥ 억제하다, 제약하다

in + hib(it)
안에서   잡다

어떤 행동을 하지 못하도록
마음 안에서 바로잡다
➡ 억제하다

DAY
17

---

rect
바르게 이끌다(guide), 통치하다(rule)
| 변화형 | reg, roy, rig, reig

0505 ☐☐

direct
[dirékt]

ⓐ 직접의, 똑바른, 직행의
ⓥ 향하게 하다, 지도하다, 감독하다

The most direct path can achieve a goal with the expenditure of as little energy as possible. 교과서
가장 직행으로 가는 길이 가능한 적은 에너지를 써서 목표를 성취할 수 있다.

➕ direction ⓝ 방향, 지도, 감독

di + rect
완전히 바르게 이끌다

완전히 바르게 이끄는
➡ 똑바른

0506 ☐☐

regular
[régjələr]

ⓐ 규칙적인, 일반적인, 보통의

You will be able to work best if you concentrate on your studies but allow yourself regular breaks. 학평
여러분이 공부에 집중하되 규칙적인 휴식을 허락하면 공부를 가장 잘할 수 있을 것이다.

➖ irregular ⓐ 불규칙한
➕ regularly ⓐ 규칙적으로, 정식으로

reg(ul) + ar
바르게 이끌다 형접

바르게 이어 틀이 잡힌
➡ 규칙적인

0507 ☐☐

region
[ríːdʒən]

ⓝ 지역, 지방, (신체) 부위, 영역

People from different regions and cultures have invented different types of *laksa*.
교과서

다른 지역과 문화권의 사람들이 다른 종류의 laksa를 개발했다.

➕ regional ⓐ 지역의

reg + ion
통치하다 명접

통치하는 범위
➔ 지역, 영역

0508 ☐☐

regulate
[régjəlèit]

ⓥ 규제하다, 규정하다, 조절하다

We may not determine how or what a lion eats but we certainly can regulate where the lion feeds. 모평

우리는 사자가 어떻게 또는 무엇을 먹는지는 정하지 못할 수도 있지만, 사자가 어디에서 먹이를 먹는지는 확실히 규제할 수 있다.

➕ regulation ⓝ 규정, 규칙, 조절
regulatory ⓐ 규정하는, 조절하는

reg(ul) + ate
바르게 이끌다 동접

바르게 이끌 수 있도록
규칙화하다
➔ 규제하다, 규정하다

0509 ☐☐

royal
[rɔ́iəl]

ⓐ 왕의, 왕실의, 훌륭한

Some newspapers and websites concentrate on royal stories, some do not.

일부 신문과 웹사이트들은 왕실 이야기를 집중적으로 다루지만, 그렇지 않은 곳도 있다.

➕ royalty ⓝ 왕위, 왕권

roy + al
통치하다 형접

통치하는 사람이나 장소의
➔ 왕의, 왕실의

0510 ☐☐

rigid
[rídʒid]

ⓐ 굳은, 완고한, 엄격한

The most rigid members try to counter the threat alternative therapies pose to their work. 학평

가장 완고한 구성원들은 대체 의학 요법이 자신들의 연구에 가하는 위협에 반격하려 한다.

➖ stubborn ⓐ 완고한, 고집 센
➕ rigidity ⓝ 엄격성, 단단함

rig(id)
바르게 이끌다

곧고 올바르게 이끄는
➔ 엄격한, 완고한

WORD *Review*

다음 뜻에 해당하는 알맞은 영어 단어를 쓰시오.

sign
표시

01 _____
명시하다, 지정하다

02 _____
보증해 주는 표시, 봉인하다

03 _____
사임하다, 물러나다

medi
중간, 가운데

05 _____
즉각적인, 즉시의

07 _____
의미하다, 비열한

09 _____
중간의, 중급의, 중개자

04 _____
중간, 매체, 중간의

06 _____
조정하다, 중재하다, 중개의

08 _____
중세의, 구식의

10 _____
그 사이, 한편

plic
접다, 꼬다

12 _____
당혹하게 하다, 난감하게 하다

14 _____
암시하다, 함축하다

16 _____
이용하다, 착취하다, 위업

11 _____
고용하다, 사용하다

13 _____
적용하다, 응용하다

15 _____
복잡하게 하다, 까다롭게 하다

17 _____
단순(함), 간단

hab
가지다, 살다, 잡다

19 _____
서식지, 거주지

21 _____
행동하다, 작용하다

23 _____
습관, 버릇, 습성

18 _____
금지하다, 방해하다

20 _____
전시하다, 전시(품)

22 _____
살다, 서식하다

24 _____
억제하다, 방해하다

25 _____
왕의, 훌륭한

rect
바르게 이끌다, 통치하다

26 _____
규칙적인, 일반적인

27 _____
지역, 지방, 영역

28 _____
규제하다, 조절하다

29 _____
직접의, 똑바른, 감독하다

30 _____
굳은, 완고한

주요 다의어 4

cost

01 (돈·시간·노력이) 들다, 비용

It will **cost** you $100 for the first six months.
처음 6개월 동안은 100달러의 **비용이 들** 것이다.

02 (시간·노력을) 잃게 하다, 요하다

The war will **cost** many lives and break many people's hearts.
전쟁은 많은 사람의 목숨을 **잃게 할** 것이고, 많은 사람의 마음을 아프게 할 것이다.

03 대가, 희생, 손실

The government hasn't considered the serious environmental **costs** of the new road network.
정부는 새로운 도로망이 끼칠 심각한 환경적인 **손실**을 고려하지 않았다.

mean

01 의미하다

Beatrice is a Latin name that **means** "someone who brings happiness."
Beatrice는 '행복을 가져다주는 사람'을 **의미하는** 라틴어 이름이다.

02 중간의, 평균의

The **mean** temperature in Busan was 20°C this month.
부산의 이번 달 **평균** 기온은 섭씨 20도였다.

03 의도하다, 계획하다, ~할 작정이다

Don't be offended. She **meant** it as a compliment.
기분 나빠하지 마세요. 그녀는 칭찬으로 그것을 **의도했던** 거예요.

04 비열한

Saying **mean** words will make anyone get angry and even hurt.
비열한 말을 하는 것은 어떤 사람이든 화나게 하거나 심지어 상처받게 할 것이다.

DAY 18

어원 Preview

rect	바르게 이끌다, 통치하다	**ment**	마음, 생각하다, 경고하다
lect	읽다, 선택하다, 모으다	**lig**	묶다
cede	가다	**sid**	앉다

Previous Check

- ☐ reign
- ☐ lecture
- ☐ collect
- ☐ intellectual
- ☐ neglect
- ☐ elect
- ☐ legend
- ☐ elegant
- ☐ precede
- ☐ procedure

- ☐ access
- ☐ predecessor
- ☐ succeed
- ☐ exceed
- ☐ cease
- ☐ mental
- ☐ comment
- ☐ mention
- ☐ monitor
- ☐ monument

- ☐ summon
- ☐ remind
- ☐ oblige
- ☐ religion
- ☐ rely
- ☐ ally
- ☐ rally
- ☐ league
- ☐ liable
- ☐ reside

rect

바르게 이끌다(guide), 통치하다(rule)

| 변화형 | reg, roy, rig, reig

0511 ☐☐
reign
[rein]

ⓝ (왕의) 통치 기간, 통치
ⓥ 통치하다, 군림하다

By the end of his reign, Alexander the great had created an enormous empire.
자신의 통치 말기에, 알렉산더 대왕은 거대한 제국을 건설했다.

reig(n)
통치하다

왕의 권력을 가짐
➔ 통치 (기간)

---

lect

읽다(read), 선택하다(choose), 모으다(gather)

| 변화형 | leg

0512 ☐☐
lecture
[léktʃər]

ⓝ 강의, 강연, 연설 ⓥ 강의하다

The Virtual Gala will include musical performances, special lectures, and live auctions! 학평
Virtual Gala에는 음악 공연, 특별 강연, 그리고 라이브 경매가 포함될 것입니다!

🔳 speech ⓝ 연설, 말
➕ lecturer ⓝ 강연자, 강사

lect + **ure**
읽다   명접

전공 책을 읽어 주는 것
➔ 강의

0513 ☐☐
collect
[kəlékt]

ⓥ 모으다, 수집하다

Huge amounts of data are collected from many different sources in real time. 교과서
엄청난 양의 데이터가 실시간으로 다양한 출처로부터 수집된다.

➕ collection ⓝ 수집, 수집물, 소장품
collective ⓐ 모인, 집단의, 공동의

col + **lect**
함께   모으다

함께 모아서 한 장소에 두다
➔ 모으다, 수집하다

0514 ☐☐

intellectual
[ìntəléktʃuəl]

ⓐ 지적인, 머리[두뇌]를 쓰는

I had an intellectual understanding of the whole situation and an intellectual sense of security. 학평
나는 머리로는 모든 상황을 이해했고, 머리로는 안전하다고 느꼈다.

➕ intellect ⓝ 지력, 지성, 지식인

intel + lect + (u)al
사이에 선택하다 형접

둘 사이에서 골라낼 수 있는
지혜가 있는
➡ 지적인

0515 ☐☐

neglect
[niglékt]

ⓥ 소홀히 하다, 무시하다, 게을리하다

Most studies often neglect another important source of influence: visuals. 학평
대부분의 연구는 종종 영향력의 또 다른 중요한 원천인 시각 자료를 소홀히 한다.

➕ negligent ⓐ 태만한, 무관심한
negligence ⓝ 부주의, 태만, 과실

neg + lect
아닌 선택하다

선택하지 않다
➡ 소홀히 하다, 무시하다

0516 ☐☐

elect
[ilékt]

ⓥ 선출하다, 선거하다, 결정하다

When she was in high school, she was elected class president a couple of times. 교과서
그녀는 고등학교에 다닐 때, 몇 번 학급회장으로 선출되었다.

➕ election ⓝ 선거, 당선

e + lect
밖으로 선택하다

선택하여 밖으로 뽑아내다
➡ 선출하다

0517 ☐☐

legend
[lédʒənd]

ⓝ 전설, 전설적인 인물, 전설 문학

To be honest, they look nothing like the young, pretty mermaids in legends. 교과서
솔직히 말하자면, 그들은 전설 속 젊고 예쁜 인어들과는 전혀 닮지 않았다.

➕ legendary ⓐ 전설의, 믿기 어려운

leg + end
읽다 어미

읽어야 할 전래되어 온
이야기
➡ 전설

0518 ☐☐

elegant
[éləgənt]

ⓐ 우아한, 품위 있는

Today, Vera Wang is a world-famous designer whose elegant dresses are sought after by celebrities the world over. 교과서
오늘날 Vera Wang은 그녀의 우아한 드레스들이 전 세계의 유명 인사들에게 인기 있는 세계적으로 유명한 디자이너이다.

🟰 graceful
➕ elegance ⓝ 우아, 품위

e + leg + ant
밖으로 선택하다 형접

밖으로 뽑힐 정도의
➡ 우아한, 품위 있는

DAY 18

cede 가다(go)

| 변화형 | **cess, ceede, ceas**

0519 ☐☐
precede
[prisíːd]

ⓥ 선행하다, 앞서다, ~보다 중요하다

The noise preceded the earthquake by one or two seconds.
그 소음은 지진에 1~2초 선행했다.

➕ **precedent** ⓝ 선례, 전례
unprecedented ⓐ 선례[전례]가 없는

pre + cede
앞서 　가다

남보다 앞서가다
➡ 앞서다, 선행하다

0520 ☐☐
procedure
[prəsíːdʒər]

ⓝ 순서, 절차, 과정

There may be a logically easy set of procedures to follow. 학평
논리적으로 쉽게 따를 수 있는 일련의 절차들이 존재할 수 있다.

➕ **process** ⓝ 과정, 진행
proceed ⓥ 나아가다, 전진하다

pro + ced(e) + ure
앞으로 　가다 　 명접

일을 진행해 나가는 방식
➡ 순서, 절차

0521 ☐☐
access
[ǽksès]

ⓝ 접근, 이용 ⓥ 접근하다, 접속하다

They had access to the same literature as everyone else. 학평
그들은 다른 사람들과 똑같은 문헌에 접근할 수 있었다.

➕ **accessible** ⓐ 접근 가능한, 이용 가능한

ac + cess
~에 　가다

어느 곳으로 가까이 가거나
다가가는 방식
➡ 접근, 이용

0522 ☐☐
predecessor
[prédəsèsər]

ⓝ 전임자, 선행자, 이전 것

He promised not to reverse many of the policies of his predecessor.
그는 전임자의 많은 정책을 뒤엎지 않겠다고 약속했다.

➖ **antecedent**

pre + de + cess + or
앞에 떨어져 가다 　명접
　　　　　　　　　　(사람)

현재 책임자 이전에 직위를
가지고 있던 사람
➡ 전임자, 선행자

0523 ☐☐
succeed
[səksíːd]

ⓥ 성공하다, 계승하다

We all want to succeed in everything we try and to avoid failure. 교과서
우리 모두는 우리가 시도하는 모든 일에서 성공하고 실패를 피하기를 원한다.

➕ **success** ⓝ 성공, 성공작
succession ⓝ 계승, 연속

suc + ceed
아래로 　가다

왕의 자리를 아래 후손에게
가도록 하다
➡ 계승하다

0524 ☐☐

exceed
[iksíːd]

ⓥ 넘다, 초과하다, 능가하다

To exceed ice's internal strength the downslope force produced by gravity must exceed some minimum value. 학평
얼음의 내부의 힘을 넘어서기 위해서는 중력에 의해 발생되는 아래로 내려가는 힘이 어떠한 최소값을 초과해야 한다.

➕ **excess** ⓝ초과, 과다 ⓐ초과의
　excessive ⓐ과도한, 지나친

ex + ceed
밖으로 　가다

한도를 초과해[넘어] 가다
➡ 넘다, 초과하다

0525 ☐☐

cease
[siːs]

ⓥ 그만두다, 멈추다

He was a man who never ceased to challenge himself and grow as an artist. 교과서
그는 스스로에게 도전하며 예술가로서 성장하는 것을 결코 멈추지 않았던 사람이었다.

ceas(e)
가다

물러가다
➡ 그만두다, 멈추다

**DAY
18**

ment
마음(mind), 생각하다(think),
경고하다(warn)
┃변화형┃ mon, mind

0526 ☐☐

mental
[méntəl]

ⓐ 마음의, 정신적인, 지적인

Writing poetry has been shown to have physical and mental benefits. 학평
시를 쓰는 것은 신체적 및 정신적인 이점을 지닌 것으로 보여 왔다.

🟰 **spiritual** ⓐ정신의, 영적인
➕ **mentality** ⓝ정신력, 지력, 지성

ment + al
마음　형접

마음과 관련된
➡ 마음의, 정신적인

0527 ☐☐

comment
[kάment]

ⓝ 논평, 언급, 비판 ⓥ 논평하다, 비평하다

What you've written can have misspellings, errors of fact, rude comments, and obvious lies. 학평
여러분이 쓴 글에는 잘못 쓴 철자, 사실의 오류, 무례한 비판, 그리고 명백한 거짓이 있을 수 있다.

➕ **commentary** ⓝ논평, 비평, 해설

com + ment
함께　생각하다

생각해서 말이나 글로 쓴
설명
➡ 논평

0528 □□

mention
[ménʃən]

ⓥ 말하다, 언급하다 **ⓝ** 언급

As I mentioned, I greatly admire Robert D. Parker's paintings. 학평
내가 언급했던 것처럼, 나는 Robert D. Parker의 그림을 매우 좋아한다.

ment + ion
생각하다 · 명접

생각한 것을 말하는 것
➡ 언급

0529 □□

monitor
[mánitər]

ⓝ 모니터, 감시 장치, 감시 요원
ⓥ 감시하다, 추적 관찰하다

They monitor the verbal and nonverbal signals an audience gives a speaker. 학평
그들은 청중이 연사에게 주는 언어적 및 비언어적 신호를 추적 관찰한다.

mon(it) + or
경고하다 · 명접

결함을 경고하는 것
➡ 감시 장치

0530 □□

monument
[mánjəmənt]

ⓝ 기념비, 기념 건조물

Stonehenge, the 4,000-year-old ring of stones, is perhaps the best-known monument. 모평
4천 년 된 고리 모양 돌인 스톤헨지는 아마도 가장 잘 알려진 기념 건조물일 것이다.

➕ **monumental** ⓐ 기념비적인, 엄청난

mon(u) + ment
생각하다 · 명접

훗날에도 생각나도록 만든 것
➡ 기념비

0531 □□

summon
[sʌ́mən]

ⓥ 소집하다, 소환하다, 호출하다

The formal requirements to summon a meeting have not been met.
회의를 소집하기 위한 공식적인 요건이 충족되지 않았다.

sum + mon
아래에 · 경고하다
(sub)

아래에서 몰래 경고하기 위해서 부르다
➡ 소환하다, 호출하다

0532 □□

remind
[rimáind]

ⓥ 상기시키다, 생각나게 하다

He always reminds us that everyone is important to a team's success.
그는 항상 우리에게 모든 사람이 팀의 성공에 중요하다는 것을 상기시킨다.

➕ **remind A of B** A에게 B를 상기시키다
reminder ⓝ 생각나게 하는 사람[것], 메모

re + mind
다시 · 마음

마음에 다시 떠오르게 하다
➡ 상기시키다, 생각나게 하다

lig

묶다(bind)

| 변화형 | ly, leag, li

0533 ☐☐

oblige

[əbláidʒ]

ⓥ 의무를 지우다, 강요하다,
은혜[호의]를 베풀다

A country adopted a national time and obliged its population to live according to an artificial clock rather than sunrise-to-sunset cycles. 학평

한 국가가 국가 지정 시간을 채택하고 자국민들이 일출 일몰 주기 대신에 인위적인 시간에 따라서 생활하도록 의무를 지웠다.

➕ **obligation** ⓝ 의무, 책임

ob + **lig(e)**
향하여 묶다

특정한 일에 향하도록 묶어 두다
➡ 의무를 지우다

0534 ☐☐

religion

[rilídʒən]

ⓝ 종교, 신앙(심)

He wrote and sang about civil rights, religion, love, and innocence. 교과서

그는 시민의 평등권, 종교, 사랑, 그리고 순수함에 대해 쓰고 노래했다.

➕ **religious** @ 종교의, 신앙심이 깊은

re + **lig** + **ion**
세게 묶다 명접

신과 인간을 강하게 묶어 주는 것
➡ 종교

0535 ☐☐

rely

[rilái]

ⓥ 의지하다, 신뢰하다

Many animals have a variety of food sources and don't just rely on one plant. 학평

많은 동물은 다양한 먹이원을 가지고 있으며 그저 한 식물에 의지하지 않는다.

🟰 **depend** ⓥ 의지하다, 신뢰하다
➕ **rely on** ~에 의지하다
    reliable @ 의지가 되는, 확실한

re + **ly**
강하게 묶다

둘 사이의 관계를 강하게 묶다
➡ 의지하다, 신뢰하다

0536 ☐☐

ally

[ǽlai] ⓝ
[əlái] ⓥ

ⓝ 동맹국, 협력자 ⓥ 동맹하다, 연합하다

We are always ready to respond when an ally is attacked militarily.

동맹국이 군사적으로 공격을 받을 때, 우리는 항상 대응할 준비가 되어 있다.

➕ **alliance** ⓝ 동맹 (단체), 연합(체)

al + **ly**
~에 묶다
(ad)

한 쪽으로 함께 묶어 하나가 되다
➡ 동맹하다, 연합하다

0537 ☐☐

rally
[ræli]

ⓝ (대규모) 집회, 재집결
ⓥ 재집결하다, 단결하다

Some 25,000 people attended a mass rally in support of the strike.
약 25,000명의 사람들이 그 파업을 지지하는 대규모 집회에 참가했다.

r + ally
다시 동맹하다
(re)

흩어져 있던 사람들을 다시 결집시키다
➡ 재집결하다, 단결하다

0538 ☐☐

league
[liːg]

ⓝ 연합, 동맹, (스포츠 경기의) 리그

Sport clubs and leagues may have a fixed supply schedule. 학평
스포츠 클럽들과 리그들은 하나의 고정된 공급 일정을 가지고 있을지도 모른다.

leag + ue
묶다 명접

서로 묶여 있는 것
➡ 연합, 동맹

0539 ☐☐

liable
[láiəbl]

ⓐ 책임을 져야 할, ~할 것 같은

The bridge is liable to closure due to high winds, fog, heavy rains, and other severe weather.
그 다리는 강풍, 안개, 폭우 및 기타 악천후로 인해 폐쇄될 것 같다.

➕ liability ⓝ 책임이 있음, (~한) 경향이 있음

li + able
묶다 ~할 수 있는

어떤 일을 하도록 묶일 수 있는
➡ 책임을 져야 할

sid

앉다(sit)

ㅣ변화형ㅣ **sess, set**

0540 ☐☐

reside
[rizáid]

ⓥ 살다, 거주하다, 존재하다

The greatest number of bacteria, about 100 trillion that weigh up to 2 kg, reside in the gut. 교과서
가장 많은 세균, 무게가 2킬로그램에 달하는 약 100조 개의 세균이 장에서 살고 있다.

➕ residence ⓝ 거주, 주택
residence ⓐ 거주하는 ⓝ 거주자

re + sid(e)
뒤에 앉다

어떤 장소의 뒤에 남아 앉아 있다
➡ 살다, 거주하다

WORD *Review*

다음 뜻에 해당하는 알맞은 영어 단어를 쓰시오.

rect
바르게 이끌다, 통치하다

01 _____
(왕의) 통치 기간, 통치하다

lect
읽다, 선택하다, 모으다

03 _____
강의, 강의하다

05 _____
모으다, 수집하다

07 _____
지적인, 머리를 쓰는

02 _____
소홀히 하다, 무시하다

04 _____
선출하다, 선거하다

06 _____
전설, 전설적인 인물

08 _____
우아한, 품위 있는

cede
가다

10 _____
순서, 절차, 과정

12 _____
그만두다, 멈추다

14 _____
넘다, 초과하다, 능가하다

09 _____
접근, 이용, 접속하다

11 _____
선행하다, ~보다 중요하다

13 _____
성공하다, 계승하다

15 _____
전임자, 선행자

ment
마음, 생각하다, 경고하다

17 _____
논평, 언급, 비평하다

19 _____
모니터, 감시 요원, 감시하다

21 _____
소집하다, 소환하다

16 _____
말하다, 언급하다, 언급

18 _____
마음의, 정신적인

20 _____
상기시키다, 생각나게 하다

22 _____
· 기념비, 기념 건조물

lig
묶다

24 _____
종교, 신앙(심)

26 _____
책임을 져야 할, ~할 것 같은

28 _____
연합, 동맹, 리그

23 _____
(대규모) 집회, 단결하다

25 _____
의지하다, 신뢰하다

27 _____
의무를 지우다, 은혜를 베풀다

29 _____
동맹국, 협력자, 연합하다

sid
앉다

30 _____
살다, 거주하다

주요 다의어 5

effect

01 효과, 결과

Mr. Grey needed more of the drug to achieve a better **effect**.
Grey 씨가 더 나은 **효과**를 얻으려면 더 많은 약이 필요했다.

02 초래하다, 가져오다

As a politician, he worked to **effect** change in Medicare.
정치가로서 그는 노인 의료 보험 제도에 변화를 **가져오기** 위해 일했다.

03 영향

The radiation leak had a disastrous **effect** on the environment.
방사능 누출은 환경에 치명적인 **영향**을 미쳤다.

practice

01 실행하다, 실행, 실천

We urge you to put the project into **practice**.
우리는 당신이 그 프로젝트를 **실천**에 옮기기를 권고합니다.

02 연습하다, 연습, 훈련

With a little more **practice**, you'll be able to fly an airplane perfectly.
조금만 더 **연습**하면, 여러분은 완벽하게 비행기 조종을 할 수 있을 것입니다.

03 관행, 관습

The company made a **practice** of volunteering at a food bank once a month.
그 회사는 한 달에 한 번 푸드 뱅크에서 자원봉사하는 것을 **관행**으로 만들었다.

04 (의사·변호사) 업무

John decided to quit the **practice** of law.
John은 법률 **업무**를 그만두기로 결정했다.

DAY
19

어원 Preview

sid	앉다	**pel**	몰다, 밀다
pass	통과하다	**leg**	법, 위임하다
dict	말하다		

Previous Check

□ president	□ passport	□ compel
□ subside	□ passerby	□ propel
□ session	□ pace	□ expel
□ assess	□ dictate	□ appeal
□ obsess	□ addiction	□ polish
□ settle	□ contradict	□ pulse
□ passenger	□ dictionary	□ impulse
□ passage	□ indicate	□ legal
□ pastime	□ dedicate	□ privilege
□ surpass	□ index	□ legitimate

sid

앉다 (sit)

| 변화형 | sess, set

0541 ☐☐

president

[prézidənt]

ⓝ 대통령, 사장, 의장

A vice president of a big company was taught the simple idea of pausing to refresh. 학평

어떤 대기업의 부사장은 원기 회복을 위해 잠시 멈추는 간단한 아이디어를 배웠다.

➕ preside ⓥ 의장 노릇을 하다, 주재[주관]하다
presidency ⓝ 대통령 지위

pre + sid + ent
앞에 앉다 명접

앞에 앉아서 회의를
주관하는 사람
➡ 의장, 대통령

0542 ☐☐

subside

[səbsáid]

ⓥ 가라앉다, 진정되다, 침전되다

He closed his eyes and counted to three, hoping for his anger to subside.

그는 자신의 화가 진정되기를 바라면서 눈을 감고 셋까지 세었다.

sub + sid(e)
아래로 앉다

어떤 사물 등이 아래로
내려앉다
➡ 가라앉다

0543 ☐☐

session

[séʃən]

ⓝ (특정한 활동을 위한) 시간, 기간, 회기

Jean complained quite often about practicing and slipped out of her sessions occasionally. 모평

Jean은 꽤 자주 연습에 대해 불평했고 가끔 (연습) 시간에 몰래 빠져나갔다.

sess + ion
앉다 명접

어떤 장소에 앉아 있는
시기나 시간
➡ 시간, 기간

0544 ☐☐

assess

[əsés]

ⓥ 평가하다, 재다, 할당하다

It will be changing the way health is assessed and medicine is practiced in the future. 교과서

그것은 미래에 건강이 평가되고 의료 행위가 이루어지는 방식을 바꾸고 있을 것이다.

🟰 evaluate, estimate
➕ assessment ⓝ 평가, 판단

as + sess
~쪽으로 앉다
(ad)

사무실에서 함께 앉아
재산의 가치를 판단하다
➡ 평가하다

0545 ☐☐
obsess
[ɑbsés]

ⓥ 사로잡다, 강박감을 갖다

Many people cannot understand *what* there is about birds to become obsessed about. 학평
새에게 사로잡힐 만한 것이 도대체 '무엇'이 있는지 많은 사람은 이해하지 못한다.

➕ be obsessed with ~에 사로잡히다
obsession ⓝ 사로잡힘, 집착, 강박 현상
obsessive ⓐ 사로잡힌, 강박적인

ob + **sess**
향하여   앉다

무언가를 향하여 바라보고
앉아 있다
➡ 사로잡다

0546 ☐☐
settle
[sétl]

ⓥ 정착하다, 해결하다, 안정되다

Once people began farming, they could settle down near their farms. 학평
일단 사람들이 농사를 짓기 시작하면, 그들은 자신들의 농경지 근처에 정착할 수 있었다.

➕ settlement ⓝ 정착, 정착지, 해결
settler ⓝ 정착민, 개척자

set(tle)
앉다

한 곳에 눌러 앉다
➡ 정착하다

DAY
19

pass
통과하다(go through)
| 변화형 | pace

0547 ☐☐
passenger
[pǽsəndʒər]

ⓝ 승객, 여객, 통행인

She suggested that nurses should take care of passengers during flights. 학평
그녀는 간호사가 비행 중에 승객들을 돌봐야 한다고 제안했다.

pass(eng) + **er**
통과하다   명접

한 장소에서 다른 장소로
건너가는 사람
➡ 승객, 여객

0548 ☐☐
passage
[pǽsidʒ]

ⓝ 통로, 통과, 경과

Early astronomy gave humans their first formal method of recording the passage of time. 모평
초기 천문학은 인간에게 시간의 경과를 기록하는 최초의 공식적인 방법을 제공했다.

pass + **age**
통과하다   명접

한 장소에서 다른 장소로
건너가는 행위 또는 부분
➡ 통과, 통로

0549 ☐☐

pastime
[pǽstàim]

ⓝ 취미, 기분 전환, 오락

Coastal fishing is a popular pastime for millions of people around the world.
연안 낚시는 전 세계 수백만 명의 사람들에게 인기 있는 취미이다.

■ hobby ⓝ 취미
distraction ⓝ 기분 전환, 주의 산만

pas(s) + time
통과하다   시간

시간을 통과하여 보내는 것
➔ 오락, 기분 전환

0550 ☐☐

surpass
[sərpǽs]

ⓥ 능가하다, 뛰어넘다

She said they were able to surpass the world record in less than six minutes.
그녀는 그들이 6분도 안 되는 시간에 세계 기록을 뛰어넘을 수 있었다고 말했다.

■ exceed ⓥ 능가하다, 초과하다

sur + pass
위로   통과하다

기준을 넘어 통과하다
➔ 뛰어넘다

0551 ☐☐

passport
[pǽspɔ:rt]

ⓝ 여권, 통행증

Be sure to check the expiration date on your passport when planning a trip.
여행을 계획할 때 여러분의 여권의 유효 기간을 반드시 확인하세요.

pass + port
통과하다   항구

항구를 통과할 권한을 부여하는 것
➔ 여권

0552 ☐☐

passerby
[pǽsərbái]

ⓝ 통행인, 지나가는 사람 (pl. passersby)

Each Monday he asked passersby if they would be willing to donate to the same children's charity.
매주 월요일마다 그는 통행인들에게 같은 어린이 자선 단체에 기부할 의향이 있는지 물었다.

pass + er + by
통과하다 명접 옆에

옆을 통과해 지나가는 사람
➔ 통행인

0553 ☐☐

pace
[peis]

ⓝ 속도, 걸음, 보폭

The slow pace of transformation makes it difficult to break a bad habit. 학평
변화의 느린 속도는 나쁜 습관을 버리기 어렵게 만든다.

pace
통과하다

걸음으로 통과되는 공간, 움직임의 속도
➔ 보폭, 속도

dict

말하다(say)

| 변화형 | dic, dex

0554 ☐☐

dictate
[díkteit]

ⓥ 받아쓰게 하다, 지시하다, 명령하다　**ⓝ** 명령

He is in no position to dictate the decisions that doctors and their patients make about health care.
그는 의사와 환자가 의료 서비스에 대해 내리는 결정을 지시할 수 있는 위치에 있지 않다.

➕ dictation ⓝ 받아쓰기, 명령, 지시
　 dictator ⓝ 독재자, 절대 권력자

dict + ate
말하다　동접

말한 것을 하도록 하다
➡ 지시하다

0555 ☐☐

addiction
[ədíkʃən]

ⓝ 중독, 열중, 탐닉

This addiction provides the emotional glue that binds fans to teams. 모평
이런 중독은 팬을 팀들에 묶는 감정적인 접착제를 제공한다.

➕ addict ⓥ 빠지게 하다, 몰두시키다　ⓝ 중독자
　 addicted ⓐ 중독된

ad + **dict** + ion
~에　말하다　명접

어느 한쪽에 대해서만
말하는 것
➡ 열중

DAY
19

0556 ☐☐

contradict
[kàntrədíkt]

ⓥ 부정하다, 반박하다, 모순되다

Commonsense knowledge has weaknesses, not the least of which is that it often contradicts itself. 수능
상식적 지식에는 약점이 있는데, 그중 중요한 것은 그것이 자주 모순된다는 것이다.

➕ contradiction ⓝ 모순, 반박
　 contradictory ⓐ 모순된, 상반된

contra + **dict**
반대의　말하다

앞에 한 말과 반대되게
말하다
➡ 반박하다, 부정하다

0557 ☐☐

dictionary
[díkʃənèri]

ⓝ 사전, 용어집

The dictionary is not the last word on the definition of bravery. 학평
사전은 용기의 정의를 최종적으로 내리지 않는다.

dict + ion + ary
말하다　명접　명접

말에 관한 것을 모아 놓은 책
➡ 사전

0558 □□

indicate
[índəkèit]

ⓥ 나타내다, 가리키다, 시사하다

Research indicates that the time it takes for both types of adaptation increases with age. 학평
연구는 두 가지 유형의 적응에 걸리는 시간이 나이가 들면서 증가한다는 것을 나타낸다.

➕ indication ⓝ지시, 암시, 조짐
indicative ⓐ나타내는, 보여 주는

in + dic + ate
안에 말하다 동접

직접 말하지 않고 속뜻으로
넌지시 혹은 은밀히 말하다
➡ 시사하다

0559 □□

dedicate
[dédikèit]

ⓥ 바치다, 전념하다, 헌신하다

People who dedicate their time to turning edibles into visuals are often called food artists. 교과서
먹는 것을 시각적인 것으로 바꾸기 위해 자신들의 시간을 바치는 사람들은 종종 푸드 아티스트라 불린다.

🔲 devote ⓥ전념하다, 쏟다
➕ dedication ⓝ전념, 헌신

de + dic + ate
떨어져 말하다 동접

추수한 곡식 등에서 따로
떼어내어 신에게 바치며
말하다
➡ 바치다, 헌신하다

0560 □□

index
[índeks]

ⓝ 색인, 지수 ⓥ 색인을 달다

All of the requested data is given in the index.
요청된 데이터는 모두 색인에 제시되어 있다.

in + dex
안에 말하다

안에 있는 말을 목록으로
만든 것
➡ 색인

pel   몰다(drive), 밀다(push)

| 변화형 | peal, pol, pul

0561 □□

compel
[kəmpél]

ⓥ 강요하다, 강제하다, ～하게 만들다

He was compelled to practice three hours a day from age three on. 교과서
그는 세 살부터 하루에 세 시간씩 연습하도록 강요받았다.

➕ compelling ⓐ강제적인, 강력한, 흥미로운
compulsion ⓝ강요, 강제

com + pel
함께 몰다

함께 무엇을 하도록
몰아대다
➡ 강요하다, 강제하다

0562 ☐☐

propel
[prəpél]

ⓥ 나아가게 하다, 추진하다, 몰아대다

How can we construct a model boat that is propelled by solar energy?
어떻게 하면 우리가 태양 에너지로 추진되는 모형 보트를 만들 수 있을까?

🔄 drive ⓥ 몰아대다, 추진하다

pro + pel
앞으로 몰다

앞으로 나아가도록 힘 있게 몰아대다
➡ 추진하다

0563 ☐☐

expel
[ikspél]

ⓥ 쫓아내다, 추방하다, 배출하다

We need all kinds of weapons to expel the enemy from our land.
우리에게는 우리의 땅에서 적을 쫓아내기 위한 모든 종류의 무기가 필요하다.

🔄 drive out 쫓아내다

ex + pel
밖으로 몰다

밖으로 몰아내어 들어오지 못하게 하다
➡ 쫓아내다, 추방하다

0564 ☐☐

appeal
[əpíːl]

ⓥ 호소하다, 관심을 끌다 ⓝ 호소, 간청, 매력

Bundle pricing continues to appeal to customers who prefer the convenience of a package. 학평
묶음 가격은 계속 패키지의 편리함을 선호하는 고객들의 관심을 끌고 있다.

➕ appealing ⓐ 매력적인, 흥미를 끄는

ap + peal
~에 몰다
(ad)

한쪽으로 의견을 묻다
➡ 호소하다

0565 ☐☐

polish
[páliʃ]

ⓥ (윤이 나도록) 닦다, 세련되게 하다
ⓝ 윤 내기, 광택제, 품위

You might need to polish your reading glasses from time to time.
여러분은 때때로 독서용 안경을 닦아야 할 수도 있다.

pol + ish
밀다 동접

물건의 표면을 밀어 부드럽고 광택나게 하다
➡ 닦다, 세련되게 하다

0566 ☐☐

pulse
[pʌls]

ⓝ 맥박, 진동 ⓥ 맥박치다, 진동하다

The blood pressure rose and the pulse rate dropped.
혈압이 상승하고 맥박수가 떨어졌다.

pul(se)
몰대(밀다)

심장을 뛰게 하기 위해 혈액을 밀다
➡ 맥박치다

DAY
19

0567 ☐☐

impulse

[ímpʌls]

ⓝ 충동, 자극, 추진(력)

If the reflective brain is busy figuring something else out, then impulse can easily win. 학평
숙고하는 뇌가 다른 어떤 것을 알아내느라 바쁘다면, 충동이 쉽게 이길 수 있다.

im + pul(se)
안에   몰다

마음에서 행동하도록
몰아대는 것
➡ 충동, 추진(력)

---

leg

법(law), 위임하다(entrust)

| 변화형 | leag, loy

0568 ☐☐

legal

[líːgəl]

ⓐ 법률의, 법률에 관한, 합법적인

There are no legal constraints on the number of phone calls a citizen can make to public officials. 학평
한 명의 시민이 공무원들에게 걸 수 있는 전화 통화의 수에 관한 법률의 제약이 없다.

⟷ illegal ⓐ 불법의

leg + al
법   형접

법과 관련된
➡ 법률의, 법률에 관한

0569 ☐☐

privilege

[prívəlidʒ]

ⓝ 특권, 특전, 특혜 ⓥ 특권을 주다

Because we have not received the payment, we have suspended your membership privileges. 학평
저희가 아직 돈을 받지 않았기 때문에, 귀하의 회원 자격 특혜를 중지하였습니다.

priv(i) + leg(e)
떼어놓다   법

한 사람에게 적용되도록
떼어놓은 법
➡ 특권, 특혜

0570 ☐☐

legitimate

[lidʒítəmət]

ⓐ 타당한, 합법적인

Human beings deliberately deprive themselves of sleep without legitimate gain. 학평
인간은 타당한 이익 없이 의도적으로 자신에게서 수면을 박탈[자제]한다.

leg(itim) + ate
법   형접

법 조항에 맞게 행동하는
➡ 타당한, 합법적인

WORD *Review*

다음 뜻에 해당하는 알맞은 영어 단어를 쓰시오.

01 _____
사로잡다, 강박감을 갖다

02 _____
가라앉다, 침전되다

03 _____
정착하다, 해결하다

04 _____
평가하다, 재다, 할당하다

sid
앉다

05 _____
대통령, 사장

06 _____
시간, 기간, 회기

pass
통과하다

08 _____
통로, 통과, 경과

10 _____
승객, 통행인

12 _____
통행인, 지나가는 사람

07 _____
능가하다, 뛰어넘다

09 _____
속도, 걸음, 보폭

11 _____
여권, 통행증

13 _____
취미, 기분 전환

14 _____
사전, 용어집

16 _____
부정하다, 반박하다, 모순되다

18 _____
나타내다, 가리키다

dict
말하다

15 _____
색인, 색인을 달다

17 _____
받아쓰게 하다, 지시하다, 명령

19 _____
바치다, 헌신하다

20 _____
중독, 열중, 탐닉

pel
몰다, 밀다

22 _____
나아가게 하다, 추진하다

24 _____
호소하다, 관심을 끌다, 매력

26 _____
맥박, 진동하다

21 _____
(윤이 나도록) 닦다, 광택제

23 _____
충동, 추진(력)

25 _____
강요하다, ~하게 만들다

27 _____
쫓아내다, 추방하다

leg
법, 위임하다

28 _____
특권, 특권을 주다

29 _____
법률의, 합법적인

30 _____
타당한, 합법적인

주요 다의어 6

appreciate

(제대로) 인식하다

01
John doesn't fully **appreciate** the serious nature of the problem.
John은 그 문제의 심각성을 온전히 **제대로 인식하고** 있지 않다.

감사하다

02
We **appreciate** your help with this matter.
이 문제에 대해 도움을 주셔서 **감사합니다**.

진가를 알아보다

03
Those who **appreciate** fine wine will enjoy reading the restaurant's wine list.
좋은 와인의 **진가를 알아보는** 사람은 레스토랑의 와인 목록을 읽는 것을 즐길 것이다.

감상하다

04
We **appreciated** the views of New York City at the top of the tower.
우리는 그 고층 건물의 꼭대기에서 뉴욕시의 경관을 **감상했다**.

operate

작동하다, 가동되다, 가동시키다

01
Many computers in that room were not **operating** properly.
그 방에 있는 많은 컴퓨터가 제대로 **작동하지** 않고 있었다.

경영하다, 운영하다

02
They were trying to reduce **operating** costs.
그들은 **경영** 비용을 줄이려고 노력하고 있었다.

수술하다

03
Surgeons had to **operate** to remove the bullet.
외과 의사들은 총알을 제거하기 위해 **수술을 해야** 했다.

DAY 20

어원 Preview

leg	법, 위임하다		**crea**	만들다, 자라다
strict	팽팽히 당기다, 묶다		**mov**	움직이다
just	올바른		**clos**	닫다

Previous Check

☐ legislation   ☐ strait   ☐ recreate

☐ legacy   ☐ just   ☐ concrete

☐ colleague   ☐ justify   ☐ recruit

☐ loyal   ☐ justice   ☐ move

☐ strict   ☐ judge   ☐ moment

☐ restrict   ☐ prejudice   ☐ emotion

☐ district   ☐ injure   ☐ motive

☐ distress   ☐ create   ☐ motor

☐ prestige   ☐ increase   ☐ mobile

☐ strain   ☐ decrease   ☐ close

leg

법(law), 위임하다(entrust)

| 변화형 | **leag, loy**

0571 ☐☐
legislation
[lèdʒisléiʃən]

ⓝ 입법, 법률 제정

The community is not likely to benefit from the new legislation.
그 공동체는 새로운 법률 제정으로 이익을 얻을 것 같지 않다.

➕ **legislate** ⓥ 법률을 제정하다

leg(is) + **lat(e)** + **ion**
법 　 제안하다 　 명접

법을 제안하여 만들어 내는 것
➔ 입법

0572 ☐☐
legacy
[légəsi]

ⓝ (죽은 사람이 남긴) 유산, 조상의 유물

Rome left an enduring legacy in many areas and multiple ways. 학평
로마는 많은 분야에서 다양한 방식으로 오래 지속되는 유산을 남겼다.

🟰 **inheritance**

leg + **acy**
법 　 명접

법으로 인정받아 남겨진 재산
➔ 유산

0573 ☐☐
colleague
[káliːg]

ⓝ 동료, 동업자

He decided to increase his sample size and recruited a colleague to do the same. 교과서
그는 자신의 표본 크기를 늘리기로 결심하고 같은 행동을 해 줄 동료를 모집했다.

🟰 **co-worker** ⓝ 동료, 협력자

col + **leag(ue)**
함께 　 위임하다

함께 임무를 위임받은 사람
➔ 동료

0574 ☐☐
loyal
[lɔ́iəl]

ⓐ 충성스러운, 성실한

Since I joined in 2015, I have been a loyal and essential member of this company. 학평
2015년에 입사한 이후로, 나는 이 회사의 충성스럽고 필수적인 구성원이었다.

🟰 **faithful**
➕ **loyalty** ⓝ 충성, 충실

loy + **al**
법 　 형접

법을 잘 지키는
➔ 충성스러운

---

strict 팽팽히 당기다(draw tight), 묶다(bind)

| 변화형 | stress, stig, strai(n)

0575 ☐☐
strict
[strikt]

ⓐ 엄격한, 엄밀한, 정확한

The *haenyeo* have a strict class relationship and work system. 교과서
'해녀'들은 엄격한 계급 관계와 작업 체계를 가지고 있다.

➕ **strictly** @ 엄격히

strict
팽팽히 당기다

기준선에서 팽팽히 당겨진
➡ 엄격한, 엄밀한

0576 ☐☐
restrict
[ristríkt]

ⓥ 제한하다, 한정하다, 금지하다

Historically, privacy was protected by restricting circulation of the damaging material. 모평
역사적으로 사생활은 피해를 주는 자료의 유포를 제한함으로써 보호되었다.

➕ **restriction** ⓝ 제약, 제한, 한정
restrictive @ 제한하는, 한정하는

re + strict
뒤로 팽팽히 당기다

손을 뒤로 잡아당겨 꼼짝
못하게 하다
➡ 제한하다, 한정하다

DAY
20

0577 ☐☐
district
[dístrikt]

ⓝ 지구, 지역, 구역

The policies restrict motor vehicle access to downtown or commercial districts. 수능
그 정책들은 시내 또는 상업 지구에 대한 차량 접근을 제한한다.

di + strict
떨어져 묶다

따로따로 묶어 놓은 것
➡ 지구, 지역

0578 ☐☐
distress
[distrés]

ⓝ 괴로움, 고통, 고충 ⓥ 괴롭히다

You are less likely to have doubt as the source of your distress. 학평
여러분은 괴로움의 원천인 의심을 덜 가지게 될 것이다.

➕ **distressing** @ 고통을 주는, 괴롭히는

di + stress
떨어져 팽팽히 당기다

떨어져서 팽팽히 당겨
압박을 주는 것
➡ 괴로움, 고통

0579 ☐☐
prestige
[prestíːʤ]

ⓝ 명망, 명성, 위신 ⓐ 명망 있는, 위신 있는

They achieve esteem and prestige through caring for others.
그들은 다른 사람들을 배려함으로써 존경과 명망을 얻는다.

pre + stig(e)
앞에 묶다

앞에서 묶어 보여주며
영향력을 발휘하는 것
➡ 명망, 위신

0580 ☐☐
strain
[strein]

ⓝ 긴장, 부담, 압박 ⓥ 긴장시키다, 혹사하다

Such a move, however, puts strain on the environment, in particular on the land and water resources of the earth.
하지만 그런 움직임은 환경, 특히 지구의 토지와 수자원에 부담을 준다.

strain
팽팽히 당기다

억지로 단단히 잡아당겨 조임
➡ 압박

0581 ☐☐
strait
[streit]

ⓝ 해협, 곤경, 궁핍

Most cities across the country were in desperate financial straits.
전국의 대부분 도시가 절박한 재정적 곤경에 처해 있었다.

strai(t)
팽팽히 당기다

단단히 당겨서 폭이 좁아진 곳
➡ 해협

---

just   올바른 (right)
∣변화형∣ jud, jur

0582 ☐☐
just
[dʒʌst]

ⓐ 공정한, 올바른 ⓐⓓ 정확히, 똑같이, 방금

None of them thought that the court's decision was just.
그들 중 누구도 법원의 결정이 공정하다고 생각하지 않았다.

📋 **impartial** ⓐ 공정한, 편견 없는
🔁 **unjust** ⓐ 부당한

just
올바른

도덕적, 정신적으로 올바른
➡ 공정한, 올바른

0583 ☐☐
justify
[dʒʌstəfài]

ⓥ 정당화하다, 타당함을 보여 주다

He justifies why most children hate vegetables as part of our genetic programming. 학평 변형
그는 대부분의 아이들이 채소를 싫어하는 이유를 우리의 유전적 프로그래밍의 일부로 정당화한다.

➕ **justification** ⓝ 정당화, 변호, 변명

just + **ify**
올바른 동접

올바른 것으로 만들다
➡ 정당화하다

0584 ☐☐

justice
[dʒʌ́stis]

ⓝ 정의, 정당(성), 타당

Tax is the application of a society's theories of distributive justice. 모평
세금은 사회의 분배 정의 이론에 대한 적용이다.

➕ injustice ⓝ불공정

just + ice
올바른　명접

진리에 맞는 올바른 도리
→ 정의

0585 ☐☐

judge
[dʒʌ́dʒ]

ⓥ 판단하다, 판결하다, 평가하다
ⓝ 판사, 심사원

Entries will be judged on creativity, content, and overall effectiveness of delivery. 학평
출품작들은 창의성, 내용 그리고 전달의 전반적인 효과성을 기준으로 평가될 것입니다.

➕ judgment ⓝ 판단, 판결

jud + ge
올바른　말하다

올바른 것을 말하다
→ 판단하다, 판결하다

DAY
20

0586 ☐☐

prejudice
[préʤədis]

ⓝ 선입견, 편견　ⓥ 편견을 갖게 하다

A study investigated the economic cost of prejudice based on blind assumptions. 학평
한 연구는 맹목적인 가정에 근거한 편견의 경제적인 비용을 조사했다.

➕ prejudiced ⓐ편견이 있는

pre + **jud** + ice
미리　올바른　명접

미리 옳다고 내린 판단
→ 선입견, 편견

0587 ☐☐

injure
[índʒər]

ⓥ 상처를 입히다, 해치다

Many died or were permanently injured by a serious disease called "the bends." 교과서
많은 사람이 '잠함병(잠수병)'이라 불리는 심각한 병에 의해 사망하거나 영구적인 상처를 입었다.

🟰 wound, hurt
➕ injury ⓝ 상해, 부상, 손해

in + **jur(e)**
아닌　올바른

옳지 않은 일을 하다
→ 해치다

crea 만들다(make), 자라다(grow)

| 변화형 | cre, cruit

0588 ☐☐

create
[kriéit]

ⓥ 창조[창작]하다, 만들어 내다, 일으키다

It's not the pressure to perform that creates your stress. 학평
여러분의 스트레스를 일으키는 것은 수행에 대한 압박이 아니다.

➕ **creation** ⓝ 창조, 창작(품), 고안물
creature ⓝ 피조물, 생물
creative ⓐ 창의적인, 창조적인

crea + **te**
만들다 어미

만들어 내다
➡ 창조하다

0589 ☐☐

increase
[ínkriːs] ⓝ
[inkríːs] ⓥ

ⓝ 증가, 인상 ⓥ 늘리다, 증가하다

They discovered a sudden increase in taxi rides and text messages at certain places and times. 교과서
그들은 특정 장소와 시간에 택시 탑승과 문자 메시지의 갑작스러운 증가를 발견하였다.

🔁 **multiply** ⓥ 늘리다, 증식하다

in + **crea(se)**
안에 자라다

안에서부터 자라나게 하다
➡ 늘리다, 증가하다

0590 ☐☐

decrease
[díːkriːs] ⓝ
[dikríːs] ⓥ

ⓝ 감소, 하락 ⓥ 줄이다, 감소시키다

Creativity may actually decrease productivity because effort is focused on difficult problems. 학평
노력이 어려운 문제에 집중되기 때문에 창의성은 실제로 생산성을 감소시킬 수도 있다.

🔁 **reduce** ⓥ 줄이다, 축소하다

de + **crea(se)**
반대의 자라다

'자라다'의 반대
➡ 줄이다, 감소시키다

0591 ☐☐

recreate
[rìːkriéit]

ⓥ 재창조하다, 재현하다, 생기를 복돋우다

Fashion enables individuals to recreate the meanings associated with specific pieces of clothing. 수능
패션은 개인이 특정한 옷과 관련된 의미를 재창조할 수 있게 한다.

➕ **recreation** ⓝ 재창조, 레크리에이션

re + **crea(te)**
다시 만들다

다시 만들어 내다
➡ 재창조하다

0592 ☐☐

concrete
[kànkríːt]

ⓐ 구체적인, 실재의　ⓝ 구체물, 콘크리트

Goddard realized the importance of setting concrete life goals. 교과서

Goddard는 구체적인 삶의 목표를 세우는 것의 중요성을 깨달았다.

↔ abstract ⓐ 추상적인

con + **cre(te)**
함께　　만들다

완전히 만들어져서
구체적인 형체를 드러낸
➡ 구체적인

0593 ☐☐

recruit
[rikrúːt]

ⓥ 모집하다, 채용하다　ⓝ 신병, 신입 사원

The returning bee is more likely to perform a waggle dance to recruit others. 수능

돌아오는 벌은 다른 벌들을 모집하기 위해 8자 춤을 출 가능성이 더 높다.

re + **cruit**
다시　　자라다

인원을 다시 늘리다
➡ 모집하다

---

mov 움직이다(move)

| 변화형 | **mo, mot, mob**

0594 ☐☐

move
[muːv]

ⓥ 움직이다, 이동하다　ⓝ 움직임, 동작

If you eat an unhealthy meal today, the scale doesn't move much. 학평

여러분이 오늘 몸에 좋지 않은 음식을 먹더라도, 저울 눈금은 크게 움직이지 않는다.

mov(e)
움직이다

밀어 움직여 보내다
➡ 이동하다

0595 ☐☐

moment
[móumənt]

ⓝ 순간, 찰나, 시기

In this moment, all of her hard work and dedication was being rewarded with glory. 교과서

이 순간, 그녀의 모든 노력과 헌신은 영광스럽게 보상받고 있었다.

➕ momentary ⓐ 순간적인

mo + **ment**
움직이다　명접

짧은 순간의 움직임
➡ 순간, 찰나

0596 ☐☐

emotion
[imóuʃən]

ⓝ 감정, 정서

The natural world had thoughts, desires, and emotions, just like humans. 학평

자연 세계는 인간들처럼 생각, 욕구 그리고 감정을 가지고 있었다.

➕ emotional ⓐ 감정의, 정서적인

e + **mot** + **ion**
밖으로 움직이다　명접
(ex)

마음이 움직여서 밖으로
나오는 것
➡ 감정

0597 ☐☐

motive
[móutiv]

ⓝ 동기, 동인 ⓐ 움직이게 하는

Whatever the true motive, ingredient labeling still does not fully convey the amount of sugar. 학평
진짜 동기가 무엇이든, 성분 라벨 표기는 설탕의 양을 여전히 충분히 전달하지 못한다.

➕ motivate ⓥ동기를 부여하다, 이유를 말하다
  motivation ⓝ동기 부여

mot + ive
움직이다   형접

움직이게 만드는 원인이
되는 (것)
➡ 움직이게 하는, 동기

0598 ☐☐

motor
[móutər]

ⓝ 모터, 발동기, 자동차
ⓐ 모터가 달린, 자동차의

We brought the motors into our lives, as automobiles and refrigerators. 수능
우리는 그 모터를 자동차와 냉장고 같은 형태로 우리의 삶에 가져왔다.

mot + or
움직이다   명접

기계적 동작을 만드는 것
➡ 모터

0599 ☐☐

mobile
[móubəl]

ⓐ 이동하는, 움직이기 쉬운, 이동식의

Hubert Cecil Booth is often credited with inventing the first powered mobile vacuum cleaner. 학평
Hubert Cecil Booth는 최초의 이동식 전동 진공청소기를 발명한 것으로 공로를 자주 인정받는다.

➕ stationary ⓐ움직이지 않는, 정지된
➕ mobility ⓝ이동성, 유동성
  mobilize ⓥ동원되다[하다], 집결시키다

mob + ile
움직이다   형접

움직일 수 있는
➡ 움직이기 쉬운, 이동하는

clos
닫다(close)
┃변화형┃ clud

0600 ☐☐

close
[klous] ⓐ
[klouz] ⓥ

ⓐ 닫은, 폐쇄한, 가까운 ⓥ 닫다, 폐쇄하다

It closes the door again and releases water to create a vacuum anew. 교과서
그것은 문을 다시 닫아서 새로 진공을 만들기 위해 물을 내보낸다.

➕ closure ⓝ마감, 폐쇄

clos(e)
닫다

닫거나 차단하다
➡ 닫다, 폐쇄하다

다음 뜻에 해당하는 알맞은 영어 단어를 쓰시오.

leg
법, 위임하다

02 _____
유산, 조상의 유물

03 _____
입법, 법률 제정

04 _____
충성스러운, 성실한

01 _____
동료, 동업자

clos
닫다

05 _____
닫은, 가까운, 닫다

strict
팽팽히 당기다, 묶다

07 _____
긴장, 부담,
긴장시키다

09 _____
괴로움, 고통,
괴롭히다

11 _____
제한하다, 한정하다

06 _____
엄격한, 엄밀한

08 _____
해협, 곤경, 궁핍

10 _____
명망, 위신,
명망 있는

12 _____
지구, 지역, 구역

13 _____
선입견, 편견,
편견을 갖게 하다

just
올바른

14 _____
상처를 입히다,
해치다

15 _____
정의, 정당(성)

16 _____
판단하다,
평가하다, 판사

17 _____
공정한, 정확히

18 _____
정당화하다,
타당함을 보여 주다

19 _____
재창조하다,
생기를 복돋우다

crea
만들다, 자라다

20 _____
증가, 인상, 늘리다

21 _____
감소, 하락,
감소시키다

22 _____
창조[창작]하다,
일으키다

23 _____
구체적인, 콘크리트

24 _____
모집하다, 신병

25 _____
감정, 정서

mov
움직이다

26 _____
순간, 찰나

27 _____
움직이다,
이동하다, 움직임

28 _____
이동하는, 이동식의

29 _____
모터, 발동기,
자동차의

30 _____
동기, 동인,
움직이게 하는

주요 다의어 7

charge

01 요금

This hotel's breakfast is provided at no extra **charge**.
이 호텔의 아침 식사는 추가 **요금** 없이 제공된다.

02 충전하다

I forgot to **charge** my cell phone during the night.
나는 밤 동안 내 휴대 전화를 **충전하는** 것을 잊어버렸다.

03 비난하다, 고발하다, 고소하다

Demonstrators **charged** the police with using excessive force against them.
시위자들은 경찰이 자신들에게 과도한 무력을 행사했다고 **비난했다**.

04 책임, 임무, (임무를) 맡다

The commission is in **charge** of investigating war crimes.
그 위원회는 전쟁 범죄를 조사하는 **책임**을 맡고 있다.

remark

01 말, 논평, 언급

The children made rude **remarks** about the old man.
그 아이들은 그 노인에 대해 무례한 **말**을 했다.

02 언급하다, 논평하다

Critics **remarked** that the film was quite original.
비평가들은 그 영화가 꽤 독창적이라고 **논평했다**.

03 주목하다, 주목

He **remarked** on the difference between the two.
그는 그 둘 사이의 차이에 **주목했다**.

DAY 21

어원 Preview

clos	닫다	der	주다
fin	끝, 경계, 한계	grat	감사, 기쁨
part	부분, 나누다	serv	지키다, 섬기다

Previous Check

☐ closet   ☐ confine   ☐ rent

☐ enclose   ☐ partial   ☐ tradition

☐ disclose   ☐ particular   ☐ edit

☐ include   ☐ apart   ☐ grateful

☐ conclude   ☐ particle   ☐ gratitude

☐ final   ☐ proportion   ☐ congratulate

☐ define   ☐ portion   ☐ gratify

☐ refine   ☐ render   ☐ agree

☐ finance   ☐ surrender   ☐ grace

☐ infinite   ☐ add   ☐ observe

clos

닫다(close)

| 변화형 | clud

0601 ☐☐

closet
[klázit]

ⓝ 벽장, 작은 방 ⓐ 드러나지 않은

Quickly he opened the closet and went inside closing the door behind him. 학평
재빨리 그는 벽장을 열고 안에 들어가 문을 닫았다.

clos + et
닫다　명접

사적으로 사용하는 작은
닫힌 공간
➡ 벽장, 작은 방

0602 ☐☐

enclose
[inklóuz]

ⓥ 둘러싸다, 에워싸다, 동봉하다

Please return the bottom portion of this letter with your check in the enclosed envelope. 학평
이 편지의 아랫부분을 귀하의 수표와 함께 동봉된 봉투에 넣어 다시 보내 주십시오.

➕ enclosure ⓝ 울타리를 친 장소, 동봉된 것

en + clos(e)
안에　닫다

어떤 것을 안에 넣고 닫다
➡ 둘러싸다, 동봉하다

0603 ☐☐

disclose
[disklóuz]

ⓥ 공개하다, 드러내다, 폭로하다

They show a willingness to disclose information about themselves to strangers. 학평
그들은 자신에 관한 정보를 낯선 이에게 기꺼이 공개하려는 의향을 보인다.

➖ reveal ⓥ 드러내다, 누설하다
➕ disclosure ⓝ 발각, 폭로

dis + clos(e)
반대의　닫다

닫힌 것을 열어서
들추어내다
➡ 공개하다, 폭로하다

0604 ☐☐

include
[inklúːd]

ⓥ 포함하다, 계산에 넣다

The tasty history of food includes what happens when cuisine and culture intertwine. 교과서
음식의 맛있는 역사는 요리와 문화가 뒤얽힐 때 일어나는 일도 포함한다.

➖ exclude ⓥ 제외하다, 배제하다
➕ inclusion ⓝ 포함, 함유(물)

in + clud(e)
안에　닫다

사람이나 사물을 안에 넣고
닫거나, 사물을 구성 요소로
갖다
➡ 포함하다

0605 ☐☐

conclude

[kənklúːd]

ⓥ 결론짓다, 종결하다, (조약을) 체결하다

Logic and reason, they concluded, make us modern; storytelling and mythmaking are primitive. 학평

그들은 논리와 이성이 우리를 현대적으로 만들고, 스토리텔링과 신화 만들기를 원시적이라고 결론지었다.

➕ conclusion ⓝ 결론, 종결

con + clud(e)
모두   닫다

가게 등의 모든 문을 완전히 닫다
➡ 종결하다, 결론짓다

---

fin

끝(end), 경계(boundary), 한계(limit)

0606 ☐☐

final

[fáinəl]

ⓐ 마지막의, 최종의, 결정적인
ⓝ 결승전, 기말시험

This year, you can all take home your final load as a present! 모평

올해엔 너희들 모두 마지막에 가져온 짐을 선물로 집에 가져가도 된다!

➕ finally ⓐ 마침내, 마지막으로

fin + al
끝   형접

마지막에 오는
➡ 마지막의, 최종의

0607 ☐☐

define

[difáin]

ⓥ 정의하다, 규정하다, 한정하다

There have been many attempts to define what music is. 수능

음악이 무엇인가를 정의하기 위한 많은 시도가 있어 왔다.

➕ definition ⓝ 정의, 규정, 한정
　definitive ⓐ 최종적인, 한정적인
　definite ⓐ 확실한, 분명한

de + fin(e)
떨어져   경계

다른 것들과 떨어져 구분되도록 말로 경계를 정하다
➡ 정의하다, 규정하다

0608 ☐☐

refine

[rifáin]

ⓥ 정제하다, 개선하다

They had to collect and refine sesame oil or lamb fat to burn in a simple lamp. 학평 변형

그들은 단순한 등을 켜기 위해 참기름이나 양의 지방을 모으고 정제해야 했다.

➕ refined ⓐ 정제된, 세련된
　refinement ⓝ 정제, 개선

re + fin(e)
다시   끝

반복해서 끝까지 (분쇄)하다
➡ 정제하다

DAY 21

0609 □□

finance
[fáinæns]

ⓝ 재정, 재원, 자금 ⓥ 자금을 대다

Some campaign finance laws affect political action committees and contributors.
일부 선거 자금법은 정치 활동 위원회와 기부자들에게 영향을 미친다.

➕ **financial** ⓐ 금융상의, 재정상의

fin + ance
끝   명접

빚이나 분쟁을 끝내거나
해결하기 위해 자금을
관리하는 것
➡ 재정, 자금

0610 □□

infinite
[ínfənit]

ⓐ 무한한, 무수한

Painters have in principle an infinite range of colours at their disposal. 학평
화가들은 원칙적으로 무한한 범위의 색을 마음대로 사용한다.

↔ **finite** ⓐ 유한의, 한정 있는

in + **fin** + ite
아닌   한계   형접

한계를 명확하게 내리지
못하는
➡ 무한한

0611 □□

confine
[kənfáin]

ⓥ 국한시키다, 한정하다, 가두다

At that time, the *haenyeo*'s job was confined to collecting seaweed in shallow water. 교과서
그 당시 해녀의 일은 얕은 물에서 해초를 채집하는 것에 한정되었다.

🟰 **restrict** ⓥ 제한하다, 한정하다
➕ **confinement** ⓝ 국한, 한정, 감금

con + **fin(e)**
모두   경계
(com)

같은 경계(선)를 가지다
➡ 국한시키다, 한정하다

---

part   부분(part), 나누다(divide)
| 변화형 | port

0612 □□

partial
[páːrʃəl]

ⓐ 부분적인, 불공평한, 편파적인

The walls create a partial vacuum inside.
교과서
그 벽들은 내부에 부분적인 진공을 만들어 낸다.

🟰 **biased** ⓐ 편향된, 편파적인
↔ **impartial** ⓐ 편견 없는, 공정한

part + ial
부분   형접

어느 한 부분에 치우친
➡ 부분적인, 편파적인

0613 ☐☐

particular
[pərtíkjələr]

ⓐ 특정한, 특별한 ⓝ 상세, 명세

A strategy is designed to prevent a rival from starting some particular activity. 학평
전략은 경쟁자가 어떤 특정한 활동을 시작하는 것을 막기 위해 설계된다.

➕ particularly ⓐ 특히, 각별히

part(i)+cul+ar
나누다 명접 형접

전체가 아니라 작은 부분과 관련된 (것)
➡ 특정한, 상세

0614 ☐☐

apart
[əpáːrt]

⒜ 떨어져, 따로 ⓐ ~와 떨어진, 따로따로인

The groups were kept apart for about a week. 학평
그 집단들은 약 1주일 동안 서로 떨어져 있었다.

a + part
~쪽으로 나누다
(ad)

서로 다른 쪽으로 나누어져서
➡ 따로따로인, 떨어져

0615 ☐☐

particle
[páːrtikl]

ⓝ 작은 조각, 입자, 미립자

Some of them are as large as trucks while others are smaller than a tiny particle of paint. 교과서
그것들 중 일부는 트럭만큼 크지만, 다른 것들은 작은 페인트 입자보다도 작다.

part(i)+cle
나누다 명접

아주 작게 나누어진 것
➡ 입자, 작은 조각

DAY 21

0616 ☐☐

proportion
[prəpóːrʃən]

ⓝ 부분, 비율, 몫

CO_2 released during industrial processes has greatly increased the proportion of carbon in the atmosphere. 모평
산업 공정 중에 배출된 이산화탄소는 대기 중의 탄소 비율을 크게 높였다.

➕ proportional ⓐ 비례하는

pro+port+ion
앞에 나누다 명접

무언가를 앞에서 정확하게 나누기 위해 필요한 기준
➡ 비율

0617 ☐☐

portion
[póːrʃən]

ⓝ 일부, 부분, 1인분 ⓥ 나누다, 분배하다

I managed to finish my portion, and my mind went blank for a few seconds, wondering what to do. 학평
나는 간신히 내가 할 부분을 다 마쳤고, 무엇을 해야 할지 생각하면서 정신이 몇 초 동안 멍해졌다.

port+ion
나누다 명접

할당되거나 나누어진 부분
➡ 부분, 일부

der

주다(give)

| 변화형 **d, t, dit**

0618 ☐☐
render
[réndər]

ⓥ (~한 상태로) 만들다, 주다, 제공하다

Events and happenstances could be rendered into insights and narratives about the self. 수능
사건과 우연은 자신에 관한 통찰력과 이야기로 만들어질 수 있었다.

re(n) + der
다시   주다

상대방에게 다시 주다
➡ 제공하다, (보답으로) 주다

0619 ☐☐
surrender
[səréndər]

ⓥ 넘겨주다, 항복하다 **ⓝ** 항복, 양도

She had to surrender her passport, thus giving up her citizenship.
그녀는 여권을 넘겨주고 시민권을 포기해야 했다.

🔁 submit ⓥ 항복하다, 제출하다

sur + re(n) + der
넘다 다시 주다

토지나 재산을 다시
넘겨주다
➡ 넘겨주다, 양도

0620 ☐☐
add
[æd]

ⓥ 더하다, 추가하다, 덧붙여 말하다

Leonardo da Vinci collaborated with other people to add the finer details. 학평
레오나르도 다빈치는 더 세밀한 세부 묘사를 추가하기 위해 다른 사람들과 협업했다.

🔁 subtract ⓥ 빼다, 감하다
➕ additional ⓐ 추가의, 부가의

ad + d
~로   주다

무언가에 보태 주다
➡ 더하다, 추가하다

0621 ☐☐
rent
[rent]

ⓝ 집세, 지대, 사용료
ⓥ 빌리다, 빌려주다, 임대[임차]하다

We very much hope that we can rent a space for the exhibition there. 모평
우리는 그곳에서 전시 공간을 빌릴 수 있기를 간절히 바랍니다.

➕ rental ⓝ 사용료 ⓐ 임대의

re(n) + t
다시   주다

다시 돌려주는 것을 전제로
빌리다
➡ 빌리다, 임대하다

0622 ☐☐
tradition
[trədíʃən]

ⓝ 전통, 전승

This food resulted in the exchange of ideas, languages, and traditions. 교과서
이 음식은 사상, 언어 및 전통의 교환이라는 결과를 낳았다.

tra + dit + ion
넘어 주다 명접

장기간 확립되어 후세들에게
넘겨주는 행위
➡ 전통

0623 ☐☐
edit
[édit]

ⓥ 편집하다, 교정하다

It will help you to hear things that you might not notice when editing silently. 학평
그것은 당신이 조용히 편집할 때 알아채지 못할지도 모르는 것들을 듣는 데 도움이 될 것이다.

➕ **edition** ⓝ (간행물의) 판(版)
    editorial ⓐ 편집의 ⓝ 사설

e + dit
밖으로   주다
(ex)

밖으로 발간하기 위해
원고를 손질하여 주다
➡ 편집하다

---

grat
감사(thank), 기쁨(pleasure)

| 변화형 | gree, grac

0624 ☐☐
grateful
[gréitfəl]

ⓐ 감사하는, 고마워하는, 기분 좋은

By the look on her face I could tell how grateful she was. 학평
그녀의 표정으로 나는 그녀가 얼마나 고마워하는지 알 수 있었다.

🟰 **thankful** ⓐ 감사하는, 고맙게 생각하는

grat(e) + ful
감사   형접

감사 혹은 기쁨으로 가득 찬
➡ 감사하는, 기분 좋은

DAY
21

0625 ☐☐
gratitude
[grǽtitjùːd]

ⓝ 감사, 사의

Gratitude is not about expectations, but about being thankful for our situation. 학평
감사는 기대에 관한 것이 아니라 우리의 상황에 대해 감사하게 여기는 것에 관한 것이다.

🟰 **appreciation** ⓝ 감사, 감상, 이해

grat(i) + tude
감사   명접

감사하는 마음 혹은 선한
의지
➡ 감사, 사의

0626 ☐☐
congratulate
[kəngrǽtʃəlèit]

ⓥ 축하하다, 경축하다

Tom looked like he could barely keep himself from running up to congratulate her. 학평
Tom은 그녀를 축하해 주기 위해 달려가는 것을 간신히 참는 것처럼 보였다.

➕ **congratulation** ⓝ 축하

con + grat(ul) + ate
함께   기쁨   동접

함께 기쁨이나 고마움을
나누다
➡ 축하하다

0627 ☐☐

gratify
[grǽtəfài]

Ⓥ 기쁘게 하다, 만족[충족]시키다

Many other of the substances plants make draw other creatures to them by stirring and gratifying their desire. 학평
식물들이 만드는 상당수의 다른 물질들은 다른 생물의 욕구를 자극하고 충족시켜줌으로써 그것을 식물들 쪽으로 끌어당긴다.

🔁 satisfy Ⓥ 만족시키다
➕ gratification ⓝ 만족(감)

grat + **ify**
기쁨   동접

사람을 기쁘게 만들거나
호의를 베풀다
➜ 기쁘게 하다, 충족시키다

0628 ☐☐

agree
[əgríː]

Ⓥ 동의하다, 의견이 일치하다, 조화하다

The organization agreed to transport the T-shirts on their next trip to Africa. 학평
그 단체는 자신들의 다음번 아프리카 방문에 그 티셔츠들을 수송하겠다고 동의했다.

🔄 disagree Ⓥ 의견이 다르다, 동의하지 않다
➕ agreement ⓝ 동의, 승낙
   agreeable ⓐ 기분 좋은, 마음에 드는

a + **gree**
~에   기쁨

상대의 의견이나 뜻을 기쁘게
받아들이다
➜ 동의하다

0629 ☐☐

grace
[greis]

ⓝ 우아, 품위, 매력 Ⓥ 꾸미다, 빛내다

Mark was upset at first, but soon began to win and lose with more grace. 학평
Mark는 처음에는 화를 냈지만, 곧 더 품위 있게 이기고 지기를 시작했다.

🔄 disgrace ⓝ 불명예, 치욕
➕ graceful ⓐ 우아한, 품위 있는

grac(e)
기쁨

호의, 기쁨, 선의, 감사를
보여주는 것
➜ 우아, 품위

---

serv

지키다(protect), 섬기다(serve)

| 변화형 | sert

0630 ☐☐

observe
[əbzə́ːrv]

Ⓥ 관찰하다, 주시하다, (관습 등을) 지키다

He always observed each play carefully from the sidelines. 교과서
그는 항상 사이드라인에서 각각의 경기를 주의 깊게 관찰했다.

➕ observance ⓝ 준수
   observation ⓝ 관찰, 주목

ob + **serv(e)**
향하여   지키다

무언가를 향해 서서 지키다
혹은 유심히 지켜보다
➜ 지키다, 관찰하다

WORD *Review*

다음 뜻에 해당하는 알맞은 영어 단어를 쓰시오.

serv
지키다, 섬기다

02 _____
벽장, 드러나지 않은

clos
닫다

03 _____
둘러싸다, 동봉하다

01 _____
관찰하다, 지키다

04 _____
결론짓다,
(조약을) 체결하다

05 _____
포함하다,
계산에 넣다

06 _____
공개하다, 폭로하다

fin
끝, 경계, 한계

09 _____
국한시키다, 가두다

11 _____
무한한, 무수한

07 _____
재정, 자금을 대다

08 _____
정의하다, 규정하다

10 _____
마지막의, 결승전

12 _____
정제하다, 개선하다

13 _____
일부, 부분, 나누다

part
부분, 나누다

14 _____
특정한, 특별한,
상세

15 _____
부분, 비율, 몫

16 _____
작은 조각, 입자

17 _____
떨어져, 따로따로

18 _____
부분적인,
불공평한, 편파적인

19 _____
(~한 상태로)
만들다, 제공하다

der
주다

20 _____
편집하다, 교정하다

21 _____
더하다, 추가하다,
덧붙여 말하다

22 _____
집세, 사용료,
빌리다

23 _____
전통, 전승

24 _____
넘겨주다,
항복하다, 항복

25 _____
기쁘게 하다,
만족[충족]시키다

grat
감사, 기쁨

26 _____
우아, 품위, 꾸미다

27 _____
축하하다, 경축하다

28 _____
동의하다,
의견이 일치하다

29 _____
감사하는,
기분 좋은

30 _____
감사, 사의

주요 다의어 8

account

01 설명, 이야기, 설명하다

Her **account** of the accident was different from his.
그 사고에 대한 그녀의 **설명**은 그의 설명과 달랐다.

02 이유, 근거

The news reporter said at least six boats sank on **account** of the storm.
기자는 그 태풍 **때문**에 적어도 6척의 선박이 침몰했다고 말했다.

03 계좌, 계정

My salary is sent to World Bank, so I've opened an **account** with that bank.
월급이 World 은행으로 지급되어서, 나는 그 은행에 **계좌**를 개설했다.

04 (비중을) 차지하다(for)

Did you know that African Americans now **account** for 12% of the US population?
당신은 아프리카계 미국인이 현재 미국 인구의 12%를 **차지한다는** 것을 알고 있었습니까?

feature

01 특징, ~을 특징으로 하다

A keen sense of smell is a common **feature** among dogs.
날카로운 후각은 개의 일반적인 **특징**이다.

02 외모, 이목구비

His rough **features** made him appear cold and unfeeling.
그의 거친 **외모**는 그를 차갑고 냉정한 사람으로 보이게 했다.

03 (잡지의) 특집 기사

The Royal Chef magazine runs a regular **feature** on traditional home cooking.
'The Royal Chef' 잡지는 전통 가정요리에 관한 정기적인 **특집 기사**를 싣는다.

DAY 22

어원 Preview

serv	지키다, 섬기다	**sum**	취하다, 가장 높은
struct	세우다, 쌓다	**tain**	잡다
cogn	알다	**ple**	채우다

Previous Check

□ preserve	□ destroy	□ summary
□ reserve	□ recognize	□ presume
□ deserve	□ ignore	□ exemplify
□ conserve	□ diagnose	□ contain
□ dessert	□ acknowledge	□ obtain
□ structure	□ noble	□ sustain
□ construct	□ acquaint	□ retain
□ instruct	□ assume	□ content
□ instrument	□ consume	□ tenant
□ industry	□ resume	□ supplement

serv

지키다(protect), 섬기다(serve)

| 변화형 | **sert**

0631 ☐☐

preserve
[prizə́:rv]

ⓥ 지키다, 보존하다, 저장하다

The townspeople preserved the ship for years and years. 학평
그 도시 주민들은 그 배를 여러 해 동안 보존했다.

➕ **preservation** ⓝ 보존, 보호, 저장

pre + **serv(e)**
미리   지키다

어떤 것이 부패하거나
망가지기 전에 미리 지키다
➡ 보존하다, 저장하다

0632 ☐☐

reserve
[rizə́:rv]

ⓥ 남겨두다, 예약하다 ⓝ 비축, 보호 구역

We recommend that you reserve a table for breakfast, lunch, and dinner.
아침, 점심, 저녁 식사를 위해 테이블을 예약하실 것을 권장합니다.

➕ **reservation** ⓝ 보류, 예약, 보호 구역
reservoir ⓝ 저장소, 저수지

re + **serv(e)**
뒤에   지키다

훗날을 위해 따로 떼어
간직해 두다
➡ 남겨두다, 예약하다,
비축, 보호 구역

0633 ☐☐

deserve
[dizə́:rv]

ⓥ ~을 받을 만하다, ~할 가치[자격]가 있다

Those who work hard and play by the rules will earn the rewards they deserve.
열심히 노력하고 규칙을 따르는 사람들은 자신이 받을 만한 보상을 얻을 것이다.

de + **serv(e)**
완전히   섬기다

완전[완벽]하여 다른
사람들의 섬김을 받을
자격이 있다
➡ 받을 만하다, 자격이 있다

0634 ☐☐

conserve
[kənsə́:rv]

ⓥ 보존하다, 보호하다

Conserving energy is essential for an organism's ability to survive and reproduce. 수능
에너지를 보존하는 것이 생존하고 번식하는 유기체의 능력에 필수적이다.

➕ **conservation** ⓝ 보존, 보호
conservative ⓐ 보수적인, 보존력 있는

con + **serv(e)**
모두   지키다
(com)

어떤 대상을 모두 철저히
지키거나 간직하다
➡ 보존하다, 보호하다

0635 ☐☐

dessert
[dizə́:rt]

n 후식, 디저트

This will give your body the opportunity to fill up on better options before you move on to sugary desserts. 학평

이것은 여러분이 설탕이 든 디저트로 이동하기 전에 여러분의 몸을 더 나은 선택 사항들로 채울 기회를 줄 것이다.

des + **sert**
반대의 섬기다
(dis)

섬김(식사 시중)을 끝내며
제공하는 것
→ 후식, 디저트

---

struct
세우다(build), 쌓다(pile up)
| 변화형 | **stru, stry, stroy**

0636 ☐☐

structure
[strʌ́ktʃər]

n 구조, 구성, 구조물
v 조직하다, 구조화하다

Neurons, which are special brain cells, make up different structures in our brains. 교과서

특수한 뇌세포인 뉴런은 우리 뇌 속에 상이한 구조들을 형성하고 있다.

➕ structural @ 구조상의, 구조적인

struct + **ure**
세우다 명접

얽어 짜서 세워 놓는
과정이나 세워 놓은 것
→ 구조, 구조물, 구조화하다

DAY
22

0637 ☐☐

construct
[kənstrʌ́kt] ⓥ
[kánstrʌkt] ⓝ

v 세우다, 건설하다, 조립하다
n 건조물, 심상

Contractors that will construct a project may place more weight on the planning process. 모평

주택 단지를 건설하려는 도급업자들은 계획 과정에 비중을 더 많이 둘 수도 있다.

➕ construction ⓝ 건설, 건축

con + **struct**
함께 세우다
(com)

재료를 함께 적당한 장소에
순서대로 세워 올리다
→ 세우다, 건설하다

0638 ☐☐

instruct
[instrʌ́kt]

v 지시하다, 가르치다, 정보를 주다

Ulysses instructed his crew to stuff their ears with cotton. 학평

Ulysses는 자신의 선원들에게 그들의 귀를 솜으로 막으라고 지시했다.

➕ instruction ⓝ 지시, 교육

in + **struct**
안에 쌓다

머리 안에 지식을 쌓게 하다
→ 가르치다

0639 ☐☐

instrument
[ínstrəmənt]

ⓝ 도구, 기구, 악기 ⓥ 기구를 설치하다

Scientists use special instruments such as microscopes and telescopes. 교과서
과학자들은 현미경과 망원경과 같은 특별한 도구를 사용한다.

in + **stru** + ment
안에   세우다   명접

안에 어떤 것을 세울 때
필요한 것
➜ 도구, 기구

0640 ☐☐

industry
[índəstri]

ⓝ 업계, 공업, 산업, 근면

With this thought, the frozen food industry was born. 학평 변형
이러한 생각에서 냉동식품 산업이 탄생했다.

➕ industrial ⓐ 공업의, 산업의
industrious ⓐ 근면한

indu + **stry**
안에   세우다

체계적인 작업이나 습관적인
노력을 안에 세우다
➜ 공업, 산업, 근면

0641 ☐☐

destroy
[distrɔ́i]

ⓥ 파괴하다, 없애다, 말살하다

People are likely to adopt innovations only if they improve rather than destroy their existing habits. 학평
사람들은 기존 습관을 없애기보다는 개선할 경우에만 혁신을 받아들일 것이다.

➕ destruction ⓝ 파괴, 분쇄, 파멸
destructive ⓐ 파괴적인

de + **stroy**
반대로   세우다

세웠던 것을 반대로 부숴
아래로 내리다
➜ 파괴하다, 없애다

cogn
알다(know)
| 변화형 | gno, know, no, quaint

0642 ☐☐

recognize
[rékəgnàiz]

ⓥ 알아보다, 인지하다, 인정하다

I came across your bodyguards, who recognized me and wounded me. 교과서
나는 우연히 당신의 경호원들과 마주쳤고, 그들이 나를 알아보고는 내게 상처를 입혔다.

➖ acknowledge ⓥ 인정하다
➕ recognition ⓝ 인지, 인식, 인정

re + **cogn** + ize
다시   알다   동접

이전에 알았던 대상을 다시
발견하거나 기억하다
➜ 알아보다, 인지하다

DAY
22

0643 □□

ignore
[ignɔ́ːr]

ⓥ 무시하다, 모르는 체하다

We often ignore small changes because they don't seem to matter very much in the moment. 학평

우리는 흔히 작은 변화들이 당장은 크게 중요한 것 같지 않아서 그것들을 무시한다.

➕ ignorant ⓐ 무지한, 무식한
　 ignorance ⓝ 무지, 무식

i + **gno** + re
아닌　알다　어미

알지 못하는 체하다
➡ 무시하다, 모르는 체하다

0644 □□

diagnose
[dáiəgnòus]

ⓥ 진단하다, 조사 분석하다

Jesse's best friend Monica, a mother of three, was diagnosed with a rare disease. 학평

Jesse의 가장 친한 친구이자 세 아이의 어머니인 Monica가 희귀병 진단을 받았다.

➕ diagnosis ⓝ 진단

dia + **gno** + se
가로질러　알다　동접

신체나 어떤 문제를
가로질러 살펴서 알아내다
➡ 진단하다, 조사 분석하다

0645 □□

acknowledge
[əknɑ́lidʒ]

ⓥ 인정하다, 승인하다

Gause's contributions are equally acknowledged along with those of other early ecologists. 학평

Gause의 기여는 다른 초기 생태학자들의 기여와 동등하게 인정받고 있다.

➕ acknowledgment ⓝ 인정, 감사

ac(know) +
인정하다

know(ledge)
알다

알고 있음을 인정하다
➡ 인정하다

0646 □□

noble
[nóubl]

ⓐ 고결한, 귀족의, 웅장한　ⓝ 귀족

A noble spirit makes even the smallest man greater.

고결한 정신은 가장 작은 사람도 위대하게 만든다.

➕ nobility ⓝ 고결함, 귀족

no + ble
알다　형접

사람들이 다 알 만큼 신분이
높은
➡ 귀족의, 고결한

0647 □□

acquaint
[əkwéint]

ⓥ 숙지시키다, 아는 사이가 되게 하다

Teachers need to acquaint themselves with new virtual tools.

교사들은 스스로 새로운 가상 도구를 숙지시킬 필요가 있다.

➕ acquaintance ⓝ 아는 사람, 지인, 친분
　 acquainted ⓐ 알고 있는, 정통한

ac + **quaint**
~쪽으로　알다
(ad)

상대방 쪽으로 지식이나
정보를 알려주다
➡ 숙지시키다

sum
취하다(take), 가장 높은(highest)
| 변화형 | **sem**

0648 ☐☐

assume
[əsjúːm]

ⓥ 가정[추정]하다, 맡다, 취하다

There is no reason to assume that language is fundamental to mental operations. 학평
언어가 정신 작용의 기본이라고 가정할 이유는 없다.

➕ assumption ⓝ 가정, 추정, 인수

as + **sum(e)**
~ 쪽으로   취하다
(ad)

생각이나 태도를 어느 한
쪽으로 취하다
➡ 가정하다, 취하다

0649 ☐☐

consume
[kənsjúːm]

ⓥ 소비하다, 다 써버리다, 먹다, 마시다

We become steadily more diversified in what we consume. 학평
우리는 우리가 소비하는 것에 있어 점점 더 다양해진다.

➕ consumption ⓝ 소비, 소모
consumer ⓝ 소비자

con + **sum(e)**
모두   취하다
(com)

모두 취하다
➡ 다 써버리다

0650 ☐☐

resume
[rizjúːm]

ⓥ 다시 시작하다, 재개하다, 다시 차지하다

She resumed her career after her youngest child left for college.
그녀는 막내가 대학에 진학해 떠난 후 일을 다시 시작했다.

➕ resumption ⓝ 재개, 되찾기

re + **sum(e)**
다시   취하다

일손을 다시 잡거나 권력을
다시 취하다
➡ 재개하다, 다시 차지하다

0651 ☐☐

summary
[sʌ́məri]

ⓝ 요약, 개요 ⓐ 간략한, 약식의

The executive gave a summary of the company's financial performance.
경영진은 회사의 재무 성과 요약본을 주었다.

➕ summarize ⓥ 요약하다

sum(m) + **ar(y)**
가장 높은   명접

가장 높게 쌓아서 한눈에
보이게 정리하는 것
➡ 요약, 개요

0652 ☐☐

presume
[prizjúːm]

ⓥ 추정하다, 상상하다, 간주하다

A person is presumed innocent until proved guilty according to law.
사람은 법에 따라 유죄가 입증될 때까지 무죄로 추정된다.

➕ presumption ⓝ 추정, 가정, 억측

pre + **sum(e)**
앞서   취하다

근거를 갖기 전에 미리
취해서 받아들이다
➡ 추정하다, 간주하다

0653 ☐☐

exemplify
[igzémpləfài]

ⓥ 예증하다, ~의 좋은 예가 되다

Your compassion for our nation exemplifies the qualities of a good leader.
우리 국가에 대한 당신의 연민은 훌륭한 지도자의 자질을 예증한다.

➕ exemplification ⓝ 예증, 좋은 예

ex + **(s)em**
밖으로   취하다

+ **pl(e)** + **ify**
명접   동접

밖으로 보이는 사례를 취하여
설명하거나 입증하다
➡ 예증하다

---

tain
잡다(hold)
| 변화형 | ten

0654 ☐☐

contain
[kəntéin]

ⓥ 포함하다, 함유하다, 억누르다

Heavily processed foods contain chemicals that damage the good microbes in our guts. 교과서
많이 가공된 식품들은 우리의 장에 있는 좋은 미생물을 손상시키는 화학 물질들을 함유한다.

🟰 restrain ⓥ 억누르다, 참다
➕ container ⓝ 용기, 컨테이너

con + **tain**
함께   잡다
(com)

여러 가지를 함께 잡아서
넣어 두다
➡ 포함하다, 억누르다

DAY 22

0655 ☐☐

obtain
[əbtéin]

ⓥ 얻다, 획득하다, 유행하다

When an ecosystem is biodiverse, wildlife have more opportunities to obtain food and shelter. 학평
생태계에 생물 종이 다양할 때, 야생 생물들은 먹이와 서식지를 얻을 더 많은 기회를 얻는다.

🟰 gain ⓥ 얻다, 획득하다
acquire ⓥ 획득하다, 습득하다

ob + **tain**
향하여   잡다

어떤 대상을 향해 가서
움켜잡다
➡ 얻다, 획득하다

0656 ☐☐

sustain
[səstéin]

ⓥ 떠받치다, 유지하다, 지속시키다

A virtual world cannot be long sustained by a mere handful of adherents. 학평
가상 세계는 단지 몇 명뿐인 추종자들에 의해서는 오래 지속될 수 없다.

🟰 maintain ⓥ 유지하다, 지속시키다

sus + **tain**
아래에   잡다
(sub)

아래에서 잡고 지지해 주다
➡ 떠받치다, 유지하다

0657 ☐☐

retain
[ritéin]

ⓥ 보유하다, 유지하다, 함유하다

Regina is starting to feel even more pressure to retain her looks. 교과서
Regina는 자신의 외모를 유지해야 한다는 훨씬 더 많은 압박감을 느끼기 시작하고 있다.

🟰 preserve ⓥ 유지하다, 보전하다

re + **tain**
뒤로   잡다

뒤에서 움켜쥐거나 강하게
붙잡아 두다
➡ 보유하다, 유지하다

0658 ☐☐

content
[kántent] ⓝ
[kəntént] ⓐ, ⓥ

ⓝ 목차, 내용(물)   ⓐ 만족한   ⓥ 만족시키다

The ingredient list on a package of cookies is a model of its contents. 교과서
쿠키 상자 위의 성분표는 그 내용물을 알려주는 견본이다.

con + **ten(t)**
함께   잡다
(com)

함께 가지고 있는 것 또는
원하는 것을 전부 가지고
있는
➡ 내용(물), 만족한

0659 ☐☐

tenant
[ténənt]

ⓝ 임차인, 세입자   ⓥ 세 들어 살다

The tenant is responsible for making minor maintenance repairs.
임차인은 사소한 유지보수 수리에 대한 책임이 있다.

ten + **ant**
잡다   명접

토지나 건물을 명목상 잡고만
있는 사람
➡ 임차인, 세입자

---

ple   채우다(fill)

│ 변화형 │ ply, plen, pli

0660 ☐☐

supplement
[sʌ́plimənt] ⓝ
[sʌ́pləmènt] ⓥ

ⓝ 보충(물), 추가(물)   ⓥ 보충하다, 추가하다

Recorded music offered a few performers a way to supplement their income. 학평 변형
녹음된 음악은 몇몇 연주자들에게 자신들의 수입을 보충할 수단을 제공했다.

➕ supplementary ⓐ 보충의

sup + **ple** + **ment**
아래에   채우다   명접
(sub)

부족분을 아래에 채워
더하는 것
➡ 보충(물), 보충하다

WORD *Review*

다음 뜻에 해당하는 알맞은 영어 단어를 쓰시오.

struct
세우다, 쌓다

01 _____
도구, 악기,
기구를 설치하다

02 _____
세우다, 건설하다,
건조물

03 _____
파괴하다, 없애다

04 _____
구조, 구성,
조직하다

05 _____
업계, 공업, 산업

06 _____
지시하다, 가르치다

07 _____
고결한, 귀족의,
귀족

cogn
알다

08 _____
무시하다,
모르는 체하다

09 _____
진단하다,
조사 분석하다

10 _____
인정하다, 승인하다

11 _____
알아보다,
인지하다, 인정하다

12 _____
숙지시키다, 아는
사이가 되게 하다

13 _____
요약, 개요, 간략한

sum
취하다, 가장 높은

14 _____
소비하다,
다 써버리다

15 _____
추정하다,
상상하다, 간주하다

16 _____
가정하다, 취하다

17 _____
다시 시작하다,
다시 차지하다

18 _____
예증하다, ~의
좋은 예가 되다

19 _____
포함하다,
함유하다, 억누르다

tain
잡다

20 _____
얻다, 획득하다

21 _____
임차인,
세 들어 살다

22 _____
보유하다,
유지하다, 함유하다

23 _____
목차, 내용(물),
만족한

24 _____
떠받치다, 유지하다

ple
채우다

26 _____
후식, 디저트

serv
지키다, 섬기다

27 _____
보존하다, 보호하다

25 _____
보충(물), 추가(물),
보충하다

28 _____
~을 받을 만하다,
~할 가치가 있다

29 _____
남겨두다,
예약하다, 비축

30 _____
지키다, 보존하다

주요 다의어 9

reserve

01 남겨두다, 미리 마련해 두다

The scouts **reserved** half of their water for the hike back home.
정찰병들은 걸어서 돌아갈 길에 대비해 물의 절반을 **남겨두었다**.

02 예약하다

Ron made a phone call to a family restaurant to **reserve** a table for him and his friends for dinner.
Ron은 그와 친구들의 저녁 식사를 위해 패밀리 레스토랑에 전화를 걸어 테이블을 **예약했다**.

03 (동·식물 등의) 보호 구역

Hunting is not allowed in the wildlife **reserve**, but many poachers disregard this rule.
야생동물 **보호 구역**에서 사냥은 허용되지 않으나, 많은 밀렵꾼들이 이 규칙을 무시한다.

correspond

01 일치하다, 부합하다

Her account of the events **corresponds** with what the police officer said to me.
그 사건들에 대한 그녀의 설명은 그 경찰관이 내게 얘기한 것과 **일치한다**.

02 ~에 해당하다, 상응하다

In some countries, the role of the president **corresponds** to that of a prime minister.
어떤 나라에서는 대통령의 역할이 국무총리의 역할**에 해당한다**.

03 편지를 주고받다

Charles frequently **corresponded** with his colleagues.
Charles는 그의 동료들과 자주 **편지를 주고받았다**.

DAY
23

어원 Preview

ple	채우다	**fa**	말하다
path	느끼다, 참고 견디다	**it**	가다
grad	단계, 가다	**min**	작은, 돌출하다

Previous Check

- ☐ implement
- ☐ complement
- ☐ supply
- ☐ plenty
- ☐ compliment
- ☐ empathy
- ☐ sympathy
- ☐ patient
- ☐ passion
- ☐ passive
- ☐ compassion
- ☐ grade
- ☐ graduate
- ☐ gradual
- ☐ upgrade
- ☐ degree
- ☐ aggressive
- ☐ fate
- ☐ infant
- ☐ fame
- ☐ fable
- ☐ professional
- ☐ confess
- ☐ exit
- ☐ initial
- ☐ hesitate
- ☐ ambition
- ☐ transit
- ☐ perish
- ☐ diminish

ple

채우다(fill)

| 변화형 | ply, plen, pli

0661 ☐☐

implement

[ímpləmənt] ⓝ
[ímpləmènt] ⓥ

ⓝ 도구, 용구 ⓥ 시행하다, ~에 도구를 주다

Services using electrically assisted delivery tricycles have been successfully implemented in France. 수능
전기 보조 배달용 세발자전거를 이용하는 서비스가 프랑스에서 성공적으로 시행되었다.

■ **tool** ⓝ 도구, 공구

im + ple + **ment**
안에   채우다   명접
(in)

계획대로 안에 채워 넣기
위해 필요한 것
➡ 도구

0662 ☐☐

complement

[kámpləmənt] ⓝ
[kámpləmènt] ⓥ

ⓝ 보완물, 보충량 ⓥ 보완하다, 보충하다

We are looking for a diversified team where members complement one another. 학평
우리는 구성원들이 서로를 보완하는 다양화된 팀을 찾고 있다.

➕ **complementary** ⓐ 상호 보완적인, 보충하는

com + ple + **ment**
모두   채우다   명접

부족하거나 망가진 부분을
모두 채워주는 것
➡ 보완물, 보완하다

0663 ☐☐

supply

[səplái]

ⓝ 공급(량), 보급품 ⓥ 공급하다, 제공하다

Finding a way to continually supply astronauts with fresh food has long been a desire for NASA. 교과서
우주 비행사들에게 신선한 음식을 계속해서 공급하는 방법을 찾는 것은 NASA의 오랜 숙원이었다.

⟷ **demand** ⓝ 수요 ⓥ 요구하다

sup + ply
아래에   채우다
(sub)

물건 등을 차곡차곡 아래에
채워 넣거나 손실이나
결핍을 보충하다
➡ 공급, 공급하다

0664 ☐☐

plenty

[plénti]

ⓝ 많음, 풍부, 가득함 ⓐ 충분한, 많은

Some trees have plenty of sugar and some have less. 학평
어떤 나무들은 많은 당을 가지고 있지만, 어떤 나무들은 더 적게 가지고 있다.

➕ **plenty of** 많은 ~

plen + **ty**
채우다   명접

광이나 창고를 가득 채운
상태
➡ 많음, 풍부, 가득함

0665 ☐☐

compliment
[kámpləmənt] ⓝ
[kámpləmènt] ⓥ

ⓝ 찬사, 칭찬, 경의
ⓥ 칭찬하다, 찬사를 말하다

A prominent English astronomer also paid him a handsome compliment.
영국의 저명한 천문학자도 그에게 후한 찬사를 보냈다.

➕ complimentary ⓐ 칭찬하는, 무료의

com + **pli** + **ment**
모두   채우다   명접

상대방의 마음을 완전히 채우는 것
➡ 칭찬, 경의

---

path   느끼다(feel), 참고 견디다(suffer)
| 변화형 | pati, pass

0666 ☐☐

empathy
[émpəθi]

ⓝ 공감, 감정 이입

Anger and empathy can't exist in the same place at the same time. 학평
분노와 공감은 같은 시간 같은 장소에 존재할 수 없다.

➕ empathetic ⓐ 공감할 수 있는, 감정 이입의
empathize ⓥ 공감하다, 감정 이입을 하다

em + **path** + **y**
안에   느끼다   명접
(en)

다른 사람의 마음 안에 들어가 느낌
➡ 공감, 감정이입

DAY
23

0667 ☐☐

sympathy
[símpəθi]

ⓝ 동정(심), 연민, 공감

Feeling sympathy for him, Rangan fixed the bicycle. 학평
그에게 동정심을 느껴 Rangan은 그 자전거를 고쳤다.

➕ sympathetic ⓐ 동정하는, 호의적인
sympathize ⓥ 동정하다, 위로하다

sym + **path** + **y**
함께   느끼다   명접

다른 사람의 아픔이나 곤경을 함께 느낌
➡ 동정, 공감

0668 ☐☐

patient
[péiʃənt]

ⓝ 환자 ⓐ 참을성 있는, 잘 견디는

The dog's presence was an especially calming influence on child and teenage patients. 학평
그 개의 존재는 특히 어린이와 십 대 환자를 안정시키는 효과가 있었다.

➕ impatient ⓐ 참을성 없는, 성급한

pati + **ent**
참고 견디다   명접

의료적 치료를 받으며 아픔을 견디어 내는 사람
➡ 환자

0669 ☐☐

passion
[pǽʃən]

ⓝ 열정, 격정, 격노

His passion for the game was an inspiration to all his teammates. 교과서
경기에 대한 그의 열정은 모든 그의 팀 동료들에게 자극제가 되었다.

➕ passionate ⓐ 열정적인

pass + ion
느끼다   명접

외부적인 것에 영향을 받아
느끼는 강렬한 상태
➡ 열정, 격정

0670 ☐☐

passive
[pǽsiv]

ⓐ 수동적인, 소극적인, 활기가 없는

Adolescents exposed to an authoritative parenting style are less likely to be passive, helpless, and afraid to fail. 학평
권위가 있는 양육 방식에 노출된 청소년들은 수동적이고 무력하며 실패를 두려워할 가능성이 적다.

pass + ive
참고 견디다   형접

어떤 행동에 대해 참고
견디기만 하는
➡ 수동적인

0671 ☐☐

compassion
[kəmpǽʃən]

ⓝ 연민, (깊은) 동정심, 불쌍히 여김

Doing unwanted things will create compassion towards the self. 학평 변형
원하지 않는 일을 하는 것은 자아에 대한 연민을 만들어 낼 것이다.

➕ compassionate ⓐ 연민 어린, 동정하는

com + **pass** + ion
함께   느끼다   명접

고통받거나 불행을 겪는
사람과 함께 아픔을 느낌
➡ 연민, 동정심

---

grad

단계(step), 가다(go)

| 변화형 | gree, gress

0672 ☐☐

grade
[greid]

ⓝ 등급, 계급, 학년, 성적   ⓥ 나누다, 분류하다

He found that students with set deadlines received the best grades. 학평
그는 마감일이 정해진 학생들이 최고의 성적을 받았다는 것을 알아냈다.

grad(e)
단계

한 단계씩 밟고 올라가는
과정들
➡ 등급, 계급

0673 ☐☐

graduate
[grǽdʒuèit] ⓥ
[grǽdʒuit] ⓝ

ⓥ 졸업하다, 학위를 받다   ⓝ (대학) 졸업자

Brown Creeper attended Columbia University, but he never officially graduated. 학평

Brown Creeper는 Columbia 대학에 다녔지만, 공식적으로 졸업하지는 않았다.

➕ graduation ⓝ 졸업

grad(u) + **ate**
단계   동접

학업을 마치고 다음 단계로 나아가다
➡ 졸업하다

0674 ☐☐

gradual
[grǽdʒuəl]

ⓐ 점진적인, 완만한

The trail begins with a gradual descent to a stream.
오솔길은 개울로 내려가는 완만한 내리막길로 시작된다.

↔ sudden ⓐ 갑작스러운
➕ gradually ⓐ 서서히, 차츰

grad(u) + **al**
단계   형접

어떤 것의 정도가 단계별로 올라가는
➡ 점진적인, 완만한

0675 ☐☐

upgrade
[ʌ̀pgréid]

ⓥ 승급시키다, 개선하다, 품질을 높이다
ⓝ 향상, 증가

The airline upgraded me from economy to business class twice in a row.
항공사가 나를 이코노미석에서 비즈니스석으로 두 번 연속 승급시켜 주었다.

up + **grad(e)**
위로   단계

더 높은 단계나 지위로 올라가게 하다
➡ 승급시키다, 개선하다

DAY 23

0676 ☐☐

degree
[digríː]

ⓝ 정도, (각도·온도계 등의) 도, 학위, 등급

Most of them had good jobs and many had advanced degrees. 교과서
그들 대부분은 좋은 직장을 얻었고 고급 학위를 받았다.

de + **gree**
떨어져   단계

(온도, 각도 등) 한 단계씩 떨어짐으로써 표현되는 단위
➡ 도, 정도, 등급

0677 ☐☐

aggressive
[əgrésiv]

ⓐ 공격적인, 침략적인, 의욕적인

You are not allowed to bring aggressive dogs. 학평
공격적인 개는 데려올 수 없습니다.

➕ aggression ⓝ 공격, 침략
  aggressively ⓐ 공격적으로

ag + **gress** + **ive**
~에   가다   형접
(ad)

적의 성문 쪽에 접근해가는
➡ 공격적인, 침략적인

fa

말하다(say)

| 변화형 | **fess**

0678 ☐☐

fate
[feit]

ⓝ 운명, 숙명

Perhaps it is too soon to predict the fate of cash. 교과서

어쩌면 현금의 운명을 예견하는 것이 시기상조인지도 모른다.

➕ **fatal** ⓐ 운명의, 치명적인

fa(te)
말하다

신이 인간의 앞날의 일을
말해 놓은 것
➡ 운명, 숙명

0679 ☐☐

infant
[ínfənt]

ⓝ 유아, 갓난아기 ⓐ 유아의, 초기의

When we were infants, we were tuned in to the signals from our bodies. 학평

우리가 유아일 때, 우리는 우리 몸의 신호에 맞춰져 있었다.

➕ **infancy** ⓝ 유아기, 초창기

in + **fa** + **(a)nt**
아닌 말하다 명접

시기가 되지 않아서 말하지
못하는 사람
➡ 유아

0680 ☐☐

fame
[feim]

ⓝ 명성, 평판 ⓥ 유명하게 하다

The desire for fame has its roots in the experience of neglect. 학평

명성에 대한 욕망은 무시당한 경험에 그 뿌리를 두고 있다.

🟰 **reputation** ⓝ 명성, 평판
➕ **famous** ⓐ 유명한

fa(me)
말하다

사람이나 문화재 등에
관하여 세상 사람들이
말하는 것
➡ 명성, 평판

0681 ☐☐

fable
[féibl]

ⓝ 우화, 꾸며낸 이야기

The fable of the tortoise and the hare stands as one of Aesop's most popular stories.

거북이와 토끼의 우화는 이솝의 가장 유명한 이야기 중 하나이다.

fa + **ble**
말하다 어미

동물을 통하여 교훈이나 소식
등을 말하는 것
➡ 우화

0682 ☐☐

professional
[prəféʃənəl]

ⓐ 전문적인, 프로의 ⓝ 전문직 종사자

Few of us can become the professional athlete or movie star we would like to be. 학평

우리 중 우리가 되고 싶어 하는 프로 운동선수나 영화배우가 될 수 있는 사람은 거의 없다.

➕ **profession** ⓝ 직업, 전문직

pro + **fess** + **ion** + **al**
앞에 말하다 명접 형접

사람들 앞에서 말하는
직업을 가진
➡ 전문적인, 전문직 종사자

0683 ☐☐

confess
[kənfés]

ⓥ 고백하다, 자백하다, 인정하다

He confessed that he was having a great deal of trouble completing his tasks.
그는 자신의 업무를 완수하는 데 많은 어려움을 겪고 있다고 고백했다.

➕ confession ⓝ 고백, 인정

con + **fess**
함께 말하다
(com)

잘못, 죄 등에 대해 함께 모두 말하다
➡ 고백하다, 인정하다

---

it
가다(go)
| 변화형 | ish

0684 ☐☐

exit
[égzit]

ⓝ 출구, 나감, 퇴장 ⓥ 나가다, 종료하다

Joe dashes ahead of you and blocks the exit door from the outside. 학평
Joe가 여러분을 앞질러 돌진해서 출구 문을 밖에서 막아 버린다.

↔ entrance ⓝ 입구, 입장

ex + **it**
밖으로 가다

밖으로 나가는 곳
➡ 출구

DAY 23

0685 ☐☐

initial
[iníʃəl]

ⓐ 처음의, 초기의 ⓝ 머리글자, 첫 글자

The indicators of satisfaction quickly return to their initial levels. 학평
만족의 지표는 빠르게 그것의 초기 수준으로 되돌아온다.

➕ initiate ⓥ 시작하다, 개시하다
initially ⓐ 처음에

in + **it** + ial
안에 가다 형접

안으로 들어가면 가장 먼저 보이는
➡ 처음의, 첫 글자

0686 ☐☐

hesitate
[hézitèit]

ⓥ 망설이다, 주저하다

If there is anything else we can do for you, please do not hesitate to ask. 학평
만약 저희가 귀하를 위해 할 수 있는 그 밖의 일이 있다면, 주저하지 말고 요청하세요.

➕ hesitation ⓝ 망설임, 주저

hes + **it** + ate
달라붙다 가다 동접

꼭 달라붙어서 가지 못하다
➡ 망설이다, 주저하다

0687 ☐☐

ambition
[æmbíʃən]

ⓝ 야망, 야심, 포부

John's ambition inspired people, so construction began in 1869. 교과서
John의 포부는 사람들을 고무시켰고, 그리하여 1869년에 건설이 시작되었다.

➕ ambitious ⓐ야심 있는, 야심적인

amb(i) + it + ion
주변에 가다 명접

명예나 인기를 얻기 위해
주변을 돌아다니는 것
➡ 야망, 포부

0688 ☐☐

transit
[trǽnsit]

ⓝ 수송, 통과, 환승 ⓥ 통과하다, 횡단하다

Nothing is worse than having your goods damaged in transit.
수송 중에 상품이 손상되는 것보다 나쁜 것은 없다.

➕ transition ⓝ변천, 변화, 추이

trans + it
가로질러 가다

통과하여 혹은 가로질러
가는 것
➡ 통과, 수송

0689 ☐☐

perish
[périʃ]

ⓥ 죽다, 소멸하다, 타락하다

Most of the butterflies perish in the first frosts of autumn.
대부분의 나비는 가을의 첫서리가 내릴 때 죽는다.

➕ perishable ⓐ썩기 쉬운

per + ish
완전히 가다

완전히 가버리다
➡ 죽다, 소멸하다

---

min
작은(small), 돌출하다(project)

| 변화형 | minim

MIN   MAX

0690 ☐☐

diminish
[dimíniʃ]

ⓥ 줄이다, 약화시키다, (중요성을) 폄하하다

Your feelings of threat and danger would be diminished. 학평
여러분의 위협과 위험의 느낌은 줄어들 것이다.

➖ decrease ⓥ줄이다, 감소하다

di + min + ish
떨어져 작은 동접
(dis)

어떤 큰 것을 떨어뜨려서
작은 조각으로 깨뜨리다
➡ 줄이다, 약화시키다

WORD *Review*

다음 뜻에 해당하는 알맞은 영어 단어를 쓰시오.

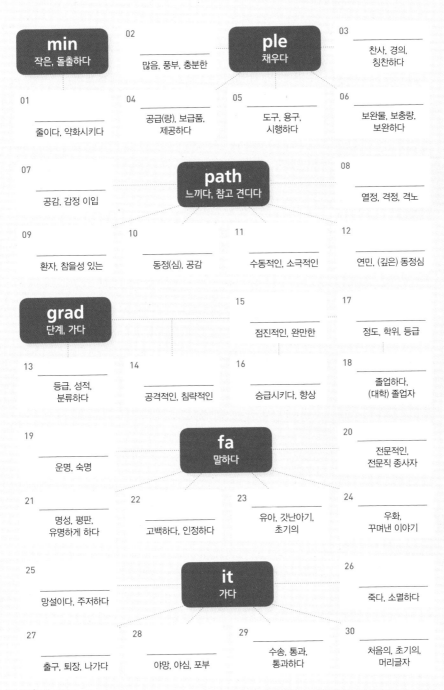

min
작은, 돌출하다

02 _____
많음, 풍부, 충분한

ple
채우다

03 _____
찬사, 경의, 칭찬하다

01 _____
줄이다, 약화시키다

04 _____
공급(량), 보급품, 제공하다

05 _____
도구, 용구, 시행하다

06 _____
보완물, 보충량, 보완하다

07 _____
공감, 감정 이입

path
느끼다, 참고 견디다

08 _____
열정, 격정, 격노

09 _____
환자, 참을성 있는

10 _____
동정(심), 공감

11 _____
수동적인, 소극적인

12 _____
연민, (깊은) 동정심

grad
단계, 가다

15 _____
점진적인, 완만한

17 _____
정도, 학위, 등급

13 _____
등급, 성적, 분류하다

14 _____
공격적인, 침략적인

16 _____
승급시키다, 향상

18 _____
졸업하다, (대학) 졸업자

19 _____
운명, 숙명

fa
말하다

20 _____
전문적인, 전문직 종사자

21 _____
명성, 평판, 유명하게 하다

22 _____
고백하다, 인정하다

23 _____
유아, 갓난아기, 초기의

24 _____
우화, 꾸며낸 이야기

25 _____
망설이다, 주저하다

it
가다

26 _____
죽다, 소멸하다

27 _____
출구, 퇴장, 나가다

28 _____
야망, 야심, 포부

29 _____
수송, 통과, 통과하다

30 _____
처음의, 초기의, 머리글자

주요 다의어 10

count

01 (수를) 세다, 계산하다

The teacher **counted** her students to make sure none of them was missing.
선생님은 없어진 학생이 있는지 확인하기 위해 학생 **수를 세었다.**

02 의지하다, 기대하다(on)

Students usually **count** on their parents to help them pay for textbooks. 학생들은 대개 교재를 사는 데 드는 비용을 부모에게 **의지한다.**

03 ~로 여기다, 간주하다

Even though she had a good voice, Sally had not **counted** herself as a real musician.
Sally는 좋은 목소리를 지녔지만, 자신을 진정한 음악가**로 여긴** 적은 없었다.

04 중요하다, 중요성을 가지다

It's not a person's looks that **count**, but it's what's inside that really matters.
중요한 것은 사람의 외모가 아니라, 정말 중요한 것은 내면이다.

deliver

01 배달하다

He makes money **delivering** pizzas on the weekends.
그는 주말에 피자를 **배달해서** 돈을 번다.

02 연설하다, 의견을 말하다

The president honorably **delivered** the last speech before retiring from the presidency.
그 대통령은 대통령직에서 물러나기 전에 명예롭게 마지막 **연설을 했다.**

03 태어나게 하다, 분만시키다

In the middle of the night, she was **delivered** of a healthy girl.
한밤중에 그녀는 건강한 딸을 **출산했다.**

DAY 24

어원 Preview

min	작은, 돌출하다	**rat**	세다, 추론하다
voc	부르다, 소리치다	**val**	가치
sci	알다	**nat**	태어나다

Previous Check

☐ prominent	☐ invoke	☐ reason
☐ minister	☐ science	☐ value
☐ administer	☐ conscious	☐ evaluate
☐ eminent	☐ unconscious	☐ valid
☐ minimum	☐ subconscious	☐ available
☐ vocabulary	☐ conscience	☐ prevail
☐ advocate	☐ rate	☐ nature
☐ vocation	☐ rational	☐ nation
☐ evoke	☐ irrational	☐ native
☐ provoke	☐ ratio	☐ innate

min

작은(small), 돌출하다(project)
| 변화형 | minim

0691 ☐☐
prominent
[prámɪnənt]

ⓐ 저명한, 현저한, 두드러진

Kim Whanki returned to Seoul in 1959 and quickly regained his fame as a prominent artist. 교과서
김환기는 1959년에 서울로 돌아왔고 저명한 화가로서의 명성을 빠르게 되찾았다.

▤ noticeable ⓐ 현저한, 눈에 띄는

pro + **min** + **ent**
앞으로 돌출하다 형접

앞으로 돌출되어 눈에 띄는
➡ 두드러진, 저명한

0692 ☐☐
minister
[mínɪstər]

ⓝ 장관, 성직자
ⓥ 성직자로 활동하다, 봉사하다

We were invited to the minister's house for dinner. 학평
우리는 그 장관의 집에 저녁 식사 초대를 받았다.

min(i) + **ster**
작은 명접

작은 권한을 가지고 국가나 신을 위해 봉사하는 사람
➡ 장관, 성직자

0693 ☐☐
administer
[ədmínɪstər]

ⓥ 관리하다, (법을) 집행하다, (약을) 투여하다

They designated an official to administer the agreement on behalf of the state.
그들은 주 정부를 대신하여 계약을 관리할 공무원을 지정했다.

➕ administration ⓝ 관리, 행정, 집행

ad + **minister**
~쪽으로 장관

장관들 쪽으로 권한을 줘서 운영하다
➡ 관리하다, 집행하다

0694 ☐☐
eminent
[émɪnənt]

ⓐ 저명한, 탁월한, 신분이 높은

The professor quoted several eminent scholars to back up his argument.
그 교수는 자신의 주장을 뒷받침하기 위해 여러 저명한 학자들의 말을 인용했다.

➕ eminence ⓝ 고위, 명성, 탁월

e + **min** + **ent**
밖의 돌출하다 형접

이름을 세상 밖으로 내민
➡ 저명한, 탁월한

0695 □□

minimum
[míniməm]

ⓐ 최소의, 최소한도의 ⓝ 최소한도, 최저(치)

The reader can read the text with a minimum of effort and struggle. 모평
독자는 최소한으로 노력하고 분투하며 그 글을 읽을 수 있다.

↔ **maximum** ⓐ 최대의, 최고의 ⓝ 최대한도

minim + **um**
작은   어미

물체가 분할될 수 있는 가장 작은 부분(의)
➡ 최소의, 최소한도

VOC

부르다, 소리치다(call)
┃ 변화형 ┃ vok

0696 □□

vocabulary
[vəkǽbjəlèri]

ⓝ 어휘, 용어, 어휘 목록

Learning to label emotions with a more nuanced vocabulary can be absolutely transformative. 학평
감정에 더 미묘한 차이가 있는 어휘로 이름을 붙이는 법을 배우는 것은 절대적으로 (사람을) 변화시킬 수 있다.

voc(abul) + **ary**
부르다   명접

어떤 것을 부르는 이름(단어)들을 모아 놓은 것
➡ 어휘, 어휘 목록

DAY
24

0697 □□

advocate
[ǽdvəkit] ⓝ
[ǽdvəkèit] ⓥ

ⓝ 옹호자, 변호사 ⓥ 옹호하다, 지지하다

I'm a strong advocate for a balanced meat and plant diet. 교과서
나는 육식과 채식이 균형 잡힌 식단의 강력한 옹호자이다.

↔ **oppose** ⓥ 반대하다, 적대하다

ad + **voc** + **ate**
~쪽으로 부르다   명접

누군가를 돕기 위해 재판석 쪽으로 불려 나온 사람
➡ 옹호자, 변호사

0698 □□

vocation
[voukéiʃən]

ⓝ 천직, 소명, 직업

They don't do this for the money but because it's a vocation.
그들은 돈을 위해서 이것을 하지 않고 소명이기 때문에 한다.

➕ **vocational** ⓐ 직업(상)의

voc + **ation**
부르다   명접

신의 부름을 받아 행하는 일
➡ 천직, 소명

0699 ☐☐

evoke
[ivóuk]

ⓥ 떠올려주다, 환기하다, 일으키다

The old house evoked memories of those old movies.

그 오래된 집은 오래된 영화에 대한 추억을 떠올려주었다.

e + **vok(e)**
밖으로   부르다
(ex)

기억, 감정 등을 밖으로
불러내다
➡ 떠올려주다, 환기하다

0700 ☐☐

provoke
[prəvóuk]

ⓥ (반응을) 유발하다, 도발하다, 화나게 하다

The sign provokes in me genuine pleasure.
교과서

그 표지판은 내게 진실한 기쁨의 감정을 유발한다.

pro + **vok(e)**
앞으로   소리치다

앞에서 소리쳐서 상대방을
자극하다
➡ 도발하다, 유발하다

0701 ☐☐

invoke
[invóuk]

ⓥ 기원하다, 호소하다, 언급하다

In order to explain something, whatever it is, we need to invoke something else. 학평

무언가를 설명하기 위해서는, 그것이 무엇이든 간에, 우리는 다른 무언가를 언급해야 한다.

in + **vok(e)**
안에   부르다

간절함을 담아 마음 속으로
부르거나 힘을 가진 곳으로
소리치다
➡ 기원하다, 호소하다

sci   알다(know)

0702 ☐☐

science
[sáiəns]

ⓝ 과학, 학문

We now know that "hands-on" is a dangerous phrase when speaking about learning science. 수능

이제 우리는 과학 학습에 대해 말할 때 '직접 해보는'이란 말이 위험한 문구라는 것을 알고 있다.

➕ **scientific** ⓐ 과학적인, 과학의

sci + **ence**
알다   명접

자연의 법칙을 연구하여
알아내는 학문
➡ 과학

0703 □□

conscious
[kánʃəs]

ⓐ 의식하는, 자각하는, 알고 있는

Our unconscious habits can keep us safe even when our conscious mind is distracted. 학평
우리의 의식하는 마음이 산만할 때조차 우리의 무의식적인 습관이 우리를 안전하게 지켜줄 수 있다.

➕ consciousness ⓝ 의식, 자각

con + **sci** + **ous**
함께 알다 형접
(com)

함께 모든 것을 다 알고 있는
➡ 의식하는, 알고 있는

0704 □□

unconscious
[ʌnkánʃəs]

ⓐ 의식을 잃은, 무의식적인, 깨닫지 못하는

There are several different types of creativity — some of them conscious, some of them unconscious. 학평
몇 가지 다른 형태의 창의성이 있는데, 그것들 중 일부는 의식적인 것이고, 일부는 무의식적인 것이다.

➕ unconsciousness ⓝ 무의식, 인사불성

un + **con** + **sci** + **ous**
아닌 함께 알다 형접
(com)

함께 모든 것을 다 알고 있지 않은
➡ 무의식적인, 깨닫지 못하는

0705 □□

subconscious
[sʌbkánʃəs]

ⓐ 잠재의식의 ⓝ 잠재의식

For most people, their subconscious sees too many things as bad and not enough as good. 학평
대다수 사람들에게 있어 그들의 잠재의식은 너무 많은 것들을 나쁘게 여기고, 좋은 것들은 충분하지 않다고 여긴다.

sub + **con**
아래에 함께
(com)
+ **sci** + **ous**
알다 형접

마음 깊은 곳 아래에서만 함께 알고 있는
➡ 잠재의식의

DAY 24

0706 □□

conscience
[kánʃəns]

ⓝ 양심, 가책

A leader guided by his conscience will always do the right thing.
자신의 양심으로 인도되는 지도자는 항상 옳은 일을 할 것이다.

con + **sci** + **ence**
함께 알다 명접
(com)

사람들이 함께 알고 있는 선악에 대한 인식
➡ 양심, 가책

rat

세다(count), 추론하다(reason)

변화형 | reas

0707 □□

rate

[reit]

ⓝ 비율, 요금, 속도
ⓥ 평가하다, 등급을 정하다

Lease rates can be quoted as dollars per square foot. 수능
임대료는 제곱 피트당 달러로 매겨질 수 있다.

rat(e)
세다

세어서 평가한 것
➔ 비율, 요금, 속도

0708 □□

rational

[rǽʃənəl]

ⓐ 이성적인, 합리적인, 분별이 있는

Emotions can be considered rational in a narrower sense. 학평
감정은 더 좁은 의미에서 이성적인 것으로 간주될 수 있다.

➕ **rationalize** ⓥ 합리적으로 설명하다, 합리화하다

rat + ion + al
추론하다 명접 형접

대략적이 아니라 일일이
그 수를 추론하는
➔ 이성적인, 합리적인

0709 □□

irrational

[iræʃənəl]

ⓐ 비이성적인, 터무니없는, 불합리한

Most kids have an irrational dread of hospitals.
대부분의 아이들은 병원에 대해 터무니없는 두려움을 갖고 있다.

➖ **unreasonable** ⓐ 불합리한, 부당한

ir + **rat** + ion + al
아닌 추론하다 명접 형접
(in)

일일이 그 수를 추론하지 않는
➔ 비이성적인, 불합리한

0710 □□

ratio

[réiʃiou]

ⓝ 비율, 비(比)

The ratio of applications to job openings has fallen from last year.
구직 지원 비율이 작년보다 감소했다.

rat + **io**
세다 어미

견주어 비교하여 세는 수치
➔ 비율

0711 □□

reason

[ríːzən]

ⓝ 이성, 이유, 근거 ⓥ 추론하다, 사고하다

In fact, we are creatures of both reason and emotion. 학평
사실 우리는 이성과 감정 둘 다의 피조물이다.

➕ **reasonable** ⓐ 합리적인, 분별 있는

reas(on)
추론하다

논리적인 방법으로 생각하다
➔ 추론하다, 사고하다

---

val

가치 (value)
| 변화형 | vail

0712 □□

value
[vǽljuː]

🄝 가치, 유용성, 가치관
🅥 소중하게 여기다, 평가하다

By giving old products more value, we can lessen the amount of waste.
오래된 제품들에 더 많은 가치를 부여함으로써, 우리는 쓰레기의 양을 줄일 수 있다.

➕ valuable ⓐ 귀중한, 가치 있는
　invaluable ⓐ 값을 헤아릴 수 없는, 매우 귀중한

val + ue
가치　어미

가치 있음
➔ 가치, 유용성

0713 □□

evaluate
[ivǽljuèit]

🅥 평가하다, 감정하다

They may learn how to evaluate research methodology. 학평
그들은 조사 방법론을 평가하는 방법을 배울 수도 있다.

🟰 assess ⓥ 평가하다
➕ evaluation 🄝 평가

e + **val(u)** + ate
밖으로　가치　동접
(ex)

가치에 대한 산정 결과를
밖으로 내놓다
➔ 평가하다, 감정하다

0714 □□

valid
[vǽlid]

ⓐ 타당한, 유효한, 합법적인

Challenges to new ideas are the legitimate business of science in building valid knowledge. 학평
새로운 생각에 대한 도전은 타당한 지식을 구축하는 데 있어 과학의 진정한 본분이다.

➕ validate ⓥ 입증하다, 인정하다

val + id
가치　형접

사실이나 근거에 의해서
충분히 입증되는
➔ 타당한, 유효한

0715 □□

available
[əvéiləbl]

ⓐ 이용할 수 있는, 쓸모 있는, 만날 수 있는

All outdoor leisure activities will be available as usual. 수능
모든 야외 여가 활동은 평소처럼 이용이 가능할 것입니다.

a + **vail** + able
~ 쪽으로　가치　할 수 있는
(ad)

~ 쪽에서 가치가 있는
➔ 이용할 수 있는, 쓸모 있는

0716 □□

prevail
[privéil]

🅥 우세하다, 유행하다, 이기다

Historical or religious topics prevailed in those days. 교과서 변형
역사적이거나 종교적인 소재가 당시에 유행했다.

pre + **vail**
앞서　가치

앞선 가치를 가지다
➔ 우세하다, 이기다

nat 태어나다(be born)
| 변화형 | nai

0717 ☐☐
nature
[néitʃər]

ⓝ 자연, 본질, 천성

A way to increase beneficial microbes is to spend more time in nature. 교과서 변형
유익한 미생물을 늘리는 한 가지 방법은 자연에서 더 많은 시간을 보내는 것이다.

➕ **natural** ⓐ 자연의, 당연한

nat + **ure**
태어나다 명접

태어난 그대로의 것
➡ 자연, 천성

0718 ☐☐
nation
[néiʃən]

ⓝ 국가, 국민, 민족

Sighted and blind athletes from 37 nations competed. 학평
37개 국가 출신의 볼 수 있는 선수들과 시각 장애가 있는 선수들이 시합을 치렀다.

➕ **national** ⓐ 국가의
nationality ⓝ 국적, 국민

nat + **ion**
태어나다 명접

태어난 나라, 혹은 한
나라에서 태어난 사람들
➡ 국가, 국민

0719 ☐☐
native
[néitiv]

ⓐ 토착의, 출생의   **ⓝ** ~ 태생의 사람, 토착민

Before a trip, research how the native inhabitants dress, work, and eat. 학평
떠나기 전에, 토착 주민들이 어떻게 옷을 입고 일하고 먹는지를 조사하라.

nat + **ive**
태어나다 형접

태어나면서부터 생성된
➡ 출생의, 토착의

0720 ☐☐
innate
[inéit]

ⓐ 타고난, 선천적인, 천부의

Years of evolution and information being passed down created this innate intelligence. 학평
오랜 시간의 진화와 전해 내려오는 정보는 이 타고난 지능을 만들어 냈다.

➕ **acquired** ⓐ 후천적인, 습득한

in + **nat(e)**
안에   태어나다

태어날 때부터 몸 안에 지닌
➡ 타고난, 선천적인

다음 뜻에 해당하는 알맞은 영어 단어를 쓰시오.

min
작은, 돌출하다

01 _____
저명한, 탁월한,
신분이 높은

02 _____
장관, 성직자,
봉사하다

03 _____
관리하다, 집행하다

04 _____
저명한, 현저한,
두드러진

05 _____
최소의, 최소한도

nat
태어나다

06 _____
토착의, 출생의,
토착민

07 _____
국가, 국민, 민족

08 _____
자연, 본질, 천성

09 _____
타고난, 선천적인

voc
부르다, 소리치다

10 _____
(반응을) 유발하다,
도발하다

11 _____
옹호자, 변호사,
옹호하다

12 _____
기원하다,
호소하다, 언급하다

13 _____
떠올려주다,
환기하다, 일으키다

14 _____
어휘, 용어

15 _____
천직, 소명, 직업

sci
알다

16 _____
과학, 학문

17 _____
양심, 가책

18 _____
의식을 잃은,
무의식적인

19 _____
잠재의식의,
잠재의식

20 _____
의식하는, 자각하는

rat
세다, 추론하다

21 _____
비율, 요금,
평가하다

22 _____
이성적인, 합리적인

23 _____
비율, 비

24 _____
이성, 이유,
추론하다

25 _____
비이성적인,
불합리한

val
가치

26 _____
이용할 수 있는,
쓸모 있는

27 _____
평가하다, 감정하다

28 _____
우세하다, 이기다

29 _____
가치, 유용성,
소중하게 여기다

30 _____
타당한, 유효한

복잡한, 복합(체)의

01

It's a very **complex** issue to which there is no straightforward answer.

그것은 명확한 정답이 없는 매우 **복잡한** 문제이다.

단지, 복합 건물

02

The city is building a housing **complex** on that block.

그 도시는 그 구역에 주택 **단지**를 짓고 있다.

(심리적인) 콤플렉스, 강박관념

03

She seems to have a **complex** about her big ears.

그녀는 자신의 큰 귀에 **콤플렉스**가 있는 듯하다.

~하게 만들다, ~하도록 몰아가다

01

In the past, early intervention in psychiatry sometimes **drove** people crazy.

과거에 정신의학의 조기 개입이 때로는 사람들을 미치**게 만들었다**.

운전하다

02

The woman was not focusing on **driving** but thinking about something else instead.

그 여자는 **운전하는** 데 집중하지 않고 대신 다른 생각을 하고 있었다.

(조직적) 운동

03

The university sponsored a fund-raising **drive** for the starving African children.

그 대학은 굶주린 아프리카 어린이들을 위한 기금 모금 **운동**을 후원했다.

욕구, 추진력

04

Our company is looking for new employees with **drive**, ambition, and innovative ideas.

우리 회사는 **추진력**과 야망, 혁신적인 아이디어를 지닌 신입사원을 찾고 있다.

DAY 25

Previous Check

nat

태어나다(be born)
| 변화형 | **nai**

0721 ☐☐
naive
[nɑːíːv]

ⓐ 순진한, (특정 분야에) 경험이 없는

Like naive car buyers, most people see only animals' varied exteriors. 모평
순진한 자동차 구매자들처럼, 대부분의 사람들은 동물들의 다양한 겉모습만을 본다.

nai + **(i)ve**
태어나다   형접

갓 태어난 것 같은
➡ 순진한

quir

묻다(ask), 구하다(seek)
| 변화형 | **quest, quer**

0722 ☐☐
require
[rikwáiər]

ⓥ 요구하다, 필요로 하다, 명하다

Taking a photograph required knowledge, skill, and practice. 교과서
사진을 찍는 것은 지식, 기술, 그리고 연습을 필요로 했다.

➕ requirement ⓝ 요구, 필요, 필요 조건

re + **quir(e)**
다시   구하다

다시 반복하여 구하다
➡ 요구하다, 필요로 하다

0723 ☐☐
acquire
[əkwáiər]

ⓥ 획득하다, 습득하다, 취득하다

An interest in interactive entertainment media, once acquired, seems never to fade. 학평
쌍방향 오락 매체에 대한 흥미는 일단 습득되면 절대 시들해지지 않는 것처럼 보인다.

➕ acquisition ⓝ 획득, 습득

ac + **quir(e)**
~쪽으로   구하다
(ad)

원하는 것 쪽으로 가서 구해서 갖다
➡ 획득하다

0724 ☐☐
inquire
[inkwáiər]

ⓥ 문의하다, 묻다, 조사하다

"And what about you, Nathan?" Dad inquired. 학평
"그리고 당신은요, Nathan?"하고 아빠가 물었다.

➕ inquiry ⓝ 문의, 조사

in + **quir(e)**
안에   묻다

깊숙한 안쪽까지 캐묻다
➡ 문의하다, 조사하다

0725 ☐☐

request
[rikwést]

ⓝ 요청, 요구, 요망 ⓥ 간청하다, 바라다

Thank you for taking time to read this letter and consider our request. 학평
이 편지를 읽고 우리의 요청을 고려하는 데 시간을 할애해 주셔서 감사합니다.

re + quest
다시   구하다

다시 계속해서 구하는 것
➡ 요청, 요구, 요망

0726 ☐☐

conquer
[káŋkər]

ⓥ 정복하다, 이기다, 획득하다

The whole of England was again conquered by the Vikings.
영국 전체가 바이킹에 의해 다시 정복되었다.

➕ conquest ⓝ 정복, 획득
　 conqueror ⓝ 정복자

con + quer
모두   구하다
(com)

싸워 이겨서 원하는 것을
모두 구하다
➡ 정복하다, 획득하다

---

simil 비슷한(like)
│변화형│ simul, semble

DAY
25

0727 ☐☐

similar
[símələr]

ⓐ 비슷한, 유사한 ⓝ 유사물, 닮은 사람

Students have likely experienced similar situations after a big test. 교과서
학생들은 큰 시험을 치른 후에 아마 비슷한 상황을 경험했을 것이다.

➕ similarity ⓝ 유사성, 닮은 점

simil + ar
비슷한   형접

어떤 것의 비슷한 종류에
속하는
➡ 비슷한, 유사한

0728 ☐☐

assimilation
[əsìməléiʃən]

ⓝ 흡수, 동화, 융합

Language barriers have made assimilation into the community difficult.
언어 장벽은 그 공동체에 동화되는 것을 어렵게 했다.

➕ assimilate ⓥ 흡수하다, 동화되다

as + simil
~쪽으로   비슷한
(ad)
+ at(e) + ion
동접   명접

비슷한 쪽으로 향하는 것
➡ 흡수, 동화

0729 ☐☐
simultaneously
[sàiməltéiniəsli]

ad 동시에, 일제히

They simultaneously experienced a lower risk of candle and gaslight fires. 학평
그들은 양초와 가스등으로 인한 화재의 위험이 더 낮아지는 것을 동시에 경험했다.

➕ **simultaneous** ⓐ 동시의, 동시에 일어나는

simul +
비슷한

taneous + ly
자연 발생하는 부접

두 사건이 비슷한 시각에
발생하는
➜ 동시에

0730 ☐☐
simulate
[símjulèit]

v ~인 체하다, 가장하다, 모의 실험하다

They developed one model to simulate a full year of Earth's climate.
그들은 지구의 1년 기후를 모의 실험하기 위해 하나의 모형을 개발했다.

➕ **simulation** ⓝ 가장하기, 모의 실험, 시뮬레이션

simul + ate
비슷한 동접

(현실과) 비슷하게 해보다
➜ 모의 실험하다, 가장하다

0731 ☐☐
assemble
[əsémbl]

v 모으다, 조립하다

It eliminated the need for workers to assemble them slowly by hand. 학평
그것은 작업자들이 손으로 그것들을 천천히 조립할 필요를 없앴다.

➖ **disassemble** ⓥ 해체하다, 분해하다
➕ **assembly** ⓝ 집회, 의회, 조립

as + semble
~ 쪽으로 비슷한
(ad)

한 쪽으로 비슷한 것들을
모아 만들다
➜ 조립하다

---

us

사용하다 (use)

| 변화형 | ut

0732 ☐☐
usage
[júːsidʒ]

n 사용, 관습, 용법, 사용량

Some schools emphasize creative usage of a database. 수능 변형
일부 학교들은 데이터베이스의 창의적인 사용을 강조한다.

us + age
사용하다 명접

어떤 것을 일반적으로
사용하는 행위
➜ 사용, 용법, 관습

0733 ☐☐

usual
[júːʒuəl]

ⓐ 흔히 있는, 보통의, 평상시의

Trying them all might mean eating more than your usual meal size. 학평
그것들을 모두 먹어 보는 것은 여러분의 평상시의 식사량보다 더 많이 먹는 것을 의미한다.

🔁 unusual ⓐ 흔치 않은, 드문

➕ usually ⓐ 보통, 대개

us + (u)al
사용하다 형접

일상적으로 사용하는
➔ 흔히 있는, 평상시의

0734 ☐☐

abuse
[əbjúːs] ⓝ
[əbjúːz] ⓥ

ⓝ 오용, 남용, 학대
ⓥ 오용하다, 남용하다, 학대하다

The medical records system is open to abuse by insurance companies.
의료 기록 시스템은 보험회사에 의해 오용되기 쉽다.

🟰 misuse ⓝ 남용, 오용, 악용 ⓥ 오용하다, 남용하다

➕ abusive ⓐ 남용하는, 모욕적인, 학대하는

ab + **us(e)**
떨어져 사용하다

올바른 사용법과는
동떨어지게 사용하다
➔ 오용하다, 남용하다

0735 ☐☐

utilize
[júːtəlàiz]

ⓥ 활용하다, 이용하다

There always exists in us the strongest need to utilize all our attention. 학평
'모든' 주의력을 활용하려는 매우 강렬한 욕구가 우리 안에 항상 존재한다.

➕ utility ⓝ 유용성, 공공시설, 공공요금
utilization ⓝ 이용, 활용

ut + il + ize
사용하다 형접 동접

충분히 잘 사용하다
➔ 활용하다

DAY
25

0736 ☐☐

utensil
[juːténsəl]

ⓝ 도구, 기구

Wash all cooking utensils after preparing raw meat.
생고기를 준비한 후에는 모든 조리 도구를 세척하라.

ut(en) + sil
사용하다 알맞은

용도에 알맞게 사용하는
물건
➔ 도구, 기구

fort 강한(strong), 힘(strength)

| 변화형 | **force**

0737 ☐☐

fort

[fɔːrt]

ⓝ 성채, 요새, 주둔지

The remains of the Roman fort surround the town center.
로마 요새의 유적이 시내 중심가를 둘러싸고 있다.

▤ fortress ⓝ(대규모의) 요새, 성채
➕ fortify ⓥ 요새화하다, 강화하다

fort
강한

튼튼하게 강화된 장소
→ 성채, 요새

0738 ☐☐

effort

[éfərt]

ⓝ 노력, 수고

Education is a long-term investment of time, money, and effort into humans. 학평
교육은 인간에게 시간, 돈, 그리고 노력을 장기 투자하는 것이다.

▤ endeavor ⓝ 노력, 시도

ef + fort
밖으로 힘
(ex)

내면의 의지와 힘을 밖으로
강하게 내보냄
→ 노력

0739 ☐☐

force

[fɔːrs]

ⓝ 힘, 세력, 군사력   **ⓥ** 강요하다, 강제하다

Eye contact may be the most powerful human force we lose in traffic. 학평
시선의 마주침은 우리가 차량 운행 중에 잃는 가장 강력한 인간의 힘일 수도 있다.

➕ forceful ⓐ 강력한, 힘이 있는

force
힘

힘(으로 밀어붙이다)
→ 힘, 강제하다

0740 ☐☐

reinforce

[rìːinfɔ́ːrs]

ⓥ 강화하다, 보강하다, 증강하다   **ⓝ** 보강물

They are meant to reinforce, not substitute, what we do every day. 학평
그것들은 우리가 매일 하는 것을 대체하기 위한 것이 아니라 보강하기 위한 것이다.

➕ reinforcement ⓝ 강화

re + in + force
다시 하게 힘
만들다(en)

다시 힘을 사용하여 강하게
만들다
→ 강화하다

0741 ☐☐

enforce

[infɔ́ːrs]

ⓥ 집행하다, 시행하다, 강요하다

The measures are being enforced by police officers.
그 조치들은 경찰관들에 의해 집행되고 있다.

➕ enforcement ⓝ 집행, 강요

en + force
하게 힘
만들다(en)

물리적인 힘을 써서 강제로
무언가를 하게 만들다
→ 집행하다

ject 던지다(throw)

0742 ☐☐
project
[prάdʒekt] ⓝ
[prədʒékt] ⓥ

ⓝ 계획, 프로젝트 ⓥ 계획하다, 투영하다

Joining the project, they break stereotypes and take on new challenges. 교과서

프로젝트에 참가하게 되면서 그들은 고정관념을 깨고 새로운 도전을 받아들인다.

pro + ject
앞에 던지다

앞으로 던져서 내놓다
➜ 계획하다, 계획

0743 ☐☐
object
[άbdʒikt] ⓝ
[əbdʒékt] ⓥ

ⓝ 물건, 물체, 대상 ⓥ 반대하다, 거절하다

The color of the object will gradually shade darker toward the bottom. 학평

물체의 색깔은 맨 아래로 향할수록 점차 더 어두운색으로 음영이 생기게 될 것이다.

➕ objective ⓐ객관적인 ⓝ목적, 목표

ob + ject
맞서 던지다

의견에 맞서 다른 의견을
던지다
➜ 반대하다

0744 ☐☐
subject
[sʌ́bdʒikt] ⓝ, ⓐ
[sʌbdʒékt] ⓥ

ⓝ 주제, 국민, 과목, 피실험자
ⓐ ~에 영향받기 쉬운 ⓥ 복종시키다

He researched a variety of subjects, including mass media and law. 수능

그는 대중 매체와 법을 포함한 다양한 주제를 연구했다.

➕ subjective ⓐ주관적인

sub + ject
아래에 던지다

누군가의 발아래로 던지다
➜ 복종시키다

DAY
25

0745 ☐☐
reject
[ridʒékt]

ⓥ 거절하다, 거부하다

Anything of value requires that we take a risk of failure or being rejected. 학평

가치 있는 것이든 어떤 것이든 우리가 실패나 거절당할 위험을 무릅쓸 것을 요구한다.

re + ject
다시 던지다

남이 준 것을 되던져 주다
➜ 거절하다

0746 ☐☐
inject
[indʒékt]

ⓥ 주사하다, 주입하다, 삽입하다

Plants' smell and color can inject a bit of sensory variety into an artificial lifeless environment. 교과서 변형

식물의 향과 색은 인공적이고 생명이 없는 환경에 약간의 감각적인 다양성을 주입할 수 있다.

in + ject
안으로 던지다

안으로 던지다
➜ 주입하다

tact 접촉하다(touch)
| 변화형 | ti, teg, tain

0747 ☐☐

contact
[kántækt]

ⓝ 접촉, 연락   ⓐ 접촉의
ⓥ 접촉시키다, 연락하다

For any questions, please feel free to
contact us. 모평
문의 사항이 있으시면 언제든지 저희에게 연락하십시오.

con + tact
함께   접촉하다
(com)

함께 접촉하여 연결됨
➡ 접촉, 연락하다

0748 ☐☐

intact
[intǽkt]

ⓐ 손상되지 않은, 온전한

The old school building had very few
windows left intact after the explosion.
오래된 학교 건물은 폭발 후 온전하게 남은 창문이 거의
없었다.

in + tact
아닌   접촉하다

접촉되지 않은
➡ 손상되지 않은, 온전한

0749 ☐☐

entire
[intáiər]

ⓐ 전체의, 전부의, 온전한   ⓝ 전체, 완전

Eventually, the entire ecosystem would be
affected. 교과서
결국, 전체 생태계가 영향을 받게 될 것이다.

en + ti + re
아닌 접촉하다 어미

접촉하지 않아서 깨지지
않은 완전체의
➡ 전체의, 온전한

0750 ☐☐

integrate
[íntəgrèit]

ⓥ 통합하다, 흡수하다, 완성하다

Those who embraced the technology
were able to integrate it into their work
styles. 학평
기술을 포용한 이들은 그것을 그들의 작업 스타일에 흡수
할 수 있었다.

➕ integration ⓝ 통합, 완성, 집성

in + teg(r) + ate
아닌   접촉하다   동접

다른 것과는 접촉하지
않도록 모아 두다
➡ 통합하다

다음 뜻에 해당하는 알맞은 영어 단어를 쓰시오.

nat
태어나다

02 _____
요청, 요구,
간청하다

01 _____
순진한, (특정
분야에) 경험이 없는

04 _____
문의하다, 묻다

quir
묻다, 구하다

03 _____
획득하다, 습득하다

05 _____
요구하다,
필요로 하다

06 _____
정복하다, 이기다

simil
비슷한

09 _____
모으다, 조립하다

07 _____
비슷한, 유사한,
유사물

10 _____
~인 체하다,
모의 실험하다

08 _____
흡수, 동화, 융합

11 _____
동시에, 일제히

us
사용하다

14 _____
오용, 학대,
남용하다

12 _____
사용, 용법, 사용량

15 _____
활용하다, 이용하다

13 _____
도구, 기구

16 _____
흔히 있는, 보통의

fort
강한, 힘

19 _____
힘, 세력, 강요하다

17 _____
성채, 요새, 주둔지

20 _____
노력, 수고

18 _____
강화하다,
보강하다, 보강물

21 _____
집행하다,
시행하다, 강요하다

ject
던지다

24 _____
주제,
~에 영향받기 쉬운

22 _____
거절하다, 거부하다

25 _____
계획, 프로젝트,
계획하다

23 _____
물건, 물체,
반대하다

26 _____
주사하다, 주입하다

tact
접촉하다

27 _____
통합하다, 흡수하다

28 _____
손상되지 않은,
온전한

29 _____
전체의, 온전한,
전체

30 _____
접촉, 접촉의,
연락하다

주요 다의어 12

attribute

01 ~을 …의 결과로[덕분으로] 보다

Many people are **attributing** the warmer winters to climate change.
많은 사람들은 더 따뜻해진 겨울**을** 기후변화**의 결과로 생각한다.**

02 (작품 등을) ~의 것이라고 하다(to)

The museum will be exhibiting unsigned sketches **attributed** to Leonardo da Vinci. 그 박물관은 레오나르도 다빈치**의 작품으로 여겨지는** 낙관이 없는 스케치들을 전시할 예정이다.

03 자질, 속성, 특성

Both candidates possess the **attributes** we want in a musician.
두 후보는 우리가 원하는 음악가로서의 **자질을** 지니고 있다.

capital

01 대문자, 대문자의

The first letter of your name must be written as a **capital** letter.
이름의 첫 번째 글자는 **대문자**로 적어야 한다.

02 수도, 중심지

He has recently been elected as mayor of South Korea's **capital**, Seoul.
그는 최근에 남한의 **수도**인 서울의 시장으로 선출되었다.

03 자본, 자본의

The government is trying to attract foreign **capital**.
정부는 외국 **자본**을 유치하기 위해 노력하고 있다.

04 사형의, 사형으로 처벌받는

A **capital** crime is a crime for which a person may be punished with the death penalty.
사형에 처할 중죄는 사람이 사형으로 처벌받을 수 있는 범죄이다.

DAY 26

어원 Preview

tact	접촉하다	**car**	마차
press	누르다	**via**	길
magni	큰	**duc**	이끌다
fer	나르다		

Previous Check

☐ attain	☐ majestic	☐ discharge
☐ pressure	☐ prefer	☐ via
☐ express	☐ refer	☐ obvious
☐ impress	☐ conference	☐ previous
☐ compress	☐ infer	☐ convey
☐ oppress	☐ fertile	☐ voyage
☐ magnify	☐ carriage	☐ introduce
☐ magnitude	☐ career	☐ educate
☐ mayor	☐ carpenter	☐ induce
☐ maximum	☐ charge	☐ deduce

tact

접촉하다(touch)
| 변화형 | ti, teg, tain

0751 □□

attain
[ətéin]

ⓥ 달성하다, 도달하다

They have already attained their desired
level of income. 학평 변형
그들은 이미 자신들이 바랐던 수입 수준에 도달했다.

■ accomplish ⓥ완수하다, 성취하다
➕ attainable ⓐ이룰 수 있는
    attainment ⓝ도달, 달성

at + **tain**
~에 접촉하다
(ad)

가까이 가서 접촉하는 데
성공하다
➡ 도달하다

---

press   누르다(press)

0752 □□

pressure
[préʃər]

ⓝ 압력, 압박 ⓥ 압력을 가하다, 강제하다

Social pressure is deceiving — we are all
impacted without noticing it. 학평
사회적 압력은 (우리를) 현혹시켜서 우리 모두는 그것을 눈
치채지도 못한 채 영향을 받는다.

press + **ure**
누르다   명접

누르는 것
➡ 압력

0753 □□

express
[iksprés]

ⓥ 표현하다 ⓐ 급행의, 명백한

Singers express all kinds of feelings
through expressive words. 교과서
가수들은 표현력이 풍부한 가사를 통해 모든 종류의 감정
을 표현한다.

➕ expression ⓝ표현
    expressive ⓐ표현력이 풍부한

ex + **press**
밖으로 누르다

눌러서 밖으로 내보내다
➡ 표현하다

0754 ☐☐

impress
[imprés]

ⓥ 깊은 인상[감동]을 주다, 새기다

He replied that he had recently attended an automobile show and had been impressed. 학평

그는 최근에 자동차 쇼에 참석했고 깊은 인상을 받았다고 대답했다.

➕ impression ⓝ인상
impressive ⓐ인상적인

im + **press**
안으로   누르다
(in)

마음 안에 누르다
➡ 깊은 인상을 주다

0755 ☐☐

compress
[kəmprés]

ⓥ 압축하다, 요약하다

As the sticks approach each other, the air immediately in front of them is compressed and energy builds up. 학평

막대기들이 서로 가까워질 때 그것들 바로 앞의 공기가 압축되고 에너지는 축적된다.

➕ compression ⓝ압축, 압착
compressor ⓝ압축기

com + **press**
함께   누르다

모두 함께 모아 누르다
➡ 압축하다

0756 ☐☐

oppress
[əprés]

ⓥ 억압하다, 탄압하다

A good leader doesn't oppress the poor and weak.

훌륭한 지도자는 가난하고 약한 사람들을 억압하지 않는다.

➕ oppression ⓝ억압
· oppressive ⓐ억압하는

op + **press**
맞서   누르다

상대에 맞서 누르다
➡ 억압하다

DAY
26

---

magni
큰(big, large)
| 변화형 | mayor, maxim, majes

0757 ☐☐

magni**fy**
[mǽgnəfài]

ⓥ 확대하다, 과장하다

Please magnify the text on the screen so that I can read it more easily.

제가 더 쉽게 읽을 수 있도록 화면의 텍스트를 확대해 주세요.

🟰 enlarge ⓥ확대하다
➕ magnificent ⓐ장엄한, 굉장한

magni + **fy**
큰   동접

크게 하다
➡ 확대하다

0758 ☐☐

magnitude
[mǽgnitʒùːd]

ⓝ 규모, 크기, 중요성

We often misjudge the frequency and magnitude of the events that have happened recently. 학평
우리는 최근에 발생한 사건들의 빈도와 규모를 종종 잘못 판단한다.

magni + tude
큰   명접

큰 정도
➡ 규모

0759 ☐☐

mayor
[méiər]

ⓝ 시장(市長)

The mayor of Vienna offered Hundertwasser full charge of rebuilding a run-down site in the middle of the city. 교과서
비엔나 시장은 Hundertwasser에게 도시 한가운데 있는 황폐한 부지의 재건축에 대한 전권을 주었다.

mayor
큰

도시 내의 권력이 큰 사람
➡ 시장

0760 ☐☐

maximum
[mǽksəməm]

ⓝ 최대(치) ⓐ 최대의

He operated the machine 24/7 at maximum capacity. 학평 변형
그는 그 기계를 최대 능력치로 24시간 7일 내내 가동했다.

maxim + um
큰   어미

가장 큰 것
➡ 최대치

0761 ☐☐

majestic
[mədʒéstik]

ⓐ 장엄한, 위엄 있는

We flew over the majestic Sierra Nevada mountains.
우리는 장엄한 Sierra Nevada 산맥 위를 비행했다.
➕ majesty ⓝ 장엄함, 위엄

majes(t) + ic
큰   형접

규모가 큰
➡ 장엄한

---

fer   나르다(carry)

0762 ☐☐

prefer
[prifə́ːr]

ⓥ 선호하다, 좋아하다

Today, most people prefer color pictures to black-and-white pictures. 학평
오늘날 대부분의 사람들은 흑백 사진보다는 컬러 사진을 선호한다.
➕ preference ⓝ 선호

pre + fer
앞에 나르다

다른 것보다 앞에 나르다
➡ 선호하다

0763 □□

refer
[rifə́ːr]

ⓥ 언급하다, 가리켜 말하다, 참조하다

Adaptive reuse refers to the process of reusing an old site or building for a purpose different from its original one.

교과서

적응적 재활용은 오래된 부지나 건물을 원래의 목적과 다른 목적으로 재활용하는 과정을 말한다.

➕ refer to A as B A를 B라고 부르다
　reference ⓝ 언급, 참조, 추천서

re + **fer**
다시 나르다

이미 아는 것을 다시
이야깃거리로 날라오다
➔ 참조하다, 언급하다

0764 □□

conference
[kánfərəns]

ⓝ 회의, 회담, 협의회

The annual conference of scientists and researchers will take place next month.
과학자 및 연구원들의 연례 회의가 다음 달에 개최될 것이다.

➕ confer ⓥ 의논하다, 협의하다

con + **fer** + ence
함께 나르다 명접
(com)

여러 명이 함께 안건을
나르는 것
. ➔ 회의

0765 □□

infer
[infə́ːr]

ⓥ 추론하다, 추측하다, 암시하다

I inferred from what you said that he would make a good businessman.
나는 네가 한 말을 통해 그가 훌륭한 사업가가 되리라고 추측했다.

🟰 deduce ⓥ 추론하다
➕ inference ⓝ 추론

in + **fer**
안에 나르다

머리 안에서 나르다
➔ 추론하다

0766 □□

fertile
[fə́ːrtəl]

ⓐ (땅이) 비옥한, (사람·동물이) 다산의

During the time of the pharaohs, the fertile soils along the Nile River supported a civilization of roughly 3 million people.
파라오 시대 동안, 나일강을 따라 위치한 비옥한 토양은 대략 300만 명의 문명사회를 지탱했다.

🔄 infertile, barren, sterile ⓐ 불모의, 메마른
➕ fertilize ⓥ 비료를 주다
　fertility ⓝ 비옥, 다산
　fertilizer ⓝ 거름, 비료

fer(t) + ile
나르다 형접

나를 것이 많은
➔ 비옥한

car

마차(carriage)
| 변화형 | char

0767 □□

carriage
[kǽridʒ]

ⓝ 마차, 운반, 수송

The first automobile was called a "horseless" carriage. 학평
최초의 자동차는 '말이 없는' 마차라고 불렸다.

car(ri) + **age**
마차　　　 명접

마차 또는 마차를 타고
가는 것
➡ 마차, 운반

0768 □□

career
[kəríər]

ⓝ 직업, 경력, 생애 ⓐ 직업적인

Space travel draws people into careers in science and engineering. 교과서
우주여행은 사람들이 과학과 공학 관련 직업을 갖도록 유도한다.

car + **eer**
마차　　명접

마차가 다니는 길처럼
직업에서 걸어온 길
➡ 경력

0769 □□

carpenter
[káːrpəntər]

ⓝ 목수

If a carpenter only has a hammer and nails, then he will think about nailing things to whatever he is doing. 학평
만약 목수가 망치와 못만 가지고 있다면, 그때 그는 자신이 하고 있는 어떤 것에든 물건들을 못으로 박는 것에 대해서 생각할 것이다.

car + **pent** + **er**
마차　 만들다　명접

마차를 만드는 사람
➡ 목수

0770 □□

charge
[tʃɑːrdʒ]

ⓥ (요금을) 청구하다, 고발하다, 충전하다, 책임을 맡기다
ⓝ 청구 금액, 고발, 충전, 책임

To charge the battery, connect the cable to the USB port. 학평
배터리를 충전하려면 케이블을 USB 포트에 연결하세요.

char + **ge**
마차　　어미

마차에 짐을 싣듯이 금전상
부담을 지우다
➡ (요금을) 청구하다

0771 □□

discharge
[distʃáːrdʒ] ⓥ
[dístʃaːrdʒ] ⓝ

ⓥ (짐을) 내리다, 방출하다, 해고하다
ⓝ 방출, 해임

The factory was fined for discharging chemicals into the river.
그 공장은 화학물질을 강으로 방출한 것에 대해 벌금을 부과받았다.

dis + **char** + **ge**
떨어져　마차　어미

마차에서 짐이 떨어지게
하다
➡ (짐을) 내리다

---

via

길(way)

| 변화형 | vi, vey, voy

0772 ☐☐

via
[váiə]

ⓟ ~을 경유하여, ~을 통해

Can I get a discount coupon via message again? 학평
제가 메시지를 통해 할인 쿠폰을 다시 받을 수 있나요?

길

길을 통해
➡ ~을 경유하여

0773 ☐☐

obvious
[ábviəs]

ⓐ 분명한, 명백한

It is obvious that we have to recycle bottles, cans, and gift bags. 교과서
우리가 병, 캔, 그리고 선물 봉투를 재활용해야 한다는 것은 명백하다.

➕ obviously ⓐ 명백하게

ob + vi + ous
맞서 길 형접

길에 마주하고 있어 눈에 잘 보이는
➡ 분명한

0774 ☐☐

previous
[príːviəs]

ⓐ 앞의, 이전의, 사전의

Travel and tourism's contribution to GDP in 2020 decreased compared to the previous year. 학평
2020년에 GDP에 대한 여행과 관광의 기여는 이전 해에 비해 감소하였다.

pre + vi + ous
앞서 길 형접

길을 앞서가는
➡ 앞의

DAY
26

0775 ☐☐

convey
[kənvéi]

ⓥ (생각·감정을) 전달하다, (물건·승객을) 실어 나르다

These lines are meant to convey that the speaker is figuratively being consumed by grief. 교과서
이 대사는 화자가 슬픔에 사로잡혀 있다는 것을 비유적으로 전달하기 위한 것이다.

con + vey
함께 길
(com)

짐을 지고 함께 길을 가다
➡ 실어 나르다

0776 ☐☐

voyage
[vɔ́iidʒ]

ⓝ 여행, 항해 **ⓥ** 여행하다, 항해하다

Going to college can be a voyage of self-discovery.
대학 진학은 자아 발견의 여행이 될 수 있다.

voy + age
길 어미

길을 떠남
➡ 여행

duc

이끌다(lead)

| 변화형 | duct

0777 □□

introduce
[ìntrədjúːs]

ⓥ 소개하다, 들여오다, 도입하다

Among the crops that he introduced to Europe, tomatoes waited nearly two hundred years before becoming part of everyday meals. 교과서 변형
그가 유럽에 들여온 작물 중 토마토는 거의 200년을 기다린 후에야 일상적인 식단의 일부가 되었다.

intro + **duc(e)**
안으로   이끌다

새로운 것을 안으로 끌어들이다
➡ 도입하다

0778 □□

educate
[édʒukèit]

ⓥ 교육하다, 가르치다

More and more parents are choosing to educate their children at home.
점점 더 많은 부모가 자녀들을 가정에서 교육하는 것을 선택하고 있다.

➕ **educational** ⓐ 교육의, 교육적인

e + **duc** + ate
밖으로 이끌다 동접
(ex)

능력을 밖으로 끌어내다
➡ 교육하다

0779 □□

induce
[indjúːs]

ⓥ 설득하다, 유도하다, 초래하다

The positive emotional state induced by a good meal enhances our receptiveness to be persuaded.
좋은 식사를 통해 유도되는 긍정적인 감정 상태는 설득되는 수용성을 높인다.

➕ **induction** ⓝ 유도, 귀납법
inducement ⓝ 유인책

in + **duc(e)**
안으로   이끌다

안으로 끌어들이다
➡ 유도하다

0780 □□

deduce
[didjúːs]

ⓥ 추론하다, 연역하다

Individuals can't deduce universal principles from reality itself. 학평
개인이 현실 자체로부터 보편적 원리를 추론할 수는 없다.

➕ **deduction** ⓝ 추론, 연역법

de + **duc(e)**
아래로   이끌다

생각을 아래로 끌어내리다
➡ 추론하다

WORD Review

다음 뜻에 해당하는 알맞은 영어 단어를 쓰시오.

tact
접촉하다

02 _____
깊은 인상을 주다

press
누르다

03 _____
표현하다, 급행의

01 _____
달성하다, 도달하다

04 _____
억압하다, 탄압하다

05 _____
압력,
압력을 가하다

06 _____
압축하다, 요약하다

magni
큰

09 _____
시장(市長)

fer
나르다

14 _____
회의, 회담

07 _____
최대(치), 최대의

10 _____
확대하다

12 _____
추론하다, 추측하다

15 _____
선호하다, 좋아하다

08 _____
규모, 크기

11 _____
장엄한, 위엄 있는

13 _____
언급하다, 참조하다

16 _____
비옥한, 다산의

car
마차

19 _____
마차, 운반

via
길

24 _____
앞의, 이전의

17 _____
목수

20 _____
청구하다, 충전하다,
청구 금액

22 _____
~을 경유하여

25 _____
전달하다,
실어 나르다

18 _____
(짐을) 내리다, 방출

21 _____
직업, 경력,
직업적인

23 _____
여행, 항해,
여행하다

26 _____
분명한, 명백한

duc
이끌다

28 _____
설득하다, 유도하다

29 _____
교육하다, 가르치다

30 _____
추론하다, 연역하다

27 _____
소개하다, 도입하다

주요 다의어 13

figure

수치, 숫자, 액수

01 Government **figures** show a continued decline in unemployment.
정부 **수치**는 실업률이 계속해서 감소하고 있음을 보여 준다.

도표

02 **Figure** 7 illustrates changing patterns of employment over the years.   **도표** 7은 지난 수년간의 변화하는 고용 패턴을 보여 준다.

알아내다, 계산해내다(out)

03 They used astronomy to **figure** out that there are 365 days in a year.   그들은 1년이 365일이라는 것을 **알아내기** 위해 천문학을 사용했다.

(중요한) 인물

04 Shakespeare is still a controversial historical **figure** in that people debate whether he really existed or not.
셰익스피어는 사람들이 그가 실제로 존재했는지에 대해 논쟁을 벌인다는 점에서 여전히 논란의 여지가 있는 역사적 **인물**이다.

몸매

05 That big dress does not suit her slender **figure**.
저 큰 드레스는 그녀의 날씬한 **몸매**에 맞지 않는다.

odd

이상한

01 **Odd** weather patterns occasionally bring summer snow to Australia.
이상 기후 패턴으로 인해 호주에는 여름에 가끔 눈이 온다.

홀수의

02 An **odd** number is a number that cannot be evenly divided by 2.
홀수는 2로 균등하게 나누어질 수 없는 숫자이다.

DAY
27

어원 Preview

duc	이끌다	**sequ**	따라가다
pet	달려가다	**alter**	다른
scrib	쓰다	**cid**	떨어지다
graph	글, 그림		

Previous Check

- □ conduct
- □ compete
- □ competent
- □ appetite
- □ petition
- □ repeat
- □ describe
- □ prescribe
- □ subscribe
- □ script
- □ inscription
- □ graphic
- □ photograph
- □ biography
- □ autobiography
- □ paragraph
- □ sequence
- □ consequence
- □ subsequent
- □ pursue
- □ execute
- □ alter
- □ alternative
- □ alternate
- □ otherwise
- □ alien
- □ accidental
- □ incident
- □ coincidence
- □ decay

duc 이끌다(lead)
| 변화형 | duct

0781 ☐☐
conduct
[kəndʌ́kt] ⓥ
[kándʌ̀kt] ⓝ

ⓥ (업무 등을) 수행하다, 지휘하다, 안내하다
ⓝ 행동, 수행, 지휘

Industrial robots perform repetitive tasks, lift heavy objects, and conduct tests in severe environments. 교과서
산업용 로봇은 반복적인 작업을 하고 무거운 물건을 들어 올리며 혹독한 환경에서 실험을 수행한다.

con + **duct**
함께   이끌다
(com)

함께 행동을 이끌어 나가다
➔ 수행하다

pet 달려가다(rush)
| 변화형 | peat

0782 ☐☐
compete
[kəmpíːt]

ⓥ 경쟁하다, 겨루다

Today, women compete with men in once male-dominated sectors, such as politics and business. 교과서 변형
오늘날 여성들은 정치와 사업과 같이 한때 남성이 지배하던 영역에서 남성들과 경쟁한다.

➕ competition ⓝ 경쟁
   competitive ⓐ 경쟁의, 경쟁적인

com + **pet(e)**
함께   달려가다

서로 얻으려고 함께
달려가다
➔ 경쟁하다

0783 ☐☐
competent
[kámpitənt]

ⓐ 능력 있는, 유능한, 능숙한

In this world, being smart or competent isn't enough. 학평
이 세상에서 똑똑하거나 능력 있는 것만으로는 충분하지 않다.

com + **pet** + ent
함께   달려가다 형접

남과 함께 달릴 수 있는
➔ 능력 있는

0784 ☐☐
appetite
[ǽpətàit]

ⓝ 식욕, 욕구

She went for a long walk to work up an appetite.
그녀는 식욕을 돋우려고 긴 산책을 했다.

➕ appetitive ⓐ 식욕의, 식욕이 있는

ap + **pet** + ite
~을 향해 달려가다   어미
(ad)

음식 혹은 목표를 향해 달려감
➔ 식욕, 욕구

0785 ☐☐

petition
[pətíʃən]

ⓝ 청원(서), 탄원(서) ⓥ 청원하다, 탄원하다

A salesperson might request you to sign a petition to prevent cruelty against animals. 학평

한 판매원이 여러분에게 동물에 대한 잔학 행위를 막기 위한 청원서에 서명하도록 요구할 수도 있다.

➕ **file a petition against[for]** ~에 반대[찬성]하는 탄원서를 제출하다

pet(it) + **ion**
달려가다   명접

간절한 마음으로 달려감
➡ 청원

0786 ☐☐

repeat
[ripíːt]

ⓥ 반복하다

Repeat this exercise five to six times. 교과서

이 운동을 다섯 번에서 여섯 번 반복하라.

➕ **repetitive** ⓐ 반복의, 반복적인
repetition ⓝ 반복

re + **peat**
다시   달려가다

간 곳을 또 달리다
➡ 반복하다

scrib

쓰다(write)

| 변화형 | script

0787 ☐☐

describe
[diskráib]

ⓥ 묘사하다, 설명하다, 그리다

As the little prince described it to me, I have made a drawing of that planet. 교과서
어린왕자가 내게 묘사한 대로, 나는 그 행성의 그림을 그렸다.

➖ **depict, portray** ⓥ 묘사하다, 그리다
➕ **description** ⓝ 묘사, 기술, 설명

de + **scrib(e)**
아래로   쓰다
(down)

써 내려가다
➡ 묘사하다

0788 ☐☐

prescribe
[priskráib]

ⓥ 규정하다, 처방하다

In general, people accept and deal with the set consequences of their actions prescribed by their surroundings. 학평
일반적으로 사람들은 자신의 주변 환경에 의해 규정된 자기 행동의 정해진 결과를 받아들이고 처리한다.

➕ **prescription** ⓝ 규정, 규범, 처방(전)

pre + **scrib(e)**
미리   쓰다
(before)

미리 써 주다
➡ 처방하다

DAY
27

0789 ☐☐
subscribe
[səbskráib]

ⓥ (정기) 구독하다, 서명하다, 기부하다

The president subscribed his name to the document.
대통령은 그 문서에 서명했다.

➕ **subscription** ⓝ 구독(료), 서명, 기부

sub + scrib(e)
아래에   쓰다
(underneath)

서류 하단에 이름을 쓰다
➡ 서명하다

0790 ☐☐
script
[skript]

ⓝ 대본, 원고

Spending a lot of time memorizing the script is important. 학평
대본을 암기하는 데 많은 시간을 할애하는 것이 중요하다.

script
쓰다

연극을 위해 쓰여진 글
➡ 대본, 원고

0791 ☐☐
inscription
[inskrípʃən]

ⓝ 비문, 새겨진 글

He tried to read the inscription on the gravestone.
그는 그 비석의 비문을 읽어 보려고 했다.

➕ **inscribe** ⓥ (비석 등에) 새기다, 적다

in + script **+ ion**
안에   쓰다   명접

안으로 (파서) 쓴 글
➡ 비문

graph   글(writing), 그림(picture)

0792 ☐☐
graphic
[grǽfik]

ⓐ 그림의, 도표의, 생생한· **ⓝ** 그림, 도표

He gave us a graphic description of how his idea would work.
그는 우리에게 자신의 아이디어가 어떻게 실행될 것인지에 대해 생생한 설명을 해주었다.

➖ **lifelike** ⓐ 생생한

graph **+ ic**
그림   형접

그림처럼 만들어 주는
➡ 생생한

0793 ☐☐
photograph
[fóutəgræf]

ⓝ 사진 **ⓥ** 사진을 찍다

That way you can give the impression that your photographs were taken in a completely different context. 교과서
이런 방식으로 여러분은 자신의 사진이 전혀 다른 상황에서 찍었다는 인상을 줄 수 있다.

photo + graph
빛   그림

빛으로 그린 것
➡ 사진

0794 ☐☐

biography
[baiágrəfi]

ⓝ 전기, 일대기

When writing a biography, make sure you include only accurate information about the person. 교과서 변형

전기를 쓸 때는 인물에 대한 정확한 정보만 포함했는지 확실히 하라.

bio + **graph** + y
삶[생명] 글 명접

누군가의 삶에 대한 글
➡ 전기

0795 ☐☐

autobiography
[ɔ̀:təbaiágrəfi]

ⓝ 자서전

The photographs were to be included in his as yet unwritten autobiography.

그 사진들은 아직 집필되지 않은 그의 자서전에 포함될 예정이었다.

auto + bio
스스로(self) 삶[생명]
+ **graph** + y
글 명접

자신의 삶에 대한 글
➡ 자서전

0796 ☐☐

paragraph
[pǽrəgræf]

ⓝ 단락, 짧은 글

Does the paragraph show why the writer started the activity?

그 단락에 글쓴이가 그 활동을 시작한 이유가 나와 있는가?

para + **graph**
옆에 글

옆에 써 넣은 글
➡ 단락

sequ

따라가다 (follow)

| 변화형 su(e), (s)ecu

DAY
27

0797 ☐☐

sequence
[síːkwəns]

ⓝ (일련의) 연속, 잇따라 일어남, 순서

He measured the brain activity of test subjects while they tried to remember a sequence of haptic stimuli. 학평

그는 실험 대상자들이 일련의 촉각 자극을 기억하려고 노력하는 동안 그들의 뇌 활동을 측정했다.

➕ sequential ⓐ 순차적인

sequ + ence
따라가다 명접

따라가고 또 따라감
➡ 연속

0798 ☐☐

consequence
[kánsəkwèns]

ⓝ 결과, 영향, 중요성

The capacity of children to perceive or care about long-term consequences is very limited. 학평

아이들이 장기적인 결과를 인지하거나 신경 쓸 수 있는 능력은 매우 제한적이다.

con + **sequ** + ence
함께 따라가다 명접
(com)

어떤 일에 함께 따라오는 것
➡ 결과

0799 ☐☐

subsequent
[sʌ́bsikwənt]

ⓐ 후속의, 이어지는, 바로 다음의

But "first ever" discoveries are extremely vulnerable to becoming undermined by subsequent research. 학평
그러나 '최초의' 발견은 후속 연구에 의해 훼손될 가능성이 매우 높다.

➕ **subsequently** ⓐ 이어서, 그 후에

sub + **sequ** + ent
뒤에 따라가다 형접
(after)

어떤 일 바로 뒤에 따라오는
➡ 후속의, 이어지는

0800 ☐☐

pursue
[pərsjúː]

ⓥ 추구하다, 뒤쫓다, (행)하다

Why don't you pursue your dream as Rousseau did? 교과서
Rousseau가 그랬듯이 여러분도 자신의 꿈을 추구해 보는 것이 어떨까?

➕ **pursuit** ⓝ 추구, 추적, 취미

pur + **sue**
앞으로 따라가다
(pro)

앞서 가는 사람을 따라가다
➡ 뒤쫓다

0801 ☐☐

execute
[éksəkjùːt]

ⓥ 실행하다, 처형하다

Rulers know that power cannot be executed without knowledge. 학평
통치자들은 지식 없이는 권력이 실행될 수 없다는 것을 알고 있다.

➕ **execution** ⓝ 실행, 처형
executive ⓐ 실행의, 중역[임원]의 ⓝ 임원

ex + **(s)ecu** + **(a)te**
밖으로 따라가다 동접

밖으로 따라가서 행동하다
➡ 실행하다

alter   다른 (other, different)
변화형 | other, al

0802 ☐☐

alter
[ɔ́ːltər]

ⓥ 바꾸다, 바뀌다, 변하다

The extinction of a species may alter the physical environment. 교과서
한 종의 멸종이 물리적인 환경을 바꿀 수도 있다.

➕ **alteration** ⓝ 변경, 개조

alter
다른

다른 것이 되게 하다
➡ 바꾸다

0803 ☐☐

alternative
[ɔ:ltə́:rnətiv]

ⓝ 대안 **ⓐ** 양자택일의, 대안의

For every toxic substance, process, or product in use today, there is a safer alternative. 모평
오늘날 사용 중인 모든 독성 물질, 공정 또는 제품에는 더 안전한 대안이 있다.

➕ **alternatively** ㉙ 그 대신에

alter + **(n)ative**
다른   형접

다른 것으로 바꿀 수 있는
➡ 대안(의)

0804 ☐☐

alternate
[ɔ́:ltərnèit] ⓥ
[ɔ́:ltərnit] ⓐ

ⓥ 번갈아 일어나다[하다]
ⓐ 번갈아 생기는[하는]

It seems that happiness and sadness alternate in our lives.
행복과 슬픔은 우리 인생에서 번갈아 일어나는 것처럼 보인다.

➕ **alternately** ㉙ 번갈아, 교대로, 하나 걸러

alter + **(n)ate**
다른   동접

다른 것으로 대체하다
➡ 번갈아 일어나다

0805 ☐☐

otherwise
[ʌ́ðərwàiz]

ⓐⓓ 그렇지 않으면, 달리 **ⓐ** 다른

This benefits the artists because they get a monthly income for their artworks that otherwise might be in storage. 교과서
이는 화가들에게 이득이 되는데, 왜냐하면 그렇지 않으면 창고에 보관되어 있을 미술 작품들로 월급을 받기 때문이다.

other + **wise**
다른   방향

다른 방향으로 생각해 보면
➡ 그렇지 않으면

DAY
27

0806 ☐☐

alien
[éiljən]

ⓐ 외래[외국]의, 외계의, 낯선
ⓝ 외국인, 외계인

The introduction of alien plants can result in the disruption and impoverishment of natural plant communities. 학평
외래 식물의 도입은 자연 식물 군락을 교란하고 피폐하게 하는 결과를 가져올 수 있다.

🔁 **foreign** ⓐ 외국의   **strange** ⓐ 낯선
➕ **alienate** ⓥ 소외하다, 따돌리다
   alienation ⓝ 소외, 따돌림

al(i) + **en**
다른   형접

우리와 다른 존재(의)
➡ 외래의, 외국인, 외계인

cid
떨어지다 (fall, drop)
| 변화형 | cay, cad

0807 ☐☐
accidental
[æksidéntəl]

ⓐ 우연한, 우발적인

The accidental introduction of the snake to Guam wiped out 10 of the 12 native bird species on the island. 교과서
그 뱀이 우연히 괌에 들어오자 그 섬에 살던 12종의 토종 새 중 10개 종이 멸종했다.

⊟ unintentional ⓐ 의도하지 않은
⊞ accidentally ⓐ 우연히, 실수로

ac + **cid** +
~ 쪽으로 떨어지다
(ad)

ent + al
명접   형접

무언가 이유 없이 이 쪽으로
떨어진
➡ 우연한

0808 ☐☐
incident
[ínsidənt]

ⓝ 사고, 사건 ⓐ 일어나기 쉬운

You experienced an unfortunate incident that resulted in a beverage being spilled on your coat. 학평
당신은 코트에 음료를 엎지르게 된 안타까운 사고를 경험했다.

⊞ incidence ⓝ 발생(률)

in + **cid** + ent
안에 떨어지다   명접

일상에 뭔가가 툭 떨어진 것
➡ 사고, 사건

0809 ☐☐
coincidence
[kouínsidəns]

ⓝ 우연의 일치, 동시 발생

By a fortunate coincidence, elements and materials that we use in large amounts need less natural concentration. 학평
다행스러운 우연의 일치로, 우리가 다량으로 사용하는 원소와 물질은 더 낮은 자연 농도를 필요로 한다.

co + in + **cid**
함께   안에   떨어지다
(com)

+ ence
명접

두 가지가 함께 안으로
떨어짐
➡ 우연의 일치

0810 ☐☐
decay
[dikéi]

ⓥ 쇠락하다, 썩다, 부패하다 ⓝ 부패, 쇠퇴

Every city has pockets of underused and underutilized land or decaying urban areas. 교과서
모든 도시는 충분히 활용되지 못하고 이용되지 않는 토지 지역이나 쇠락하는 도시 구역들이 있다.

de + **cay**
아래로 떨어지다
(down)

바닥으로 떨어질 만큼 썩다
➡ 부패하다

WORD *Review*

다음 뜻에 해당하는 알맞은 영어 단어를 쓰시오.

duc
이끌다

02 _____
식욕, 욕구

pet
달려가다

03 _____
반복하다

01 _____
수행하다, 지휘하다,
행동, 지휘

04 _____
경쟁하다, 겨루다

05 _____
청원(서), 탄원(서),
탄원하다

06 _____
능력 있는, 유능한

scrib
쓰다

09 _____
구독하다, 서명하다

graph
글, 그림

14 _____
전기, 일대기

07 _____
묘사하다, 설명하다

10 _____
대본, 원고

12 _____
자서전

15 _____
그림의, 도표의,
도표

08 _____
비문, 새겨진 글

11 _____
규정하다, 처방하다

13 _____
사진, 사진을 찍다

16 _____
단락, 짧은 글

sequ
따라가다

19 _____
연속, 잇따라 일어남

alter
다른

24 _____
바꾸다, 변하다

17 _____
후속의, 이어지는

20 _____
추구하다, 뒤쫓다

22 _____
번갈아 하다,
번갈아 하는

25 _____
그렇지 않으면,
다른

18 _____
실행하다, 처형하다

21 _____
결과, 영향, 중요성

23 _____
대안, 양자택일의

26 _____
외래[외국]의,
외계인

cid
떨어지다

27 _____
우연한, 우발적인

28 _____
쇠락하다, 썩다,
부패

29 _____
우연의 일치,
동시 발생

30 _____
사고, 사건,
일어나기 쉬운

🔑 주요 다의어 14

dictate

01 받아쓰게 하다

Mr. Johnson **dictated** the letter to his secretary, so she might know everything.　Johnson 씨는 그의 비서에게 그 편지를 **받아쓰게 했으므로**, 그녀가 모든 걸 다 알 수도 있다.

02 명령하다, 강요하다

Parents should not **dictate** their children's career.
부모는 자식의 진로를 **강요해서는** 안 된다.

03 ~을 좌우하다, 영향을 주다

Students generally think that grades in college **dictate** their future success.　학생들은 일반적으로 대학 성적이 자신의 미래의 성공에 **영향을 미친다고** 생각한다.

term

01 용어, 전문어

Professionals often speak using technical **terms**.
전문가들은 종종 전문 **용어**를 써서 말한다.

02 기간, 임기

The president's **term** in office was extended from five to seven years.　대통령 **임기**는 5년에서 7년으로 늘어났다.

03 (계약 등의) 조건

Our lawyers will determine whether the **terms** of the contract are unfair.
우리의 변호사들이 계약 **조건**이 불공정한지 검토할 것이다.

04 (친한) 사이

She is on good **terms** with her neighbors.
그녀는 이웃들과 **사이** 좋게 지낸다.

DAY 28

어원 Preview

cid	떨어지다	**prehend**	붙잡다
nutr	영양분을 주다, 돌보다	**form**	형태, 모양
sting	찌르다	**log**	이성, 말
		pend	매달다, 무게를 달다

Previous Check

☐ cascade	☐ extinct	☐ conform
☐ nutrient	☐ comprehend	☐ logic
☐ nutrition	☐ prey	☐ analogy
☐ nurture	☐ enterprise	☐ apology
☐ nurse	☐ comprise	☐ ecology
☐ nourish	☐ imprison	☐ ideology
☐ distinguish	☐ formula	☐ suspend
☐ stimulate	☐ inform	☐ expend
☐ instinct	☐ reform	☐ compensate
☐ distinct	☐ informal	☐ pension

cid 떨어지다(fall, drop)
| 변화형 | cay, cad

0811 ☐☐
cascade
[kæskéid]

ⓝ 작은 폭포 ⓥ 폭포처럼 흐르다

The waterfall formed a beautiful cascade as the water flowed down the rocks.
그 폭포는 물이 바위 아래로 흘러 내려오면서 아름다운 작은 폭포를 형성했다.

cas + cad(e)
떨어지다 떨어지다

떨어지고 떨어지는 것
➡ 작은 폭포

---

nutr 영양분을 주다(nourish), 돌보다(nurse)
| 변화형 | nur, nour

0812 ☐☐
nutrient
[njúːtriənt]

ⓝ 영양분, 영양소

Monoculture leads to poor nutrition for bees because a single plant cannot meet their nutrient requirements. 교과서
단일 재배는 단일 식물이 벌들의 영양 요건을 충족시킬 수 없기 때문에 그들에게 영양 부족을 초래한다.

nutr(i) + ent
영양분을 명접
주다

영양분을 주는 요소
➡ 영양소

0813 ☐☐
nutrition
[njuːtríʃən]

ⓝ 영양, 영양분 섭취

When it comes to nutrition, sticking to a fixed time plan for meals allows your metabolism to adjust. 학평 변형
영양에 관해서라면 식사를 위한 정해진 시간 계획을 고수하는 것이 여러분의 신진대사가 적응하도록 한다.

➕ malnutrition ⓝ 영양실조

nutr(i) + tion
영양분을 명접
주다

영양분을 주는 것
➡ 영양분 섭취

0814 ☐☐
nurture
[nə́ːrtʃər]

ⓥ 양육[교육]하다, 키우다 ⓝ 양육, 교육

We can learn what management strategies help to nurture resilience. 학평
우리는 어떠한 관리 전략이 회복력을 키우는 데 도움이 되는지를 배울 수 있다.

nur(t) + ure
돌보다 명접

돌보며 기르는 것
➡ 양육, 양육하다

0815 ☐☐

nurse
[nə:rs]

ⓝ 간호사, 유모   ⓥ 간호하다, 돌보다

She worked as a nurse in a clinic during the civil war.
그녀는 내전 때 병원에서 간호사로 일했다.

➕ nursing home 요양원, 양로원
   nursery ⓝ 육아실, 탁아소, 양성소

nur(se)
돌보다

환자를 돌보는 사람
➡ 간호사

0816 ☐☐

nourish
[nə́:riʃ]

ⓥ 영양분을 주다, 먹여 기르다, 육성하다

In other words, the destiny of a community depends on how well it nourishes its members. 모평
다시 말해, 한 공동체의 운명은 그 공동체가 구성원들을 얼마나 잘 먹여 기르는지에 달려 있다.

nour + ish
영양분을   동접
주다

영양분을 주어 키우다
➡ 먹여 기르다

---

sting   찌르다(prick)
| 변화형 | stim, stinct

0817 ☐☐

distinguish
[distíŋgwiʃ]

ⓥ 구별하다, 식별하다

We strive to distinguish false information from the truth. 학평
우리는 허위 정보와 진실을 구별하기 위해 노력한다.

🟰 discern, differentiate ⓥ구별하다
➕ distinguished ⓐ유명한, 저명한

di + **sting(u)** + ish
떨어져   찌르다   동접

다른 것과 동떨어져 구분이
되게 콕 찌르다
➡ 구별하다

DAY
28

0818 ☐☐

stimulate
[stímjulèit]

ⓥ 자극하다, 활발하게 하다, 고무하다

He found that certain species of bacteria from the human gut supported and stimulated the cholera's growth. 교과서 변형
그는 인간 장내의 어떤 세균 종들은 콜레라의 성장을 지원하며 자극한다는 것을 발견했다.

➕ stimulus ⓝ자극 (pl. stimuli)

stim(ul) + ate
찌르다   동접

누군가를 콕콕 찌르다
➡ 자극하다

0819 ☐☐

instinct
[instíŋkt]

ⓝ 본능, 직감

We might think that our gut instinct is just an inner feeling. 학평
우리는 우리의 직감이 단지 내면의 느낌이라고 생각할지도 모른다.

🔁 intuition ⓝ 직감

in + **stinct**
안에 　 찌르다

마음 안으로 쿡 찌르는 감정
➡ 본능

0820 ☐☐

distinct
[distíŋkt]

ⓐ 뚜렷한, 별개의, 다른

Robotic assistants have a distinct social presence and visual features suggestive of their ability to interact socially. 모평 변형
로봇 비서는 뚜렷한 사회적 존재감과 사회적 상호 작용을 하는 능력을 암시하는 시각적 특징을 가지고 있다.

➕ distinctive ⓐ 독특한, 특이한
　 distinction ⓝ 구별, 차이, 특징

di + **stinct**
떨어져 　 찌르다

따로 떼어내 찔러서 뚜렷한
자국이 남는
➡ 뚜렷한

0821 ☐☐

extinct
[ikstíŋkt]

ⓐ 멸종된, (불 등이) 꺼진, 활동을 그친

At this rate, orangutans could become extinct in less than 25 years. 교과서
이 속도라면 오랑우탄은 25년 이내에 멸종될 수도 있다.

➕ extinction ⓝ 멸종

ex + **(s)tinct**
밖으로 　 찌르다

밖으로 꺼내 찔러 죽음에
이르게 하는
➡ 멸종된

prehend 　 붙잡다(hold)
| 변화형 | **prey, pris**

0822 ☐☐

comprehend
[kàmprihénd]

ⓥ 이해하다, 파악하다, 포함하다

The infinite distances of space are too vast for the human mind to comprehend.
우주의 무한한 거리는 너무 방대해서 인간의 정신으로는 이해할 수 없다.

🔁 grasp, understand ⓥ 파악하다, 이해하다
➕ comprehension ⓝ 이해
　 comprehensive ⓐ 포괄적인, 이해력이 있는

0823 ☐☐

prey
[prei]

ⓝ 먹이, 사냥감, 희생(자)

When a predatory species becomes extinct, this removes a check and balance on the population of its prey. 교과서

포식자 종이 멸종하면, 그 포식자 종의 먹이가 되는 종의 개체 수에 대한 견제와 균형이 사라진다.

🟰 game ⓝ 사냥감   victim ⓝ 희생자
🔄 predator ⓝ 포식자

prey
붙잡다

큰 동물에게 붙잡혀 먹히는 동물
➡ 먹이, 사냥감

0824 ☐☐

enterprise
[éntərpràiz]

ⓝ 기업, 모험적 사업, 기획, 계획

A growing enterprise is required to have a bold and passionate leader to be successful.

성장하는 기업은 성공하기 위해서 대담하고 열정적인 지도자를 보유해야 한다.

enter + pris(e)
사이에   붙잡다
(inter)

여럿 사이에서 일을 꽉 붙잡음
➡ 기업

0825 ☐☐

comprise
[kəmpráiz]

ⓥ 구성하다, 포함하다

Namsadangnori is comprised of six components: farmers' music, a mask dance, tightrope walking, a puppet play, acrobatics, and plate spinning. 교과서

남사당놀이는 다음 6개의 요소, 즉 농악, 가면 춤, 줄타기, 꼭두각시놀음, 곡예, 접시 돌리기로 구성된다.

com + pris(e)
함께   붙잡다

어떤 것 안에 함께 붙잡아 두다
➡ 포함하다

DAY
28

0826 ☐☐

imprison
[imprízən]

ⓥ 투옥하다, 감금하다

The secret agent was authorized to arrest, imprison, and assassinate.

그 비밀 요원은 체포하고, 감금하고, 암살할 수 있는 권한을 부여받았다.

🔄 release ⓥ 석방하다
➕ imprisonment ⓝ 투옥, 감금

im + pris(on)
안에   붙잡다
(in)

감옥 안에 붙잡아 두다
➡ 투옥하다

form 형태, 모양(shape)

0827 ☐☐

formula

[fɔ́ːrmjələ]

ⓝ 공식, 방식, 제조법

This formula is used to calculate the area of a circle.

이 공식은 원의 면적을 계산하는 데 사용된다.

➕ formulate ⓥ 만들어 내다, 공식화하다

form + ula
형태　작은 것

작은 형태로 정리한 것
➔ 공식

0828 ☐☐

inform

[infɔ́ːrm]

ⓥ 알리다, 통지하다

These road sensors could inform your car of driving hazards, such as icy roads, and warn your car to slow down. 교과서

이러한 도로 센서는 빙판길과 같은 주행 위험을 여러분의 차량에 알려 주고 차량이 감속하도록 경고할 수 있다.

🟰 advise, notify ⓥ 알리다

➕ information ⓝ 정보

in + form
안에　형태

구체적인 형태의 정보를
머릿속에 넣어 주다
➔ 알리다

0829 ☐☐

reform

[rifɔ́ːrm]

ⓥ 개혁하다, 개정하다　ⓝ 개혁, 개정

The government should reform the pension system before it's too late.

정부는 너무 늦기 전에 연금 제도를 개혁해야 한다.

🟰 reorganize ⓥ 재편성하다, 개혁하다

➕ reformation ⓝ 개혁, 개정

re + form
다시　형태

형태를 다시 만들다
➔ 개혁하다

0830 ☐☐

informal

[infɔ́ːrməl]

ⓐ 비공식의, 격식 없는, 평상복의, 구어체의

The two groups met for informal talks.

그 두 단체는 비공식 회담을 나누기 위해 만났다.

🟰 casual ⓐ 격식 없는, 평상복의

🔁 formal ⓐ 공식의, 격식을 갖춘

in + form + al
아닌　형태　형접

형식적이지 않은
➔ 비공식의

0831 ☐☐

conform

[kənfɔ́ːrm]

ⓥ 순응하다, 따르다

He refused to conform to the local customs.

그는 지역의 관습을 따르는 것을 거부했다.

➕ conformity ⓝ 순응, 복종, 일치
　conformist ⓝ 순응자

con + form
함께　형태
(com)

모두 같은 형태를 취하다
➔ 순응하다

---

log 이성(reason), 말(word)

0832 ☐☐
logic
[ládʒik]

ⓝ 논리, 논리학

Kids have a greater ability to reason as they get older, and logic makes sense as they move further into preadolescence. 학평

아이들은 나이가 들면서 추론 능력이 더 향상되며, 사춘기 직전기로 접어들면서 논리가 타당해진다.

➕ **logical** ⓐ논리적인(↔ illogical)

log + **ic**
말   명접

말로 이끌어 가는 것
➡ 논리

0833 ☐☐
analogy
[ənǽlədʒi]

ⓝ 비유, 유사(점), 유추

A closer look reveals the flaw in this analogy. 모평
더 자세히 살펴보면 이 비유의 결점이 드러난다.

➕ **metaphor** ⓝ비유. 은유   **similarity** ⓝ유사점

ana + **log** + **y**
따라 하는 말   명접

어떤 것을 따라 하며
비슷하게 하는 말
➡ 비유

0834 ☐☐
apology
[əpálədʒi]

ⓝ 사과, 사죄, 변명

Please accept my sincere apology. 학평
제 진심 어린 사과를 받아 주세요.

➕ **apologize** ⓥ사과하다, 변명하다
   apologetic ⓐ변명의, 사과의, 변명조의

apo + **log** + **y**
떨어져 말   명접
(ab)

잘못으로부터 떨어지기 위해
하는 말
➡ 사과

0835 ☐☐
ecology
[ikálədʒi]

ⓝ 생태, 생태학

Tom is a graduate student studying ecology.
Tom은 생태학을 공부하고 있는 대학원생이다.

➕ **ecological** ⓐ생태학적인
   ecologist ⓝ생태학자

eco + **log** + **y**
사는 곳 말   명접

(주거) 환경과 관련된 말
➡ 생태(학)

0836 ☐☐
ideology
[àidiálədʒi]

ⓝ 이데올로기, 이념, 관념(학)

The two parties have sharply opposed ideologies.
양측은 첨예하게 대립되는 이데올로기를 가지고 있다.

➕ **ideological** ⓐ이념적인

ide(o) + **log** + **y**
생각   말   명접

말로 표현할 수 있는 생각
➡ 이념

DAY
28

pend 매달다(hang), 무게를 달다(weigh)
| 변화형 | pens, pond

0837 ☐☐

suspend
[səspénd]

ⓥ 매달다, 중단하다, 연기하다, 정직[정학]시키다

Production has been suspended while safety checks are carried out.
안전 점검이 실시되는 동안 생산이 중단되었다.

➕ **suspension** ⓝ 정지, 중지, 정직[정학]
suspense ⓝ 미결정, 불안, 서스펜스

sus + pend
아래에 매달다

바로 처리하지 않고 아래에
매달아 두다
➔ 중단하다

0838 ☐☐

expend
[ikspénd]

ⓥ 쓰다, 소비하다, 지출하다

Around 3/4 of that energy is expended on neurons, the specialized brain cells that communicate in vast networks to generate our thoughts and behaviours. 학평
그 에너지의 약 4분의 3은 우리의 생각과 행동을 만들어 내기 위해 광대한 연결망에서 소통하는 분화된 뇌세포인 뉴런에 쓰인다.

➕ **expenditure** ⓝ 지출, 소비
expense ⓝ 비용, 경비

ex + pend
밖으로 무게를 달다

밖으로 꺼내 무게를 달아
값을 지불하다
➔ 쓰다

0839 ☐☐

compensate
[kámpənsèit]

ⓥ 보상하다, 보완하다, 보충하다, 상쇄하다

The heart has to work harder during space travel and on Mars to compensate for the weak or zero gravity. 교과서
우주여행 도중과 화성에서는 약한 중력 또는 무중력을 보완하기 위해 심장이 더 열심히 움직여야 한다.

➖ **offset** ⓥ 상쇄하다
➕ **compensation** ⓝ 보상, 보완

com + pens + ate
함께 무게를 달다 동접

함께 무게를 달아 모자라는
것을 보충하다
➔ 보완하다

0840 ☐☐

pension
[pénʃən]

ⓝ 연금

You will be entitled to your pension when you reach 65.
여러분이 65세가 되면 여러분에게 연금을 받을 자격이 부여된다.

pens + ion
무게를 달다 명접

(노동의) 무게를 달아 주는 돈
➔ 연금

WORD *Review*

다음 뜻에 해당하는 알맞은 영어 단어를 쓰시오.

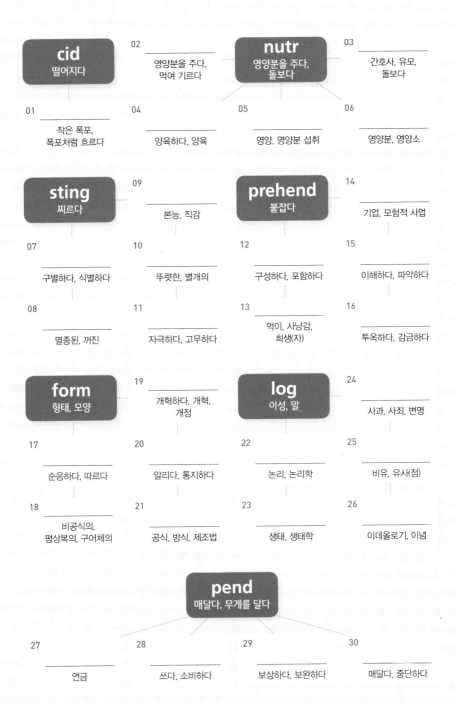

cid
떨어지다

02 _____
영양분을 주다,
먹여 기르다

nutr
영양분을 주다,
돌보다

03 _____
간호사, 유모,
돌보다

01 _____
작은 폭포,
폭포처럼 흐르다

04 _____
양육하다, 양육

05 _____
영양, 영양분 섭취

06 _____
영양분, 영양소

sting
찌르다

09 _____
본능, 직감

prehend
붙잡다

14 _____
기업, 모험적 사업

07 _____
구별하다, 식별하다

10 _____
뚜렷한, 별개의

12 _____
구성하다, 포함하다

15 _____
이해하다, 파악하다

08 _____
멸종된, 꺼진

11 _____
자극하다, 고무하다

13 _____
먹이, 사냥감,
희생(자)

16 _____
투옥하다, 감금하다

form
형태, 모양

19 _____
개혁하다, 개혁,
개정

log
이성, 말

24 _____
사과, 사죄, 변명

17 _____
순응하다, 따르다

20 _____
알리다, 통지하다

22 _____
논리, 논리학

25 _____
비유, 유사(점)

18 _____
비공식의,
평상복의, 구어체의

21 _____
공식, 방식, 제조법

23 _____
생태, 생태학

26 _____
이데올로기, 이념

pend
매달다, 무게를 달다

27 _____
연금

28 _____
쓰다, 소비하다

29 _____
보상하다, 보완하다

30 _____
매달다, 중단하다

주요 다의어 15

represent

대표하다

01 Yuna Kim, **representing** South Korea, won a gold medal at the 2010 Winter Olympics in Vancouver.
한국을 **대표하는** 김연아는 2010년 밴쿠버 동계올림픽에서 금메달을 땄다.

나타내다, 상징하다

02 The 50 stars on the national flag of the USA **represent** the 50 states.
미국 국기에 그려진 별 50개는 50개의 주를 **나타낸다.**

표현하다, 묘사하다

03 His novels often **represent** women negatively, so they have been criticized by many feminists.
그의 소설은 종종 여성을 부정적으로 **묘사해서** 많은 여성주의자들에 의해 비판받았다.

yield

산출하다, 생산하다

01 Our farm **yielded** lots of vegetables this year.
우리 농장은 올해 많은 채소를 **생산했다.**

생산량, 수확량

02 Climate change has begun to cut into crop **yields**.
기후 변화로 인해 곡물 **수확량**이 줄어들기 시작했다.

(결과를) 낳다

03 New methods have **yielded** surprising results in the field.
새로운 방법은 그 분야에서 놀라운 결과를 **낳았다.**

~에 항복하다, 양보하다

04 The soldiers refused to **yield** even in the thunderous attack.
병사들은 맹렬한 공격에도 **항복하기를** 거부했다.

DAY 29

어원 Preview

pend	매달다, 무게를 달다	**flu**	흐르다
port	운반하다	**volv**	말다, 돌다
fund	기반	**neg**	아닌
ess	존재하다	**prob**	시험하다, 증명하다
cide	죽이다, 자르다		

Previous Check

☐ ponder	☐ interest	☐ influenza
☐ portable	☐ present	☐ involve
☐ important	☐ absent	☐ evolve
☐ import	☐ decide	☐ volume
☐ export	☐ pesticide	☐ revolution
☐ fund	☐ suicide	☐ negative
☐ fundamental	☐ precise	☐ neutral
☐ found	☐ fluent	☐ necessary
☐ profound	☐ influence	☐ deny
☐ essence	☐ fluid	☐ probe

pend

매달다(hang), 무게를 달다(weigh)
| 변화형 | pens, pond

0841 ☐☐
ponder
[pándər]

ⓥ 깊이 생각하다, 숙고하다

Harry sat back in his chair to ponder his next move in the game.
Harry는 게임의 다음 수를 깊이 생각하며 의자에 깊숙이 앉아 있었다.

pond(er)
무게를 달다

무게를 달아 재 보다
➡ 숙고하다

---

port   운반하다(carry)

0842 ☐☐
portable
[pɔ́:rtəbl]

ⓐ 휴대용의, 가지고 다닐 수 있는

The laptop is a collection of portable digital technologies that link their social and working life. 모평 변형
노트북은 사회 생활과 업무 생활을 연결하는 휴대용 디지털 기술의 집합체이다.

port + able
운반하다   할 수 있는

들고 운반할 수 있는
➡ 휴대용의

0843 ☐☐
important
[impɔ́:rtənt]

ⓐ 중요한

Another important issue involved in going to and living on Mars is our health. 교과서
화성에 가서 생활하는 것과 관련된 또 한 가지 중요한 문제는 우리의 건강이다.

im + **port** + ant
안으로 운반하다 형접
(in)
안으로 운반해서 들여놓을 정도의
➡ 중요한

0844 ☐☐
import
[ímpɔ:rt] ⓝ
[impɔ́:rt] ⓥ

ⓝ 수입, 수입품   ⓥ 수입하다

Imported from South India, black pepper was an expensive spice. 교과서
인도 남부에서 수입된 후추는 값비싼 향신료였다.

im + **port**
안으로 운반하다
(in)
항구 안으로 운반하다
➡ 수입하다

0845 ☐☐
export
[ékspɔ:rt] ⓝ
[ekspɔ́:rt] ⓥ

ⓝ 수출, 수출품   ⓥ 수출하다

The government has banned the export of lumber.
정부는 목재 수출을 금지했다.

ex + **port**
밖으로 운반하다

항구 밖으로 운반하다
➡ 수출하다

fund

기반(foundation, base)

| 변화형 | **found**

0846 ☐☐

fund

[fʌnd]

ⓝ 기금, 자금 **ⓥ** 기금[자금]을 대다

Some army officers organized a benefit festival to raise funds in her honor. 교과서

몇몇 군 장교들은 그녀에게 경의를 표하며 기금 마련을 위한 자선 모금 축제를 조직했다.

➕ fundraiser ⓝ 모금 행사

> **fund**
> 기반
>
> 기반이 되는 돈
> ➡ 기금, 자금

0847 ☐☐

fund**amental**

[fʌ̀ndəméntəl]

ⓐ 기본[기초]의, 근본적인, 중요한

The safety measures for the fictional robots were the "Three Fundamental Laws of Robotics." 교과서 변형

상상한 로봇들을 위한 안전 조치들은 '로봇 공학의 기본 3원칙'이었다.

> **fund(a)** + **ment** + **al**
> 기반   명접   형접
>
> 기반이 될 정도로 중요한
> ➡ 기본[기초]의

0848 ☐☐

found

[faund]

ⓥ 설립하다, 기초를 세우다, 근거를 두다

Our organization was founded on the belief that all animals should be respected. 학평 변형

우리 단체는 모든 동물이 존중받아야 한다는 신념을 바탕으로 설립되었다.

➕ foundation ⓝ 기초, 토대, 재단

> **found**
> 기반
>
> 기반 위에 세우다
> ➡ 설립하다

DAY
29

0849 ☐☐

pro**found**

[prəfáund]

ⓐ 깊은, 심오한

The Renaissance movement had given birth to an era of profound religious change. 학평

르네상스 운동은 심오한 종교적 변화의 시대를 일으켰다.

🔄 shallow, superficial ⓐ 얕은, 천박한, 피상적인

> **pro** + **found**
> 앞에   기반
>
> 기반[바닥] 앞으로 나아간
> ➡ 깊은

ess 존재하다 (exist)

| 변화형 | **est, sent**

0850 ☐☐

essence

[ésəns]

ⓝ 본질, 핵심

Her work misses the essence of what Western religion is about.

그녀의 작품은 서양 종교의 본질을 놓치고 있다.

➕ **essential** ⓐ 필수의, 근본적인, 가장 중요한

ess + **ence**
존재하다   명접

존재하는 모든 것에 있음
➜ 본질

0851 ☐☐

interest

[íntərəst]

ⓝ 관심, 흥미, 이자, 이해관계 ⓥ 흥미를 끌다

We can visit a website as we would visit a friend or a place of interest. 교과서 변형

우리는 웹사이트를 친구나 관심 있는 장소를 방문하듯이 방문할 수 있다.

inter + **est**
사이에   존재하다

사람들 사이에 존재하는 것
➜ 관심, 흥미

0852 ☐☐

present

[prézənt] ⓐ, ⓝ
[prizént] ⓥ

ⓐ 현재의, 있는, 출석한 ⓝ 현재, 선물
ⓥ 주다, 제출하다, 보여주다

Eventually, the IoT will be present everywhere. 교과서

결국 사물인터넷이 모든 곳에 있게 될 것이다.

➕ **presence** ⓝ 존재(함), 출석

pre + **sent**
앞에   존재하다

내 앞에 존재하고 있는
➜ 출석한

0853 ☐☐

absent

[ǽbsənt] ⓐ
[æbsént] ⓥ

ⓐ 부재중인, 결석한 ⓥ 결석[결근]하다

His father, who was a member of the King's medical staff, was often absent. 학평

왕의 의료진의 일원이었던 그의 아버지는 부재중인 경우가 많았다.

➕ **absence** ⓝ 결석, 부재

ab + **sent**
떨어져   존재하다

나와 멀리 떨어져 존재하는
➜ 부재중인

---

cide 죽이다(kill), 자르다(cut)
| 변화형 | cis

0854 ☐☐

decide
[disáid]

ⓥ 결정하다, 결심하다

To encourage more participation, we decided to extend the registration until tomorrow. 교과서 변형
우리는 더 많은 참여를 독려하기 위해 내일까지 등록을 연장하기로 결정했다.

目 determine ⓥ 결정하다, 확정하다
🔢 decisive ⓐ 결정적인, 단호한

de + **cide**
떨어져 자르다

망설이지 않고 잘라내다
➡ 결심하다

0855 ☐☐

pesticide
[péstisàid]

ⓝ 농약, 살충제

The use of pesticide is a major factor that leads to the decline of bees. 교과서 변형
농약의 사용은 벌의 감소를 초래하는 중요한 요인이다.

pest(i) + **cide**
해충 죽이다

해충을 죽여 없애는 것
➡ 살충제

0856 ☐☐

suicide
[sjúːisàid]

ⓝ 자살

Recently, many communities have taken proactive measures to prevent suicide.
최근 많은 지역사회들이 자살을 예방하기 위해 선제적인 조치를 취해 왔다.

🔢 commit suicide 자살하다

sui + **cide**
자신 죽이다

자신을 죽임
➡ 자살

DAY
29

0857 ☐☐

precise
[prisáis]

ⓐ 정확한, 정밀한

Since people cannot measure the temperature of stars in a precise way, astronomers rely on their colors. 학평 변형
사람들은 정확한 방법으로 별의 온도를 측정할 수 없기 때문에, 천문학자들은 그것의 색에 의존한다.

🔄 imprecise, inaccurate ⓐ 부정확한
🔢 precisely ⓐ 정확히

pre + **cis(e)**
앞에 자르다

앞을 잘라 불필요한 부분을 없앤
➡ 정확한

---

flu　흐르다(flow)

0858 ☐☐
fluent
[flú(ː)ənt]

ⓐ 유창한, 능변의

She's fluent in French and German.
그녀는 프랑스어와 독일어가 유창하다.
➕ **fluency** ⓝ 유창, 능변　**fluently** ⓪ 유창하게

flu + ent
흐르다　형접

물 흐르듯 줄줄 나오는
➡ 유창한

0859 ☐☐
influence
[ínfluəns]

ⓥ 영향을 미치다 ⓝ 영향(력), 설득력

Your emotions influence the way your body reacts. 교과서
당신의 감정은 신체가 반응하는 방식에 영향을 미친다.
➕ **influential** ⓐ 영향을 미치는, 영향력 있는

in + **flu** + ence
안으로 흐르다　명접

마음속으로 흘러들어와
자극하는 것
➡ 영향(력)

0860 ☐☐
fluid
[flú(ː)id]

ⓝ 액체, 유동체 ⓐ 유동성의, 불안정한

On Earth, gravity drags bodily fluids downwards, but in space this does not happen. 교과서
지구에서는 중력이 체액을 아래로 끌어내리지만, 우주에서는 이런 현상이 일어나지 않는다.

flu + id
흐르다　어미

흐르는 것
➡ 액체

0861 ☐☐
influenza
[ìnfluénzə]

ⓝ 독감, 유행성 감기 (단축형 flu)

The nineteenth century saw destructive outbreaks of influenza in European cities. 학평 변형
19세기 유럽 도시들은 독감의 파괴적인 창궐을 목격했다.

in + **flu** + enza
안으로 흐르다　명접

안으로 흘러들어와
감염시키는 병
➡ 독감

volv　말다, 돌다(roll)
| 변화형 | volu

0862 ☐☐
involve
[inválv]

ⓥ 포함하다, 수반하다, 말려들게 하다

Creativity involves putting your imagination to work. 학평
창의성은 여러분의 상상력을 작동시키는 것을 수반한다.

in + **volv(e)**
안으로　말다

안으로 돌돌 말다
➡ 포함하다

0863 □□
evolve
[iválv]

ⓥ 진화하다, 진화시키다, 서서히 발전하다

Robots are about to evolve into independent, "living" creatures. 교과서
로봇들은 독립적이고 '살아 있는' 피조물로 진화하기 일보 직전이다.

➕ **evolution** ⓝ 진화

e + **volv(e)**
밖으로   말다
(ex)

구겨져 말려 있던 것을
밖으로 펼치다
➜ 서서히 발전하다

0864 □□
volume
[váljuːm]

ⓝ 양, 크기, 음량, 책, (책의) 권

His poems are now available in a single volume.
그의 시는 이제 한 권의 책으로 출판되었다.

volu + **me**
말다   어미

글을 써서 돌돌 말아 놓은 것
➜ (초기의) 책

0865 □□
revolution
[rèvəljúːʃən]

ⓝ 혁명, 회전, 순환

The marathoner contributed to create a social revolution through running.
그 마라톤 선수는 달리기를 통해 사회적 혁명을 일으키는 데 기여했다.

➕ **revolutionary** ⓐ 혁명의, 혁명적인, 회전하는
   revolve ⓥ 회전하다, 돌다, 공전하다

re + **volu** + **tion**
다시   돌다   명접

세상을 뒤집어 다시 돌게 함
➜ 혁명

DAY
29

---

neg
아닌 (not)
| 변화형 | ne, ny

0866 □□
negative
[négətiv]

ⓐ 부정적인, 반대하는

Your mind makes your last thoughts part of reality — but this time, that "reality" is positive, not negative. 학평
당신의 마음은 자신의 마지막 생각을 현실의 일부로 만드는데, 이번에는 그 '현실'이 부정적인 것이 아니라 긍정적인 것이다.

neg + **ative**
아닌   형접

좋은 것이 아닌
➜ 부정적인

0867 ☐☐

neutral
[njúːtrəl]

ⓐ 중립(국)의, 공정한 ⓝ 중립, 중립국

There were 14 countries that remained officially neutral throughout World War II — Sweden, Switzerland, Portugal, etc.
스웨덴, 스위스, 포르투갈 등 2차 세계대전 내내 공식적으로 중립국이었던 14개의 국가가 있었다.

🔳 impartial ⓐ공정한

ne + **utr** + **al**
아닌 이쪽도 형접
저쪽도

어느쪽 편도 들지 않는
➡ 중립의

0868 ☐☐

necessary
[nésəsèri]

ⓐ 필요한, 필수적인, 필연적인 ⓝ 필수품

It is necessary to reject ordinary thoughts and try to see the world differently. 교과서
평범한 생각을 거부하고 세상을 다르게 보려고 노력하는 것이 필요하다.

ne + **cess** + **ary**
아닌 가다 형접
(cede)

지나쳐 가버려서는 안 되는
➡ 필요한

0869 ☐☐

deny
[dinái]

ⓥ 부정하다, 부인하다, 거부하다

All the high-tech devices seem to deny the need for paper. 학평
모든 첨단 기기들은 종이의 필요성을 부정하는 것처럼 보인다.

➕ denial ⓝ부인, 부정, 거부

de + **ny**
떨어져 아닌

멀찍이 떨어지며 아니라고 하다
➡ 부인하다

---

prob
시험하다(test), 증명하다(prove)
| 변화형 | prov

0870 ☐☐

probe
[proub]

ⓝ 무인 우주 탐사선, (철저한) 조사
ⓥ (정밀) 조사하다

It will be the first probe to another planet launched by the Korean Space Agency.
그것은 한국 우주국에서 발사한 다른 행성으로 가는 첫 번째 무인 우주 탐사선이 될 것이다.

prob(e)
시험하다

무언가를 시험하고 증명하는 것
➡ (철저한) 조사

WORD *Review*

다음 뜻에 해당하는 알맞은 영어 단어를 쓰시오.

pend
매달다, 무게를 달다

01 _____
깊이 생각하다,
숙고하다

prob
시험하다, 증명하다

02 _____
무인 우주 탐사선,
조사, 조사하다

port
운반하다

03 _____
수출, 수출하다

04 _____
중요한

05 _____
수입, 수입하다

06 _____
휴대용의, 가지고
다닐 수 있는

fund
기반

07 _____
기금, 자금,
기금을 대다

08 _____
깊은, 심오한

09 _____
설립하다,
기초를 세우다

10 _____
기본의, 근본적인

ess
존재하다

11 _____
현재의, 출석한,
선물, 주다

12 _____
관심, 흥미,
흥미를 끌다

13 _____
본질, 핵심

14 _____
부재중인, 결석하다

cide
죽이다, 자르다

15 _____
정확한, 정밀한

16 _____
농약, 살충제

17 _____
자살

18 _____
결정하다, 결심하다

flu
흐르다

19 _____
유창한, 능변의

20 _____
액체, 유동성의

21 _____
영향을 미치다,
영향(력), 설득력

22 _____
독감

volv
말다, 돌다

23 _____
포함하다, 수반하다

24 _____
혁명, 회전, 순환

25 _____
양, 크기, 음량, 책,
(책의) 권

26 _____
진화하다,
진화시키다

neg
아닌

27 _____
필요한, 필수적인,
필수품

28 _____
중립(국)의, 공정한,
중립국

29 _____
부정적인, 반대하는

30 _____
부정하다, 부인하다

주요 다의어 16

content

01 내용물

He emptied out the **contents** of his pockets onto the table.
그는 주머니 안에 든 **내용물**을 전부 꺼내 탁자 위에 올려놓았다.

02 목차, 차례

The names of the book's chapters are listed in the table of **contents**.   책의 각 장의 제목들은 **목차**에 실려 있다.

03 만족하는

She wanted ice cream, but she was **content** with low-fat yogurt.
그녀는 아이스크림을 원했지만, 저지방 요거트로 **만족했다**.

spot

01 찾아내다, 발견하다

Spotting the difference between these two similar pictures is a kind of observation skills test.
비슷한 이 두 그림 간의 차이점을 **찾아내는 것**은 일종의 관찰력 테스트이다.

02 (특정한) 현장, 장소

The criminal was arrested on the **spot** where he committed a crime.   범인은 범죄를 저지른 **현장**에서 체포되었다.

03 여드름, 뾰루지

Teenagers tend to care too much about the **spots** on their faces which will disappear naturally.
십 대들은 자연스레 사라질 얼굴에 난 **여드름**에 대해 지나치게 신경을 쓰는 경향이 있다.

04 얼룩, 점, 반점

The detective followed a few **spots** of blood on the floor before finding a wounded person.
그 형사는 바닥에 떨어진 피 **얼룩** 자국을 따라가서 부상당한 사람을 발견했다.

DAY
30

어원 Preview

prob	시험하다, 증명하다	**tail**	자르다
solv	느슨하게 하다	**sect**	자르다
popul	사람들	**viv**	생명, 살다
temper	섞다, 완화하다	**spond**	약속하다

Previous Check

☐ probable	☐ republic	☐ insect
☐ prove	☐ temper	☐ intersection
☐ approve	☐ temperate	☐ segment
☐ solve	☐ temperature	☐ vivid
☐ resolve	☐ temperament	☐ survive
☐ dissolve	☐ tailor	☐ revive
☐ absolute	☐ detail	☐ vital
☐ popular	☐ retail	☐ respond
☐ populate	☐ entail	☐ correspond
☐ publish	☐ sector	☐ responsible

prob

시험하다(test), 증명하다(prove)
| 변화형 | **prov**

0871 ☐☐
probable
[prábəbl]

ⓐ 있음직한, 개연성 있는

It is probable that the disease has a genetic element.

그 질병에는 유전적 요소가 있을 것 같다.

➕ probably ⓐ 아마, 필시

prob + **able**
증명하다 할 수 있는

증명할 수 있는
➡ 있음직한

0872 ☐☐
prove
[pru:v]

ⓥ 증명하다, 시험하다, ~인 것으로 판명되다

Next time you hear a politician say 'surveys prove that the majority of the people agree with me', be very wary. 학평

다음에 정치인이 "설문 조사는 국민 대다수가 제 의견에 동의한다는 것을 증명합니다."라고 말하는 것을 들으면 아주 조심하라.

➕ proof ⓝ 증거

prov(e)
증명하다

시험하여 증명하다
➡ 증명하다

0873 ☐☐
approve
[əprú:v]

ⓥ 찬성[승낙]하다, 승인하다, 입증하다

The Parliament approved a resolution calling for the creation of laws on robotics. 교과서

의회는 로봇 제작에 관한 법을 제정해야 한다는 결의안을 승인했다.

➕ approval ⓝ 찬성, 승인

ap + **prov(e)**
~에   시험하다

무엇을 시험하여 좋음을 인정하다
➡ 찬성하다, 승인하다

---

solv

느슨하게 하다(loosen)
| 변화형 | **solu**

0874 ☐☐
solve
[sɑlv]

ⓥ (문제 등을) 풀다, 해결하다

The computer has solved the problem of acquiring, preserving, and retrieving information. 모평

컴퓨터는 정보를 수집, 보존, 검색하는 문제를 해결했다.

solv(e)
느슨하게 하다

묶여 있는 것을 느슨하게 하다
➡ 해결하다

0875 ☐☐
resolve
[rizálv]

ⓥ 해결하다, 용해하다, 녹이다, 결심[결정]하다

Violence can never be justified as a way
to resolve disputes. 교과서
폭력은 분쟁을 해결하는 방법으로 결코 정당화될 수 없다.

➕ resolution ⓝ 결심, 결의문, 해결

re + solv(e)
다시 느슨하게 하다

다시 느슨하게 하다
➡ 용해하다

0876 ☐☐
dissolve
[dizálv]

ⓥ 녹이다[녹다], 용해하다, 해산하다

Cold water isn't able to dissolve as many
sugar cubes as hot water.
찬물은 뜨거운 물만큼 각설탕을 많이 녹이지 못한다.

➕ dissolution ⓝ 용해, 분리, (단체의) 해산

dis + solv(e)
떨어져 느슨하게 하다

느슨하게 하여 따로
떨어뜨리다
➡ 녹이다, 해산하다

0877 ☐☐
absolute
[ǽbsəlùːt]

ⓐ 절대적인, 완전한, 확고한 ⓝ 절대적인 것

For the boys, football was like an absolute
religion.
그 소년들에게 축구는 절대적인 종교와 같았다.

➕ absolutely ⓐⓥ 절대적으로, 완전히

ab + solu(te)
떨어진 느슨하게 하다

느슨한 것과는 거리가 먼
➡ 절대적인, 확고한

popul

사람들 (people)
| 변화형 | publ

DAY
30

0878 ☐☐
popular
[pápjələr]

ⓐ 인기 있는, 대중적인, 널리 퍼져 있는

Many local dishes, popular among
common people, were transformed into
hot, spicy, and unique food thanks to
chilies. 교과서
서민들에게 인기 있는 많은 현지 음식이 고추 덕분에 매콤
하고, 얼얼하고, 독특한 음식으로 변신했다.

➕ popularity ⓝ 인기

popul **+ ar**
사람들   형접

사람들이 좋아하는
➡ 인기 있는

0879 ☐☐

populate
[pápjəlèit]

ⓥ 거주시키다, ~에 살다, 거주하다

The French began to populate the island in the 15th century.
15세기에 프랑스인들이 그 섬에 살기 시작했다.

➕ population ⓝ 인구, 개체 수

popul + **ate**
사람들   동접

사람들이 머무르게 하다
➡ 거주시키다

0880 ☐☐

publish
[pʌ́bliʃ]

ⓥ 출판하다, 발행하다, 발표하다

Ideally, freedom to publish should be a basic right of all research workers. 학평
이상적으로는 출판할 자유는 모든 연구자의 기본 권리여야 한다.

➕ publication ⓝ 발표, 발행, 발간
publisher ⓝ 발행인, 출판업자

publ + **ish**
사람들   동접

사람들에게 널리 알리다
➡ 발표하다

0881 ☐☐

republic
[ripʌ́blik]

ⓝ 공화국

Red is associated with mourning in the Republic of South Africa. 교과서
빨간색은 남아프리카 공화국에서 애도와 관련이 있다.

re + **publ(ic)**
일   사람들의

왕이 아닌 국민들의 일
➡ 공화국

---

temper 섞다(mix), 완화하다(moderate)

0882 ☐☐

temper
[témpər]

ⓝ 화, 기질, 기분, 침착 ⓥ 완화하다, 가라앉히다

Attitude is a personal decision to stay in control and not to lose your temper. 학평
태도는 통제력을 유지하고 침착을 잃지 않겠다는 개인적인 결심이다.

temper
섞다

마음속에 섞여 있는 것
➡ 기질, 기분

0883 ☐☐

temperate
[témpərit]

ⓐ 온화한, 절제하는, 온건한

The weather in Sydney is temperate, with warm summers and cool winters.
Sydney의 날씨는 온화하며, 여름에는 따뜻하고 겨울에는 서늘하다.

temper + **ate**
완화하다   형접

완화된 상태
➡ 온화한

0884 ☐☐
temperature
[témpərətʃər]

ⓝ 온도, 기온, 체온

The temperature is expected to reach 35°C today. 교과서
오늘 온도가 섭씨 35도에 이를 것으로 예상된다.

temperate + **ure**
온화한   명접

날씨가 얼마나 온화한지를
나타내는 것
➡ 온도

0885 ☐☐
temperament
[témpərəmənt]

ⓝ 기질, 성질

A developmental psychologist argues that three main forces shape our development: personal temperament, our parents, and our peers. 학평 변형
한 발달 심리학자는 우리의 발달을 형성하는 세 가지 주된 힘은 개인적인 기질, 부모, 또래들이라고 주장한다.

temper(a) + **ment**
섞다   명접

다양한 성질이 섞여 있음
➡ 기질

tail   자르다(cut)

0886 ☐☐
tailor
[téilər]

ⓝ 재단사 **ⓥ** 맞추다, 조정하다

He realized he needed to put the customers' needs first and tailor his thinking accordingly. 학평
그는 자신이 고객의 요구를 우선시하고 자신의 생각을 그에 맞게 맞출 필요가 있다는 것을 깨달았다.

tail + **or**
자르다 명접

옷감을 잘라 옷을 만드는
사람
➡ 재단사

DAY
30

0887 ☐☐
detail
[ditéil]

ⓝ 세부 사항 **ⓥ** 상술하다, 열거하다

Most business executives like to start with the big picture and then work out the details. 학평
대부분의 기업 관리자들은 큰 그림에서 시작하고 그다음에 세부 사항을 해결하는 것을 좋아한다.

de + **tail**
떨어져 자르다

잘라 떼어 놓은 조각
➡ 세부 사항

0888 ☐☐
retail
[rí:tèil]

ⓝ 소매 ⓐ 소매의 ⓥ 소매하다

Retail sales fell by 10% in November.
11월에는 소매 매출량이 10퍼센트 하락했다.

🔄 **wholesale** ⓝ도매 ⓐ도매의
➕ **retailer** ⓝ소매상

re + tail
다시 자르다

다시 잘라서 파는 것
➡ 소매

0889 ☐☐
entail
[intéil]

ⓥ 수반하다, 필요로 하다

Liberty entails responsibility.
자유는 책임을 수반한다.

🟰 **involve** ⓥ수반하다, 필요로 하다
　 require ⓥ필요로 하다

en + tail
하게 자르다
만들다

잘라 내서 결국 따르게
만들다
➡ 수반하다

---

sect 자르다(cut)

| 변화형 | seg

0890 ☐☐
sector
[séktər]

ⓝ 부문, 분야, 구역

When it comes to climate change, many blame the agricultural sector for burning rainforests. 학평
기후 변화에 관해 많은 사람이 열대 우림을 태우는 것에 대해 농업 분야를 탓한다.

sect + or
자르다 명접

잘라서 나누어 놓은 곳
➡ 구역

0891 ☐☐
insect
[ínsekt]

ⓝ 곤충, 벌레

Don't forget to take some insect repellent.
곤충 퇴치제 챙기는 것을 잊지 마라.

➕ **insecticide** ⓝ살충제

in + sect
안에 자르다

몸 안이 마디로 잘려진 동물
➡ 곤충

0892 ☐☐
intersection
[ìntərsékʃən]

ⓝ 교차(로), 횡단

Some towns have put 'look up' signs in dangerous stairwells and intersections. 학평
일부 도시에서는 위험한 계단이나 교차로에 '위를 보라'는 표지판을 설치했다.

➕ **intersect** ⓥ교차하다, 가로지르다

inter + sect + ion
사이에 자르다 명접

열십자 모양으로 잘라 놓은
곳
➡ 교차로

0893 □□
segment
[ségmənt] ⓝ
[segmént] ⓥ

ⓝ 부분, 조각, 구획 ⓥ 분할하다

Globalization has benefited large segments of humanity, but there are signs of growing inequality both between and within societies. 학평
세계화는 인류의 큰 부분에 혜택을 주었지만, 사회 간에 그리고 사회 내에서 불평등이 커지는 징후가 나타나고 있다.

seg + **ment**
자르다 명접

자른 것 중 하나
➔ 조각

viv
생명(life), 살다(live)
변화형 vit

0894 □□
vivid
[vívid]

ⓐ 생생한, 활발한, (빛·색이) 선명한

The dreams of a person who has been without sight since birth can be just as vivid and imaginative as those of someone with normal vision. 학평
선천적으로 시각 장애가 있는 사람이 꾸는 꿈도 정상 시력을 가진 사람의 꿈처럼 생생하고 상상력이 풍부할 수 있다.

viv + **id**
생명 형접

실제로 생명이 있는 것 같은
➔ 생생한

0895 □□
survive
[sərváiv]

ⓥ 생존하다, 살아남다, ~보다 더 오래 살다

Humans need water, food, and oxygen to survive. 교과서
인간은 생존하기 위해 물, 음식, 그리고 산소가 필요하다.

= **outlast, outlive** ⓥ ~보다 더 오래 살다
+ **survival** ⓝ 생존 **survivor** ⓝ 생존자

sur + **viv(e)**
넘어서 살다

힘든 상황을 넘어서 살아남다
➔ 생존하다

DAY 30

0896 □□
revive
[riváiv]

ⓥ 되살리다, 소생하다, 기운 나게 하다

The High Line Park has revived the run-down area and breathed new life into the surrounding community. 교과서
하이라인 파크는 황폐한 지역을 되살리고 주변의 공동체에 새로운 생명을 불어넣었다.

re + **viv(e)**
다시 살다

죽었다가 다시 살아나다
➔ 소생하다

0897 ☐☐
vital
[váitəl]

ⓐ 필수적인, 매우 중요한, 생명 유지에 필요한

People have been told that praise is vital
for happy and healthy children. 학평
사람들은 아이를 행복하고 건강하게 키우기 위해 칭찬이
필수적이라는 이야기를 들어 왔다.

➕ vitality ⓝ 생명력, 활력, 체력

vit + al
생명 형접

생명과 관련된
➡ 매우 중요한

---

spond

약속하다 (promise)
| 변화형 | spon

0898 ☐☐
respond
[rispánd]

ⓥ 반응하다, 응답하다

Scientists in Poland have documented
how honeybees are responding to
changes in the climate. 교과서
폴란드의 과학자들은 벌들이 기후 변화에 어떻게 반응하
는지 기록해 왔다.

re + spond
다시 약속하다

다시 답하기로 약속하다
➡ 반응하다

0899 ☐☐
correspond
[kɔ̀(ː)rispánd]

ⓥ 일치하다, ~에 해당하다, 서신 왕래를 하다

What she says does not correspond with
what she does.
그녀가 하는 말과 행동이 일치하지 않는다.

cor + (re)spond
함께   반응하다
(com)

함께 반응해서 서로
부합하다
➡ 일치하다

0900 ☐☐
responsible
[rispánsəbl]

ⓐ 책임이 있는, 원인이 되는, 신뢰할 만한

Parents are responsible for providing their
children with the basic necessities of life.
학평
부모는 자녀에게 기본적인 생활필수품을 제공할 책임이
있다.

🔁 irresponsible ⓐ 무책임한
➕ responsibility ⓝ 책임, 의무

re + spon(s) + ible
다시 약속하다 할 수 있는

다시 약속할 수 있는
➡ 책임이 있는

WORD Review

다음 뜻에 해당하는 알맞은 영어 단어를 쓰시오.

prob
시험하다, 증명하다

02 _____
증명하다, 시험하다

01 _____
찬성[승낙]하다,
입증하다

03 _____
있음직한,
개연성 있는

spond
약속하다

05 _____
반응하다, 응답하다

04 _____
책임이 있는,
원인이 되는

06 _____
일치하다,
~에 해당하다

07 _____
절대적인,
절대적인 것

08 _____
해결하다,
결심[결정]하다

11 _____
인기 있는, 대중적인

12 _____
공화국

solv
느슨하게 하다

09 _____
녹이다, 용해하다

10 _____
풀다, 해결하다

popul
사람들

13 _____
출판하다, 발행하다

14 _____
거주시키다,
~에 살다

temper
섞다, 완화하다

15 _____
기질, 성질

16 _____
온도, 기온

17 _____
화, 기질, 완화하다

18 _____
온화한, 절제하는

tail
자르다

19 _____
재단사, 맞추다,
조정하다

20 _____
수반하다,
필요로 하다

21 _____
소매, 소매의,
소매하다

22 _____
세부 사항, 상술하다

sect
자르다

23 _____
부분, 조각,
분할하다

24 _____
곤충, 벌레

25 _____
교차(로), 횡단

26 _____
부문, 분야, 구역

viv
생명, 살다

27 _____
생존하다, 살아남다

28 _____
생생한, 활발한,
선명한

29 _____
필수적인,
매우 중요한

30 _____
되살리다, 소생하다

주요 다의어 17

state

상태

01 Jane was in a terrible **state** after losing her job.
Jane은 일자리를 잃은 후에 끔찍한 **상태**에 있었다.

나라, 정권, 정부, 주(州)

02 The welfare **state** usually includes public provision of basic education and health services.
복지 **국가**는 보통 기초 교육과 의료 서비스의 공공 제공을 포함한다.

(공식적으로) 진술하다, 표명하다, (분명히) 말하다

03 The witness **stated** that he had seen the accident.
증인은 자신이 그 사고를 목격했다고 **진술했다**.

even

~조차, ~까지도

01 **Even** Paul, who is usually shy, stayed for the party.
평소에 부끄럼을 잘 타는 Paul**조차** 파티에 남아 있었다.

(비교급 앞) 훨씬

02 Steve runs fast, but his sister runs **even** faster.
Steve도 빨리 달리지만, 그의 여동생이 **훨씬** 더 빨리 달린다.

짝수

03 The left elevator only stops at **even** numbered floors.
왼쪽 엘리베이터는 **짝수** 층에만 선다.

평평한

04 The children liked to play ball at the park because the ground was **even**.
아이들은 땅이 **평평했기** 때문에 공원에서 공놀이 하는 것을 좋아했다.

DAY 31

어원 Preview

spond	약속하다	**don**	주다
lev	올리다	**host**	손님, 낯선 사람
prim	첫 번째의	**fid**	믿다
polit	도시, 시민	**band**	묶다
spir	숨쉬다		

Previous Check

☐ sponsor ☐ political ☐ endow
☐ relevant ☐ policy ☐ host
☐ elevate ☐ metropolis ☐ hostile
☐ alleviate ☐ spirit ☐ hospitality
☐ relieve ☐ inspire ☐ hospitalize
☐ prime ☐ aspire ☐ confident
☐ primitive ☐ expire ☐ federal
☐ principle ☐ donate ☐ faith
☐ prior ☐ anecdote ☐ defy
☐ politics ☐ dose ☐ bandage

spond 약속하다(promise)
| 변화형 | spon

0901 □□

sponsor
[spάnsər]

ⓥ 후원하다, 보증하다
ⓝ 후원자, 보증인, 광고주

It was a product placement sponsored by a cosmetic company. 교과서
그것은 어느 화장품 회사에서 후원한 간접광고였다.

spon(s) + **or**
약속하다 명접

(도움을) 약속한 사람
➡ 후원자

---

lev 올리다(raise)
| 변화형 | liev

0902 □□

relevant
[rέləvənt]

ⓐ 관련 있는, 적절한

Quick judgements are not only relevant in employment matters; they are equally applicable in love and relationship matters too. 학평
빠른 판단은 고용 문제와 관련 있을 뿐만 아니라 사랑과 관계 문제에도 또한 똑같이 적용된다.

➖ irrelevant ⓐ무관한, 상관없는

re + **lev** + **ant**
다시 올리다 형접

어떤 사안으로 다시 올릴 만한
➡ 관련 있는

0903 □□

elevate
[έləvèit]

ⓥ 높이다, 향상시키다, (들어)올리다

The injured baseball player was advised to elevate his swollen foot.
부상 입은 야구선수는 그의 부은 발을 들어올리도록 조언을 받았다.

➕ elevation ⓝ높이, 고도, 고귀함, 높이기
   elevator ⓝ승강기

e + **lev** + **ate**
밖으로 올리다 동접
(ex)

밖으로 올려서 더 높게[좋게] 만들다
➡ 향상시키다

0904 □□

alleviate
[əlíːvièit]

ⓥ (고통 등을) 줄이다, 완화하다, 경감하다

The organization works to alleviate world hunger and disease.
그 단체는 세계 기아와 질병을 줄이기 위해 일한다.

➕ alleviation ⓝ경감, 완화

al + **lev(i)** + **ate**
~ 쪽으로 올리다 동접
(ad)

나아지는 쪽으로 올려서 변화하게 하다
➡ 완화하다

0905 □□

relieve
[rilíːv]

ⓥ 안도하게 하다, 완화[경감]하다, 구조하다

A good night's sleep will relieve stress as well.
숙면은 또한 스트레스를 완화할 것이다.

➕ relief ⓝ 안도, 완화, 구호품

re + liev(e)
다시   올리다

다시 올려서 가볍게 하다
➡ 경감하다

---

prim 첫 번째의 (first)
| 변화형 | prin, pri

0906 □□

prime
[praim]

ⓐ 제1의, 주요한, 최고의 ⓝ 한창때, 전성기

The building was a prime target for terrorist attacks.
그 건물은 테러 공격의 주요 표적이었다.

▬ chief, principal ⓐ 주요한
➕ primary ⓐ 첫째의, 주된, 최초의

prim(e)
첫 번째의

첫 번째이기 때문에 중요한
➡ 주요한

0907 □□

primitive
[prímətiv]

ⓐ 원시의, 원시적인, 초기의 ⓝ 원시인

Stress is a natural alarm system in your brain and body, going back to the primitive days. 교과서
스트레스는 원시 시대까지 거슬러 올라가는 뇌와 신체의 자연스러운 경보 시스템이다.

prim(it) + ive
첫 번째의 - 형접

첫 번째로 등장한
➡ 원시의, 초기의

DAY
31

0908 □□

principle
[prínsəpl]

ⓝ 원리, 원칙, 신조

British scientists and scholars suggested that users of robots follow five ethical principles. 교과서 변형
영국의 과학자들과 학자들은 로봇 이용자들이 5개의 윤리적인 원칙을 따라야 한다고 제안했다.

prin + cip + le
첫 번째의 취하다 명접

첫 번째로 취해야 하는 것
➡ 원칙

0909 ☐☐

prior
[práiər]

ⓐ 사전의, 우선하는, (~보다) 중요한

Although not essential, some prior knowledge of statistics is desirable.
필수적이지는 않지만 통계학에 대한 약간의 사전 지식은 바람직하다.

➕ priority ⓝ 우선순위, 우선권
    prioritize ⓥ 우선순위를 매기다, 우선 처리하다

pri(or)
첫 번째의

순위에서 첫 번째에 있는
➡ 우선하는

---

polit
도시(city), 시민(citizen)
| 변화형 | polic, polis

0910 ☐☐

politics
[pálitiks]

ⓝ 정치, 정치학, 정치적 견해

Political moralists argue that politics should be directed toward achieving substantial goals. 모평
정치 도덕론자들은 정치는 실질적인 목표를 달성하는 방향으로 나아가야 한다고 주장한다.

➕ politician ⓝ 정치인

polit + **ics**
도시   명접

시민들이 모여 사는 도시에서 하는 활동
➡ 정치

0911 ☐☐

political
[pəlítəkəl]

ⓐ 정치의, 정치적인

In the middle of this political conflict, Sadoseja, King Jeongjo's father, was killed when Jeongjo was only 11 years old. 교과서
이러한 정치적 갈등의 와중에 정조의 아버지 사도세자는 정조가 겨우 11살 때 죽임을 당했다.

polit + **ical**
시민   형접

시민에 의해 이루어지는
➡ 정치의

0912 ☐☐

policy
[páləsi]

ⓝ 정책, 방침, 보험 증권[증서]

Unfortunately the staff on duty at the time did not reflect our customer service policy. 학평
안타깝게도 당시 근무 중이던 직원이 우리의 고객 서비스 정책을 반영하지 않았다.

polic + **y**
도시   명접

도시의 행정
➡ 정책

0913 ☐☐

metropolis
[mətrápəlis]

ⓝ 대도시, 주요 도시, 중심지

Imagine if some unfortunate rhinoceros found itself in the middle of a metropolis. 학평

어떤 불운한 코뿔소가 대도시 한복판에서 자신을 발견했다고 상상해 보라.

metro + polis
어머니   도시

어머니처럼 토대가 되는 도시
➡ 대도시

---

spir   숨쉬다(breathe)

0914 ☐☐

spirit
[spírit]

ⓝ 정신, 영혼, 마음, 활기, 유령

Secrecy is contrary to the best interests and spirit of science. 학평
비밀주의는 과학의 최선의 이익과 정신에 반한다.

➕ spiritual ⓐ 정신의, 영적인

spir(it)
숨쉬다

숨을 쉬어 생기를 불어넣는 것
➡ 정신, 활기

0915 ☐☐

inspire
[inspáiər]

ⓥ 영감을 주다, 고무하다, 불어넣다

I hope to use my poems to inspire children to follow their dreams. 교과서
나는 내 시를 이용해 아이들이 자신의 꿈을 향해 나아갈 수 있도록 영감을 주고 싶다.

➕ inspiration ⓝ 영감, 고무, 격려

in + spir(e)
안으로   숨쉬다

안으로 숨을 불어넣다
➡ 고무하다

0916 ☐☐

aspire
[əspáiər]

ⓥ 열망하다, 염원하다, 포부를 갖다

Few people who aspire to fame ever achieve it.
명성을 열망하는 사람들 중 그것을 성취하는 사람은 극소수이다.

🟰 yearn, long, crave ⓥ 열망하다, 갈망하다
➕ aspiration ⓝ 열망, 염원, 포부

a + spir(e)
~쪽으로 숨쉬다
(ad)

~을 향해 숨을 쉬며 나아가다
➡ 열망하다

0917 ☐☐

expire
[ikspáiər]

ⓥ 만료되다, 만기가 되다

My visa will expire this month.
내 비자는 이번 달에 만료된다.

➕ expiration ⓝ 만기, 만료

ex + (s)pir(e)
밖으로   숨쉬다

숨을 밖으로 모두 내쉬다
➡ 만료되다

DAY
31

don

주다(give)

| 변화형 | dot, dos, dow

0918 ☐☐

donate
[dóuneit]

ⓥ 기부하다, 기증하다, 주다

The more people who walk, the more money the supporting companies will donate. 교과서
걷는 사람이 많을수록 후원 기업들이 기부하는 금액이 늘어날 것이다.

➕ donation ⓝ 기부, 기증
　 donor ⓝ 기부자, 기증자

don + **ate**
주다　동접

대가를 바라지 않고 주다
➜ 기부하다

0919 ☐☐

anecdote
[ǽnikdòut]

ⓝ 일화, 기담, 개인적인 진술

She exemplified each of the points she was making with an amusing anecdote.
그녀는 자신이 주장하는 각각의 주장에 대해 재미있는 일화를 예로 들었다.

➕ anecdotal ⓐ 일화적인, 입증되지 않은

an + **ec** + **dot(e)**
아닌　밖에　주다
(not)　(ex)

밖으로 꺼내지 않은 이야기
➜ 일화

0920 ☐☐

dose
[dous]

ⓝ (약의) 1회 복용량, 약간, 소량

There is good evidence to support the idea that small doses of mental hardship are good for us. 학평
약간의 정신적 고난이 우리에게 유익하다는 생각을 뒷받침하는 좋은 증거가 있다.

➕ dosage ⓝ(약의) 정량, 복용량

dos(e)
주다

한 번 먹으라고 주는 분량
➜ 1회 복용량

0921 ☐☐

endow
[endáu]

ⓥ 주다, 기부하다, (재능 등을) 부여하다

Wisdom, however, does not always endow an author with creativity.
그러나 지혜가 항상 작가에게 창의성을 주지는 않는다.

➕ endowment ⓝ 기증, 기부, 타고난 재능

en + **dow**
안에　주다
(in)

~의 안에 주다
➜ 기부하다

---

host

손님(guest), 낯선 사람(stranger)

| 변화형 | hospit

0922 ☐☐

host
[houst]

ⓝ 주인, 숙주 **ⓥ** 주최하다, 진행하다

Mountain Today is hosting a photo contest for local high school students. 모평
'Mountain Today'는 지역 고등학생 대상의 사진 콘테스트를 주최합니다.

> **host**
> 손님
>
> 손님을 맞아들이는 사람
> ➡ 주인

0923 ☐☐

hostile
[hάstəl]

ⓐ 적대적인, 강력히 반대하는

Evil types such as Iago in the play *Othello* are able to conceal their hostile intentions behind a friendly smile. 학평
연극 'Othello' 속 Iago와 같은 악역들은 자신의 적대적 의도를 친근한 미소 뒤에 숨길 수 있다.

↔ amicable, friendly ⓐ 우호적인
➕ hostility ⓝ 적의, 적개심, 적대 행위

> **host** + ile
> 낯선 사람 형접
>
> 낯선 사람을 적으로 여기는
> ➡ 적대적인

0924 ☐☐

hospitality
[hὰspitǽləti]

ⓝ 환대, 접대

Pazano ranks at or near the top of the hospitality industry in terms of customer satisfaction. 학평
고객 만족의 측면에서 Pazano는 환대 산업(접객업) 중 최상위 또는 그에 가까운 순위를 차지하고 있다.

➕ hospitable ⓐ 환대하는, 친절한, 쾌적한

> **hospit** + al + ity
> 손님   형접 명접
>
> 손님에게 해 주는 대접
> ➡ 환대

0925 ☐☐

hospitalize
[hάspitəlàiz]

ⓥ 입원시키다

If you have rapid or irregular heartbeats as a symptom, your doctor may hospitalize you.
만약 빠르거나 불규칙한 심장 박동의 증상이 있다면 의사는 당신을 입원시킬 수도 있다.

> **hospit** + al + ize
> 손님   형접 동접
>
> 아픈 사람을 손님으로 맞이하다
> ➡ 입원시키다

DAY 31

fid　믿다(believe, trust)

| 변화형 | fed, fai, fy

0926 ☐☐
confident
[kάnfidənt]

ⓐ 확신하는, 자신감 있는

You can train your brain to become more confident by repeating experiences that evoke confidence. 학평 변형
여러분은 자신감을 불러일으키는 경험을 반복함으로써 더 자신감을 갖도록 여러분의 뇌를 훈련시킬 수 있다.

con + **fid** + ent
함께　믿다　형접
(com)

함께 믿고 있는
➡ 확신하는

0927 ☐☐
federal
[fédərəl]

ⓐ 연방의, 연방 정부의

Federal debt has soared during the recent financial crisis and recession. 모평
최근의 금융 위기와 경기 침체 동안 연방 정부 부채가 급증했다.

fed(er) + al
믿다　형접

믿음을 기반으로 연대한
➡ 연방의

0928 ☐☐
faith
[feiθ]

ⓝ 믿음, 신뢰, 신앙(심)

The incident had shaken her faith in him.
그 사건이 그에 대한 그녀의 믿음을 흔들어 놓았다.

➕ faithful ⓐ충실한, 신의 있는

fai + th
믿다　명접

믿는 것
➡ 신뢰

0929 ☐☐
defy
[difái]

ⓥ 반항하다, 거역하다, 도전하다

Death is a course of nature that no one can defy.
죽음은 누구도 거역할 수 없는 자연의 섭리이다.

➕ defiance ⓝ도전, 반항, 무시

de + **fy**
떨어져 믿다
(dis)

믿는 것으로부터 떨어져 나오다
➡ 반항하다, 거역하다

---

band　묶다(tie)

| 변화형 | bond, bund, bind

0930 ☐☐
bandage
[bǽndidʒ]

ⓝ 붕대, 안대　ⓥ 붕대를 감다

Cora walked in with bandages on her face and arms. 수능
Cora는 얼굴과 두 팔에 붕대를 하고서 걸어 들어왔다.

band + age
묶다　명접

묶는 것
➡ 붕대

spond
약속하다

lev
올리다

prim
첫 번째의

polit
도시, 시민

01 _____
후원하다, 후원자

03 _____
(고통 등을) 줄이다,
완화하다

07 _____
제1의, 주요한,
전성기

11 _____
대도시, 주요 도시

04 _____
높이다, 향상시키다

08 _____
사전의, 우선하는

12 _____
정치의, 정치적인

band
묶다

05 _____
관련 있는, 적절한

09 _____
원리, 원칙, 신조

13 _____
정책, 방침,
보험 증권

02 _____
붕대, 붕대를 감다

06 _____
안도하게 하다,
완화[경감]하다

10 _____
원시의, 원시적인,
원시인

14 _____
정치, 정치학

15 _____
만료되다,
만기가 되다

19 _____
기부하다, 기증하다

23 _____
환대, 접대

27 _____
반항하다, 거역하다

16 _____
영감을 주다,
고무하다

20 _____
주다, 기부하다,
(재능 등을) 부여하다

24 _____
적대적인,
강력히 반대하는

28 _____
연방 정부의

17 _____
열망하다, 염원하다

21 _____
(약의) 1회 복용량

25 _____
주인, 숙주,
주최하다

29 _____
믿음, 신뢰

18 _____
정신, 영혼, 유령

22 _____
일화, 기담

26 _____
입원시키다

30 _____
확신하는,
자신감 있는

spir
숨쉬다

don
주다

host
손님, 낯선 사람

fid
믿다

주요 다의어 18

cover

01 덮다, 가리다, 덮개, 책표지

Cover the dough with plastic wrap and place it in a warm area.
반죽을 비닐 랩으로 **덮은** 뒤 따뜻한 곳에 두어라.

02 (비용을) 감당하다, 치르다

Whether parents should **cover** their children's college tuition fees is still a controversial issue.
부모가 자녀의 대학 학비를 **감당해야** 하는가는 여전히 논란거리이다.

03 취재하다, 보도하다

The reporter **covered** a story for the radio news.
기자는 라디오 뉴스를 위해 이야기를 하나 **취재했다**.

04 다루다

The book didn't **cover** so many important topics, considering its flashy advertisement.
그 책은 화려한 광고치고는 그렇게 많은 중요한 주제들을 **다루지** 않았다.

odds

01 역경

He pursued his dreams against all **odds** and became a successful artist.
그는 온갖 **역경**에도 불구하고 꿈을 좇아 성공적인 화가가 되었다.

02 가능성

The **odds** of getting hit by a falling satellite are very small.
추락하는 인공위성에 부딪힐 **가능성**은 매우 적다.

DAY 32

어원 Preview

band	묶다	**sult**	뛰어오르다
ton	소리	**cause**	이유
dom	집, 다스리다	**cult**	경작하다
ped	발	**rot**	돌다, 두루마리
soci	친구, 동료		

Previous Check

□ bond	□ predominant	□ assault
□ bundle	□ pedal	□ cause
□ bind	□ pedestrian	□ excuse
□ tone	□ expedition	□ accuse
□ monotonous	□ impede	□ culture
□ intonation	□ social	□ cultivate
□ tune	□ society	□ colony
□ domain	□ associate	□ rotate
□ domestic	□ result	□ control
□ dominate	□ insult	□ enroll

band

묶다(tie)

| 변화형 | bond, bund, bind

0931 □□
bond
[bɑnd]

ⓝ 유대, 결속, 채권 **ⓥ** 접합하다

A special bond unites our two countries.
특별한 유대가 우리 두 나라를 결속시킨다.

➕ bondage ⓝ노예의 신분, 속박

bond
묶다

묶는 것
➡ 유대

0932 □□
bund**le**
[bʌ́ndl]

ⓝ 묶음, 꾸러미 **ⓥ** 묶다, (짐을) 꾸리다

Into the Orangutan Rescue Center on the island of Borneo rushed a rescue worker holding a tiny bundle in his arms. 교과서
보르네오 섬의 오랑우탄 구조 센터로 한 구조대원이 작은 꾸러미를 가슴에 품고 달려왔다.

bund + **le**
묶다 명접

묶여 있는 것
➡ 묶음, 꾸러미

0933 □□
bind
[bɑind]

ⓥ 묶다, 결속시키다, 제본하다

It is in their infancy that children acquire the values, beliefs, and attitudes that bind or separate them later in life. 학평 변형
아이들이 훗날 삶에서 그들을 결속시키거나 분리시키는 가치, 신념, 태도를 습득하는 것은 바로 유아기이다.

bind
묶다

묶어서 하나가 되게 하다
➡ 결속시키다

---

ton

소리(sound)

| 변화형 | tun

0934 □□
tone
[toun]

ⓝ 음색, 어조, 색조, 분위기

Text messaging excludes important clues such as body language, facial expressions, and tone of voice. 교과서
문자 메시지에는 몸짓 언어, 얼굴 표정, 어조와 같은 중요한 단서가 배제된다.

ton(e)
소리

소리를 내는 것
➡ 음색, 어조

0935 ☐☐

monotonous
[mənátənəs]

ⓐ 단조로운, 지루한

People have long dreamed of inanimate creatures that can do their monotonous or difficult work. 교과서
사람들은 오랫동안 자신의 단조롭거나 어려운 일을 해 줄 수 있는 무생물을 꿈꿔 왔다.

mono + **ton** + ous
하나　소리　형접

한 가지 소리의
➡ 단조로운

0936 ☐☐

intonation
[ìntənéiʃən]

ⓝ 억양, 어조, 음조

Stress and intonation are very important when learning a language.
강세와 억양은 언어를 배울 때 매우 중요하다.

in + **ton** + (a)tion
안에　소리　명접

안에서 나오는 소리
➡ 억양, 어조

0937 ☐☐

tune
[tʃuːn]

ⓥ (악기를) 조율하다, (채널 등을) 맞추다
ⓝ 곡, 곡조, 선율

In general, most students are often closely tuned in to their teacher's body language. 학평
일반적으로 대부분의 학생은 자신의 선생님의 몸짓 언어에 종종 관심이 면밀하게 맞춰져 있다.

tun(e)
소리

소리로 무언가를 만들다
➡ 조율하다

---

dom

집(house, home), 다스리다(govern)

| 변화형 | domin

0938 ☐☐

domain
[douméin]

ⓝ 영역, 범위, 분야, 영토

Today, women are displaying their talents and abilities in almost every domain of human effort. 교과서
오늘날 여성들은 거의 모든 인간 노력의 영역에서 자신의 재능과 능력을 발휘하고 있다.

🔳 territory ⓝ영토　fleld ⓝ분야

dom(ain)
집

집처럼 여겨지는 곳
➡ 영역, 영토

0939 ☐☐

domestic
[dəméstik]

ⓐ 집안의, 국내의, 길들여진

She felt fenced in by domestic routine.
그녀는 판에 박힌 집안일에 갇혀 있는 듯한 기분이 들었다.

➕ domesticate ⓥ길들이다

dom(e) + stic
집　　　형접

집에 속하는
➡ 집안의, 국내의

DAY 32

0940 □□
dominate
[dáminèit]

ⓥ 지배하다, 우세하다

We allow our conscious mind to dominate our subconscious mind, trying to force our body through movements it doesn't want to make. 학평 변형
우리는 자신의 의식적인 마음이 잠재의식적인 마음을 지배하도록 허용하여, 자신의 몸으로 하여금 원하지 않는 동작을 하도록 강요하려 한다.

domin + ate
다스리다   동접

(자신의 집처럼) 다스리다
➡ 지배하다

0941 □□
predominant
[pridáminənt]

ⓐ 두드러진, 우월한, 뛰어난

It's an illusion that man is predominant over other species.
인간이 다른 종(種)보다 우월하다는 것은 그릇된 생각이다.

➕ **predominance** ⓝ 우월, 우세

pre + **domin** + **ant**
앞서   다스리다   형접

앞에서 다스리는
➡ 우월한

---

ped   발(foot)

0942 □□
pedal
[pédəl]

ⓝ 페달, 발판 **ⓥ** 페달을 밟다

An electric bike that has a pedal assist system requires less energy.
페달 보조 시스템이 있는 전기 자전거는 에너지가 더 적게 든다.

ped + al
발   명접

발로 밟아서 작동됨
➡ 페달

0943 □□
pedestrian
[pədéstriən]

ⓝ 보행자 **ⓐ** 보행자(용)의, 보행[도보]의

San Francisco fosters pedestrian-only corridors. 학평
San Francisco는 보행자 전용 통로를 조성 중이다.

ped(estr) + ian
발   명접

두 발로 가는 사람
➡ 보행자

0944 □□
expedition
[èkspidíʃən]

ⓝ 탐험(대), 원정(대), 여행

During the expedition, they trekked ten to thirteen hours a day.
그 탐험 동안, 그들은 하루에 10시간 내지 13시간을 걸었다.

ex + **ped(i)** + **tion**
밖으로   발   명접

바깥 세계로 발을 딛고 나감
➡ 탐험

0945 ☐☐

impede
[impíːd]

ⓥ 방해하다, 지연시키다

This impedes the nations of the world to be responsive to natural and man-made disasters. 모평

이것은 자연재해와 인재에 반응하는 전 세계의 국가들을 방해한다.

➕ impediment ⓝ 방해(물), 장애

im + **ped(e)**
안에 발
(in)

안에 발을 들여놓아
가로막다
➡ 방해하다

---

soci   친구(friend), 동료(companion)

0946 ☐☐

social
[sóuʃəl]

ⓐ 사회의, 사회적인, 사교적인

The shadow puppet theater depicts the history of Turkey and its people who have diverse social backgrounds. 교과서

그림자 인형극은 터키의 역사와 다양한 사회적 배경을 지닌 터키 사람들을 묘사한다.

➕ antisocial ⓐ 반사회적인, 사교를 싫어하는
➕ socialize ⓥ 사귀다, 사회화하다

soci + **al**
친구/동료 형접

친구/동료와 함께인
➡ 사회의

0947 ☐☐

society
[səsáiəti]

ⓝ 사회, 집단, 공동체

Garbology is like archeology, but instead of examining the remains of ancient civilizations, it examines garbage in modern society. 교과서

쓰레기 사회학은 고고학과 비슷하지만 고대 문명의 유적을 조사하는 대신 현대 사회의 쓰레기를 조사한다.

soci + **ety**
친구/동료 명접

친구/동료가 모여 있는 곳
➡ 사회

DAY
32

0948 ☐☐

associate
[əsóuʃièit] ⓥ
[əsóuʃiət] ⓝ

ⓥ 연상하다, 관련짓다, 교제하다   **ⓝ** 동료

While there is an endless list of benefits associated with the IoT, there are also serious concerns about security and privacy. 교과서

사물인터넷과 관련된 이점은 무궁무진하지만 보안 및 개인 정보에 대한 심각한 우려도 존재한다.

➕ association ⓝ 연관, 제휴, 협회

as + **soci** + **ate**
~에 친구/동료 동접
(ad)

누군가의 친구/동료가 되다
➡ 교제하다

sult

뛰어오르다(jump, leap)

| 변화형 | sault

0949 □□
result
[rizʌ́lt]

ⓝ 결과, 결실 ⓥ 결과로서 생기다, 기인하다

The declining bird population would result in an imbalance in the ecosystem. 교과서 변형
조류 개체 수 감소가 생태계의 불균형이라는 결과를 가져올 것이다.

re + **sult**
다시 뛰어오르다

뛰어올라 다시 되돌아온 것
➡ 결과

0950 □□
insult
[ínsʌlt] ⓝ
[insʌ́lt] ⓥ

ⓝ 모욕, 모욕적인 언행 ⓥ 모욕하다

Samuel found his social media account covered with racial insults. 교과서
Samuel은 자신의 소셜 미디어 계정이 인종적 모욕으로 뒤덮인 것을 발견했다.

in + **sult**
위로 뛰어오르다

상대방의 위로 뛰어올라
기분을 상하게 하다
➡ 모욕하다

0951 □□
assault
[əsɔ́ːlt]

ⓝ 폭행, 공격, 습격 ⓥ 폭행하다, 공격하다

He was inspired to cofound the End To Cyber Bullying organization so that students facing similar assaults would have access to help. 교과서
그는 비슷한 폭행을 당하는 학생들이 도움을 받을 수 있도록 사이버 괴롭힘 근절 단체를 공동 설립해야겠다는 영감을 받았다.

as + **sault**
~ 쪽으로 뛰어오르다
(ad)

상대방 쪽으로 뛰어오르다
➡ 공격하다

---

cause

이유(reason)

| 변화형 | cuse

0952 □□
cause
[kɔːz]

ⓝ 원인, 이유, 대의 ⓥ 유발하다

Some pesticides do not affect adult bees, but do cause damage to young, immature bees. 교과서
어떤 농약은 성체 벌에게는 피해를 주지 않지만 어리거나 미성숙한 벌에게는 피해를 유발한다.

➕ causal ⓐ 원인의, 인과 관계의

cause
이유

어떤 것의 이유
➡ 원인

0953 ☐☐

excuse

[ikskjúːz] ⓥ
[ikskjúːs] ⓝ

ⓥ 변명하다, 면제하다, 너그러이 봐주다
ⓝ 변명, 핑계

Attitude allows you to anticipate, excuse, forgive and forget, without being naive or stupid. 학평
태도는 여러분이 고지식하거나 어리석지 않으면서, 기대하고, 너그러이 봐주고, 용서하고, 잊어버리게 해 준다.

ex + cuse
밖으로   이유

이유를 밖으로 돌리다
➡ 변명하다

0954 ☐☐

accuse

[əkjúːz]

ⓥ 고소하다, 고발하다, 비난하다

They accused the two men of committing the robbery at a bank last weekend.
그들은 그 두 남자를 지난주에 한 은행에서 강도 행위를 한 혐의로 고발했다.

⊜ charge ⓥ 고소[고발]하다
⊞ accuse A of B A를 B의 혐의로 고발하다
　 accusation ⓝ 고소, 고발, 비난

ac + cuse
~쪽으로   이유
(ad)

상대방 쪽으로 이유를 돌리다
➡ 고소하다

---

cult

경작하다 (farm)

| 변화형 | colon

0955 ☐☐

culture

[kʌ́ltʃər]

ⓝ 문화, 교양, 재배

Amsterdam in the Netherlands is known for its bike friendly culture. 교과서
네덜란드 암스테르담은 자전거 친화적인 문화로 유명하다.
⊞ cultural ⓐ 문화의

cult + ure
경작하다 명접

경작을 하면서 발전한 것
➡ 문화

DAY
32

0956 ☐☐

cultivate

[kʌ́ltivèit]

ⓥ 경작하다, 재배하다, 기르다

You have to cultivate happiness; you cannot buy it at a store. 학평
여러분은 행복을 길러야 한다. 그것은 상점에서 살 수 없다.
⊞ cultivation ⓝ 경작, 재배

cult + iv(e) + ate
경작하다 형접   동접

경작해서 자라게 하다
➡ 기르다

0957 □□
colony
[kάləni]

ⓝ 식민지, 집단 거주지, (동·식물의) 군집

A company has come up with a plan to launch a one-way trip with four astronauts to Mars to form a colony. 교과서
한 회사는 집단 거주지를 형성하기 위해 네 명의 우주 비행사와 함께 화성으로 편도 여행을 시작하는 계획을 내놓았다.

colon + **y**
경작하다 명접

경작한 것이 모여 있는 곳
➡ 군집

---

rot
돌다(revolve), 두루마리(roll)
| 변화형 | rol

0958 □□
rotate
[róuteit]

ⓥ 회전하다, 순환하다, 교대하다

We should stay away from the helicopter when its blades start to rotate.
헬리콥터 날개가 회전하기 시작할 때에는 헬리콥터에서 멀리 떨어져 있어야 한다.

🟰 **revolve** ⓥ 회전하다
➕ **rotation** ⓝ 회전, 순환, 교대

rot + **ate**
돌다 동접

차례차례 돌게 하다
➡ 교대하다

0959 □□
control
[kəntróul]

ⓝ 지배, 통제, 제어
ⓥ 통제[지배]하다, 제어하다

There are home heating systems that you can control with your phone while you're away. 교과서
외출 중에도 휴대폰으로 제어할 수 있는 가정용 난방 시스템이 있다.

cont + **rol**
맞서 돌다
(against)

돌고 있는 것에 맞서다
➡ 통제하다

0960 □□
enroll
[inróul]

ⓥ 등록하다, 입학[입회]하다

Bowlby enrolled at Trinity College, Cambridge to study medicine. 학평
Bowlby는 Cambridge의 Trinity 대학에 의학을 공부하기 위해 입학했다.

➕ **enrollment** ⓝ 등록, 입회, 입학

en + **rol(l)**
안에 두루마리
(in)

두루마리 명부 안에 기입하다
➡ 등록하다

WORD *Review*

다음 뜻에 해당하는 알맞은 영어 단어를 쓰시오.

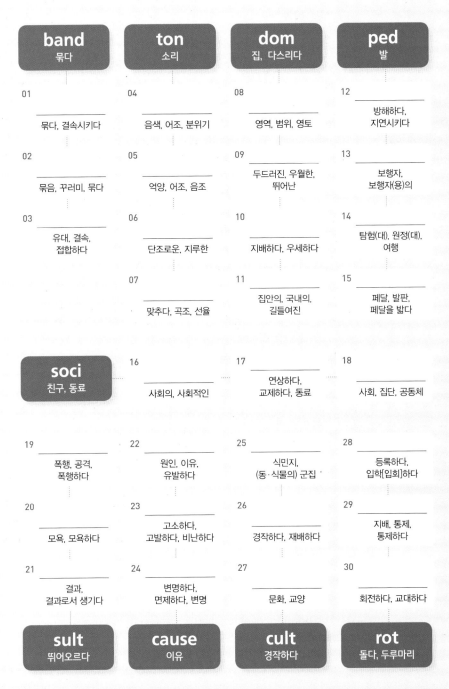

band 묶다

01 ___ 묶다, 결속시키다

02 ___ 묶음, 꾸러미, 묶다

03 ___ 유대, 결속, 접합하다

ton 소리

04 ___ 음색, 어조, 분위기

05 ___ 억양, 어조, 음조

06 ___ 단조로운, 지루한

07 ___ 맞추다, 곡조, 선율

dom 집, 다스리다

08 ___ 영역, 범위, 영토

09 ___ 두드러진, 우월한, 뛰어난

10 ___ 지배하다, 우세하다

11 ___ 집안의, 국내의, 길들여진

ped 발

12 ___ 방해하다, 지연시키다

13 ___ 보행자, 보행자(용)의

14 ___ 탐험(대), 원정(대), 여행

15 ___ 페달, 발판, 페달을 밟다

soci 친구, 동료

16 ___ 사회의, 사회적인

17 ___ 연상하다, 교제하다, 동료

18 ___ 사회, 집단, 공동체

19 ___ 폭행, 공격, 폭행하다

20 ___ 모욕, 모욕하다

21 ___ 결과, 결과로서 생기다

22 ___ 원인, 이유, 유발하다

23 ___ 고소하다, 고발하다, 비난하다

24 ___ 변명하다, 면제하다, 변명

25 ___ 식민지, (동·식물의) 군집

26 ___ 경작하다, 재배하다

27 ___ 문화, 교양

28 ___ 등록하다, 입학[입회]하다

29 ___ 지배, 통제, 통제하다

30 ___ 회전하다, 교대하다

sult 뛰어오르다 **cause** 이유 **cult** 경작하다 **rot** 돌다, 두루마리

PART 2 337

주요 다의어 19

subject

01
과목, 학과
She's a very dedicated student whose favorite **subject** is math.
그녀는 매우 열심히 공부하는 학생이며 가장 좋아하는 **과목**은 수학이다.

02
실험 대상, 피험자
We need middle-aged male **subjects** to test a new drug.
우리는 신약을 테스트하기 위해 중년의 남성 **피험자**가 필요하다.

03
~ 당하기 쉬운, ~의 영향을 받기 쉬운(to)
Korean flight schedules are **subject** to change due to the bad weather conditions in summer.
한국 항공 스케줄은 여름철 악천후 때문에 변경**되기 쉽다**.

board

01
탑승[승차·승선]하다
Passengers are waiting to **board** at the airport.
승객들은 공항에서 **탑승하기를** 기다리고 있는 중이다.

02
게시판, 칠판
Ms. Simpson posted up a notice on the school bulletin **board**.
Simpson 씨는 학교 **게시판**에 공고문을 올렸다.

03
하숙하다
A couple of students and I were **boarding** with Ms. Keller.
몇몇 학생들과 나는 Keller 씨의 집에서 **하숙하고 있었다**.

04
위원회, 이사회
The **board** of directors had a meeting to discuss several issues.
이사회는 몇 가지 문제를 논의하기 위해 회의를 가졌다.

DAY
33

어원 Preview

mun	의무	**cit**	부르다	
break	깨다	**poss**	할 수 있다	
limit	경계	**van**	빈	
not	표시하다, 알다	**per**	시도하다	
loc	장소	**cord**	마음, 심장	

Previous Check

□ community	□ notion	□ potential
□ communicate	□ notify	□ vanish
□ common	□ local	□ avoid
□ break	□ locate	□ vain
□ breakthrough	□ allocate	□ experience
□ brick	□ cite	□ experiment
□ limit	□ excite	□ expert
□ eliminate	□ recite	□ accord
□ preliminary	□ possible	□ encourage
□ notice	□ possess	□ core

mun 의무(duty)
| 변화형 | mon

0961 ☐☐
community
[kəmjúːnəti]

🄝 공동체, 지역 사회

Comuna 13, a community high up on the city's hillside, was once a shelter for armed criminals. 교과서

도시의 언덕 높은 곳에 위치한 공동체인 Comuna 13은 한때 무장한 범죄자들의 은신처였다.

com + **mun** + ity
함께　의무　명접

함께 의무를 수행하는 집단
➡ 공동체

0962 ☐☐
communicate
[kəmjúːnəkèit]

🅥 전달하다, 의사소통을 하다

My job is to calmly and effectively communicate to our clients.

나의 일은 침착하고 효과적으로 고객들에게 의사소통을 하는 것이다.

com + **mun** + (ic)ate
함께　의무　동접

함께 의무를 수행하고자
말을 주고받다
➡ 의사소통을 하다

0963 ☐☐
common
[kámən]

🅐 흔한, 일반적인, 공통의　🄝 공유지

Even very common words are sometimes used in ways that don't fit their usual meanings. 교과서

매우 일반적인 단어조차도 때때로 그것의 일상적인 의미와 맞지 않는 방식으로 사용되기도 한다.

🔄 uncommon ⓐ 흔치 않은, 비범한

com + **mon**
함께　의무

의무를 함께 공유하는
➡ 공통의

---

break 깨다(shatter)
| 변화형 | bri

0964 ☐☐
break
[breik]

🅥 깨뜨리다, (법 등을) 어기다, 고장 내다
🄝 휴식, 갈라진 틈

Some athletes may want to win so much that they lie and break team rules. 학평

일부 선수는 너무 이기고 싶은 나머지 거짓말을 하고 팀 규칙을 어긴다.

break
깨다

기존의 것을 깨뜨리다
➡ 어기다, 고장 내다

0965 ☐☐
breakthrough
[bréikθrù:]

ⓝ 돌파구, 획기적인 발견[발전]

Even great scientists have reported that their creative breakthroughs came at a time of mental quietude. 학평
심지어 위대한 과학자들조차 자신의 창의적인 돌파구는 마음의 정적의 시간에서 떠올랐다고 말했다.

break + **through**
깨다   통과하여

통과해 나갈 수 있는 깨진 틈
➡ 돌파구

0966 ☐☐
brick
[brik]

ⓝ 벽돌, 든든한 친구   **ⓥ** 벽돌로 짓다

The once dark brick structure is now a symbol of rebirth, helping rebuild the old neighborhood of Southwark. 교과서
한때 어두웠던 벽돌 건물은 이제 재생의 상징이 되어 Southwark의 오래된 지역을 재건하는 것을 돕고 있다.

bri(ck)
깨다

깨진 조각
➡ 벽돌

---

limit   경계(boundary)
| 변화형 | limin

0967 ☐☐
limit
[límit]

ⓝ 한계, 경계, 극한   **ⓥ** 제한하다, 한정하다

Intellectual humility is admitting you are human and there are limits to the knowledge you have. 학평
지적 겸손은 당신이 인간이며 당신이 가진 지식에 한계가 있음을 인정하는 것이다.

🔲 confine, restrict ⓥ제한하다

limit
경계

경계를 정하는 것
➡ 한계

0968 ☐☐
eliminate
[ilímənèit]

ⓥ 제거하다, 없애다, 배제하다

Considering this need for library surroundings, it is important to design spaces where unwanted noise can be eliminated or kept to a minimum. 학평
도서관 환경에 대한 이러한 필요성을 고려할 때, 원치 않는 소음을 제거하거나 최소한으로 유지할 수 있는 공간을 설계하는 것이 중요하다.

e + limin + ate
밖으로   경계   동접
(ex)

경계선 밖으로 내보내다
➡ 제거하다

DAY
33

0969 ☐☐

preliminary
[prilímənèri]

ⓐ 예비의, 준비의, 서문의
ⓝ 준비, 예비 행위[단계]

I should send him the preliminary findings before midnight tonight.
나는 오늘 밤 자정 전에 그에게 예비 조사 결과를 보내야 한다.

pre+**limin**+**ary**
앞서　　경계　　형접

경계선에 진입하기 전의
➡ 준비의

---

not　　표시하다(mark), 알다(know)

0970 ☐☐

notice
[nóutis]

ⓝ 주의, 주목, 통지, 게시
ⓥ 알아채다, 주목하다, 통지하다

Sometimes when we are driving, we don't notice how beautiful our surroundings are. 교과서
운전할 때 가끔 우리는 주변 환경이 얼마나 아름다운지 알아차리지 못할 때가 있다.

➕ noticeable ⓐ 뚜렷한, 현저한

not+**ice**
표시하다 명접

특별한 표시를 해 놓아서
눈에 띄는 것
➡ 주의, 주목

0971 ☐☐

notion
[nóuʃən]

ⓝ 관념, 개념, 생각, 의견

It also pushes negative notions of female taste and subjectivity. 모평
그것은 또한 여성의 취향과 주관성에 대한 부정적인 생각을 밀어낸다.

not+**ion**
알다 명접

알고 있는 것
➡ 관념

0972 ☐☐

notify
[nóutəfài]

ⓥ 알리다, 통지하다, 발표하다

A smart fire alarm will not only alert your family in case of a fire, but also notify the local fire and police stations. 교과서
스마트 화재 경보기는 화재 발생 시 가족에게 알릴 뿐만 아니라 지역 소방서와 경찰서에도 알려 준다.

➕ notification ⓝ 통지, 통지서, 공고문

not+**ify**
알다 동접

알게 해 주다
➡ 알리다

loc 장소(place)

0973 ☐☐
local
[lóukəl]

ⓐ 지방[지역]의, 현지의, 장소의 ⓝ 지역 주민

When you travel to Mexico, you will come across a group of musicians wearing traditional local costumes. 교과서 변형
멕시코를 여행할 때, 여러분은 지역 전통 의상을 입고 있는 일단의 음악가들과 마주칠 것이다.

loc + al
장소 형접

그 장소에 있는
➡ 현지의

0974 ☐☐
locate
[lóukeit]

ⓥ 위치시키다, 두다, (~의 위치를) 찾아내다

Sensors built into the roads can tell us how many parking spaces are free and where they are located. 교과서
도로에 내장된 센서는 빈 주차 공간의 수와 주차 공간이 위치한 곳을 알려 준다.

loc + ate
장소 동접

어떤 장소에 두다
➡ 위치시키다

0975 ☐☐
allocate
[ǽləkèit]

ⓥ 할당하다, 배분하다

In full light, seedlings reduce the amount of energy they allocate to stem elongation.
학평

충분한 빛 속에서, 묘목은 그것들이 줄기 연장에 배분하는 에너지의 양을 줄인다.

➕ **allocation** ⓝ 할당(량), 배당(액), 배급

al + **loc** + ate
~에 장소 동접
(ad)

특정 장소에 챙겨놓다
➡ 할당하다

---

cit 부르다(call)

DAY
33

0976 ☐☐
cite
[sait]

ⓥ 언급하다, 인용하다, (법정에) 소환하다

In the book, they cited upcycling as a way to improve the world. 교과서 변형
그 책에서, 그들은 업사이클링을 세상을 더 나은 곳으로 만드는 방법으로 인용했다.

➕ **citation** ⓝ 인용(구), 인용문

cit(e)
부르다

무엇을 불러내다
➡ 언급하다

0977 ☐☐
excite
[iksáit]

ⓥ 흥분시키다, 자극하다

The prospect of going backpacking in Europe greatly excited us.
유럽으로 배낭여행을 갈 가능성은 우리를 몹시 흥분시켰다.

➕ excitement ⓝ 흥분, 격앙

ex + cit(e)
밖으로 부르다

감정을 밖으로 불러내다
➡ 흥분시키다

0978 ☐☐
recite
[risáit]

ⓥ 낭독하다, 낭송하다, 암송하다

He will recite a poem in front of the class.
그는 급우들 앞에서 시를 낭송할 것이다.

➕ recitation ⓝ 암송, 낭송

re + cit(e)
다시 부르다

다시 소리내어 부르다
➡ 낭송하다

---

poss

할 수 있다(be able)

| 변화형 | pot

0979 ☐☐
possible
[pásəbl]

ⓐ 가능한, 있을 수 있는

People loved chilies so much that they put them into every dish possible. 교과서
사람들이 고추를 너무 좋아해서 가능한 모든 요리에 그것을 넣었다.

🟰 likely, feasible ⓐ 가능한, 있음직한
➕ possibility ⓝ 가능성

poss + ible
할 수 있다 형접

할 수 있는
➡ 가능한

0980 ☐☐
possess
[pəzés]

ⓥ 가지다, 소유하다, ~의 마음을 사로잡다

Intellectual humility involves recognizing that you possess cognitive and personal biases. 학평 변형
지적 겸손에는 당신이 인지적이고 개인적인 편견을 가지고 있다는 것을 인정하는 것이 포함된다.

➕ possession ⓝ 소유, 점유, 소지품

poss + ess
할 수 있다 앉다

(어떤 것에) 앉을 수 있다
➡ (그것을) 소유하다

0981 ☐☐
potential
[pəténʃəl]

ⓐ 잠재적인, 가능한 ⓝ 잠재력, 가능성

There are many examples of the IoT's potential value. 교과서
사물인터넷의 잠재적 가치를 보여 주는 많은 사례가 있다.

pot + ent + ial
할 수 있다 형접 형접

무언가를 할 수 있게 해 주는
➡ 잠재적인

---

van 빈(empty)

| 변화형 | void, vain

0982 □□

vanish
[vǽniʃ]

ⓥ 사라지다, 없어지다

The audience clapped for joy when he made the rabbit vanish into thin air. 교과서
그가 토끼를 흔적도 없이 사라지게 하자 관객들은 기쁨의 박수를 보냈다.

■ disappear, evaporate, fade

van + **ish**
빈   동접

아무것도 없이 텅 비게 되다.
➡ 사라지다

0983 □□

avoid
[əvɔ́id]

ⓥ 피하다, 회피하다

Unlike commercials during breaks, there is no way for the viewer to avoid product placement. 교과서
막간의 광고와 달리 시청자는 간접광고를 피할 도리가 없다.

➕ avoidance ⓝ 회피, 도피, 기피

a + **void**
밖으로   빈

어떤 장소를 비우고 밖으로 나가다
➡ 피하다

0984 □□

vain
[vein]

ⓐ 헛된, 소용없는, 허영심이 강한

People closed their eyes tightly in a vain attempt to hold back the tears.
사람들은 눈물을 참으려고 두 눈을 질끈 감았으나 허사였다.

➕ in vain 헛되이, 무익하게

vain
빈

채우려고 노력했지만 텅 비어 있는
➡ 헛된

per 시도하다(try, attempt)

0985 □□

experience
[ikspí(:)əriəns]

ⓝ 경험, 체험 **ⓥ** 경험하다, 체험하다

Teenage experiences vary, and everyone experiences different emotions and concerns. 교과서
십 대들의 경험은 다양하며, 모두가 다른 감정과 고민을 경험한다.

➕ experienced ⓐ 경험 있는, 숙련된, 노련한

ex + **per(i)** + **ence**
밖으로 시도하다 명접

밖으로 나가 직접 시도함
➡ 경험

0986 ☐☐

experiment
[ikspérəmənt] ⓝ
[ikspérəmènt] ⓥ

ⓝ 실험, 시도 ⓥ 실험하다, 시도하다

In one experiment, through food rewards rats were conditioned to prefer squares to other geometric forms. 학평
한 실험에서, 음식 보상을 통해 쥐는 정사각형을 다른 기하학 형태보다 선호하도록 조건화되었다.

➕ experimental ⓐ 실험의, 실험에 의거한

ex + per(i) + ment
밖으로   시도하다   명접

새로운 결과를 밖으로 꺼내기 위해 시도하는 것
➡ 실험

0987 ☐☐

expert
[ékspə:rt]

ⓝ 전문가, 숙련가 ⓐ 전문가의, 숙련된

Some experts explained that friendship formation could be traced to infancy. 학평
일부 전문가는 우정 형성이 유아기로 거슬러 올라갈 수도 있다고 설명했다.

➕ expertise ⓝ 전문적 지식[기술]

ex + per(t)
밖으로   시도하다

시도를 많이 해서 밖으로 드러나는 성과를 이룬 사람
➡ 전문가

cord
마음(mind), 심장(heart)
| 변화형 | cour, cor

0988 ☐☐

accord
[əkɔ́:rd]

ⓥ 일치하다, 조화하다 ⓝ 일치, 조화

These results accord with our predictions.
이 결과들은 우리의 예측과 일치한다.

➕ according to ~에 따라, ~에 의하면
accordingly ⓐ 따라서, 그에 맞게

ac + cord
~ 쪽으로   마음
(ad)

서로 같은 쪽으로 마음이 향하다
➡ 일치하다

0989 ☐☐

encourage
[inkə́:ridʒ]

ⓥ 격려하다, 고무[장려]하다, 권하다

Schools invest money in standing desks — all to encourage good posture. 교과서 변형
학교는 서서 공부하는 책상에 돈을 투자하는데, 모두 좋은 자세를 갖도록 장려하기 위함이다.

↔ discourage ⓥ 낙담시키다

en + cour + age
하게   마음   명접
만들다

할 수 있다는 마음이 들게 만들다
➡ 격려하다

0990 ☐☐

core
[kɔ:r]

ⓝ 핵심, 중심부 ⓐ 핵심적인

The core of a sharing economy is people directly dealing with each other, so trust between the parties is essential. 교과서
공유 경제의 핵심은 서로 직접 거래를 하는 사람들이며, 따라서 당사자 간의 신뢰가 필수적이다.

cor(e)
심장

심장처럼 중요한 것
➡ 핵심

WORD *Review*

다음 뜻에 해당하는 알맞은 영어 단어를 쓰시오.

| **mun**
의무 | 01 _____
흔한, 공통의,
공유지 | 02 _____
전달하다,
의사소통을 하다 | 03 _____
공동체, 지역 사회 |

| **break**
깨다 | 04 _____
깨뜨리다, 어기다,
휴식 | 05 _____
벽돌, 벽돌로 짓다 | 06 _____
돌파구,
획기적인 발견 |

| 07 _____
예비의, 준비의,
준비 | 08 _____
제거하다, 없애다 | 09 _____
한계, 경계,
제한하다 | **limit**
경계 |

| 10 _____
관념, 개념, 의견 | 11 _____
주의, 주목, 게시,
알아채다 | 12 _____
알리다, 통지하다 | **not**
표시하다, 알다 |

| **loc**
장소 | 13 _____
할당하다, 배분하다 | 14 _____
위치시키다, (~의
위치를) 찾아내다 | 15 _____
지방의, 현지의,
지역 주민 |

| **cit**
부르다 | 16 _____
언급하다, 인용하다 | 17 _____
낭송하다, 암송하다 | 18 _____
흥분시키다,
자극하다 |

| 19 _____
잠재적인, 잠재력 | 20 _____
가지다, 소유하다 | 21 _____
가능한,
있을 수 있는 | **poss**
할 수 있다 |

| 22 _____
피하다, 회피하다 | 23 _____
사라지다, 없어지다 | 24 _____
헛된, 소용없는 | **van**
빈 |

| **per**
시도하다 | 25 _____
경험, 체험,
경험하다 | 26 _____
전문가, 전문가의,
숙련된 | 27 _____
실험, 시도,
실험하다 |

| **cord**
마음, 심장 | 28 _____
격려하다, 고무하다 | 29 _____
일치하다,
조화하다, 일치 | 30 _____
핵심, 핵심적인 |

주요 다의어 20

leave

01 떠나다, 출발하다

The plane **leaves** for Japan at 12:35.
그 비행기는 12시 35분에 일본으로 **출발한다**.

02 휴가

While Jane is on **leave**, I will cover for her.
Jane이 **휴가**를 간 동안, 내가 그녀의 일을 대신할 것이다.

03 (유산으로) 남기다

He **left** all his money and his house to his only daughter.
그는 외동딸에게 자신이 가진 돈 전부와 집을 **유산으로 남겼다**.

scale

01 척도, 저울, 저울질하다

Lady Justice holds the **scales** of justice.
정의의 여신상은 정의의 **저울**을 들고 있다.

02 비늘, 비늘을 벗기다

The main reason that a fish has **scales** is to provide external protection to its body.
물고기에게 **비늘**이 있는 주된 이유는 몸에 외부 보호를 제공하기 위함이다.

03 규모

This technology has been developed on a large **scale** in Korea.
이 기술은 한국에서 대**규모**로 개발되었다.

04 음계

Beginners need to practice the **scale** seriously even if they don't like the sound of it.
초보자들은 소리가 듣기 싫어도 진지하게 **음계**를 연습할 필요가 있다.

DAY 34

어원 Preview

meas	재다	**manu**	손
fals	잘못된	**text**	짜다
deb	신세 지다	**norm**	규범, 기준
patr	아버지	**opt**	선택하다
gard	보다, 보호하다	**apt**	적합한

Previous Check

□ measure	□ patriot	□ texture
□ dimension	□ pattern	□ norm
□ immense	□ regard	□ normal
□ false	□ guarantee	□ enormous
□ fail	□ garment	□ option
□ fault	□ manuscript	□ adopt
□ debt	□ maintain	□ opinion
□ due	□ manipulate	□ apt
□ duty	□ textile	□ adapt
□ patron	□ context	□ attitude

meas 재다(meter)
| 변화형 | **mens**

0991 □□

measure
[méʒər]

ⓥ 측정하다, 판단[평가]하다
ⓝ 조치, 대책, 기준, 척도

"You can't really measure the value," says a scientist involved in a Martian project. 교과서

"그 가치는 정말로 측정할 수 없어요."라고 화성 프로젝트에 참여하고 있는 한 과학자가 말한다.

➕ **measurement** ⓝ 측량, 측정, 치수

meas + **ure**
재다 명접

무언가를 잴 때의 기준
➡ 척도, 기준

0992 □□

dimension
[diménʃən]

ⓝ 치수, 크기, 차원

Interpersonal messages combine content and relationship dimensions. 학평

대인 관계 메시지에는 내용과 관계 차원이 결합되어 있다.

di + **mens** + **ion**
떨어져 재다 명접
(dis)

떨어진 거리를 재는 것
➡ 치수

0993 □□

immense
[iméns]

ⓐ 거대한, 엄청난, 헤아릴 수 없는

There is still an immense amount of work to be done.

아직도 해야 할 일의 양이 엄청나다.

🟰 huge, enormous, tremendous, vast

im + **mens(e)**
아닌 재다
(in)

너무 커서 잴 수가 없는
➡ 거대한

fals 잘못된(wrong)
| 변화형 | **fail, faul**

0994 □□

false
[fɔːls]

ⓐ 잘못된, 틀린, 거짓의, 허위의

Appreciating the collective nature of knowledge can correct our false notions of how we see the world. 학평

지식의 집단적 속성을 이해하는 것은 우리가 세상을 어떻게 바라보는가에 대한 잘못된 개념을 바로잡아 줄 수 있다.

fals(e)
잘못된

무엇이 잘못된
➡ 틀린

0995 ☐☐

fail
[feil]

ⓥ 실패하다, 낙제하다, 고장 나다

The airplane was about 3,000 feet over New York City when the engines failed, and the aircraft started to descend rapidly. 교과서

엔진이 고장 났을 때 그 비행기는 뉴욕시 상공 약 3천 피트를 비행하고 있었고, 곧 기체가 빠르게 하강하기 시작했다.

➕ failure ⓝ 실패(자)

fail
잘못된

틀리다, 잘못되다
➔ 실패하다

0996 ☐☐

fault
[fɔːlt]

ⓝ 잘못, 과실, 결점

You should stop blaming others for your own faults. 학평
너는 자신의 잘못에 대해 남을 탓하는 것을 그만둬야 한다.

➕ faulty ⓐ 불완전한, 결점이 많은

faul(t)
잘못된

잘못된 것
➔ 과실

---

deb

신세 지다(owe)
| 변화형 | du

0997 ☐☐

debt
[det]

ⓝ 빚, 채무, 빚진 것, 신세

There was a business executive who was deep in debt and could see no way out. 학평

많은 빚을 져서 벗어날 길이 보이지 않는 한 회사 중역이 있었다.

➕ indebt ⓥ 빚을 지게 하다, 은혜를 입히다

deb(t)
신세 지다

신세를 짐
➔ 빚

0998 ☐☐

due
[djuː]

ⓐ ~하기로 되어 있는, ~ 때문인, 지불해야 하는, 만기가 된

The collapse was due to steel plates that were incapable of handling the bridge's load. 교과서
붕괴는 교량의 하중을 견디지 못한 강철판 때문이었다.

➕ overdue ⓐ 기한이 지난

du(e)
신세 지다

신세 지고 있는
➔ 지불해야 하는

DAY
34

0999 ☐☐

duty
[djúːti]

ⓝ 의무, 직무, 관세, 세금

Governmental substitution for citizen duty and involvement can have serious implications. 모평
시민의 의무와 참여를 정부가 대신하는 것은 심각한 영향을 미칠 수 있다.

➕ **on duty** 근무 중인, 당번인 (↔ off duty)
duty-free shop 면세점

du + **ty**
신세 지다 명접

신세 진 데 대해 치러야 할 것
➡ 의무

---

patr 아버지 (father)
| 변화형 | **patter**

1000 ☐☐

patron
[péitrən]

ⓝ 후원자, 보호자, 단골손님

Frederick the Great was the patron of many artists.
Frederick 대제는 많은 화가들의 후원자였다.

➕ **patronage** ⓝ 후원, 보호

patr + **on**
아버지 어미

아버지처럼 보살펴주는 사람
➡ 후원자

1001 ☐☐

patriot
[péitriət]

ⓝ 애국자

Becoming a patriot requires bravery, conviction, and passion.
애국자가 되기 위해서는 용기, 신념, 그리고 열정이 있어야 한다.

➕ **patriotism** ⓝ 애국심

patr(i) + **ot**
아버지 어미

조국(fatherland)을 사랑하는 사람
➡ 애국자

1002 ☐☐

pattern
[pǽtərn]

ⓝ 무늬, 양식, 패턴, 모범, 본보기

Yo-yo dieting has a cyclical pattern of weight loss and gain. 교과서
요요 다이어트는 체중 감소와 증가가 주기적으로 반복되는 패턴을 보인다.

patter + **n**
아버지 어미

아버지처럼 본받을 만한 대상
➡ 모범, 본보기

gard

보다(look), 보호하다(protect)

| 변화형 | guarant, gar

1003 □□

regard
[rigá:rd]

ⓥ ~로 간주하다, 주목하다, 존중하다
ⓝ 존경, 주목

Charles Dickens is regarded as one of the greatest novelists. 교과서 변형
찰스 디킨스는 세계에서 가장 위대한 소설가 중 한 명으로 간주된다.

re + gard
다시   보다

다시 보고 (~으로) 여기다
➡ 간주하다

1004 □□

guarantee
[gæ̀rəntí:]

ⓥ 보장[보증]하다, 약속하다   ⓝ 보증(서), 확약

Competition does not guarantee the maximum profit. 학평
경쟁이 최대 수익을 보장하지는 않는다.

🔲 warranty ⓝ 보증, 보증서

guarant + ee
보호하다   명접

약속한 대로 보호해 주는 것
➡ 보증(서)

1005 □□

garment
[gá:rmənt]

ⓝ 옷, 의복, 의류

This garment must be dry-cleaned only.
이 옷은 반드시 드라이클리닝을 해야 한다.

gar + ment
보호하다   명접

몸을 가려 보호해 주는 것
➡ 옷

---

manu

손(hand)

| 변화형 | main, mani

1006 □□

manuscript
[mǽnjuskrìpt]

ⓝ 원고, 필사본   ⓐ 원고의, 필사의

He made some deletions to his manuscript.
그는 자신의 원고에서 몇 군데를 삭제했다.

manu + script
손   쓰다

손으로 쓴 것
➡ 원고

DAY
34

1007 □□

maintain
[meintéin]

ⓥ 지속하다, 유지하다, 지지하다, 주장하다

We maintain our position to defend the rights of the general public. 교과서
우리는 일반 대중의 권리를 옹호하기 위해 우리의 입장을 유지한다.

➕ maintenance ⓝ 지속, 유지, 보수, 정비

main + tain
손   잡다

손으로 잡아서 가지고 있다
➡ 유지하다

1008 ☐☐

manipulate
[mənípjulèit]

ⓥ 조종하다, 조작하다, (솜씨 있게) 처리하다

The forced perspective technique manipulates our human perception with the use of optical illusions. 교과서 변형

인위적 원근법 기법은 착시를 사용하여 인간의 인지를 조작한다.

➕ manipulation ⓝ 조종, 조작, (솜씨 있게) 다루기

mani+**pul**+**ate**
손 채우다 동접

손에 가득 차도록 넣고
만지다
➡ 조종[조작]하다

---

text 짜다(weave)

1009 ☐☐

textile
[tékstail]

ⓝ 직물, 옷감

He has done most of the buying in our textile department for the past two years. 학평

그는 지난 2년 동안 우리의 직물 부서에서 대부분의 구매를 담당했다.

text+**ile**
짜다 명접

실을 짠 것
➡ 직물

1010 ☐☐

context
[kántekst]

ⓝ 문맥, 전후 관계, 맥락, 정황

In dealing with a single decision separated from its context, the computer supplies tools unimaginable even a decade ago. 모평

그것의 맥락에서 분리된 단 하나의 결정을 처리할 때 컴퓨터는 심지어 10년 전만 해도 상상할 수 없었던 도구들을 제공한다.

con+**text**
함께 짜다
(com)

글이 함께 짜여 있는 상태
➡ 맥락

1011 ☐☐

texture
[tékstʃər]

ⓝ 감촉, 질감, 결, 짜임새, 직물

Freshly caught fish and duck, frozen quickly in such a fashion, kept their taste and texture. 학평

갓 잡은 물고기와 오리가 이런 방식으로 급속 냉동되면 그것들의 맛과 질감이 유지되었다.

text+**ure**
짜다 명접

실로 짠 직물에서 느껴지는
것
➡ 질감

---

norm 규범, 기준 (standard)

1012 ☐☐
norm
[nɔːrm]

ⓝ 표준, 기준, 규범

For this reason, magicians' norms are focused mostly on punishing magicians who expose tricks to the public. 학평
이러한 이유로, 마술사들의 규범은 마술 기법을 대중에게 폭로하는 마술사들을 처벌하는 데 주로 초점이 맞춰져 있다.

> **norm**
> 규범, 기준
>
> 규범이 되는 일정한 것
> ➡ 표준, 기준

1013 ☐☐
normal
[nɔ́ːrməl]

ⓐ 정상적인, 보통의

Stress is a normal reaction that almost everyone experiences. 교과서
스트레스는 거의 모든 사람이 경험하는 정상적인 반응이다.

🔄 abnormal ⓐ 비정상적인

> **norm** + al
> 기준　 형접
>
> 기준에 맞는
> ➡ 정상적인

1014 ☐☐
enormous
[inɔ́ːrməs]

ⓐ 막대한, 거대한, 엄청난

Do we really have to go to Mars, spending such enormous resources and risking people's lives? 교과서
그렇게 막대한 자원을 사용하고 사람들의 생명의 위험을 무릅쓰며 화성에 꼭 가야만 하는가?

🟰 huge, immense, tremendous

> **e** + **norm** + **ous**
> 밖으로　기준　 형접
> (ex)
>
> 기준이 되는 크기의 밖으로 벗어난
> ➡ 거대한

opt 선택하다 (choose)

| 변화형 | **opin**

1015 ☐☐
option
[ápʃən]

ⓝ 선택권, 선택 사항

Improving the quality of alternative options is a central element of this strategy. 모평 변형
대체 선택 사항의 질을 개선하는 것이 이 전략의 핵심 요소이다.

➕ optional ⓐ 선택의

> **opt** + **ion**
> 선택하다　명접
>
> 선택할 수 있는 것
> ➡ 선택권

1016 ☐☐

adopt
[ədápt]

ⓥ 채택하다, 채용하다, 입양하다

NASA has adopted LEDs for the light source. 교과서
NASA는 광원으로 LED를 채택했다.

➕ adoption ⓝ 채택, 채용, 입양

ad + **opt**
~ 쪽으로 선택하다

골라서 내 쪽으로 가져오다
➡ 채택하다

1017 ☐☐

opinion
[əpínjən]

ⓝ 의견, 견해, 생각

An argumentative paragraph includes your opinions about an issue and some reasons supporting your argument. 교과서
논쟁 단락은 어떤 문제에 대한 당신의 의견과 주장을 뒷받침하는 몇 가지 이유를 포함한다.

opin + **ion**
선택하다 명접

각자가 선택한 생각
➡ 의견

---

apt

적합한(fit)
| 변화형 | att

1018 ☐☐

apt
[æpt]

ⓐ ~하는 경향이 있는, 적절한, 소질이 있는

Babies are apt to put objects into their mouths.
아기들은 입에 물건을 집어넣는 경향이 있다.

➕ aptitude ⓝ 적성, 소질, 경향

apt
적합한

아주 적합한
➡ 적절한

1019 ☐☐

adapt
[ədǽpt]

ⓥ 적응하다, 적응시키다, 조정하다, 개작하다

He failed to adapt to the environment because he lacked survival skills. 학평 변형
그는 생존 기술이 부족해서 환경에 적응하지 못했다.

➕ adaptive ⓐ 적응성이 있는, 조정의

ad + **apt**
~ 쪽으로 적합한

적합한 쪽으로 변화하다
➡ 적응하다

1020 ☐☐

attitude
[ǽtitjùːd]

ⓝ 태도, 마음가짐, 자세

The advantage of non-verbal communication is that it offers you the opportunity to express attitudes properly. 학평 변형
비언어적 의사소통의 장점은 여러분에게 태도를 적절하게 표현할 기회를 제공한다는 것이다.

att(i) + **tude**
적합한 명접

무언가를 임할 적합한 자세
➡ 태도

WORD Review

다음 뜻에 해당하는 알맞은 영어 단어를 쓰시오.

meas
재다

fals
잘못된

deb
신세 지다

patr
아버지

01 _____
거대한, 엄청난

04 _____
실패하다, 낙제하다

07 _____
의무, 직무, 관세

10 _____
무늬, 양식, 모범

02 _____
치수, 크기, 차원

05 _____
잘못된, 거짓의, 허위의

08 _____
~하기로 되어 있는, ~ 때문인

11 _____
애국자

03 _____
측정하다, 조치, 대책

06 _____
잘못, 과실, 결점

09 _____
빚, 채무, 신세

12 _____
후원자, 단골손님

13 _____
옷, 의복, 의류

14 _____
보장[보증]하다, 보증(서)

15 _____
~로 간주하다, 주목하다, 존경

gard
보다, 보호하다

16 _____
지속하다, 유지하다

17 _____
원고, 필사본, 원고의

18 _____
조종하다, 조작하다

manu
손

19 _____
문맥, 맥락, 정황

22 _____
막대한, 거대한

25 _____
채택하다, 입양하다

28 _____
태도, 마음가짐, 자세

20 _____
직물, 옷감

23 _____
정상적인, 보통의

26 _____
선택권, 선택 사항

29 _____
적응하다, 조정하다, 개작하다

21 _____
감촉, 질감, 결, 직물

24 _____
표준, 기준, 규범

27 _____
의견, 견해, 생각

30 _____
~하는 경향이 있는, 적절한

text
짜다

norm
규범, 기준

opt
선택하다

apt
적합한

주요 다의어 21

blow

01 (바람이) 불다, (바람에) 흩날리다

A cherry blossom will **blow** away in the wind.
벚꽃이 바람에 **날릴** 것이다.

02 (전구 등의 퓨즈가) 끊어지다, (타이어가) 터지다

The fuse is not going to **blow** during this thunderstorm.
이번 뇌우에는 퓨즈가 **끊어지지** 않을 것이다.

03 (경적을) 울리다, (악기를) 불다

The drivers **blow** their horns impatiently.
운전자들은 참을성 없이 경적을 **울려댔다**.

04 (코를) 풀다

Blowing your nose in an improper way may affect the duration of your illness.
코를 잘못된 방식으로 **푸는 것은** 증상이 지속되는 결과를 초래할 수 있다.

fix

01 수리하다, 고치다

Permanent damage may occur to the computer system if the issue is not **fixed** immediately.
만약 이 문제가 바로 **고쳐지지** 않는다면, 컴퓨터 시스템에 영구적인 손상이 발생할 수 있다.

02 고정하다

The handrail can be **fixed** directly to the wall.
난간은 벽에 직접 **고정될** 수 있다.

03 결정하다, 확정하다

They **fixed** their wedding date.
그들은 자신들의 결혼식 날짜를 **결정했다**.

DAY 35

어원 Preview

preci	값, 가치	**rang**	줄
equ	같은	**nov**	새로운
clin	기울다	**claim**	외치다
lax	느슨하게 하다	**ward**	지켜보다, 주의하다
mand	명령하다	**liber**	자유로운

Previous Check

☐ precious	☐ release	☐ renew
☐ appreciate	☐ delay	☐ claim
☐ praise	☐ mandate	☐ proclaim
☐ equal	☐ command	☐ exclaim
☐ adequate	☐ recommend	☐ reward
☐ equivalent	☐ range	☐ award
☐ clinic	☐ arrange	☐ warn
☐ decline	☐ rank	☐ liberal
☐ climate	☐ novel	☐ liberate
☐ relax	☐ innovate	☐ deliver

preci 값(price), 가치(value, worth)
| 변화형 | **prais**

1021 ☐☐
precious
[préʃəs]

ⓐ 귀중한, 소중한, 값비싼

Once, a farmer lost his precious watch
while working in his barn. 학평
어느 날, 한 농부가 헛간에서 일하는 동안 그의 귀중한 시
계를 잃어버렸다.

preci + **ous**
값　　형접

값이 나가는
➡ 귀중한

1022 ☐☐
appreciate
[əpríːʃièit]

ⓥ 이해하다, 감사하다, 진가를 알다, 감상하다

There are many who appreciate artworks,
but have no interest in owning them for
good. 교과서
미술 작품을 감상하면서도 그것들을 영원히 소유하는 데
는 관심이 없는 사람들이 많이 있다.

➕ appreciation ⓝ 감탄, 감상

ap + **preci** + **ate**
~에　　값　　동접
(ad)

무언가의 값어치를 인정하다
➡ 진가를 알다

1023 ☐☐
praise
[preiz]

ⓝ 칭찬, 찬양　ⓥ 칭찬하다, 찬양하다

Certainly praise is critical to a child's sense
of self-esteem. 학평
분명히 칭찬은 아이의 자존감에 매우 중요하다.

prais(e)
가치

가치를 인정하다
➡ 칭찬하다

---

equ 같은(same)

1024 ☐☐
equal
[íːkwəl]

ⓐ 같은, 평등한, 감당할 수 있는
ⓝ 대등한 사람[것]　ⓥ ~와 같다, 필적하다

A square is a figure with four equal sides
and four right angles. 교과서
정사각형은 네 변이 같고 네 각이 직각인 도형이다.

↔ unequal ⓐ 불공평한, 같지 않은

equ + **al**
같은　　형접

같게 만드는
➡ 평등한

1025 □□

adequate
[ǽdikwət]

ⓐ 적절한, 충분한, 적합한

The old machine is still adequate for most tasks.
그 오래된 기계는 여전히 대부분의 작업에 적합하다.

⇔ inadequate ⓐ 불충분한, 부족한

ad + **equ** + ate
~에 같은 형접

어떤 것에 있어 기준과 같은
→ 적절한

1026 □□

equivalent
[ikwívələnt]

ⓐ 같은, 동등한, ~에 상응하는
ⓝ 등가물, 동등한 것

One cup of teff has more calcium than the equivalent amount of milk. 교과서
테프 한 컵에는 같은 양의 우유보다 더 많은 칼슘이 들어 있다.

equ(i) + val + ent
같은 가치 형접/명접

같은 가치를 가지는 (것)
→ 동등한[등가물]

---

clin

기울다 (lean)
| 변화형 | clim

1027 □□

clinic
[klínik]

ⓝ 진료소, 병원, 임상, 임상 강의

My mom worked as a nurse in a clinic in Vallejo, California. 학평
나의 어머니는 California의 Vallejo에 있는 병원에서 간호사로 일하셨다.

➕ clinical ⓐ 진료소의, 임상의, 병상의

clin + ic
기울다 명접

몸이 쇠해 기울어지면 가는 곳
→ 병원

1028 □□

decline
[diklάin]

ⓥ 감소하다, 쇠퇴하다, 거절하다
ⓝ 감소, 하락, 쇠퇴, 경사

In Europe, honeybee colonies have declined by 25 percent since 1985. 교과서
유럽에서는, 1985년 이후 꿀벌 군집이 25퍼센트 감소했다.

de + **clin(e)**
아래로 기울다
(down)

아래로 기울어지다
→ 쇠퇴하다

DAY
35

1029 □□

climate
[klάimit]

ⓝ 기후, 풍토, (특정 기후의) 지역

One more factor that contributes to the bees' poor nutrition is climate change. 교과서
벌의 영양 부족의 원인이 되는 또 한 가지 요인은 기후 변화이다.

clim + ate
기울다 명접

지구 기울기에 따라 다른 것
→ 기후

lax 느슨하게 하다(loosen)
| 변화형 | leas, lay

1030 □□
relax
[riláeks]

ⓥ 긴장을 풀다, 휴식을 취하다, 완화하다

Taking a few deep breaths brings oxygen to your brain and helps you relax. 교과서
심호흡을 몇 번 하면 뇌에 산소가 공급되어 긴장을 푸는 데 도움이 된다.

➕ relaxation ⓝ 긴장 완화, 휴식

re + lax
다시 느슨하게 하다

다시 느슨한 상태로 만들다
➡ 긴장을 풀다

1031 □□
release
[rilíːs]

ⓥ 풀어 주다, 방출하다, 출시하다
ⓝ 해방, 면제, 출시

In the movie *The Terminator*, released in the 1980s, AI robots decide to wipe the human race off the face of the earth. 교과서
1980년대에 출시된 영화 'The Terminator'에서 AI 로봇들은 지상에서 인류를 말살하기로 결정한다.

🔄 imprison ⓥ(감옥에) 가두다

re + leas(e)
다시 느슨하게 하다

묶여 있던 것을 다시
느슨하게 하다
➡ 풀어 주다

1032 □□
delay
[diléi]

ⓝ 지체, 연기, 유예 ⓥ 미루다, 연기하다

We would like to proceed with the implementation without any delay. 학평
우리는 지체 없이 실행에 착수하고자 한다.

🟰 postpone ⓥ미루다, 연기하다

de + lay
떨어져 느슨하게 하다
(dis)

일정을 느슨하게 해서
떨어뜨려 놓다
➡ 연기하다

mand 명령하다(order)
| 변화형 | mend

1033 □□
mandate
[máendeit]

ⓝ 권한, 명령, 위임 ⓥ 명령하다, 권한을 주다

The UN had a mandate to control Korea right after the Korean War.
유엔이 한국 전쟁 직후 한국을 통제할 권한을 가졌다.

➕ mandatory ⓐ 명령의, 의무적인, 위탁의

mand + ate
명령하다 동접

명령할 수 있게 하다
➡ 권한을 주다

1034 ☐☐

command
[kəmǽnd]

ⓝ 명령, 지휘, (언어) 구사력
ⓥ 명령하다, 지휘하다, (언어를) 구사하다

At the command of the captain to evacuate, passengers started to get off.
기장의 대피 명령에 따라 승객들이 내리기 시작했다.

➕ commander ⓝ 지휘관

com + mand
함께   명령하다

여러 명에게 함께 명령하는
것
➡ 명령, 지휘

1035 ☐☐

recommend
[rèkəménd]

ⓥ 추천하다, 권하다, 권고하다

Hong Kong added announcements in its subway system recommending that passengers look around. 학평
홍콩은 승객들에게 주위를 둘러볼 것을 권고하는 안내문을 지하철 시스템에 추가했다.

➕ recommendation ⓝ 추천

re + com + mend
다시   함께   명령하다

다시 함께 해보도록
명령하다
➡ 권하다

---

rang

줄 (line)

| 변화형 | rank

1036 ☐☐

range
[reindʒ]

ⓝ 다양성, 범위, 줄[열]
ⓥ (범위가) 미치다, 배열하다, 정렬시키다

A traditional mariachi group plays a wide range of songs on musical instruments. 교과서

전통적 마리아치 그룹은 악기를 통해 다양한 노래를 연주한다.

➕ a wide range of 광범위한, 다양한

rang(e)
줄

줄을 이루다
➡ 배열하다

1037 ☐☐

arrange
[ərǽindʒ]

ⓥ 준비하다, 배열하다, 정돈하다

Every Christmas season, Maria tried to arrange a special visit from Santa Claus for one family. 학평
매 크리스마스 시즌마다, Maria는 한 가족을 위해 산타클로스의 특별한 방문을 준비하려고 애썼다.

➕ arrangement ⓝ 준비, 배열, 정돈

ar + rang(e)
~쪽으로 줄
(ad)

한 쪽에 줄을 세우다
➡ 배열하다

DAY
35

1038 ☐☐

rank
[ræŋk]

ⓝ 계급, 등급, 순위, 열
ⓥ 정렬시키다, 분류하다, (순위를) 차지하다

It was no wonder that my cousin passed the examination with such a high rank. 교과서
나의 사촌이 그렇게 높은 순위로 시험에 합격한 것은 당연한 일이었다.

> rank
> 줄
>
> 최고 지위부터 한 줄로
> 서열을 매김
> ➡ 계급

---

nov 새로운(new)
| 변화형 | new

1039 ☐☐

novel
[návəl]

ⓐ 새로운, 참신한, 기발한 ⓝ 소설

Interestingly, rats picked this novel variant, without undergoing any reward-based conditioning in favor of it. 학평
흥미롭게도, 쥐들은 그것을 위한 보상에 기반한 조건화를 조금도 경험하지 않고도 이 새로운 변형을 선택했다.

➕ novelty ⓝ신기함, 새로움

> nov +el
> 새로운 어미
>
> 새로운 만들어진 이야기
> ➡ 소설

1040 ☐☐

innovate
[ínəvèit]

ⓥ 혁신하다, 쇄신하다

When they considered how their competitors could put them out of business, they realized that it was a risk not to innovate. 학평
그들의 경쟁 업체가 어떻게 그들을 사업에서 몰아낼 수 있을지를 고려했을 때, 그들은 혁신하지 않는 것이 위험한 것이라는 것을 깨달았다.

> in + nov +ate
> 안에 새로운 동접
>
> 내부를 새롭게 하다
> ➡ 혁신하다

1041 ☐☐

renew
[rinjúː]

ⓥ 새롭게 하다, 갱신하다, 재개하다

Renew now to make sure that the service will continue. 학평
서비스가 계속되도록 지금 갱신하세요.

➕ renewal ⓝ재개, 갱신, 부활, 회복

> re + new
> 다시 새로운
>
> 다시 새롭게 하다
> ➡ 갱신하다

claim 외치다(shout, cry out)

1042 □□
claim
[kleim]

ⓥ 주장하다, 요구하다 ⓝ 주장, 권리

Rousseau openly claimed that he had "no teacher other than nature." 교과서
Rousseau는 자신에게 '자연 이외에 다른 스승은 없다'고 공공연하게 주장했다.

claim
외치다

큰 소리로 외치다
➡ 주장하다

1043 □□
proclaim
[proukléim]

ⓥ 선언하다, 선포하다

Like the prose of Hemingway or Samuel Beckett, it proclaimed, and sometimes proved, that less was more. 학평
Hemingway나 Samuel Beckett의 산문처럼, 그것은 더 적은 것이 더 많다는 것을 선언했고, 때때로 증명했다.

➕ proclamation ⓝ 선언서, 성명서, 선포

pro + claim
앞에   외치다

사람들 앞에서 외치다
➡ 선언하다

1044 □□
exclaim
[ikskléim]

ⓥ 외치다, 소리치다

The experimenter exclaimed that this was the wrong video. 모평 변형
실험자는 이것이 잘못된 영상이라고 소리쳤다.

➕ exclamation ⓝ 외침, 절규, 감탄

ex + claim
밖으로 외치다

밖에서 들리게 외치다
➡ 소리치다

ward 지켜보다(watch), 주의하다(heed)

| 변화형 | warn

1045 □□
reward
[riwɔ́ːrd]

ⓝ 보상, 보답 ⓥ 보상하다, 보답하다

He was delighted to get his watch back and rewarded the little boy as promised. 학평
그는 시계를 되찾아 기뻤고 그 어린 소년에게 약속했던 대로 보상해 주었다.

➖ compensation ⓝ 보상
compensate ⓥ 보상하다

re + ward
다시 지켜보다

상대방의 노고를 다시 잘 지켜보고 값을 치르다
➡ 보상하다

DAY
35

1046 ☐☐

award
[əwɔ́ːrd]

ⓝ 상, 상금 ⓥ (상 등을) 수여하다, 주다

Ten entries are chosen, and each is awarded a $50 gift certificate. 모평
10개의 응모작이 선정되며, 각 응모작에는 50달러의 상품권이 수여된다.

➕ awardee ⓝ 수상자

a + ward
밖으로 지켜보다
(ex)

다른 사람들이 볼 수 있도록
밖에서 대가를 주다
➜ 수여하다

1047 ☐☐

warn
[wɔːrn]

ⓥ 경고하다, 주의를 주다, 강력히 충고하다

We become especially resistant to anyone who tries to warn us. 학평
우리는 특히 우리에게 경고하려는 어느 누구에게도 저항하게 된다.

➕ warning ⓝ 경고, 주의

warn
주의하다

주의하게 하다
➜ 경고하다

---

liber   자유로운 (free)

| 변화형 | liver

1048 ☐☐

liberal
[líbərəl]

ⓐ 진보주의의, 자유주의의, 후한
ⓝ 자유주의자, 진보주의자

He is famous as a liberal commentator.
그는 진보주의 논객으로 유명하다.

↔ conservative ⓐ 보수적인 ⓝ 보수주의자
➕ liberty ⓝ 자유

liber + al
자유로운 형접

자유를 중시하는 주의를 가진
➜ 자유주의의

1049 ☐☐

liberate
[líbərèit]

ⓥ 해방하다, 자유롭게 하다

The city was liberated by the advancing army.
그 도시는 진군하던 군대에 의해 해방되었다.

liber + ate
자유로운 동접

자유롭게 해 주다
➜ 해방하다

1050 ☐☐

deliver
[dilívər]

ⓥ 배달하다, (연설·강연 등을) 하다, 출산하다

In Mumbai, lunchbox carriers are paid to pick up hot-packed lunches from workers' homes and deliver them to work. 교과서
Mumbai에서는 도시락 배달원들이 돈을 받고 직장인들의 집에서 따뜻한 도시락을 수거하여 직장으로 배달한다.

➕ delivery ⓝ 배달, 전달, 출산

de + liver
떨어져 자유로운
(dis)

떨어져 있는 곳에서도
자유롭게 사용하도록
가져다주다
➜ 배달하다

WORD *Review*

다음 뜻에 해당하는 알맞은 영어 단어를 쓰시오.

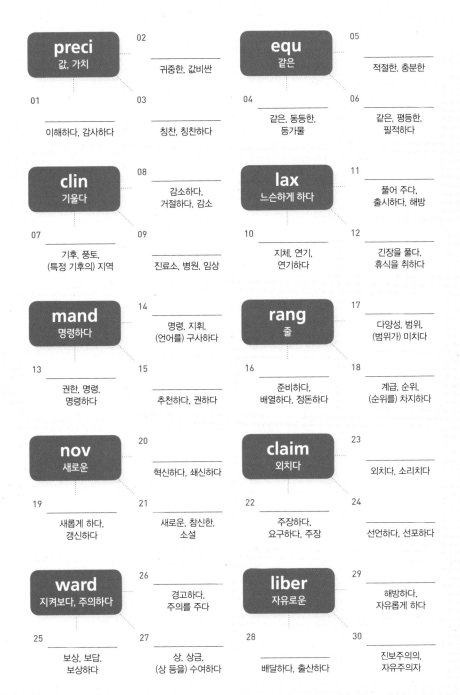

preci
값, 가치

02 _____
귀중한, 값비싼

01 _____
이해하다, 감사하다

03 _____
칭찬, 칭찬하다

equ
같은

05 _____
적절한, 충분한

04 _____
같은, 동등한,
등가물

06 _____
같은, 평등한,
필적하다

clin
기울다

08 _____
감소하다,
거절하다, 감소

07 _____
기후, 풍토,
(특정 기후의) 지역

09 _____
진료소, 병원, 임상

lax
느슨하게 하다

11 _____
풀어 주다,
출시하다, 해방

10 _____
지체, 연기,
연기하다

12 _____
긴장을 풀다,
휴식을 취하다

mand
명령하다

14 _____
명령, 지휘,
(언어를) 구사하다

13 _____
권한, 명령,
명령하다

15 _____
추천하다, 권하다

rang
줄

17 _____
다양성, 범위,
(범위가) 미치다

16 _____
준비하다,
배열하다, 정돈하다

18 _____
계급, 순위,
(순위를) 차지하다

nov
새로운

20 _____
혁신하다, 쇄신하다

19 _____
새롭게 하다,
갱신하다

21 _____
새로운, 참신한,
소설

claim
외치다

23 _____
외치다, 소리치다

22 _____
주장하다,
요구하다, 주장

24 _____
선언하다, 선포하다

ward
지켜보다, 주의하다

26 _____
경고하다,
주의를 주다

25 _____
보상, 보답,
보상하다

27 _____
상, 상금,
(상 등을) 수여하다

liber
자유로운

29 _____
해방하다,
자유롭게 하다

28 _____
배달하다, 출산하다

30 _____
진보주의의,
자유주의자

주요 다의어 22

article

(신문) 기사

01 He saw a local newspaper **article** that was highly critical of the government.
그는 정부에 대해 매우 비판적인 한 지역 신문 **기사**를 보았다.

관사

02 In English, "the" is the definite **article** and "a" and "an" are indefinite **articles**.
영어에서 'the'는 정**관사**이고, 'a'와 'an'은 부정**관사**이다.

물품, 품목

03 The price of **articles** for daily use, such as soap and shampoo, has risen.
비누와 샴푸와 같은 일상용**품**의 가격이 올랐다.

조항

04 **Article** 1 of the Constitution declares that South Korea is a democratic republic.
헌법 제1**조**는 대한민국이 민주공화국임을 선언한다.

cross

가로지르다, 건너다

01 Sam was hit by a car when he tried to **cross** the road.
Sam은 길을 **건너려고** 하다가 차에 치였다.

약간 화가 난, 언짢은

02 He was **cross** with her for being late.
그는 그녀가 늦게 와서 **약간 화가 나** 있었다.

교차시키다, (팔·다리를) 꼬다

03 It is impolite to **cross** your arms in front of senior citizens.
어르신들 앞에서 팔짱을 **끼는** 것은 실례이다.

DAY 36

어원 Preview

medic	병을 고치다	**organ**	기관
tribute	할당하다, 나누어주다	**proper**	자기 자신의
cred	믿다	**tach**	들러붙게 하다, 고정시키다
cur	돌보다, 관심	**fus**	섞다, 붓다
ordin	순서	**trud**	밀다

Previous Check

☐ medical	☐ accurate	☐ appropriate
☐ medicine	☐ curious	☐ attach
☐ remedy	☐ ordinary	☐ attack
☐ contribute	☐ coordinate	☐ stake
☐ distribute	☐ subordinate	☐ confuse
☐ attribute	☐ organ	☐ refuse
☐ credit	☐ organism	☐ refund
☐ incredible	☐ organize	☐ intrude
☐ credential	☐ proper	☐ threat
☐ cure	☐ property	☐ thrust

medic 병을 고치다(cure, heal)
| 변화형 | **med**

1051 ☐☐
medical
[médikəl]

ⓐ 의학의, 의료의

The percentage of older adults in the world's population will increase as medical progress extends our life expectancy. 교과서 변형

전 세계 인구 중 노년층의 비율은 의학의 발달로 평균 수명이 연장됨에 따라 증가할 것이다.

medic + **al**
병을 고치다 형접

병을 고쳐 주는
➡ 의학의

1052 ☐☐
medicine
[médisin]

ⓝ 약, 의학, 의술

Europeans had used black pepper as a medicine since ancient times. 교과서
유럽인들은 고대부터 후추를 약으로 사용해 왔었다.

➕ **medication** ⓝ약물, 약물 치료

medic + **ine**
병을 고치다 명접

병을 고쳐 주는 것
➡ 약

1053 ☐☐
remedy
[rémədi]

ⓥ 고치다, 치료하다, 개선하다
ⓝ 치료, 치료약, 해결책

It can be dangerous to rely on a popular remedy.
민간 치료에 의존하는 것은 위험할 수 있다.

➕ **remedial** ⓐ교정[개선]하기 위한, 보충하는

re + **med(y)**
뒤로 병을 고치다

병을 고쳐서 원래대로(뒤로)
돌려 놓다
➡ 치료하다

---

tribute 할당하다(assign), 나누어주다(give)

1054 ☐☐
contribute
[kəntríbjuːt]

ⓥ 기부하다, 기여하다, 기고하다, 원인이 되다

I think everyone can contribute to making this world a happier place. 교과서
나는 모두가 이 세상을 더 행복한 곳으로 만드는 데 기여할 수 있다고 생각한다.

➕ **contribution** ⓝ기부, 기여, 기고

con + **tribute**
함께 나누어주다
(com)

함께 나누어 가질 수 있게
하다
➡ 기부하다

1055 □□

distribute
[distríbju(:)t]

ⓥ 나누어주다, 분배하다, 배포[배급]하다

The organization distributed food to the earthquake victims.
그 단체는 지진 피해자들에게 먹을 것을 나누어주었다.

➕ distribution ⓝ 분배, 배포, 배급, 분포

dis + **tribute**
떨어져   할당하다

떨어져 있는 사람들에게
할당하다
➡ 나누어주다

1056 □□

attribute
[ətríbju:t] ⓥ
[ǽtrəbjù:t] ⓝ

ⓥ ~의 탓으로 돌리다, ~의 덕분이라 여기다
ⓝ 속성, 자질

Patience is an essential attribute for parents.
인내심은 부모에게 있어 필수적인 자질이다.

➕ attribution ⓝ 귀속, 귀인

at + **tribute**
~에   할당하다
(ad)

무언가에 (원인을) 할당하다
➡ ~의 탓으로 돌리다

---

cred   믿다(believe)

1057 □□

credit
[krédit]

ⓝ 신뢰, 공로, 신용 거래
ⓥ 신뢰하다, (공로 등을) ~에게 돌리다

We need to give more credit to the community in daily life. 학평
우리는 일상에서 공동체에 더 많은 공로를 인정해 줄 필요가 있다.

cred + it
믿다   어미

깊게 믿다
➡ 신뢰하다

1058 □□

incredible
[inkrédəbl]

ⓐ 믿을 수 없는, 놀라운

Indeed, I saw the incredible, unforgettable sunrise! 학평
실제로 나는 믿을 수 없고, 잊을 수 없는 일출을 보았다!

↔ credible ⓐ 신뢰할 수 있는, 확실한

in + **cred** + ible
아닌   믿다   할 수 있는

믿을 수 있는 것이 아닌
➡ 믿을 수 없는

1059 □□

credential
[kridénʃəl]

ⓝ 자격 증명서, 신임장   ⓐ 신임하는

They will get a credential guaranteeing that they are skilled.
그들은 그들이 숙련되었음을 보장하는 자격 증명서를 얻을 것이다.

cred + ent + ial
믿다   형접   형접

믿고 있는
➡ 신임하는

DAY
36

cur 돌보다(take care of), 관심(care)

1060 ☐☐

cure
[kjuər]

ⓥ 치료하다, 고치다, (병이) 낫다
ⓝ 치료(법), 치료제, 구제책

Doctors did everything they could to cure the patient.
의사들은 그 환자를 치료하기 위해 그들이 할 수 있는 모든 것을 했다.

cur(e)
돌보다

아픈 사람을 돌보다
➡ 치료하다

1061 ☐☐

accurate
[ǽkjərət]

ⓐ 정확한

The key to observation is that it must be accurate and factual. 교과서
관찰의 핵심은 정확하고 사실적이어야 한다는 것이다.

⟷ **inaccurate** ⓐ부정확한, 오류가 있는
➕ **accuracy** ⓝ정확성

ac + **cur** + **ate**
~에　관심　형접
(ad)

무언가에 집중적으로 관심을 기울이는
➡ 정확한

1062 ☐☐

curious
[kjú(:)əriəs]

ⓐ 궁금한, 호기심이 많은, 기이한

"Is that really a problem?" said the merchant with a curious look on his face. 학평

"그게 정말 문제인가요?" 상인이 그의 얼굴에 궁금한 표정을 띠며 물었다.

➕ **curiosity** ⓝ호기심

cur(i) + **ous**
관심　형접

관심이 가득한
➡ 호기심이 많은

---

ordin 순서(order)

1063 ☐☐

ordinary
[ɔ́ːrdənèri]

ⓐ 평범한, 보통의 ⓝ 보통의 일

The mask dance depicted the difficult lives of ordinary people during the Joseon Dynasty. 교과서
탈춤은 조선시대에 평범한 사람들의 어려운 삶을 그렸다.

⟷ **extraordinary, exceptional** ⓐ비범한, 뛰어난

ordin + **ary**
순서　형접

늘 하는 순서대로인
➡ 평범한

1064 ☐☐

coordinate

[kouɔ́ːrdənèit]

ⓥ 조정하다, 통합하다

Recovery programs are established to coordinate the efforts of conservationists and wildlife authorities. 학평

회복 프로그램이 환경 보호 활동가와 야생동물 당국의 노력을 통합하기 위해 수립된다.

➕ coordination ⓝ 조정, 일치
coordinator ⓝ 조정자, 진행자

co + **ordin** + **ate**
함께   순서   동접
(com)

함께 모여서 순서를 정하다
➡ 조정하다

1065 ☐☐

subordinate

[səbɔ́ːrdinət] ⓝ, ⓐ
[səbɔ́ːrdənèit] ⓥ

ⓝ 부하, 하급자 **ⓐ** 아래의, 종속된
ⓥ ~보다 하위에 두다, 경시하다

Followers can be defined by their position as subordinates or by their behavior of going along with leaders' wishes. 학평

추종자는 부하로서의 그들의 위치나 지도자의 바람에 따르는 행동으로 정의될 수 있다.

sub + **ordin** + **ate**
아래에   순서   동접

순서상 아래에 두다
➡ ~보다 하위에 두다

---

organ   기관(organ)

1066 ☐☐

organ

[ɔ́ːrgən]

ⓝ 기관, 장기

Actually, per unit of matter, the brain uses by far more energy than our other organs. 학평

실제로 뇌는 물질 단위당 다른 기관보다 훨씬 더 많은 에너지를 사용한다.

organ
기관

신체의 여러 기관
➡ 장기

1067 ☐☐

organism

[ɔ́ːrgənìzəm]

ⓝ 유기체, 생물

Evolution involves changes to the structures of an organism that occur over many generations. 학평

진화는 여러 세대에 걸쳐 발생하는 유기체 구조의 변화를 수반한다.

➕ microorganism ⓝ 미생물

organ + **ism**
기관   명접

기관들이 모인 것
➡ 유기체

DAY
36

1068 □□

organize
[ɔ́:rɡənàiz]

ⓥ 준비[조직]하다, 설립하다, 체계화하다

How about helping Sarah organize a drama club? 학평
Sarah가 드라마 동아리를 조직하는 것을 돕는 게 어때?

➕ organization ⓝ 조직(화), 단체

organ + **ize**
기관   동접

기관처럼 만들다
➔ 조직하다

---

proper　자기 자신의(one's own, individual)
| 변화형 | propri

1069 □□

proper
[prápər]

ⓐ 적절한, 올바른, 고유의

Experts' tastes did move in the proper direction: they favored finer, more expensive wines. 모평
전문가들의 미각은 적절한 방향으로 움직였는데, 그들은 더 고급스럽고 더 비싼 와인을 선호했다.

↔ improper ⓐ 부적절한, 그릇된

proper
자기 자신의

자기 자신에게 딱 맞는
➔ 적절한

1070 □□

property
[prápərti]

ⓝ 재산, 부동산, 속성, 특성

Manhattan residents and property owners started an effort to convert the disused rail line into a public park. 교과서
맨해튼의 주민들과 부동산 소유주들은 쓰임새가 없어진 선로를 공원으로 개조하기 위한 노력을 시작했다.

proper + **ty**
자기 자신의   명접

자신이 소유하고 있는 것
➔ 재산

1071 □□

appropriate
[əpróupriət] ⓐ
[əpróuprièit] ⓥ

ⓐ 적당한, 적절한　ⓥ 충당하다, 사사로이 쓰다

With appropriate support, they believe students will continue to work until their performance is satisfactory. 학평
적절한 도움을 받으면, 학생들은 자신들의 성과가 만족스러울 때까지 계속 노력할 것이라고 그들은 믿는다.

➕ proper ⓐ 적절한
↔ inappropriate ⓐ 부적절한

ap + **propri** + **ate**
~쪽으로 자기 자신의 형접
(ad)

자기 자신에게 알맞은
➔ 적당한

tach

들러붙게 하다(fasten), 고정시키다(fix)

| 변화형 | **tack, tak**

1072 ☐☐
attach
[ətǽtʃ]

❷ 붙이다, 첨부하다, 부여하다

We attach too much likelihood to spectacular, flashy, or loud outcomes. 학평
우리는 극적이거나, 눈에 띄거나, 요란한 결과에 지나치게 많은 가능성을 부여한다.

↔ detach ⓥ 떼어내다, 분리하다

at+**tach**
~에 들러붙게 하다
(ad)

무언가에 들러붙게 하다
➡ 붙이다

1073 ☐☐
attack
[ətǽk]

❷ 공격하다, 비난하다 ❶ 공격, 비난

Hermes told Perseus that to attack Medusa he must first be properly equipped. 교과서
헤르메스는 페르세우스에게 메두사를 공격하기 위해서는 먼저 제대로 된 장비를 갖추어야 한다고 말했다.

at+**tack**
~에 들러붙게 하다
(ad)

사냥감에 들러붙다
➡ 공격하다

1074 ☐☐
stake
[steik]

❶ 말뚝, (내기 등에) 건 것

In such situations, most people end up quitting the option altogether, because the stakes are high. 학평
그런 상황에서 대부분의 사람은 선택을 완전히 포기하는데, 그 이유는 위험성(거는 것)이 높기 때문이다.

(s)tak(e)
고정시키다

고정되거나 세워진 것
➡ 말뚝

---

fus

섞다(mix), 붓다(pour)

| 변화형 | **fund**

1075 ☐☐
confuse
[kənfjúːz]

❷ 혼동하다, 혼란시키다, 당황하게 하다

People often confuse me and my younger sister.
사람들은 종종 나와 내 여동생을 혼동한다.

con+**fus(e)**
함께 섞다
(com)

여러 가지가 함께 섞여 있다
➡ 혼동하다

DAY
36

1076 ☐☐

refuse
[rifjúːz]

ⓥ 거절하다, 거부하다

Banks could refuse to issue a credit card to an unmarried woman. 교과서
은행들은 비혼 여성에게 신용카드를 발급하는 것을 거부할 수 있었다.

➕ refusal ⓝ 거절, 거부

re + fus(e)
뒤로   붓다
(back)

(받은 것을) 도로 붓다
➡ 거절하다

1077 ☐☐

refund
[ríːfʌnd] ⓝ
[riːfʌnd] ⓥ

ⓝ 환불 **ⓥ** 환불하다

Participants can't get a refund once their class starts. 학평
참가자들은 수업이 시작되면 환불을 받을 수 없다.

re + fund
뒤로   붓다
(back)

산 것을 (꺼내서) 도로 붓다
➡ 환불하다

---

trud   밀다(push)

| 변화형 | **threat, thrust**

1078 ☐☐

intrude
[intrúːd]

ⓥ 침입하다, 침해하다, 방해하다, 끼어들다

A surveillance society can intrude on somebody's private life.
감시 사회는 누군가의 사생활을 침해할 수 있다.

➕ intrusion ⓝ 침입, 방해

in + trud(e)
안으로 밀다

안으로 밀고 들어오다
➡ 침입하다

1079 ☐☐

threat
[θret]

ⓝ 위협, 협박

One great threat to our body in space and on Mars is cosmic radiation. 교과서
우주와 화성에서 우리 몸에 대한 한 가지 큰 위협은 우주 방사선이다.

➖ menace

threat
밀다

밀어붙이는 것
➡ 위협, 협박

1080 ☐☐

thrust
[θrʌst]

ⓥ 밀다, 밀어내다, 찌르다
ⓝ 밀기, 추진력

The man thrust his hands into his pockets and walked night streets.
그 남자는 두 손을 주머니에 찔러 넣고 밤거리를 걸었다.

thrust
밀다

세게 밀다
➡ 찌르다

medic
병을 고치다

01 _____
고치다, 치료하다, 치료

02 _____
약, 의학, 의술

03 _____
의학의, 의료의

tribute
할당하다, 나누어주다

04 _____
나누어주다, 분배하다

05 _____
기부하다, 기여하다

06 _____
~의 탓으로 돌리다, 속성, 자질

07 _____
신용 거래, 신뢰하다

08 _____
자격 증명서, 신임하는

09 _____
믿을 수 없는

cred
믿다

10 _____
호기심이 많은

11 _____
정확한

12 _____
치료하다, 고치다, 치료(법)

cur
돌보다, 관심

ordin
순서

13 _____
조정하다, 통합하다

14 _____
평범한, 보통의, 보통의 일

15 _____
부하, 아래의, ~보다 하위에 두다

organ
기관

16 _____
준비[조직]하다, 체계화하다

17 _____
유기체, 생물

18 _____
기관, 장기

19 _____
적당한, 적절한, 충당하다

20 _____
적절한, 올바른, 고유의

21 _____
재산, 부동산, 특성

proper
자기 자신의

22 _____
공격하다, 공격, 비난

23 _____
붙이다, 첨부하다

24 _____
말뚝, (내기 등에) 건 것

tach
들러붙게 하다, 고정시키다

fus
섞다, 붓다

25 _____
환불, 환불하다

26 _____
거절하다, 거부하다

27 _____
혼동하다, 혼란시키다

trud
밀다

28 _____
위협, 협박

29 _____
침입하다, 끼어들다

30 _____
밀다, 찌르다, 밀기

Study More

주요 다의어 23

engage

01 약속하다, 예약하다

Mr. Parker has already **engaged** himself to pick you up at the airport.

Parker 씨는 당신을 공항에 데리러 가겠다고 이미 **약속했다**.

02 (이야기 등에) 끌어들이다, 참여시키다

The lecture will teach you how to **engage** others constructively with public issues.

그 강의는 다른 사람들을 공론에 건설적으로 **참여시키는** 방법에 대해 알려줄 것이다.

03 (시간 등을) 채우다, 바쁘게 하다

You always have your schedule fully **engaged** just like a workaholic. Please take some breaks.

당신은 일중독자처럼 항상 스케줄을 꽉꽉 **채우는군요**. 제발 좀 쉬세요.

04 ~에 종사시키다

Moira is **engaged** in two different jobs: a writer and singer.

Moira는 작가와 가수라는 두 개의 다른 직종**에 종사한다**.

05 약혼시키다

They were **engaged** for one year before they were married.

그들은 결혼하기 전에 1년 동안 **약혼했다**.

06 교전하다, 교전을 시작하다

The soldiers started to **engage** the enemy with tank and infantry units.

병사들은 탱크와 보병연대로 적과 **교전하기** 시작했다.

DAY 37

어원 Preview

labor	일	**estim**	평가하다
thes	두다	**phas**	보여 주다
circul	원, 둘레	**merg**	가라앉다
liter	글자	**sert**	결합하다
sphere	구	**gra**	붙잡다

Previous Check

☐ laboratory	☐ literature	☐ phenomenon
☐ elaborate	☐ literate	☐ merge
☐ collaborate	☐ sphere	☐ emerge
☐ thesis	☐ atmosphere	☐ submerge
☐ hypothesis	☐ hemisphere	☐ desert
☐ theme	☐ estimate	☐ insert
☐ circulate	☐ overestimate	☐ exert
☐ circuit	☐ esteem	☐ grab
☐ circumstance	☐ phase	☐ grasp
☐ literal	☐ emphasize	☐ grip

labor 일(work)

1081 ☐☐
labor**atory**
[lǽbrətɔ̀ːri]

ⓝ 실험실, 연구소 ⓐ 실험실(용)의

These results are from an independent laboratory and are guaranteed by a public agency. 교과서
이러한 결과는 독자적인 연구소로부터 나왔으며 공공 기관에 의해 보장받는다.

labor(a) + **tory**
일 명접

연구원들이 일하는 곳
➡ 연구소

1082 ☐☐
el**abor**ate
[ilǽbərit] ⓐ
[ilǽbərèit] ⓥ

ⓐ 정교한, 공들인
ⓥ 상술하다, 정교하게 만들다

It is well-known for its elaborate decorations and unique structure. 교과서 변형
그것은 정교한 장식과 독특한 구조로 유명하다.

e + **labor** + **ate**
밖으로 일 형접
(ex)

결과물을 밖으로 보여줄 만큼
열심히 일한
➡ 정교한

1083 ☐☐
coll**abor**ate
[kəlǽbərèit]

ⓥ 협력하다, 협동하다, 협업하다

He collaborated with flutist Rampal and published *Suite for Flute and Jazz Piano Trio*. 학평 변형
그는 플루트 연주자 Rampal과 협업하여 '플루트와 재즈 피아노 트리오를 위한 모음곡'을 발매했다.

➕ collaboration ⓝ 협력, 협동, 협업
collaborative ⓐ 협력적인, 공동의

col + **labor** + **ate**
함께 일 동접
(com)

함께 일하다
➡ 협력하다

---

thes 두다(put)
| 변화형 | them

1084 ☐☐
thes**is**
[θíːsis]

ⓝ 논제, 논문 (*pl*. theses)

Have you decided on a working title for your thesis yet?
너는 너의 논문에 대한 가제를 이미 정했니?

thes + **(s)is**
두다 명접

논의할 거리를 놓아둔 것
➡ 논제

1085 □□
hypothesis
[haipάθəsis]

ⓝ 가설, 가정

We must be ready to modify our hypothesis as soon as it is shown to be inconsistent with the facts. 학평
우리는 우리의 가설이 사실과 일치하지 않는 것으로 드러나는 즉시 그것을 수정할 준비가 되어 있어야 한다.

➕ **hypothesize** ⓥ 가설을 세우다, 가정하다

hypo + **thes** + **(s)is**
아래에　두다　명접

어떤 결론의 아래에 둔 것
➡ 가설

1086 □□
theme
[θi:m]

ⓝ 주제, 논제, 테마

One of his artistic themes was mother-and-child as shown in *Madonna and Child*. 모평 변형
그의 예술적 주제 중 하나는 'Madonna and Child'에서 볼 수 있듯이 어머니와 아이였다.

them(e)
두다

회의 테이블에 놓아둔 것
➡ 주제, 논제

---

circul 원(circle), 둘레(around)
| 변화형 | circu(m)

1087 □□
circulate
[sə́ːrkjəlèit]

ⓥ 돌다, 순환하다, 퍼지다, 유통하다

The condition prevents the blood from circulating freely.
그 질환은 혈액이 자유롭게 순환하는 것을 방해한다.

➕ **circulation** ⓝ 순환, 유통, 발행 부수

circul + **ate**
원　　동접

원 주변으로 돌다
➡ 순환하다

1088 □□
circuit
[sə́ːrkit]

ⓝ 순환, 순회, 회로 ⓥ 한 바퀴 돌다, 순회하다

The earth takes a year to make a circuit of the sun.
지구가 태양의 둘레를 한 바퀴 도는 데 1년이 걸린다.

circu + **it**
둘레　가다

둘레를 돌아가는 것
➡ 순회

1089 □□
circumstance
[sə́ːrkəmstæns]

ⓝ 상황, 환경

Animals under normal circumstances maintain a constant body weight. 모평
정상적인 환경에서 동물들은 일정한 체중을 유지한다.

➕ **circumstantial** ⓐ 정황적인, 상황과 관련된

circum + **sta**
둘레　서다
+ **(a)nce**
명접

서 있는 곳의 주변 둘레
➡ 환경

DAY
37

liter 글자(letter)

1090 □□
literal
[lítərəl]

ⓐ 글자 그대로의, 문자의

The literal meaning of 'petrify' is 'turn to stone'.
'petrify'의 글자 그대로의 뜻은 '돌이 되다'이다.

➕ literally ⓐ 글자 그대로

liter + al
글자 형접

글자의
➡ 글자 그대로의

1091 □□
literature
[lítərətʃər]

ⓝ 문학, 문헌, 연구 보고서

He began work as a public official there, but his interests turned more and more toward literature. 학평
그는 그곳에서 공무원으로 일을 시작했지만, 그의 관심은 점점 더 문학으로 향했다.

➕ literary ⓐ 문학의

liter + at(e) + ure
글자 형접 명접

글자로 쓰인 것
➡ 문학

1092 □□
literate
[lítərit]

ⓐ 읽고 쓸 줄 아는, 지식이 있는

Every individual needs to take responsibility for combating this threat by becoming more information literate. 학평
모든 개인은 정보에 대한 더 많은 지식을 갖추어 이러한 위협에 맞서 싸울 책임을 가져야 한다.

➕ illiterate ⓐ 읽거나 쓸 줄 모르는, 문맹의

liter + ate
글자 형접

글자를 아는
➡ 읽고 쓸 줄 아는

---

sphere 구(globe, ball)

1093 □□
sphere
[sfiər]

ⓝ 구, 구체, 범위, 영역, 지구본

Creative people are creative in a specific sphere of activity. 학평 변형
창의적인 사람들은 활동의 특정 범위에서 창의적이다.

sphere
구

1094 ☐☐

atmosphere
[ǽtməsfiər]

ⓝ 대기, 공기, 분위기

As I entered the classroom, the tense atmosphere turned into wild laughter. 학평
내가 교실에 들어서자 긴장된 분위기가 요란한 웃음소리로 바뀌었다.

atmo + **sphere**
공기   구

지구를 둘러싸고 있는 공기
➡ 대기

1095 ☐☐

hemisphere
[hémisfiər]

ⓝ 반구

Penguins mostly inhabit the coastal regions of the southern hemisphere.
펭귄은 주로 남반구의 해안 지역에 서식한다.

hemi + **sphere**
반   구

구의 절반
➡ 반구

---

estim   평가하다 (judge, value)
| 변화형 | esteem

1096 ☐☐

estimate
[éstəmèit] ⓥ
[éstəmət] ⓝ

ⓥ 추산[추정]하다 ⓝ 추정[치], 추산, 견적

The Tate Modern is estimated to have generated at least $80 million annual income for London. 교과서 변형
테이트 모던은 적어도 8천만 달러의 연간 수익을 런던에 가져다준 것으로 추산된다.

➕ estimation ⓝ 판단, 평가, 평가치

estim + **ate**
평가하다   동접

가치를 평가하다
➡ 추산하다

1097 ☐☐

overestimate
[òuvəréstəmèit]

ⓥ 과대평가하다

We overestimate the risk of being the victims of a plane crash, a car accident, or a murder. 학평
우리는 비행기 추락, 자동차 사고 또는 살인 사건의 희생자가 될 위험을 과대평가한다.

➕ underestimate ⓥ 과소평가하다

over + **estim** + **ate**
과도하게   평가하다   동접

가치를 과도하게 평가하다
➡ 과대평가하다

DAY
37

1098 ☐☐

esteem
[istíːm]

ⓝ 존경, 존중 ⓥ 존경[존중]하다, 간주하다

She is held in high esteem by her colleagues.
그녀는 동료들에게 높은 존경을 받고 있다.

➕ self-esteem ⓝ 자존, 자부심

esteem
평가하다

중요하게 평가하다
➡ 존경하다

---

phas   보여 주다(show)

| 변화형 | phen

1099 ☐☐

phase
[feiz]

ⓝ 단계, 시기, 국면, 상(相)

In 1937, the earliest industrial robot was completed, opening the first phase of robotics — the age of industrial robots. 교과서

1937년에 최초의 산업용 로봇이 완성되어 로봇 공학의 제1기인 산업용 로봇 시대를 열었다.

🟰 stage ⓝ 단계, 시기

phas(e)
보여 주다

상황에 따라 보여지는 모습
➡ 국면

1100 ☐☐

emphasize
[émfəsàiz]

ⓥ 강조하다

Check whether the graph is presented in a specific way to emphasize a point. 교과서
도표가 어떤 주장을 강조하기 위해 특정한 방식으로 제시되고 있는지 확인하라.

➕ emphasis ⓝ 강조

em + phas + ize
안에 보여 주다 동접
(in)

안에 있는 것까지 꺼내어
보여 주다
➡ 강조하다

1101 ☐☐

phenomenon
[finámənàn]

ⓝ 현상 (pl. phenomena)

The interpretation of more complex phenomena usually requires active attention and thought. 모평 변형
더 복잡한 현상에 대한 해석은 대개 적극적인 주의와 사고를 필요로 한다.

➕ phenomenal ⓐ 경이로운, 경탄스러운

phen(o) + menon
보여 주다   어미

드러내서 보여 주는 것
➡ 현상

---

merg 가라앉다(sink)

1102 ☐☐

merge
[məːrdʒ]

ⓥ 합병하다, 융합하다, 합치다

Under a capitalist social system, the government has no say in how companies take over and merge with one another. 학평

자본주의 사회 체제 하에서 정부는 기업들이 어떻게 서로 인수하고 합병하는지에 관해 발언권이 없다.

➕ merger ⓝ 합병

merg(e)
가라앉다

가라앉아 하나가 되다
➜ 융합하다

1103 ☐☐

emerge
[iméːrdʒ]

ⓥ 나오다, 나타나다, 알려지다

After all 155 people were pulled from the icy waters by rescue boats, a story of a miracle began to emerge. 교과서

155명 전원이 구조선에 의해 차가운 바다에서 구출되자 기적 같은 이야기가 알려지기 시작했다.

➕ emergence ⓝ 출현, 등장

e + merg(e)
밖으로　가라앉다
(ex)

가라앉았던 것이 밖으로 드러나다
➜ 나오다

1104 ☐☐

submerge
[səbmə́ːrdʒ]

ⓥ 잠수하다, 가라앉다, 물속에 넣다

The car started to submerge in the water.
그 자동차는 물속에서 가라앉기 시작했다.

sub + merg(e)
아래로　가라앉다

물 아래로 가라앉다
➜ 잠수하다

sert 결합하다(combine)

DAY
37

1105 ☐☐

desert
[dézərt] ⓝ
[dizə́ːrt] ⓥ

ⓝ 사막　ⓥ 버리다, (버리고) 떠나다

A green space can be a green desert unless it has flowering plants that are friendly to bees. 교과서

벌에게 도움이 되는 꽃이 있지 않는 한 녹지 공간은 녹색 사막이 될 수 있다.

de + sert
떨어져　결합하다
(dis)

결합 상태를 떨어뜨리다
➜ 떠나다

1106 ☐☐

insert
[insə́ːrt]

ⓥ 삽입하다, 끼워 넣다

He stopped at the ATM, inserted the card and entered his PIN. 학평
그는 현금 자동 입출금기에 서서 카드를 넣고 비밀번호를 입력했다.

in + **sert**
안에 결합하다

안으로 밀어 넣어 결합하다
➡ 끼워 넣다

1107 ☐☐

exert
[igzə́ːrt]

ⓥ (힘 등을) 발휘하다, 행사하다, 노력하다

Rather, words acquire objective meanings because of the "pull" exerted by social pressures. 학평 변형
오히려 단어는 사회적 압력에 의해 행사되는 '영향력' 때문에 객관적인 의미를 얻는다.

➕ exertion ⓝ 발휘, 노력, 분발

ex + **(s)ert**
밖으로 결합하다

안에 있는 힘을 밖으로 보내다
➡ 발휘하다

---

gra 붙잡다(seize)
┃변화형┃ **gri**

1108 ☐☐

grab
[græb]

ⓥ 움켜쥐다, 붙잡다, 가로채다 ⓝ 움켜쥐기

He got out of his truck, grabbed his hunting gun, and shot the alligator. 학평
그는 트럭에서 내려 사냥용 총을 움켜쥐더니 악어를 쐈다.

gra(b)
붙잡다

꼭 움켜쥐다
➡ 붙잡다

1109 ☐☐

grasp
[græsp]

ⓥ 꽉 잡다, 이해하다 ⓝ 꽉 쥐기, 이해, 파악

People failed to grasp the importance of his words.
사람들은 그가 하는 말의 중요성을 이해하지 못했다.

gra(sp)
붙잡다

어떤 개념을 붙잡다
➡ 이해하다

1110 ☐☐

grip
[grip]

ⓥ 붙잡다, 꽉 잡다, 사로잡다
ⓝ 꽉 잡음, 장악, 통제, 손잡이

Friction is caused between the tread on your shoes and the ground, acting to grip the ground and prevent sliding. 학평 변형
마찰이 신발 밑창과 지면 사이에 발생하며 이 마찰은 지면을 붙잡아 미끄러지는 것을 방지한다.

gri(p)
붙잡다

꽉 붙잡고 있는 것
➡ 통제

WORD *Review*

다음 뜻에 해당하는 알맞은 영어 단어를 쓰시오.

labor 일	**thes** 두다	**circul** 원, 둘레	**liter** 글자
01 _____ 협력하다, 협동하다, 협업하다	04 _____ 주제, 논제, 테마	07 _____ 돌다, 순환하다, 유통하다	10 _____ 문학, 문헌
02 _____ 정교한, 공들인, 정교하게 만들다	05 _____ 가설, 가정	08 _____ 상황, 환경	11 _____ 글자 그대로의, 문자의
03 _____ 실험실, 실험실(用)의	06 _____ 논제, 논문	09 _____ 순환, 순회, 한 바퀴 돌다	12 _____ 읽고 쓸 줄 아는

| 13 _____ 반구 | 14 _____ 대기, 분위기 | 15 _____ 구, 구체, 범위, 지구본 | **sphere** 구 |
| 16 _____ 존경, 존중, 존경[존중]하다 | 17 _____ 과대평가하다 | 18 _____ 추산[추정]하다, 추정[치] | **estim** 평가하다 |

19 _____ 단계, 국면, 상(相)	22 _____ 나오다, 나타나다	25 _____ 삽입하다, 끼워 넣다	28 _____ 꽉 잡다, 이해하다, 이해, 파악
20 _____ 현상	23 _____ 합병하다, 융합하다, 합치다	26 _____ 사막, (버리고) 떠나다	29 _____ 움켜쥐다, 붙잡다, 움켜쥐기
21 _____ 강조하다	24 _____ 잠수하다, 가라앉다	27 _____ 행사하다, 노력하다	30 _____ 붙잡다, 사로잡다, 꽉 잡음, 장악

| **phas** 보여 주다 | **merg** 가라앉다 | **sert** 결합하다 | **gra** 붙잡다 |

🔑 주요 다의어 24

strike

(세게) 치다, 부딪히다

01
The baby fell and his head **struck** the pavement, but he was alright.
아기는 넘어져 머리를 도로에 **부딪혔지만**, 무사했다.

(손이나 무기로) 때리다

02
The police **struck** several demonstrators without warning.
경찰은 몇몇 시위하는 사람들을 경고 없이 **때렸다**.

공격하다

03
The army suddenly **struck** the enemy fortifications in the middle of the night.
군대는 한밤중에 적군의 요새를 갑자기 **공격했다**.

파업하다

04
Factory workers have been **striking** for higher pay since last month.
공장 노동자들은 지난달 이래로 임금 인상을 요구하며 계속 **파업 중이다**.

issue

주제, 안건, 쟁점, 논란

01
The citizens discussed various **issues** at the town meeting.
시민들은 마을 회의에서 다양한 **안건들**에 관해 토론했다.

출판물, 제~호[판/쇄]

02
The April **issue** of the magazine *Esquire* featured a short science fiction story.
'Esquire' 잡지 4월**호**는 한 편의 짧은 과학 소설을 특집으로 실었다.

발행하다, 발간하다

03
The Korean government **issued** new five-thousand-won bills.
한국 정부는 새로운 5천 원권 지폐를 **발행했다**.

DAY 38

어원 Preview

herit	상속인	**flo**	흐르다, 흘러가다
mechan	기계	**bar**	막대
vot	서약하다	**tempor**	시간
long	긴, 갈망하다	**sper**	희망
put	생각하다	**cast**	던지다

Previous Check

- □ heritage
- □ inherit
- □ heir
- □ mechanic
- □ mechanism
- □ machinery
- □ vote
- □ devote
- □ vow
- □ belong

- □ prolong
- □ linger
- □ reputation
- □ dispute
- □ compute
- □ flood
- □ float
- □ flee
- □ barrier
- □ barn

- □ barrel
- □ temporal
- □ contemporary
- □ temporary
- □ prosper
- □ desperate
- □ despair
- □ cast
- □ broadcast
- □ forecast

herit 상속인(heir)
| 변화형 | heir

1111 ☐☐

heritage
[héritidʒ]

ⓝ 상속 재산, 유산

Her work preserving Turkey's cultural heritage won her a Prince Claus Award. 학평

튀르키예의 문화 유산을 보존한 그녀의 업적은 그녀에게 Prince Claus 상을 안겨주었다.

herit + **age**
상속인 명접

상속인이 받은 재산
➡ 유산

1112 ☐☐

inherit
[inhérit]

ⓥ 물려받다, 상속하다

We are "destined" to inherit certain diseases based on the misfortune of our DNA. 학평

우리는 DNA의 불운에 따라 특정 질병을 물려받는 '운명'을 타고났다.

➕ inheritance ⓝ 상속 재산, 유산, 상속

in + **herit**
만들다 상속인
(en)

상속인으로 만들다
➡ 상속하다

1113 ☐☐

heir
[ɛər]

ⓝ 상속인, 후계자

He finally was recognized as the lawful heir.

그는 마침내 적법한 상속인으로서 인정을 받았다.

➖ inheritor, successor

heir
상속인

상속받는 사람
➡ 상속인

---

mechan 기계(machine)
| 변화형 | machin

1114 ☐☐

mechanic
[məkǽnik]

ⓝ 기계공, 정비사

The mechanic located the fault right away.

그 기계공은 결함 부위를 즉각 찾아냈다.

➕ mechanics ⓝ 기계학, 역학, 기교
mechanical ⓐ 기계적인, 기계로 작동되는

mechan + **ic**
기계 명접

기계를 다루는 사람
➡ 기계공

1115 ☐☐
mechanism
[mékənìzəm]

ⓝ 메커니즘, 방법, 기계 장치, 구조

This mode of action can be likened to a lock and key mechanism — if the key doesn't fit the lock, then nothing will happen. 학평

이 작동 방식은 자물쇠와 열쇠 메커니즘에 비유될 수 있는데, 열쇠가 자물쇠에 맞지 않으면 아무 일도 일어나지 않을 것이다.

mechan + **ism**
기계   명접

기계가 작동하는 방식
➡ 메커니즘

1116 ☐☐
machinery
[məʃí:nəri]

ⓝ (집합적) 기계(류), 기계 장치

An organization imported new machinery with the capacity to produce quality products at a lesser price. 학평

한 단체가 더 저렴한 가격으로 고품질 제품을 생산할 수 있는 능력을 갖춘 새 기계를 수입했다.

machin + **ery**
기계   명접

기계들의 집합
➡ 기계류

---

vot

서약하다(vow)
| 변화형 | vow

1117 ☐☐
vote
[vout]

ⓥ 투표하다, 선출하다
ⓝ 표, 투표, 투표수, 투표권

Could you tell me how to vote in the election? 학평

선거에서 투표하는 방법을 알려 주실 수 있나요?

➕ voter ⓝ투표자, 유권자

vot(e)
서약하다

후보에 대한 지지를
서약하다
➡ 투표하다

1118 ☐☐
devote
[divóut]

ⓥ 헌신하다, 바치다, 전념하다

He studied law and worked as a lawyer until 1889, when he decided to devote himself to writing. 학평

그는 법학을 공부하고 1889년까지 변호사로 일하다가, 그해에 글쓰기에 전념하기로 결심했다.

▣ dedicate ⓥ바치다   commit ⓥ전념하다
➕ devotion ⓝ전념, 헌신, 애착

de + **vot(e)**
아래로   서약하다
(down)

몸을 낮추어 서약하다
➡ 헌신하다

DAY
38

1119 ☐☐
vow
[vau]

ⓝ 맹세, 서약 **ⓥ** 맹세[서약]하다

The new mayor made a vow to reduce crime in the city to the citizens.

새 시장은 시민들에게 그 도시에서 범죄를 줄이겠다는 맹세를 했다.

目 **oath, pledge** ⓝ 맹세 **swear** ⓥ 맹세하다

vow
서약하다

굳게 서약하다
➡ 맹세하다, 서약하다

---

long 긴(long), 갈망하다(want)

| 변화형 | **ling**

1120 ☐☐
belong
[bilɔ́(ː)ŋ]

ⓥ 소속하다, ~에 속하다

Probably, the need to belong is a product of human beings' evolutionary history as a social species. 학평

아마도 소속하고자 하는 욕구는 사회적 종으로서 인간이 진화해 온 역사의 산물일 것이다.

➕ **belong to** ~에 속하다
belongings ⓝ 소지품, 소유물

be + **long**
되다 갈망하다

어떤 그룹이 되기를
갈망하다
➡ ~에 속하다

1121 ☐☐
prolong
[prəlɔ́(ː)ŋ]

ⓥ 연장시키다, 늘이다, 연기하다

The operation could prolong his life by several years.

그 수술은 그의 생명을 몇 년 연장시킬 수 있을 것이다.

目 **extend, lengthen** ⓥ 연장하다, 늘이다
⬛ **shorten** ⓥ 단축하다

pro + **long**
앞으로 긴

앞으로 길게 늘리다
➡ 연장시키다

1122 ☐☐
linger
[líŋgər]

ⓥ (오래) 남다[계속되다], 오래 머물다

Jokes can be time bombs lingering unnoticed in a person's subconscious.

학평 변형

농담은 사람의 잠재의식 속에 눈에 띄지 않은 채 남아 있는 시한폭탄일 수 있다.

ling + **er**
긴 동접

(시간을) 길게 끌다
➡ 오래 머물다

---

put — 생각하다(think)

1123 ☐☐
reputation
[rèpjə(:)téiʃən]

ⓝ 평판, 명성

Think of an animal that has a reputation for being fearful. 학평
겁이 많다는 평판이 있는 동물을 생각해보라.

re + put + (a)tion
다시 생각하다   명접

다시 생각날 정도로 알려짐
➡ 명성

1124 ☐☐
dispute
[dispjú:t]

ⓝ 분쟁, 논의, 토론
ⓥ 논쟁하다, 반박하다, 다투다

A shared language facilitated clarification and possibly settlement of any disputes. 학평

공유된 언어는 명확화와 아마도 어떤 분쟁의 해결을 용이하게 했다.

➕ disputable ⓐ 논란의 여지가 있는(↔ indisputable)

dis + put(e)
반대의   생각하다

반대의 생각을 가지다
➡ 논쟁하다

1125 ☐☐
compute
[kəmpjú:t]

ⓥ 계산하다, 산출하다, 평가하다

The losses were computed at more than $3 million.
손실액은 3백만 달러가 넘는 것으로 산출되었다.

➕ computation ⓝ 계산, 산출된 수치

com + put(e)
함께   생각하다

여러 가지를 함께 생각하여
값을 계산하다
➡ 산출하다

---

flo — 흐르다, 흘러가다(flow)
| 변화형 | flee

1126 ☐☐
flood
[flʌd]

ⓝ 홍수, 범람, 쇄도 ⓥ 범람하다, 넘쳐 흐르다

The council decided to build large scale dams and deepen the rivers to prevent floods. 교과서
위원회는 홍수를 예방하기 위해 대규모 댐을 건설하고 강을 깊게 만들기로 결정했다.

flo(od)
흐르다

흘러 넘침
➡ 홍수

DAY
38

1127 ☐☐

float
[flout]

ⓥ (물에) 뜨다, 떠다니다, 퍼지다 **ⓝ** 뜨는 것

Plastic is very slow to degrade and tends to float. 학평 변형
플라스틱은 매우 느리게 분해되고 물에 뜨는 경향이 있다.

➕ **afloat** @(물에) 뜬 @(물에) 떠서

flo(at)
흐르다

물에 흘러다니다
➡ 떠다니다

1128 ☐☐

flee
[fliː]

ⓥ 도망치다, 피하다

In the past, danger meant we either had to flee or fight. 학평
과거에 위험은 우리가 도망치거나 싸워야 한다는 것을 의미했다.

➕ **flight** ⓝ도주, 탈출, 비행

flee
흐르다

빠르게 흘러가다
➡ 도망치다

bar   막대(bar)

1129 ☐☐

barrier
[bǽriər]

ⓝ 장벽, 울타리, 장애물

Kathrine Switzer overcame one barrier in the male-dominated athletic culture.
교과서 변형
Kathrine Switzer는 남성이 지배하는 육상 운동 문화에서 한 가지 장벽을 극복했다.

▪ **barricade, block, hurdle, obstacle**

bar(r) + **ier**
막대   명접

막대로 막아 둔 것
➡ 장벽

1130 ☐☐

barn
[baːrn]

ⓝ 외양간, 헛간

Just when the farmer was closing the barn door, a little boy came up to him and asked for another chance. 학평 변형
농부가 헛간 문을 닫으려는 순간, 한 소년이 그에게 다가와 한 번만 더 기회를 달라고 부탁했다.

bar(n)
막대

막대로 막아 가축을 키우는 공간
➡ 외양간

1131 ☐☐

barrel
[bǽrəl]

ⓝ (가운데가 불룩한 큰) 통, 총신, 배럴

The wine is aged for a year in oak barrels.
그 와인은 오크통에서 1년 동안 숙성된다.

bar(r) + **el**
막대   명접

장총의 긴 막대 모양 몸체
➡ 총신

tempor 시간(time)

1132 ☐☐

temporal
[témpərəl]

ⓐ 시간의, 일시적인, 현세적인

Some officials are likely to find an easy and temporal solution that only sounds convincing.
일부 관리들은 단지 그럴 듯하게만 들리는 쉽고 일시적인 해결책을 찾는 것처럼 보인다.

↔ eternal ⓐ 영원한

tempor + **al**
시간　　 형접

지금 이 시간의
➡ 일시적인

1133 ☐☐

contemporary
[kəntémpərèri]

ⓐ 현대의, 당대의, 동시대의　ⓝ 동시대 사람

Rousseau's style was markedly different from the contemporary mainstream. 교과서
Rousseau의 스타일은 당대의 주류와 현저하게 달랐다.

con + **tempor** + **ary**
함께　　　시간　　 형접
(com)

우리와 함께 시간을 보내는
➡ 동시대의

1134 ☐☐

temporary
[témpərèri]

ⓐ 임시의, 일시적인, 잠깐 동안의

Will the joy be temporary or long-lasting? 학평

그 기쁨은 일시적일 것인가 혹은 오래 지속될 것인가?

↔ permanent ⓐ 영구적인
➕ temporarily ⓐ 일시적으로, 임시로

tempor + **ary**
시간　　 형접

제한된 시간 동안
➡ 임시의, 일시적인

---

sper 희망(hope)
| 변화형 | spair

1135 ☐☐

prosper
[práspər]

ⓥ 번성하다, 번영하다, 성공하다

Fez was the place where Moroccan culture began to prosper. 교과서
Fez는 모로코의 문화가 번성하기 시작한 곳이었다.

🟰 flourish, thrive ⓥ 번창하다

pro + **sper**
앞으로　　희망

앞날이 희망차다
➡ 번영하다

1136 ☐☐
desperate
[déspərit]

ⓐ 절망적인, 자포자기의, 필사적인

I murmured a panicked prayer that this desperate situation would end. 학평
나는 이 절망적인 상황이 끝나게 해 달라는 겁에 실린 기도를 중얼거렸다.

➕ desperately ⓐ 필사적으로

de + **sper** + ate
없는 희망 형접
(without)

희망이 없는
➡ 절망적인

1137 ☐☐
despair
[dispéər]

ⓝ 절망, 자포자기 ⓥ 절망하다, 단념하다

Perseus was far more likely to die than to return victorious, so he sat down in despair. 교과서
페르세우스는 금의환향할 가능성보다 죽을 가능성이 훨씬 더 높았고, 따라서 절망에 빠져 주저앉았다.

de + **spair**
없는 희망
(without)

희망이 없음
➡ 절망

---

cast 던지다(throw)

1138 ☐☐
cast
[kæst]

ⓥ 던지다, 주조하다, 배역을 정하다
ⓝ 던지기, 주조, 깁스, 출연진

The priceless treasures had been cast into the Nile.
매우 귀한 보물들이 나일강 속으로 던져졌다.

cast
던지다

무언가를 던지는 것
➡ 던지기

1139 ☐☐
broadcast
[brɔ́ːdkæst]

ⓥ 방송하다 ⓝ 방송 ⓐ 방송의

The TV broadcast an air attack and a screeching siren started to scream. 학평
TV에서 공습을 알리는 방송이 나오고 앵하는 사이렌 소리가 울리기 시작했다.

broad + **cast**
넓은 던지다

널리 던져 퍼뜨리다
➡ 방송하다

1140 ☐☐
forecast
[fɔ́ːrkæst]

ⓝ 예측, 예보 ⓥ 예측하다, (날씨를) 예보하다

Repetition makes us confident in our forecasts and more efficient in our actions. 학평
반복을 통해 우리는 예측에 확신을 갖게 되고 더 효율적으로 행동하게 된다.

fore + **cast**
미리 던지다

미래의 정보를 미리 던지다
➡ 예측하다

WORD Review

다음 뜻에 해당하는 알맞은 영어 단어를 쓰시오.

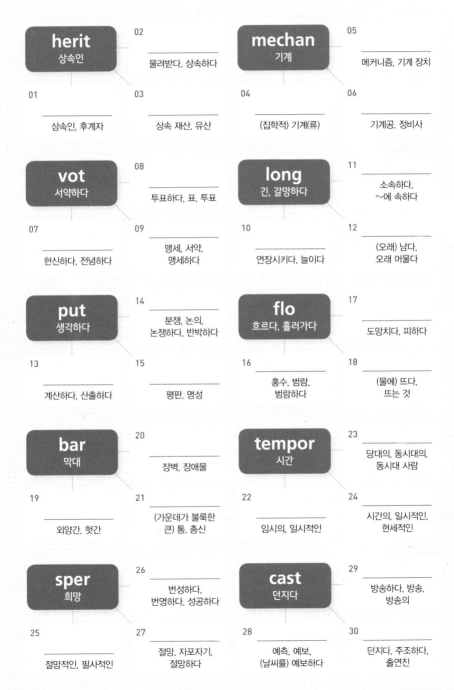

herit
상속인

01 _____
상속인, 후계자

02 _____
물려받다, 상속하다

03 _____
상속 재산, 유산

mechan
기계

04 _____
(집학적) 기계(류)

05 _____
메커니즘, 기계 장치

06 _____
기계공, 정비사

vot
서약하다

07 _____
헌신하다, 전념하다

08 _____
투표하다, 표, 투표

09 _____
맹세, 서약,
맹세하다

long
긴, 갈망하다

10 _____
연장시키다, 늘이다

11 _____
소속하다,
~에 속하다

12 _____
(오래) 남다,
오래 머물다

put
생각하다

13 _____
계산하다, 산출하다

14 _____
분쟁, 논의,
논쟁하다, 반박하다

15 _____
평판, 명성

flo
흐르다, 흘러가다

16 _____
홍수, 범람,
범람하다

17 _____
도망치다, 피하다

18 _____
(물에) 뜨다,
뜨는 것

bar
막대

19 _____
외양간, 헛간

20 _____
장벽, 장애물

21 _____
(가운데가 불룩한
큰) 통, 총신

tempor
시간

22 _____
임시의, 일시적인

23 _____
당대의, 동시대의,
동시대 사람

24 _____
시간의, 일시적인,
현세적인

sper
희망

25 _____
절망적인, 필사적인

26 _____
번성하다,
번영하다, 성공하다

27 _____
절망, 자포자기,
절망하다

cast
던지다

28 _____
예측, 예보,
(날씨를) 예보하다

29 _____
방송하다, 방송,
방송의

30 _____
던지다, 주조하다,
출연진

주요 다의어 25

spell

주문, 마법

01 Harry Potter cast a **spell** over Lord Voldemort.
해리포터는 Voldemort 경에게 **마법**을 걸었다.

철자를 말하다, 철자를 쓰다

02 Many students are careless about their **spelling** mistakes.
많은 학생들은 **철자를 쓰는** 것에 관한 실수에 부주의하다.

한동안, 잠깐

03 Since they had worked all day, they rested for a **spell**.
그들은 온종일 일했기 때문에, **잠깐** 동안 쉬었다.

의미하다, 부르다, 초래하다

04 Failure **spells** death at this time of crisis.
이 위기의 순간에 실패는 죽음을 **의미한다**.

bill

계산서, 청구서

01 I asked the waiter for the **bill**.
나는 웨이터에게 **계산서**를 갖다 달라고 했다.

지폐

02 A two-dollar **bill** is rare, so people usually hold on to it.
2달러짜리 **지폐**는 드물어서, 사람들은 보통 그것을 계속 가지고 있다.

법안

03 Educational reform **bills** drew contrasting opinions at the meeting.
교육 개혁 **법안**은 그 회의에서 상반된 견해들을 끌어냈다.

DAY 39

어원 Preview

cri	분리하다	**fend**	치다, 때리다
mir	놀라다, 감탄하다	**sacr**	신성한
merc	보상하다, 장사하다	**front**	앞
corp	몸	**rupt**	깨다
gest	나르다	**mut**	바꾸다

Previous Check

☐ criticize	☐ incorporate	☐ saint
☐ discriminate	☐ corporate	☐ frontal
☐ discern	☐ gesture	☐ confront
☐ miracle	☐ digest	☐ frontier
☐ admire	☐ exaggerate	☐ erupt
☐ marvelous	☐ defend	☐ interrupt
☐ mercy	☐ offend	☐ disrupt
☐ merchant	☐ fence	☐ mutual
☐ commerce	☐ sacred	☐ commute
☐ corpse	☐ sacrifice	☐ mutation

cri   분리하다(separate)
| 변화형 | **crimin, cern**

1141 ☐☐
criticize
[krítisàiz]

Ⓥ 비평하다, 비판하다

We were taught how to criticize poems in the class.
우리는 그 수업에서 시를 비평하는 법을 배웠다.

➕ **critic** ⓝ비평가, 비난자
　critical ⓐ비평의, 비판적인, 위기의, 중대한

cri(t) + **ic** + **ize**
분리하다 명접 동접

하나하나 분리하여 살피다
➜ 비평[비판]하다

1142 ☐☐
discriminate
[diskrímənèit]

Ⓥ 구별하다, 식별하다, 차별하다

The trainer doesn't teach the dog how to smell; the dog already knows how to discriminate one scent from another. 모평
훈련사는 개에게 냄새를 맡는 방법을 가르치지 않는데, 개는 이미 냄새를 다른 것과 구별하는 법을 알고 있기 때문이다.

➕ **discrimination** ⓝ구별, 식별, 차별

dis + **crimin** + **ate**
떨어져 분리하다 동접

떨어뜨려서 다른 것과
분리하다
➜ 구별하다

1143 ☐☐
discern
[disə́ːrn]

Ⓥ 분별하다, 식별하다

We can discern if a claim is ethical by attending to the use of the words "is" and "ought." 학평
우리는 '~이다'와 '~해야 한다'라는 단어의 사용에 주의를 기울임으로써 어떤 주장이 윤리적인지 분별할 수 있다.

dis + **cern**
떨어져 분리하다

떨어뜨려 분리하다
➜ 분별하다

---

mir   놀라다(wonder), 감탄하다(marvel)
| 변화형 | **mar**

1144 ☐☐
miracle
[mírəkl]

ⓝ 기적, 경이

Genetic testing is indeed a scientific miracle.
유전자 검사는 참으로 과학적인 기적이다.

mir(a) + **cle**
놀라다 명접

놀라움 그 자체
➜ 기적

1145 ☐☐

admire
[ədmáiər]

ⓥ 존경하다, 감탄하다, 경탄하다

I admire her for her pioneering role and passion for broadcasting. 교과서
나는 방송에 대한 그녀의 선구자적 역할과 열정을 존경한다.

ad + **mir(e)**
~에   감탄하다

무언가에 감탄하다
➜ 존경하다

1146 ☐☐

marvelous
[má:rvələs]

ⓐ 놀라운, 믿기 어려운, 훌륭한

It was marvelous that he succeeded after many twists and turns.
그가 갖은 우여곡절 끝에 성공했다는 것이 놀라웠다.

➕ **marvel** ⓝ 경이(로운 사람[것]) ⓥ 경탄하다

mar(vel) + **ous**
놀라다   형접

믿기 어려울 정도로 놀라운
➜ 훌륭한

---

merc 보상하다(reward), 장사하다(trade)

1147 ☐☐

mercy
[má:rsi]

ⓝ 자비, 연민, 고마운 일

They showed no mercy to their hostages.
그들은 인질들에게 조금도 자비를 보이지 않았다.

➕ **merciful** ⓐ 자비로운, 다행스러운

merc + **y**
보상하다 명접

가엾게 생각해서 보상해
주는 마음
➜ 자비

1148 ☐☐

merchant
[má:rtʃənt]

ⓝ 상인, 무역상 ⓐ 상인의, 상업의

One was a professor and the other was a merchant. 학평
한 명은 교수였고 다른 한 명은 상인이었다.

➕ **merchandise** ⓝ 상품 ⓥ 판매하다

merc(h) + **ant**
장사하다   명접

장사하는 사람
➜ 상인

1149 ☐☐

commerce
[kámə(:)rs]

ⓝ 상업, 무역, 상거래

The e-commerce book market naturally expanded to include additional categories, like CDs and DVDs. 학평
전자 상거래 도서 시장은 자연스럽게 확장되어 CD와 DVD와 같은 추가 카테고리를 포함했다.

➕ **commercial** ⓐ 상업의, 상업적인 ⓝ 광고 방송

com + **merc(e)**
함께   장사하다

함께 장사하는 일
➜ 상업

DAY
39

corp   몸(body)

1150 ☐☐
corpse
[kɔ́ːrps]

ⓝ 시체, 송장

They buried the corpse in the churchyard.
그들은 교회 경내에 그 시신을 매장했다.

corp(se)
몸

(죽은) 몸
➡ 시체

1151 ☐☐
incorporate
[inkɔ́ːrpərèit]

ⓥ 포함하다, 통합하다, 법인으로 만들다

The brain strives to incorporate new facts
into its model of the world. 학평
뇌는 새로운 사실을 세상의 모형에 포함시키려고 노력한다.

➕ incorporation ⓝ 법인, 회사, 합병, 혼합

in + corp(or) + ate
안에   몸   동접

몸 안에 넣어 몸과 하나가
되게 하다
➡ 통합하다

1152 ☐☐
corporate
[kɔ́ːrpərit]

ⓐ 기업[회사]의, 법인의

I've prepared and handled budgets at the
corporate and departmental levels.
나는 기업 및 부서 단위의 예산을 준비하고 처리해왔다.

➕ corporation ⓝ 기업, 회사, 법인

corp(or) + ate
몸   형접

여러 사람이 하나의 몸처럼
일하는
➡ 기업[회사]의

---

gest   나르다(carry)
| 변화형 | ger

1153 ☐☐
gesture
[dʒéstʃər]

ⓝ 몸짓, 손짓, 태도   ⓥ 몸짓[손짓]을 하다

Our real feelings continually leak out in
the form of gestures, tones of voice, facial
expressions, and posture. 학평
우리의 진짜 감정은 몸짓, 목소리 톤, 표정, 자세의 형태로
계속 새어 나온다.

gest + ure
나르다   명접

의미를 나르는 움직임
➡ 몸짓

1154 ☐☐
digest
[daidʒést] ⓥ
[dáidʒest] ⓝ

ⓥ 소화하다, 이해하다, 견디다, 요약하다
ⓝ 요약(판)

When we eat chewier, less processed foods, it takes us more energy to digest them. 학평
우리가 더 질기고 덜 가공된 음식을 먹을 때는 소화하는 데 더 많은 열량을 쓴다.

di + gest
떨어져 나르다
(dis)

음식을 작게 떨어뜨려 나르다
➡ 소화하다

1155 ☐☐
exaggerate
[igzǽdʒərèit]

ⓥ 과장하다

Animals tend to prefer exaggerated, supernormal stimuli. 학평
동물들은 과장되고 비범한 자극을 선호하는 경향이 있다.

🔁 overstate

ex + ag + ger + ate
밖으로 높이 나르다 동접

밖에서 잘 보이도록 높이 나르다
➡ 과장하다

---

fend
치다(strike), 때리다(hit)

| 변화형 | fenc

1156 ☐☐
defend
[difénd]

ⓥ 수비하다, 방어하다, 변호하다

Troops have been sent to defend the borders.
국경을 수비하기 위해 군대가 파견되었다.

🔄 attack ⓥ공격하다
➕ defense ⓝ수비, 방어, 변호 defendant ⓝ피고

de + fend
떨어져 치다
(dis)

치는 사람으로부터 떨어지다
➡ 방어하다

1157 ☐☐
offend
[əfénd]

ⓥ 기분 상하게 하다, 위반하다

They'll be offended if you don't go to their wedding.
네가 그들의 결혼식에 안 가면 그들이 기분 상해 할 거야.

➕ offense ⓝ위반, 반칙, 공격

of + fend
맞서 치다
(ob)

맞서서 치다
➡ 기분 상하게 하다

1158 ☐☐
fence
[fens]

ⓝ 울타리, 담 ⓥ 울타리를 두르다

They jumped the fence frequently and chased the farmer's lambs. 학평
그들은 울타리를 자주 뛰어넘었고 농부의 어린 양들을 쫓았다.

fenc(e)
치다

적을 쳐서 방어해주는 것
➡ 울타리

DAY
39

sacr 신성한(sacred, holy)
| 변화형 | saint

1159 □□
sacred
[séikrid]

ⓐ 성스러운, 종교적인, 신성한

An anthem is both a song of loyalty, often to a country, and a piece of 'sacred music.' 학평

찬가는 흔히 국가에 대한 충성의 노래이자 한 곡의 '성스러운 음악'이다.

sacr +**ed**
신성한 형접

신성시되는
➡ 성스러운

1160 □□
sacrifice
[sǽkrəfàis]

ⓝ 희생, 제물   ⓥ 희생하다, 제물로 바치다

The beauty, the teamwork, and the accomplishment of a personal life goal were worth all the sacrifice. 학평

아름다움, 팀워크, 그리고 개인적인 삶의 목표의 성취는 모든 희생의 가치가 있었다.

sacr(i) +**fic(e)**
신성한 만들다

신성하게 만들어서 바치다
➡ 제물로 바치다

1161 □□
saint
[seint]

ⓝ 성자, 성인

"I am not trying to say that I am a saint, but I am no devil either," he said. 학평

"내가 성자라고 말하려는 것은 아니지만, 나는 악마도 아닙니다."라고 그는 말했다.

saint
신성한

모범이 되는 신성한 인물
➡ 성자, 성인

front 앞(front, forehead)

1162 □□
frontal
[frʌ́ntəl]

ⓐ 정면의, 앞면의, 이마의

Airbags protect the driver in the event of a severe frontal impact.

에어백은 심한 정면 충돌이 발생했을 때 운전자를 보호해준다.

🔁 back, rear ⓐ 뒤쪽의

front +**al**
앞 형접

앞쪽에 있는
➡ 정면의

1163 □□

confront
[kənfrʌnt]

ⓥ 직면하다, 마주하다, 맞서다

We exist in a social world that constantly confronts us with the "view of the other."
학평

우리는 '상대방의 관점'을 끊임없이 마주하는 사회 세계에 살고 있다.

➕ confrontation ⓝ 직면, 대결, 대치

con + front
함께   앞
(com)

함께 서로의 앞에 서다
➡ 마주하다

1164 □□

frontier
[frʌntíər]

ⓝ 국경 (지방), 변경, 새로운 영역
ⓐ 국경의, 변경의

Those kids have eventually grown up to lead the frontiers of robot technology.
교과서

그 아이들은 결국 성장해서 로봇 기술의 새로운 영역을 이끌고 있다.

front + ier
앞   부분

국가의 앞부분이 맞붙은 곳
➡ 국경

---

rupt 깨다(break)

1165 □□

erupt
[irʌpt]

ⓥ 폭발하다, 분출하다

They dread that the volcano may erupt again.

그들은 화산이 다시 폭발할까 봐 두려워하고 있다.

➕ eruption ⓝ 폭발, 분출, 분화

e + rupt
밖으로 깨다
(ex)

깨져서 밖으로 터져 나오다
➡ 분출하다

1166 □□

interrupt
[ìntərʌpt]

ⓥ 가로막다, 방해하다, 중단시키다

The storytelling of TV dramas should not be interrupted by commercial advertising.
교과서

TV 드라마의 스토리텔링은 상업적 광고로 방해받으면 안 된다.

inter + rupt
사이에   깨다

둘 사이에 끼어 판을 깨다
➡ 방해하다

DAY
39

1167 □□
disrupt
[dìsrʌ́pt]

ⓥ 방해하다, 지장을 주다, 분열시키다

They believe that climate change can potentially disrupt economic activity.
그들은 기후 변화가 잠재적으로 경제 활동에 지장을 줄 수 있다고 믿는다.

➕ **disruption** ⓝ 분열, 붕괴, 혼란

dis + **rupt**
떨어져   깨다

깨뜨려서 서로 떨어지게 하다
➡ 분열시키다

---

mut 바꾸다(change)

1168 □□
mutual
[mjúːtʃuəl]

ⓐ 서로의, 상호의, 공동의

A widely understood and clearly formulated language is a great aid to mutual confidence. 학평
폭넓게 이해되고 확실하게 표현된 언어가 상호 신뢰에 큰 도움이 된다.

mut + **ual**
바꾸다 형접

상대편과 서로 바꾸는
➡ 상호의

1169 □□
commute
[kəmjúːt]

ⓥ 통근[통학]하다, 전환하다 ⓝ 통근[통학]

I am a parent of a high school student who takes the 145 bus to commute to Clarkson High School. 학평
저는 145번 버스를 타고 Clarkson 고등학교에 통학하는 고등학생 자녀를 둔 학부모입니다.

➕ **commuter** ⓝ 통근자

com + **mut(e)**
함께   바꾸다

집과 직장으로 장소를 바꾸며 함께 다니다
➡ 통근하다

1170 □□
mutation
[mju(ː)téiʃən]

ⓝ 돌연변이, 변종, 변화

Imagine some mutation appears which makes animals spontaneously die at the age of 50. 학평
동물을 50살에 자연사하게 만드는 어떤 돌연변이가 나타난다고 상상해 보라.

➕ **mutant** ⓐ 돌연변이의, 돌연변이에 의한

mut(a) + **tion**
바꾸다   명접

원래의 성질에서 바뀐 것
➡ 돌연변이

WORD Review

다음 뜻에 해당하는 알맞은 영어 단어를 쓰시오.

cri
분리하다

01 _____
구별하다,
식별하다, 차별하다

02 _____
비평하다, 비판하다

03 _____
분별하다, 식별하다

mir
놀라다, 감탄하다

04 _____
놀라운, 믿기 어려운

05 _____
존경하다,
감탄하다, 경탄하다

06 _____
기적, 경이

07 _____
상업, 무역, 상거래

08 _____
상인, 상인의,
상업의

09 _____
자비, 연민

merc
보상하다, 장사하다

10 _____
기업[회사]의,
법인의

11 _____
포함하다, 통합하다,
법인으로 만들다

12 _____
시체, 송장

corp
몸

gest
나르다

13 _____
몸짓, 태도,
몸짓[손짓]을 하다

14 _____
과장하다

15 _____
소화하다,
요약하다, 요약(판)

fend
치다, 때리다

16 _____
울타리, 담,
울타리를 두르다

17 _____
기분 상하게 하다,
위반하다

18 _____
수비하다,
방어하다, 변호하다

19 _____
희생, 제물,
희생하다

20 _____
성스러운, 종교적인

21 _____
성자, 성인

sacr
신성한

22 _____
직면하다, 마주하다

23 _____
정면의, 앞면의,
이마의

24 _____
국경 (지방), 국경의

front
앞

rupt
깨다

25 _____
폭발하다, 분출하다

26 _____
지장을 주다,
분열시키다

27 _____
가로막다, 방해하다

mut
바꾸다

28 _____
서로의, 상호의

29 _____
돌연변이, 변종

30 _____
통근[통학]하다,
통근[통학]

주요 다의어 26

stick

찌르다, 박다, 꽂다

01 The nurse had to learn how to **stick** patients with needles and draw blood.
간호사는 어떻게 환자를 주사바늘로 **찔러서** 피를 뽑아내는지를 배워야 했다.

고수하다(to)

02 In general, the Republican Party members **stick** to conservative policies.
일반적으로 공화당 의원들은 보수적인 정책을 **고수한다**.

막대기, 지팡이

03 The mob on TV news came over the hill yelling and brandishing **sticks**.
TV 뉴스에 등장한 군중은 소리를 지르고 **막대기**를 휘두르면서 언덕을 넘어왔다.

plain

명백한, 분명한

01 The **plain** fact is that he is not doing his job very well.
분명한 사실은 그가 일을 썩 잘하고 있지는 않다는 것이다.

평원

02 People raise cattle on the **plains** in the western United States.
미국 서부에서는 사람들이 **평원**에서 소를 키운다.

검소한, 수수한, 소박한

03 She wore a **plain** white dress to the party.
그녀는 파티에서 **수수한** 흰색 드레스를 입었다.

DAY 40

어원 Preview

fare	가다	**mort**	죽음
terr	땅	**alt**	높은, 자라다
line	선	**vad**	가다
grav	무거운	**frag**	부수다
sol	혼자	**humili**	땅

Previous Check

- ☐ fare
- ☐ welfare
- ☐ farewell
- ☐ territory
- ☐ terrestrial
- ☐ terrace
- ☐ linear
- ☐ guideline
- ☐ outline
- ☐ grave

- ☐ aggravate
- ☐ grief
- ☐ sole
- ☐ solitary
- ☐ solitude
- ☐ mortal
- ☐ mortgage
- ☐ murder
- ☐ altitude
- ☐ adolescent

- ☐ abolish
- ☐ invade
- ☐ pervade
- ☐ evade
- ☐ fragile
- ☐ fragment
- ☐ fraction
- ☐ humility
- ☐ humiliate
- ☐ humble

fare 가다(go)

1171 ☐☐
fare
[fɛər]

ⓝ 요금, 운임, 승객, 음식
ⓥ 여행하다, 지내다, 살아 가다

Kevin gave him not only enough for bus fare, but enough to get a warm meal. 학평
Kevin은 그에게 버스 요금뿐만 아니라 따뜻한 식사를 할 수 있을 만큼 충분한 양을 주었다.

fare
가다

가는 데 드는 비용
➡ 요금, 운임

1172 ☐☐
welfare
[wélfɛ̀ər]

ⓝ 행복, 안녕, 복지

The word 'welfare' has negative connotations, perhaps because of the way many politicians portray it. 학평
'복지'라는 단어는 아마도 많은 정치인이 그것을 묘사하는 방식 때문에 부정적인 의미를 내포하고 있다.

wel(l) + **fare**
잘   가다

잘 되어 감, 잘 지냄
➡ 안녕

1173 ☐☐
farewell
[fɛ̀ərwél]

ⓝ 작별 (인사) ⓐ 작별의, 고별의

She had tears in her eyes as she said farewell to him.
그녀는 그에게 작별 인사를 하면서 눈물을 글썽였다.

fare + **well**
가다   잘

잘 가라는 인사
➡ 작별 (인사)

---

terr 땅(earth)

1174 ☐☐
territory
[térità:ri]

ⓝ 영토, 영역, 지역, 구역

Conquerors have understood that information is essential for dominating a territory. 학평
정복자들은 영토를 지배하기 위해서는 정보가 필수적이라는 사실을 이해하고 있었다.

terr(it) + **ory**
땅   명접

자신의 땅으로 만든 곳
➡ 영역

1175 ☐☐
terrestrial
[təréstriəl]

ⓐ 육지에 사는, 육지의, 지구상의
ⓝ 지구의 생물, 인간

The bodies of terrestrial vertebrates tend to have a concentration of sodium nearly fifty times that of plants. 학평 변형
육지에 사는 척추동물의 몸은 식물의 50배에 가까운 나트륨 농도를 가지는 경향이 있다.

➕ **extraterrestrial** ⓐ 지구 밖의, 외계의 ⓝ 외계인

terr(e) + **st** + **rial**
땅　　서다　형접

땅에 서 있는
➔ 육지의

1176 ☐☐
terrace
[térəs]

ⓝ 테라스, 계단식 관람석, 계단식 논[밭]

We lingered over breakfast on the terrace.
우리는 테라스에서 아침을 먹으며 천천히 시간을 보냈다.

terr + **ace**
땅　　명접

정원으로 활용하는 땅
➔ 테라스

---

line　선(line)

1177 ☐☐
linear
[líniər]

ⓐ 선형의, 직선의

Sumerian cuneiform was a linear writing system, its symbols set in columns. 학평 변형
수메르 쐐기 문자는 기호가 세로 단에 놓여 있는 선형적 쓰기 체계였다.

line + **ar**
선　　형접

선으로 된
➔ 선형의

1178 ☐☐
guideline
[gáidlàin]

ⓝ 지침, 가이드라인, 윤곽선

These figures are a useful guideline when buying a house.
이러한 수치들은 주택 구입 시 유용한 지침이 된다.

guide + **line**
안내　　선

안내해 주는 선
➔ 지침

1179 ☐☐
outline
[áutlàin]

ⓝ 개요, 윤곽, 요점
ⓥ 개요를 말하다, 윤곽을 그리다

Complete an outline of your personal narrative about an activity you have experienced. 교과서
여러분이 경험한 활동에 대한 개인적인 이야기의 개요를 작성하시오.

out + **line**
밖에　　선

바깥에 대략적으로 그린 선
➔ 윤곽

DAY
40

grav 무거운(heavy)
| 변화형 | **grief**

1180 ☐☐

grave
[greiv]

ⓐ 심각한, 중대한, 진지한 ⓝ 무덤, 죽음

The police have expressed grave concern about the missing child's safety.
경찰은 실종된 아이의 안전에 대해 심각한 우려를 표명했다.

■ **serious** ⓐ심각한, 진지한   **tomb** ⓝ무덤
➕ **gravity** ⓝ중력, 무게, 중대함

grav(e)
무거운

상황이 무거운
➜ 심각한

1181 ☐☐

aggravate
[ǽgrəvèit]

ⓥ 악화시키다, 짜증 나게 하다

Air pollution can aggravate asthma.
대기 오염은 천식을 악화시킬 수 있다.

■ **worsen, exacerbate** ⓥ악화시키다

ag + **grav** + **ate**
~쪽으로 무거운 동접
(ad)

무거운 쪽으로 움직이다
➜ 악화시키다

1182 ☐☐

grief
[gri:f]

ⓝ 비탄, 슬픔

He has been unable to recover from his grief at his friends' death.
그는 친구들의 죽음으로 인한 비탄에서 회복하지 못하고 있다.

➕ **grieve** ⓥ슬프게 하다, 몹시 슬퍼하다

grief
무거운

마음이 매우 무거움
➜ 비탄

---

sol 혼자(alone)

1183 ☐☐

sole
[soul]

ⓐ 유일한, 혼자의, 단독의

In his family, he was the sole survivor of the war.
자신의 가족 중에서, 그는 전쟁에서 유일한 생존자였다.

➕ **solely** ⓐ혼자서, 단독으로, 오로지, 단지

sol(e)
혼자

1184 ☐☐

solitary
[sálitèri]

ⓐ 홀로 지내는, 고독한, 외딴

Locusts are normally solitary and avoid each other but become 'gregarious' when they enter the swarm phase. 학평

메뚜기는 평상시에는 홀로 지내고 서로를 피하지만, 군집 단계에 접어들면 '군생'하게 된다.

sol + **it** + **ary**
혼자   가다 형접

혼자서 가는
➡ 고독한

1185 ☐☐

solitude
[sálitʲùːd]

ⓝ 고독, 외로움, 한적함

She enjoyed the solitude of the woods.
그녀는 그 숲의 한적함을 맘껏 누렸다.

sol(i) + **tude**
혼자   명접

혼자 있을 때 느껴지는 감정
➡ 고독

---

mort 죽음(death)
| 변화형 | murd

1186 ☐☐

mortal
[mɔ́ːrtəl]

ⓐ 치명적인, (언젠가 반드시) 죽는 ⓝ 인간

Our Stone Age brain sees a mortal danger that is not there. 학평

우리의 석기 시대의 뇌는 거기에 존재하지 않는 치명적인 위험을 본다.

⟷ immortal ⓐ불사의, 불멸의 ⓝ신

mort + **al**
죽음   형접

죽을 정도로 심각한
➡ 치명적인

1187 ☐☐

mortgage
[mɔ́ːrɡidʒ]

ⓝ 저당, (담보) 대출, 융자금 ⓥ 저당 잡히다

The financial company offers commercial banking, mortgage, and insurance products to customers. 학평 변형

그 금융 회사는 상업적 은행 업무, 담보 대출 및 보험 상품 을 고객들에게 제공한다.

mort + **gage**
죽음   서약

빚을 못 갚으면 죽음으로 갚겠다는 서약
➡ (담보) 대출

1188 ☐☐

murder
[mɔ́ːrdər]

ⓝ 살인 ⓥ 살인하다

A robot cannot commit murder since murder is defined as one human killing another. 교과서

살인은 한 인간이 다른 인간을 죽이는 것으로 정의되기 때 문에, 로봇은 살인을 저지를 수 없다.

murd(er)
죽음

죽이는 것
➡ 살인

DAY
40

alt 높은(high), 자라다(grow)
| 변화형 | ol

1189 ☐☐
altitude
[ǽltitjùːd]

ⓝ 고도, 높이, 고지

Airways have fixed widths and defined altitudes. 학평
항로에는 고정된 폭과 규정된 고도가 있다.

➕ latitude ⓝ 위도   longitude ⓝ 경도

alt(i) + **tude**
높은   명접

높은 곳까지 도달함
➡ 고도

1190 ☐☐
adolescent
[æ̀dəlésənt]

ⓝ 청소년 ⓐ 청소년기의, 사춘기의, 미숙한

An important factor of adolescents' academic success is how they respond to challenges. 학평 변형
청소년들의 학업 성공에 중요한 요소는 그들이 도전에 어떻게 대응하느냐이다.

➕ adolescence ⓝ 청소년기, 사춘기

ad + **ol** + **(esc)ent**
~로 자라다   형접

어른으로 자라는 과정에 있는
➡ 청소년기의

1191 ☐☐
abolish
[əbáliʃ]

ⓥ 폐지하다

There is growing recognition that we should abolish segregation.
인종 차별을 폐지해야 한다는 인식이 점점 커지고 있다.

➕ abolition ⓝ 폐지

ab + **ol** + **ish**
떨어져 자라다 동접

자라지 못하게 하다
➡ 폐지하다

---

vad 가다(go)

1192 ☐☐
invade
[invéid]

ⓥ 침입하다, 침략하다, 쇄도하다

When the Nazis invaded Denmark in 1940, he was performing in Sweden. 모평
1940년에 나치가 덴마크를 침략했을 때 그는 스웨덴에서 공연을 하고 있었다.

➕ invasion ⓝ 침략   invader ⓝ 침략자

in + **vad(e)**
안에   가다

다른 영역 안으로 쳐들어가다
➡ 침략하다

1193 □□
pervade
[pəːrvéid]

ⓥ 스며들다, 널리 퍼지다, 보급하다

The strong smell of garlic seemed to pervade the whole apartment.
강한 마늘 냄새가 아파트 전체에 스며드는 것 같았다.

➕ pervasive ⓐ 널리 퍼지는, 어디에나 있는

per + vad(e)
두루   가다

두루두루 펴져 나가다
➡ 널리 퍼지다

1194 □□
evade
[ivéid]

ⓥ 회피하다, 피하다, 면하다

She is trying to evade all responsibility for her behavior.
그녀는 자신의 행동에 대한 모든 책임을 회피하려고 하고 있다.

➕ evasion ⓝ 회피, 도피
　　evasive ⓐ 회피적인, 둘러대는

e + vad(e)
밖으로 가다
(ex)

책임지지 않고 밖으로 나가 버리다
➡ 회피하다

---

frag
부수다(break)
| 변화형 | fract

1195 □□
fragile
[frǽdʒəl]

ⓐ 부서지기 쉬운, 연약한, 섬세한

In some states in America women were kept out of jury pools because they were thought to be too fragile to hear the horrible details of crimes. 교과서
미국의 일부 주에서, 여성들은 범죄의 끔찍한 세부 내용을 듣기에 너무 연약하다고 생각되었기 때문에 배심원단에서 제외되었다.

🟰 frail, delicate, feeble ⓐ 연약한, 약한
➕ fragility ⓝ 부서지기 쉬움, 허약

frag + ile
부수다 형접

부서지기 쉬운
➡ 연약한

1196 □□
fragment
[frǽgmənt] ⓝ
[frǽgment] ⓥ

ⓝ 파편, 조각, 단편
ⓥ 산산이 부수다[부서지다]

As the fragments joined, the Earth's gravity increased, attracting larger and larger objects to impact the Earth. 학평
그 조각들이 모이면서, 지구의 중력이 증가했고 점점 더 큰 물체를 끌어당겨 지구에 충돌하게 했다.

frag + ment
부수다 명접

부서진 부분
➡ 파편

DAY
40

1197 ☐☐

fraction
[frǽkʃən]

ⓝ 부분, 일부, 〈수학〉 분수

Visible light constitutes only a tiny fraction of the electromagnetic spectrum — less than one ten-trillionth of it.
가시광선은 전자기 스펙트럼의 극히 일부만을 구성하는데, 그중 10조 분의 1도 되지 않는다.

➕ fractional ⓐ 단편의, 얼마 안 되는

fract + **ion**
부수다 명접

잘게 부순 한 부분
➡ 일부

---

humili 땅(earth)

| 변화형 | **hum**

1198 ☐☐

humility
[hju:míləti]

ⓝ 겸손, 겸양

People who display intellectual humility are more likely to be receptive to learning from others. 학평
지적 겸손을 보이는 사람들은 다른 사람들로부터 배우는 것에 더 수용적인 경향이 있다.

🟰 modesty

humili + **ty**
땅 명접

땅으로(아래로) 자신을 낮추는 것
➡ 겸손

1199 ☐☐

humiliate
[hju:mílièit]

ⓥ 굴욕감을 주다, 창피를 주다

I didn't want to humiliate her in front of her colleagues.
나는 그녀의 동료들 앞에서 그녀에게 창피를 주고 싶지 않았다.

➕ humiliation ⓝ 굴욕, 수치

humili + **ate**
땅 동접

땅에 엎드리게 하다
➡ 굴욕감을 주다

1200 ☐☐

humble
[hʌ́mbl]

ⓐ 겸손한, 미천한, 초라한
ⓥ 겸손하게 하다, 낮추다

Intellectually humble people are open to finding information from a variety of sources. 학평
지적으로 겸손한 사람들은 다양한 출처에서 정보를 찾는 데 개방적이다.

↔ arrogant, haughty ⓐ 거만한

hum + **ble**
땅 형접

땅 쪽으로 숙이는
➡ 겸손한

WORD *Review*

다음 뜻에 해당하는 알맞은 영어 단어를 쓰시오.

fare 가다	**terr** 땅	**line** 선	**grav** 무거운
01 _____ 작별 (인사), 작별의	04 _____ 테라스, 계단식 관람석	07 _____ 지침, 가이드라인	10 _____ 심각한, 중대한, 무덤
02 _____ 행복, 안녕, 복지	05 _____ 육지에 사는, 지구의 생물	08 _____ 선형의, 직선의	11 _____ 비탄, 슬픔
03 _____ 요금, 운임, 여행하다	06 _____ 영토, 영역, 지역	09 _____ 개요, 윤곽, 윤곽을 그리다	12 _____ 악화시키다, 짜증 나게 하다

13 _____ 홀로 지내는, 고독한, 외딴	14 _____ 유일한, 혼자의	15 _____ 고독, 외로움	**sol** 혼자
16 _____ 치명적인, (언젠가 반드시) 죽는, 인간	17 _____ 살인, 살인하다	18 _____ 저당, (담보) 대출, 저당 잡히다	**mort** 죽음

19 _____ 폐지하다	22 _____ 침입하다, 침략하다	25 _____ 파편, 조각, 산산이 부수다	28 _____ 겸손, 겸양
20 _____ 청소년, 청소년기의	23 _____ 회피하다, 피하다, 면하다	26 _____ 부서지기 쉬운, 연약한	29 _____ 겸손한, 초라한, 겸손하게 하다
21 _____ 고도, 높이, 고지	24 _____ 스며들다, 널리 퍼지다	27 _____ 부분, 일부, 분수	30 _____ 굴욕감을 주다, 창피를 주다

alt 높은, 자라다	**vad** 가다	**frag** 부수다	**humili** 땅

✄ 주요 다의어 27

critical

01 비평의, 비판적인

Scientific research requires **critical** thinking.
과학 연구는 **비판적인** 사고를 요구한다.

02 위독한, 치명적인

Jane is in a **critical** condition. You are not allowed to meet her right now.   Jane은 **위독한** 상태이다. 너는 지금 당장은 그녀를 만날 수 없다.

03 결정적인, 중요한

Water, rapidly polluted by human beings, is actually a **critical** component of ecological cycles.
인간에 의해 급속도로 오염되고 있는 물은 사실 생태 순환의 **결정적인** 구성 요소이다.

04 흠을 잘 잡는, 까다로운

Her mother-in-law was so **critical** that it seemed impossible to please her.
그녀의 시어머니는 너무 **까다로워서** 그녀를 만족시키기란 거의 불가능한 듯했다.

draw

01 끌다, 끌어당기다

The boy who paints like an old master **drew** a lot of people's attention.
그림의 대가들처럼 그림을 그리는 그 소년은 많은 사람들의 관심을 **끌었다.**

02 (결론·생각을) 얻다, 도출하다

We can **draw** some lessons for the current situation from the past.   우리는 과거로부터 현재 상황에 대한 몇 가지 교훈을 **얻을** 수 있다.

03 그리다, 선을 긋다

Find a stick and **draw** a heart in the sand and write her name inside it.
막대기를 찾아서 모래 위에 하트를 **그리고,** 그 안에 그녀의 이름을 적으시오.

APPENDIX
부록

接사로 구분되는 혼동 어휘

comparable
[kámpərəbl]

ⓐ 비교할 만한, 비슷한

- two cars of **comparable** size and price
  비슷한 크기와 가격의 차 두 대

comparative
[kəmpǽrətiv]

ⓐ 비교를 통한, 비교의

- a **comparative** study of Korea and Japan
  한국과 일본의 **비교** 연구

substitute
[sʌ́bstitjùːt]

ⓥ 대신하다, 교체하다

- **substitute** cola for water
  물을 콜라로 **대신하다**

constitute
[kánstitjùːt]

ⓥ 구성하다, ~이 되다

- the countries that **constitute** the EU
  유럽 연합을 **구성하는** 나라들

immortal
[imɔ́ːrtəl]

ⓐ 불멸의, 불후의

- an **immortal** classic by Shakespeare
  셰익스피어가 쓴 **불후의** 고전

immoral
[imɔ́(ː)rəl]

ⓐ 부도덕한

- **immoral** behavior
  부도덕한 행동

extinguish
[ikstíŋgwiʃ]

ⓥ 끄다, 진화하다

- **extinguish** one's cigarette
  담배를 **끄다**

distinguish
[distíŋgwiʃ]

ⓥ 구별하다, 구별 짓다

- **distinguish** between causes and effects
  원인과 결과를 **구별하다**

suspect
[səspékt]

ⓝ 용의자

- the usual **suspect**
  유력한 **용의자**

suspense
[səspéns]

ⓝ 서스펜스, 긴장감

- can't bear the **suspense**
  긴장감을 견딜 수 없다

optimal
[áptəməl]

 vs.

minimal
[mínəməl]

ⓐ 최선의, 최상의, 최적의
- **optimal** conditions
  최적의 조건

ⓐ 아주 적은, 최소의
- **minimal** damage
  최소의 손상

compulsory
[kəmpʌ́lsəri]

 vs.

compulsive
[kəmpʌ́lsiv]

ⓐ 강제적인, 의무적인, 필수의
- **compulsory** education
  의무 교육

ⓐ 강박적인, 상습적인
- **compulsive** behavior
  강박적인 행동

installation
[ìnstəléiʃən]

 vs.

installment
[instɔ́:lmənt]

ⓝ 설치, 장치
- **installation** of a computer program
  컴퓨터 프로그램 **설치**

ⓝ 할부금, (연재물 등의) 1회분
- the second **installment** of a loan
  대출 상환 2회 **납입분**

extinct
[ikstíŋkt]

 vs.

instinct
[ínstiŋkt]

ⓐ 멸종된
- a website to study **extinct** animals
  멸종된 동물을 공부할 수 있는 웹 사이트

ⓝ 본능
- a deeply-rooted survival **instinct**
  깊게 자리잡은 생존 **본능**

imaginary
[imǽdʒənèri]

 vs.

imaginative
[imǽdʒənətiv]

ⓐ 가상적인, 상상에만 존재하는
- an **imaginary** world of dragons and unicorns
  용과 유니콘의 **가상** 세계

ⓐ 창의적인, 상상력이 풍부한
- an **imaginative** solution to the problem
  그 문제에 대한 **창의적인** 해결책

incredible
[inkrédəbl]

 vs.

incredulous
[inkrédʒələs]

ⓐ 믿기 힘든, 놀라운, 굉장한
- **incredible** stories
  믿기지 않는 이야기

ⓐ 믿지 않는, 못 믿겠다는 듯한
- with **incredulous** eyes
  불신의 눈빛으로

illusion
[ilʃúːʒən]

 vs.

delusion
[dilúːʒən]

ⓝ 환상, 오해

- an **illusion** designed by the video game
  비디오 게임이 만들어 낸 **환상**

ⓝ 망상, 착각

- caught up in **delusions**
  망상에 사로잡혀

---

considerable
[kənsídərəbl]

 vs.

considerate
[kənsídərit]

ⓐ 상당한, 많은

- a **considerable** amount of time
  상당량의 시간

ⓐ 사려 깊은

- a warm and **considerate** colleague
  따뜻하고 **사려 깊은 동료**

---

confident
[kánfidənt]

 vs.

confidential
[kɑ̀nfidénʃəl]

ⓐ 자신감 있는

- the player's **confident** smile
  그 선수의 **자신감 있는** 미소

ⓐ 비밀의, 기밀의

- disclosed **confidential** records
  폭로된 **비밀** 기록

---

appreciable
[əprí:ʃiəbl]

 vs.

appreciative
[əprí:ʃiətiv]

ⓐ 주목할 만한

- make an **appreciable** difference
  주목할 만한 차이를 만들다

ⓐ 1. 고마워하는 2. 감상력 있는

- **appreciative** of one's help
  ~의 도움에 **고마워하는**

---

successive
[səksésiv]

 vs.

successful
[səksésfəl]

ⓐ 연속하는

- third **successive** victory of the soccer team
  그 축구팀의 3**연승**

ⓐ 성공적인

- the company's **successful** vaccine program
  그 회사의 **성공적인** 백신 프로그램

---

literacy
[lítərəsi]

 vs.

literature
[lítərətʃùər]

ⓝ 글을 읽고 쓸 줄 아는 능력

- achieve basic **literacy**
  기본적인 **글을 읽고 쓰는 능력**을 갖추다

ⓝ 문학

- great works of **literature**
  위대한 **문학** 작품들

application
[æpləkéiʃən]

ⓝ 적용, 지원(서)

- deadline for **applications**
  원서 마감일

appliance
[əpláiəns]

ⓝ (가정용) 기기, 기구, 장치

- home **appliances**
  가정용 **전자 제품**

depart
[dipá:rt]

ⓥ 떠나다, 출발하다

- people **departing** from America
  미국에서 **출발하는** 사람들

impart
[impá:rt]

ⓥ 주다, 전하다

- **impart** knowledge to clients
  의뢰인들에게 지식을 **주다**

revolution
[rèvəljú:ʃən]

ⓝ 1. 혁명 2. 공전

- the French **Revolution** of 1789
  1789년 프랑스 **혁명**

evolution
[èvəlú:ʃən]

ⓝ 진화, 발전

- the theory of **evolution**
  진화론

disposal
[dispóuzəl]

ⓝ 처리, 처분권

- at our **disposal**
  우리가 **원하는 대로 쓸 수 있는**

disposition
[dìspəzíʃən]

ⓝ 1. 배열 2. 성향, 기질

- an adventurous **disposition**
  도전적인 **성향**

sensitive
[sénsətiv]

ⓐ 세심한, 예민한

- a baby's **sensitive** skin
  아기의 **민감한** 피부

sensible
[sénsəbl]

ⓐ 분별 있는, 합리적인

- a **sensible** way of dealing with problems
  문제를 처리하는 **합리적인** 방법

afflict
[əflíkt]

ⓥ 괴롭히다, 피해를 입히다

- a country **afflicted** by famine
  기근으로 **고통받는** 나라

inflict
[inflíkt]

ⓥ (괴로움 등을) 가하다

- **inflict** harm on a helpless animal
  무력한 동물에게 고통을 **가하다**

memorable
[mémərəbl]

 vs.

memorial
[məmɔ́:riəl]

ⓐ 기억할 만한

- a **memorable** line of the play
  그 연극에서 **기억할 만한** 대사

ⓐ 추모의

- hold a **memorial** service for the dead
  고인을 위해 **추모제**를 열다

---

signature
[sígnətʃər]

 vs.

signal
[sígnəl]

ⓝ 서명, 사인

- write one's **signature** on a document
  서류에 **서명**을 하다

ⓝ (동작·소리로 하는) 신호

- give **signals** to begin and finish
  시작과 종료를 알리는 **신호**를 주다

---

receipt
[risí:t]

 vs.

reception
[risépʃən]

ⓝ 영수증

- need a **receipt** to get a refund
  환불을 받기 위해서 **영수증**이 필요하다

ⓝ (호텔 등의) 접수처

- a **reception** desk
  접수처

---

eligible
[élidʒəbl]

 vs.

illegible
[ilédʒəbl]

ⓐ 자격이 있는

- be **eligible** to vote
  투표할 **자격이 있다**

ⓐ 읽기 어려운, 판독하기 어려운

- **illegible** handwriting
  읽기 어려운 손글씨

---

prospect
[práspèkt]

 vs.

retrospect
[rétrəspèkt]

ⓝ 가능성, 기대

- see **prospect** of improving
  개선될 **가능성**을 보다

ⓝ 회고, 회상

- in **retrospect** of life
  인생을 **회고**하며

---

respectful
[rispéktfəl]

 vs.

respective
[rispéktiv]

ⓐ 공손한, 경의를 표하는

- listen in **respectful** silence
  경의를 표하며 조용히 듣다

ⓐ 각자의, 각각의

- the **respective** roles of teachers and students
  교사와 학생 **각자의** 역할

design
[dizáin]

ⓥ 디자인하다, 고안하다
- specially **designed** software
  특별하게 **고안된** 소프트웨어

designate
[dézigneit]

ⓥ 지정하다
- **designated** as a national monument
  천연기념물로 **지정된**

apprehensive
[æprihénsiv]

ⓐ 염려하는
- have an **apprehensive** look on one's face
  얼굴에 **염려하는** 표정이 보이다

comprehensive
[kàmprihénsiv]

ⓐ 포괄적인, 종합적인
- have **comprehensive** knowledge
  포괄적인 지식을 가지고 있다

moderate
[mádərit]

ⓐ 보통의, 온건한, 알맞은
- rich soil and a **moderate** climate
  풍부한 토양과 **온화한** 기후

modest
[mádist]

ⓐ 겸손한, 적당한, 수수한
- **modest** living standards
  적당한 생활 수준

approach
[əpróutʃ]

ⓝ 접근, 접근법
- take a team-based **approach**
  팀 기반의 **접근법**을 취하다

reproach
[ripróutʃ]

ⓝ 비난, 질책
- in a voice full of **reproach**
  비난이 가득한 목소리로

industrial
[indʌ́striəl]

ⓐ 산업의
- the **Industrial** Revolution
  산업 혁명

industrious
[indʌ́striəs]

ⓐ 부지런한
- a competent and **industrious** worker
  유능하고 **부지런한** 직원

instinctive
[instíŋktiv]

ⓐ 본능적인, 직관적인
- a mother's **instinctive** love
  어머니의 **본능적인** 사랑

distinctive
[distíŋktiv]

ⓐ 특유의, 특이한
- a smooth, rich coffee with a **distinctive** flavor
  특유한 풍미가 있는 부드럽고, 풍부한 맛의 커피

humility
[hju:míləti]

 vs.

humiliation
[hju:mìliéiʃən]

ⓝ 겸손

- accept the honor with **humility**
  겸손하게 영광을 받아들이다

ⓝ 굴욕, 창피

- risk public **humiliation**
  사람들 앞에서의 **굴욕**을 무릅쓰다

replace
[riplléis]

 vs.

misplace
[mispléis]

ⓥ 1. 바꾸다 2. 대신하다

- **replace** a laptop computer with an iPad
  노트북을 아이패드로 **바꾸다**

ⓥ 잘못 두다, 둔 곳을 잊다

- **misplace** glasses and keys
  안경과 열쇠를 **둔 곳을 잊다**

exposure
[ikspóuʒər]

 vs.

exposition
[èkspəzíʃən]

ⓝ 노출, 폭로

- risk **exposure** to the flu
  독감에 **노출**될 위험을 감수하다

ⓝ 1. 설명, 해설 2. 박람회

- a clear **exposition** of his ideas
  그의 생각에 대한 분명한 **설명**

stationary
[stéiʃənèri]

  vs.

stationery
[stéiʃənèri]

ⓐ 움직이지 않는, 정지된

- a **stationary** bicycle
  헬스 자전거(바닥에 고정되어 **움직이지 않는** 자전거)

ⓝ 문구류, 문방구

- buy pencils at a **stationery** store
  문구점에서 연필을 사다

tuition
[tju:íʃən]

 vs.

intuition
[intju:íʃən]

ⓝ 수업, 수업료

- **tuition** fees for private medical schools
  사립 의과 대학 **수업료**

ⓝ 직관력, 직감

- use **intuition** to decide where to invest
  투자할 곳을 결정하기 위해 **직관**을 이용하다

economic
[ì:kənámik]

 vs.

economical
[ì:kənámikəl]

ⓐ 경제의

- **economic** growth
  경제 성장

ⓐ 경제적인, 실속 있는

- buy a smartphone with an **economical** price
  경제적인 가격으로 스마트폰을 구입하다

respiration
[rèspəréiʃən]

 vs.

perspiration
[pə̀ːrspəréiʃən]

ⓝ 호흡

- **respiration** difficulty
  호흡 장애

ⓝ 땀, 땀 흘리기

- drops of **perspiration** on one's forehead
  이마에 맺힌 **땀**방울

beneficial
[bènəfíʃəl]

 vs.

beneficent
[bənéfisənt]

ⓐ 유익한, 이로운

- **beneficial** effects of music
  음악의 **이로운** 효과

ⓐ 도움을 주는, 선을 베푸는

- carry on **beneficent** work
  자선 사업을 하다

principal
[prínsəpəl]

 vs.

principle
[prínsəpl]

ⓝ 교장 ⓐ 주요한

- the **principal** of a high school
  고등학교의 **교장**

ⓝ 원칙, 법칙

- scientific **principles**
  과학적 **원칙**

diversity
[divə́ːrsəti]

 vs.

diversion
[divə́ːrʒən]

ⓝ 다양성

- understand cultural **diversity**
  문화적 **다양성**을 이해하다

ⓝ (방향) 바꾸기, 전환

- **diversion** of water for power generation
  전력 생산을 위한 물의 **방향 전환**

integration
[ìntəgréiʃən]

 vs.

integrity
[intégrəti]

ⓝ 통합

- **integration** into a wider social network
  더 폭넓은 사회망(소셜 네트워크)으로 **통합**

ⓝ 진실성, 완전한 상태

- a man of great moral **integrity**
  도덕적으로 매우 **청렴한** 사람

literal
[lítərəl]

vs.

literary
[lítərèri]

ⓐ 문자 그대로의, 직역의

- a **literal** and symbolic meaning of 'fire'
  '불'의 **문자적이고** 상징적인 의미

ⓐ 문학의, 문학적인

- stories in **literary** magazines
  문학 잡지의 이야기들

expel
[ikspél]

vs.

compel
[kəmpél]

ⓥ 퇴학시키다, 축출하다
- **expelled** from a foreign country
  외국에서 **추방된**

ⓥ 강요하다
- **compel** students to wear uniforms
  학생들에게 교복을 입도록 **강요하다**

access
[ǽksès]

vs.

excess
[iksés]

ⓝ 입장, 접속, 접근 권한
- have **access** to restricted areas
  통제 구역의 **접근권**을 가지다

ⓝ 지나침, 과도, 과잉
- in **excess** of 100 miles per hour
  시속 100마일을 **초과**하여

awesome
[ɔ́:səm]

vs.

awful
[ɔ́:fəl]

ⓐ 경탄할 만한, 어마어마한
- have an **awesome** time
  환상적인 시간을 보내다

ⓐ 끔찍한, 지독한
- have some **awful** disease
  끔찍한 질병을 앓다

hardness
[háːrdnis]

vs.

hardship
[háːrdʃip]

ⓝ 단단함, 견고함
- **hardness** of a diamond
  다이아몬드의 **단단함**

ⓝ 어려움, 고난, 궁핍
- face many **hardships**
  많은 **어려움**에 직면하다

intelligible
[intélidʒəbl]

vs.

intelligent
[intélidʒənt]

ⓐ 뜻이 분명한, 이해할 수 있는
- choose an **intelligible** book
  쉽게 이해할 수 있는 책을 고르다

ⓐ 지적인, 총명한
- have an **intelligent** conversation with writers
  작가들과 **지적인** 대화를 나누다

observation
[àbzəːrvéiʃən]

vs.

observance
[əbzáːrvəns]

ⓝ 관찰, 관측
- based on scientific **observations**
  과학적 **관찰**에 근거한

ⓝ (법률·규칙 등의) 준수
- strict **observance** of the law
  법의 엄격한 **준수**

objective
[əbdʒéktiv]

objection
[əbdʒékʃən]

ⓝ 목적, 목표

• the best way to accomplish your **objectives**
당신의 **목표**를 달성하기 위한 최고의 방법

ⓝ 이의, 반대

• raise no **objections** to the plan
그 계획에 어떠한 **반대**도 제기하지 않다

historic
[histɔ́rik]

historical
[histɔ́:rikəl]

ⓐ 역사적으로 중요한, 역사에 남을 만한

• a very important **historic** event
역사에 남을 만한 매우 중요한 사건

ⓐ 역사적인, 역사상의

• **historical** accuracy of the movie
그 영화의 **역사적** 정확성

negligent
[néglidʒənt]

negligible
[néglidʒəbl]

ⓐ 태만한, 부주의한

• **negligent** driving
부주의한 운전

ⓐ 무시해도 좋은, 하찮은

• disregard a **negligible** error
하찮은 오류를 무시하다

desirable
[dizáiərəbl]

desirous
[dizáiərəs]

ⓐ 바람직한, 호감 가는

• achieve a **desirable** result
바람직한 결과를 얻다

ⓐ 바라는, 원하는

• be **desirous** of change
변화를 **바라다**

competent
[kámpitənt]

competitive
[kəmpétətiv]

ⓐ 능숙한, 유능한

• a highly **competent** scholar
매우 **유능한** 학자

ⓐ 경쟁하는, 경쟁력 있는

• become a **competitive** person
경쟁력 있는 사람이 되다

◆◆ 철자가 유사한 혼동 어휘

ethical
[éθikəl]

 vs.

ethnic
[éθnik]

ⓐ 윤리적인

- learn to behave morally and **ethically**
  도덕적이고 **윤리적으로** 행동하는 법을 배우다

ⓐ 민족의

- **ethnic** minorities
  소수 **민족**

---

confidence
[kánfidəns]

 vs.

conference
[kánfərəns]

ⓝ 신뢰, 자신감

- boost one's **confidence**
  자신감을 키우다

ⓝ 회의

- participate in a **conference**
  그 **회의**에 참가하다

---

reap
[ri:p]

 vs.

ripe
[raip]

ⓥ 거두다, 수확하다

- **reap** the benefit
  이익을 **거두어들이다**

ⓐ 익은, 숙성한

- a **ripe** juicy peach
  잘 **익고** 과즙이 풍부한 복숭아

---

reference
[réfərəns]

 vs.

preference
[préfərəns]

ⓝ 언급, 참조

- for easy **reference**
  쉽게 **참조**할 수 있도록

ⓝ 선호, 애호

- depend on personal **preference**
  개인 **선호**에 따르다

---

distribution
[dìstrəbjú:ʃən]

 vs.

description
[diskrípʃən]

ⓝ 분배, 배급

- unequal **distribution** of wealth
  부의 불공평한 **분배**

ⓝ 묘사, 서술

- a detailed **description**
  상세한 **묘사**

expend
[ikspénd]

expand
[ikspǽnd]

ⓥ 지출하다

- **expend** too much time and money
  너무 많은 시간과 돈을 **들이다**

ⓥ 확대하다, 팽창하다

- rapidly **expanded** population
  급격하게 **팽창한** 인구

emit
[imít]

omit
[oumít]

ⓥ 내뿜다, 방출하다

- **emit** carbon dioxide
  이산화탄소를 **내뿜다**

ⓥ 생략하다, 누락시키다

- **omit** surplus words
  불필요한 단어를 **생략하다**

perspective
[pərspéktiv]

prospective
[prəspéktiv]

ⓝ 관점, 시각

- from a different **perspective**
  다른 **관점**에서

ⓐ 예상되는, 기대되는

- the **prospective** costs of providing pensions
  연금 지급 **예상** 비용

cultivation
[kÀltəvéiʃən]

civilization
[sìvəlizéiʃən]

ⓝ 경작, 재배

- fields under **cultivation**
  경작 중인 농지

ⓝ 문명

- the history of Western **civilization**
  서구 **문명**의 역사

exploit
[iksplɔ́it]

explore
[iksplɔ́ːr]

ⓥ 이용하다, 착취하다

- **exploit** the mineral wealth
  광물 자원을 **이용하다**

ⓥ 탐험하다

- **explore** unknown regions
  알려지지 않은 지역을 **탐험하다**

dissent
[disént]

decent
[díːsənt]

ⓝ 반대

- voices of **dissent**
  반대의 목소리

ⓐ 알맞은, 예의 바른

- behave in a **decent** way
  예의 바른 방식으로 행동하다

simultaneous
[sàiməltéiniəs]

 vs.

spontaneous
[spɑntéiniəs]

ⓐ 동시의

- **simultaneous** release of the movie
  그 영화의 **동시** 개봉

ⓐ 자발적인

- **spontaneous** applause and admiration
  자발적인 박수와 감탄

---

deliberate
[dilíbərèit]

 vs.

delicate
[délikət]

ⓐ 1. 고의적인 2. 신중한

- a **deliberate** attempt to steal money
  돈을 훔치려는 **고의적인** 시도

ⓐ 섬세한, 연약한

- **delicate** lace curtains
  섬세한 레이스 커튼

---

confirm
[kənfə́:rm]

 vs.

conform
[kənfɔ́:rm]

ⓥ 확인하다, 굳히다

- **confirm** the date and time
  날짜와 시간을 **확인하다**

ⓥ 따르다, 순응하다

- **conform** to a dress code
  드레스 코드에 **따르다**

---

adapt
[ədǽpt]

 vs.

adopt
[ədápt]

ⓥ 적응하다

- **adapt** to changing conditions
  변화하는 환경에 **적응하다**

ⓥ 채택하다, 입양하다

- **adopt** similar business methods
  비슷한 경영 방식을 **채택하다**

---

convenience
[kənví:njəns]

vs.

consequence
[kánsəkwèns]

ⓝ 편의, 편리성

- **conveniences** of online communication
  온라인 통신의 **편리함**

ⓝ 결과

- have disastrous **consequences**
  참담한 **결과**를 낳다

---

prosperity
[prɑspérəti]

 vs.

property
[prápərti]

ⓝ 번영, 번성, 번창

- a period of **prosperity** for our nation
  우리나라가 **번영**한 시기

ⓝ 1. (사물의) 속성 2. 재산

- have similar physical **properties**
  비슷한 물리적 **성질**을 가지고 있다

acquisition
[ækwizíʃən]

acquaintance
[əkwéintəns]

ⓝ 획득, 습득

- **acquisition** of a language
  언어의 **습득**

ⓝ 지인, 아는 사람

- have a wide **acquaintance**
  아는 사람이 많다

blow
[blou]

glow
[glou]

ⓥ 불다, 바람에 날리다

- the wind **blowing** from the sea
  바다에서 **불어오는** 바람

ⓥ 백열하다 ⓝ 백열, 달아오름

- a fireplace **glowing** with fire
  불로 **달아오른** 벽난로

ambiguous
[æmbígjuəs]

ambitious
[æmbíʃəs]

ⓐ 모호한

- an **ambiguous** expression
  모호한 표현

ⓐ 야심에 찬, 패기만만한

- an **ambitious** young lawyer
  야심에 찬 젊은 변호사

burglar
[bə́ːrglər]

vulgar
[vʌ́lgər]

ⓝ 강도, 도둑

- alarms with a high chance of detecting
  burglars   **도둑**에 대한 감지도가 높은 경보 장치

ⓐ 저속한, 천박한

- **vulgar** behavior and language
  저속한 행동과 언어

comply
[kəmplái]

compile
[kəmpáil]

ⓥ 응하다, 따르다

- **comply** with the above rules
  위의 규칙에 **따르다**

ⓥ 편집하다, 수집하다

- **compile** short stories on ghosts
  유령에 관한 짧은 이야기들을 **수집하다**

retire
[ritáiər]

resign
[rizáin]

ⓥ 퇴직하다, 은퇴하다

- **retire** from teaching English
  영어를 가르치는 일에서 **은퇴하다**

ⓥ 사임하다, 사직하다

- forced to **resign** as mayor
  시장 자리에서 **사임하라**는 압박을 받다

thrifty
[θrífti]

 vs.

thirsty
[θə́:rsti]

ⓐ 절약하는, 검소한

- be accustomed to a **thrifty** lifestyle
검소한 생활 방식에 익숙하다

ⓐ 목마른

- **thirsty** for new experiences
새로운 경험에 **목마른**

tide
[taid]

 vs.

tidy
[táidi]

ⓝ 1. 조수 2. 풍조

- a boat swept away in the **tide**
조수에 휩쓸려간 배

ⓐ 단정한, 정돈된

- a neat and **tidy** room
깔끔하고 **정돈된** 방

loyal
[lɔ́iəl]

 vs.

royal
[rɔ́iəl]

ⓐ 충성스러운

- a **loyal** supporter of the team
그 팀의 **충성스러운** 지지자

ⓐ 왕족의

- **royal** families and their palaces
왕실 가문과 그들의 궁전

deliver
[dilívər]

 vs.

delay
[diléi]

ⓥ 배달하다

- have some flowers **delivered**
꽃을 **배달시키다**

ⓥ 연기시키다, 지체시키다

- a meeting **delayed** for ten minutes
10분 **연기된** 회의

ingenious
[indʒí:njəs]

 vs.

ingenuous
[indʒénjuəs]

ⓐ 기발한, 독창적인

- an **ingenious** invention
독창적인 발명

ⓐ 순진한, 사람을 잘 믿는

- too **ingenuous** to know the reality
현실을 알기에는 너무 **순진한**

altitude
[ǽltitjùːd]

vs.

aptitude
[ǽptitjùːd]

ⓝ (해발) 고도

- at an **altitude** of 40,000 feet
40,000피트 **고도의**

ⓝ 소질, 적성

- have a natural **aptitude** for
~에 타고난 **소질**이 있다

prefer
[prifə́:r]

 vs.

prepare
[pripέər]

ⓥ ~을 (더) 좋아하다

- **prefer** sports to reading
독서보다 운동을 **더 좋아하다**

ⓥ 준비하다

- **prepare** food for dinner
저녁 식사를 **준비하다**

---

friction
[fríkʃən]

 vs.

fraction
[frǽkʃən]

ⓝ 마찰, 저항

- the **friction** of sandpaper on wood
나무에 대한 사포의 **마찰**

ⓝ 부분, 일부

- a tiny **fraction** of the cookie
작은 쿠키 **조각**

---

preserve
[prizə́:rv]

 vs.

persevere
[pə̀:rsəvíər]

ⓥ 지키다, 보호하다

- **preserve** natural habitats
자연 서식지를 **보호하다**

ⓥ 인내하며 계속하다

- **persevere** and finish the race
인내하며 경주를 끝내다

---

thorough
[θə́:rou]

 vs.

through
[θru:]

ⓐ 빈틈없는, 철두철미한

- conduct a **thorough** investigation
철저한 수사를 하다

ⓟ ~을 통해, 통과하여

- see things **through** a camera
카메라를 **통해** 사물을 바라보다

---

former
[fɔ́:rmər]

 vs.

formal
[fɔ́:rməl]

ⓐ (시간상으로) 예전의

- a **former** baseball player
전(前) 야구 선수

ⓐ 격식을 차린, 공식적인

- a **formal** agreement between the countries
국가들 사이의 **공식** 협정

---

meditation
[mèditéiʃən]

 vs.

medication
[mèdəkéiʃən]

ⓝ 명상, 묵상

- enrich life through **meditation**
명상을 통해 삶을 풍요롭게 하다

ⓝ 약, 약물 치료

- **medication** for high blood pressure
고혈압에 대한 **약물 치료**

marble
[máːrbl]

 vs.

marvel
[máːrvəl]

ⓝ 대리석

- columns made of white **marble**
  흰 **대리석**으로 만든 기둥

ⓥ 경탄하다 ⓝ 경이(로운 것)

- **marvel** over the beauty of the city
  그 도시의 아름다움에 **경탄하다**

conscious
[kánʃəs]

 vs.

conscientious
[kànʃiénʃəs]

ⓐ 의식하는, 자각하는

- be **conscious** of someone watching me
  누군가 나를 지켜보고 있다는 것을 **의식하다**

ⓐ 양심적인, 성실한

- a **conscientious** and hard-working student
  성실하고 근면한 학생

hesitancy
[hézitənsi]

 vs.

consistency
[kənsístənsi]

ⓝ 주저, 망설임

- without the least **hesitancy**
  조금의 **망설임**도 없이

ⓝ 한결같음, 일관성

- study with great **consistency**
  꾸준히 공부하다

contempt
[kəntémpt]

 vs.

contemplate
[kántəmplèit]

ⓝ 경멸, 멸시

- show **contempt** for politicians
  정치인들을 **경멸**하다

ⓥ 심사숙고하다

- **contemplate** the meaning of life
  삶의 의미에 대해 **생각하다**

stain
[stein]

 vs.

strain
[strein]

ⓥ 얼룩지게 하다 ⓝ 얼룩, 때

- **stain** the carpet
  카펫을 **더럽히다**

ⓝ 부담, 압박감

- under a lot of stress and **strain**
  많은 스트레스와 **압박감**에 시달리는

inhibit
[inhíbit]

 vs.

inhabit
[inhǽbit]

ⓥ 억제하다, 방해하다

- factors **inhibiting** good sleep
  숙면을 **방해하는** 요인들

ⓥ 살다, 서식하다

- **inhabited** islands
  사람이 **사는** 섬

evolve
[iválv]

vs.

involve
[inválv]

ⓥ 발달하다, 진화하다

- **evolve** from prehistoric sea creatures
선사 시대의 바다 생물체에서 **진화하다**

ⓥ 수반하다, 참여시키다

- **involve** children in the game
아이들을 그 게임에 **참여시키다**

---

soar
[sɔːr]

vs.

roar
[rɔːr]

ⓥ (가치 · 물가 등이) 급증하다, 급등하다

- **soaring** unemployment
급등하는 실업률

ⓥ (큰 짐승 등이) 으르렁거리다

- afraid of **roaring** lions
으르렁거리는 사자를 무서워하는

---

commend
[kəménd]

vs.

commence
[kəméns]

ⓥ 칭찬하다, 권하다

- be highly **commended**
매우 **칭찬을 받다**

ⓥ 시작되다, 개시하다

- **commence** with a short speech
짧은 연설로 **시작하다**

---

optical
[áptikəl]

vs.

optional
[ápʃənəl]

ⓐ 시각적인

- scare an audience with **optical** effects
시각 효과로 관객을 겁주다

ⓐ 선택적인

- three **optional** courses
세 개의 **선택** 과정

---

heritage
[héritidʒ]

vs.

heredity
[hərédəti]

ⓝ 유산

- preserve the natural **heritage**
자연 **유산**을 보호하다

ⓝ 유전

- personality formed by **heredity**
유전에 의해 형성된 성격

---

lawn
[lɔːn]

vs.

loan
[loun]

ⓝ 잔디, 잔디밭

- cut the **lawn**
잔디를 깎다

ⓝ 대출, 대출금

- pay off a **loan**
빚을 갚다

sensational
[senséi∫ənəl]

 vs.

sentimental
[séntimèntl]

ⓐ 돌풍을 일으키는, 선풍적인
- **sensational** newspaper stories
  선풍적인 신문 기사

ⓐ 정서적인, 감정적인
- keep something for **sentimental** reasons
  무언가를 **감정적인** 이유로 간직하다

complement
[kámpləmənt]

 vs.

compliment
[kámpləmənt]

ⓥ 보완하다, 보충하다
- a sweater perfectly **complemented** by a scarf
  스카프에 의해 완벽히 **보완된** 스웨터

ⓝ 칭찬, 찬사
- give someone a **compliment**
  ~에게 **찬사**를 보내다

command
[kəmǽnd]

 vs.

comment
[káment]

ⓥ 명령하다 ⓝ 명령
- **command** troops to open fire
  부대에 발포 **명령을 내리다**

ⓝ 논평, 언급
- read a **comment** about a film
  영화에 관한 **논평**을 읽다

perish
[péri∫]

 vs.

polish
[páli∫]

ⓥ 죽다, 소멸되다
- ancient languages **perished** over time
  시간이 지나면서 **소멸된** 고대 언어

ⓥ 1. 닦다 2. 다듬다
- have shoes **polished**
  구두가 **윤이 나게** 하다(구두를 **닦다**)

deficient
[difí∫ənt]

 vs.

definitive
[difínitiv]

ⓐ 부족한, 결핍된
- **deficient** in an essential amino acid
  필수 아미노산이 **부족한**

ⓐ 최종적인, 확정적인
- a **definitive** victory
  확정적인 승리

jealous
[dʒéləs]

 vs.

zealous
[zéləs]

ⓐ 질투하는, 시기하는
- be **jealous** of a wealthy neighbor
  부유한 이웃을 **시기하다**

ⓐ 열심인, 열성적인
- the candidate's **zealous** supporters
  그 후보자의 **열렬한** 지지자들

by all means vs. by no means

반드시, 어떻게 해서라도

- Please be on time **by all means**.
  반드시 정시에 오세요.

결코 ~가 아닌

- It is **by no means** clear what you said.
  당신이 말한 것은 **전혀** 명확하지 **않다**.

be concerned about vs. be concerned with

~을 염려하다, ~을 걱정하다

- **be concerned about** one's safety
  ~의 안전을 **염려하다**

~와 관련이 있다, ~에 관심이 있다

- those who **are concerned** only **with** power
  단지 권력**에 관심 있는** 사람들

be engaged in vs. be engaged to

~에 종사하고 있다

- Harry **is engaged in** a new job.
  Harry는 새로운 일에 **종사하고 있다.**

~와 약혼한 사이이다

- Brad **is engaged to** his girlfriend.
  Brad는 여자친구**와 약혼한 사이이다.**

provide A with B vs. provide B for[to] A

A에게 B를 제공하다

- **provide** the children **with** free balloons
  아이들**에게** 무료 풍선**을 제공하다**

A를 위해 B를 준비하다

- **provide** new uniforms **for** the band
  그 밴드**를 위해** 새 유니폼을 **준비하다**

work out vs. work on

운동하다

- **work out** at the local gym
  지역 체육관에서 **운동하다**

~에 착수하다, ~을 연구하다

- **work on** a book about children's literature
  아동 문학에 관한 책을 **연구하다**

be bound for vs. be bound to

~행이다, ~로 향하다

- This train **is bound for** Busan.
  이 기차는 부산**으로 향한다.**

~할 가능성이 높다, 꼭 ~해야 한다

- Hard-working students **are bound to** achieve their goals.
  성실한 학생은 자신들의 목표를 달성할 **가능성이 높다.**

ANSWERS
정답

DAY 01 WORD REVIEW

01 investment	02 indoor	03 inflame	04 irrelevant	05 income
06 immoral	07 invariable	08 incentive	09 immune	10 infection
11 illegal	12 incorrect	13 impose	14 illustrate	15 inability
16 imbalance	17 inherent	18 intake	19 investigate	20 inborn
21 immortality	22 independent	23 innocent	24 inevitable	25 insight
26 display	27 disease	28 disappear	29 discount	30 distance

DAY 02 WORD REVIEW

01 differ	02 disadvantage	03 dislike	04 dispersal	05 disorder
06 disgust	07 disguise	08 discomfort	09 disagree	10 discard
11 disability	12 dispose	13 dismiss	14 disobedient	15 discussion
16 reproduce	17 recycle	18 remain	19 replace	20 refuge
21 represent	22 record	23 recall	24 remark	25 restore
26 recover	27 research	28 retire	29 reunion	30 remove

DAY 03 WORD REVIEW

01 rejoin	02 reconcile	03 resort	04 retrospect	05 compose
06 combine	07 complain	08 company	09 compact	10 combustion
11 corrupt	12 connect	13 collision	14 confirm	15 correction
16 condense	17 collapse	18 concentrate	19 coexist	20 contour
21 concern	22 detect	23 desire	24 declare	25 derive
26 debate	27 develop	28 depress	29 depict	30 demonstrate

DAY 04 WORD REVIEW

01 depart	02 delicate	03 decode	04 deforestation	05 devour
06 engage	07 embrace	08 enable	09 enhance	10 entitle
11 endanger	12 embed	13 enrich	14 encounter	15 enlarge
16 ensue	17 ensure	18 empower	19 enthusiasm	20 unforgettable
21 unlikely	22 unusual	23 unwanted	24 unable	25 unfamiliar
26 unknown	27 unfair	28 unexpected	29 unlock	30 unfortunate

WORD REVIEW

01 unbearable	02 explain	03 erosion	04 examine	05 expand
06 exotic	07 exhaust	08 explicit	09 expose	10 exchange
11 evaporate	12 escort	13 analyze	14 arise	15 abroad
16 atom	17 alike	18 ashamed	19 aboard	20 arouse
21 amaze	22 anatomy	23 proverb	24 protect	25 progress
26 propose	27 proactive	28 produce	29 profile	30 prospect

WORD REVIEW

01 purchase	02 interaction	03 interpersonal	04 interpret	05 interfere
06 international	07 accumulate	08 abandon	09 account	10 accompany
11 adjust	12 accelerate	13 approach	14 assure	15 arrogant
16 absorb	17 abundant	18 advantage	19 abnormal	20 amend
21 absurd	22 advance	23 outbreak	24 output	25 utmost
26 outweigh	27 outlet	28 outlook	29 outcome	30 outstanding

WORD REVIEW

01 interchange	02 interval	03 mistake	04 mislead	05 misunderstand
06 overflow	07 overwhelm	08 overlook	09 overlap	10 overcome
11 overtake	12 overall	13 perfect	14 perform	15 persist
16 permanent	17 persuade	18 perspective	19 suffer	20 suburb
21 suggest	22 suppress	23 support	24 subtle	25 unique
26 unite	27 union	28 unit	29 uniform	30 unify

WORD REVIEW

01 misguide	02 misery	03 misplace	04 predict	05 preview
06 precaution	07 preoccupy	08 predetermine	09 premature	10 syndrome
11 symptom	12 symphony	13 symbol	14 synergy	15 synthesize
16 multicultural	17 multitask	18 multitude	19 multipurpose	20 multiple
21 multimedia	22 undergo	23 undermine	24 underlie	25 undertake
26 undergraduate	27 paradox	28 paralyze	29 parade	30 parasitic

DAY 09

WORD REVIEW

01 obscure	02 offer	03 opponent	04 occasion	05 extreme
06 extraordinary	07 extra	08 extrovert	09 superior	10 surface
11 superb	12 supernatural	13 parallel	14 segregation	15 select
16 secure	17 separate	18 transform	19 transaction	20 translate
21 transfer	22 anchor	23 antique	24 ancestor	25 anticipate
26 duet	27 dual	28 duplicate	29 dilemma	30 dioxide

DAY 10

WORD REVIEW

01 uphold	02 update	03 upright	04 upcoming	05 dialect
06 dialogue	07 diabetes	08 diameter	09 foresee	10 forefather
11 forehead	12 foretell	13 contrast	14 controversy	15 contrary
16 authenticity	17 autograph	18 automatic	19 introvert	20 introduction
21 introspective	22 foreign	23 forgive	24 forbid	25 antibiotic
26 antarctic	27 antibody	28 bystander	29 bypass	30 by-product

DAY 11

WORD REVIEW

01 destiny	02 obstacle	03 constant	04 establish	05 resist
06 status	07 instant	08 state	09 install	10 statistics
11 superstition	12 statue	13 arrest	14 consist	15 standard
16 destination	17 steady	18 stable	19 estate	20 institute
21 substitute	22 constitute	23 substance	24 effect	25 facility
26 defect	27 faculty	28 factor	29 affect	30 manufacture

DAY 12

WORD REVIEW

01 efficient	02 feature	03 figure	04 feat	05 profit
06 affair	07 satisfy	08 fiction	09 difficulty	10 benefit
11 sufficient	12 qualify	13 proficient	14 defeat	15 vision
16 device	17 advise	18 survey	19 view	20 review
21 interview	22 revise	23 evidence	24 supervise	25 witness
26 envy	27 contract	28 extract	29 distract	30 abstract

DAY 13

WORD REVIEW

01 trait	02 track	03 trace	04 portray	05 treat
06 trade	07 trail	08 retreat	09 invent	10 avenue
11 prevent	12 venture	13 convention	14 souvenir	15 advent
16 intervention	17 convenient	18 revenue	19 event	20 capable
21 occupy	22 participate	23 receive	24 perceive	25 chef
26 conceive	27 capture	28 deceive	29 chief	30 escape

DAY 14

WORD REVIEW

01 permit	02 submit	03 transmit	04 promise	05 emit
06 admit	07 commit	08 compromise	09 messenger	10 omission
11 mission	12 species	13 inspect	14 specific	15 spectator
16 specialize	17 suspect	18 aspect	19 spectacular	20 expect
21 despite	22 reverse	23 advertise	24 vertical	25 adversity
26 version	27 diverse	28 universe	29 converse	30 convert

DAY 15

WORD REVIEW

01 divorce	02 appear	03 compare	04 repair	05 transparent
06 apparatus	07 prepare	08 apparent	09 emperor	10 deposit
11 position	12 postpone	13 oppose	14 pose	15 disposable
16 component	17 suppose	18 compound	19 modest	20 mold
21 modify	22 moderate	23 mode	24 accommodate	25 commodity
26 modern	27 gene	28 genuine	29 oxygen	30 genius

DAY 16

WORD REVIEW

01 generous	02 generate	03 genre	04 pregnant	05 assign
06 significant	07 signal	08 sign	09 nonsense	10 sentence
11 sensible	12 resent	13 sensation	14 sentiment	15 consent
16 scent	17 active	18 exact	19 actual	20 react
21 ambiguous	22 agent	23 enact	24 tend	25 intense
26 extend	27 intend	28 pretend	29 tender	30 attend

WORD REVIEW

01 designate	02 seal	03 resign	04 medium	05 immediate
06 mediate	07 mean	08 medieval	09 intermediate	10 meanwhile
11 employ	12 perplex	13 apply	14 imply	15 complicate
16 exploit	17 simplicity	18 prohibit	19 habitat	20 exhibit
21 behave	22 inhabit	23 habit	24 inhibit	25 royal
26 regular	27 region	28 regulate	29 direct	30 rigid

WORD REVIEW

01 reign	02 neglect	03 lecture	04 elect	05 collect
06 legend	07 intellectual	08 elegant	09 access	10 procedure
11 precede	12 cease	13 succeed	14 exceed	15 predecessor
16 mention	17 comment	18 mental	19 monitor	20 remind
21 summon	22 monument	23 rally	24 religion	25 rely
26 liable	27 oblige	28 league	29 ally	30 reside

WORD REVIEW

01 obsess	02 subside	03 settle	04 assess	05 president
06 session	07 surpass	08 passage	09 pace	10 passenger
11 passport	12 passerby	13 pastime	14 dictionary	15 index
16 contradict	17 dictate	18 indicate	19 dedicate	20 addiction
21 polish	22 propel	23 impulse	24 appeal	25 compel
26 pulse	27 expel	28 privilege	29 legal	30 legitimate

WORD REVIEW

01 colleague	02 legacy	03 legislation	04 loyal	05 close
06 strict	07 strain	08 strait	09 distress	10 prestige
11 restrict	12 district	13 prejudice	14 injure	15 justice
16 judge	17 just	18 justify	19 recreate	20 increase
21 decrease	22 create	23 concrete	24 recruit	25 emotion
26 moment	27 move	28 mobile	29 motor	30 motive

WORD REVIEW

01 observe	02 closet	03 enclose	04 conclude	05 include
06 disclose	07 finance	08 define	09 confine	10 final
11 infinite	12 refine	13 portion	14 particular	15 proportion
16 particle	17 apart	18 partial	19 render	20 edit
21 add	22 rent	23 tradition	24 surrender	25 gratify
26 grace	27 congratulate	28 agree	29 grateful	30 gratitude

WORD REVIEW

01 instrument	02 construct	03 destroy	04 structure	05 industry
06 instruct	07 noble	08 ignore	09 diagnose	10 acknowledge
11 recognize	12 acquaint	13 summary	14 consume	15 presume
16 assume	17 resume	18 exemplify	19 contain	20 obtain
21 tenant	22 retain	23 content	24 sustain	25 supplement
26 dessert	27 conserve	28 deserve	29 reserve	30 preserve

WORD REVIEW

01 diminish	02 plenty	03 compliment	04 supply	05 implement
06 complement	07 empathy	08 passion	09 patient	10 sympathy
11 passive	12 compassion	13 grade	14 aggressive	15 gradual
16 upgrade	17 degree	18 graduate	19 fate	20 professional
21 fame	22 confess	23 infant	24 fable	25 hesitate
26 perish	27 exit	28 ambition	29 transit	30 initial

WORD REVIEW

01 eminent	02 minister	03 administer	04 prominent	05 minimum
06 native	07 nation	08 nature	09 innate	10 provoke
11 advocate	12 invoke	13 evoke	14 vocabulary	15 vocation
16 science	17 conscience	18 unconscious	19 subconscious	20 conscious
21 rate	22 rational	23 ratio	24 reason	25 irrational
26 available	27 evaluate	28 prevail	29 value	30 valid

DAY 25

WORD REVIEW

01 naive	02 request	03 acquire	04 inquire	05 require
06 conquer	07 similar	08 assimilation	09 assemble	10 simulate
11 simultaneously	12 usage	13 utensil	14 abuse	15 utilize
16 usual	17 fort	18 reinforce	19 force	20 effort
21 enforce	22 reject	23 object	24 subject	25 project
26 inject	27 integrate	28 intact	29 entire	30 contact

DAY 26

WORD REVIEW

01 attain	02 impress	03 express	04 oppress	05 pressure
06 compress	07 maximum	08 magnitude	09 mayor	10 magnify
11 majestic	12 infer	13 refer	14 conference	15 prefer
16 fertile	17 carpenter	18 discharge	19 carriage	20 charge
21 career	22 via	23 voyage	24 previous	25 convey
26 obvious	27 introduce	28 induce	29 educate	30 deduce

DAY 27

WORD REVIEW

01 conduct	02 appetite	03 repeat	04 compete	05 petition
06 competent	07 describe	08 inscription	09 subscribe	10 script
11 prescribe	12 autobiography	13 photograph	14 biography	15 graphic
16 paragraph	17 subsequent	18 execute	19 sequence	20 pursue
21 consequence	22 alternate	23 alternative	24 alter	25 otherwise
26 alien	27 accidental	28 decay	29 coincidence	30 incident

DAY 28

WORD REVIEW

01 cascade	02 nourish	03 nurse	04 nurture	05 nutrition
06 nutrient	07 distinguish	08 extinct	09 instinct	10 distinct
11 stimulate	12 comprise	13 prey	14 enterprise	15 comprehend
16 imprison	17 conform	18 informal	19 reform	20 inform
21 formula	22 logic	23 ecology	24 apology	25 analogy
26 ideology	27 pension	28 expend	29 compensate	30 suspend

WORD REVIEW

01 ponder	02 probe	03 export	04 important	05 import
06 portable	07 fund	08 profound	09 found	10 fundamental
11 present	12 interest	13 essence	14 absent	15 precise
16 pesticide	17 suicide	18 decide	19 fluent	20 fluid
21 influence	22 influenza	23 involve	24 revolution	25 volume
26 evolve	27 necessary	28 neutral	29 negative	30 deny

WORD REVIEW

01 approve	02 prove	03 probable	04 responsible	05 respond
06 correspond	07 absolute	08 resolve	09 dissolve	10 solve
11 popular	12 republic	13 publish	14 populate	15 temperament
16 temperature	17 temper	18 temperate	19 tailor	20 entail
21 retail	22 detail	23 segment	24 insect	25 intersection
26 sector	27 survive	28 vivid	29 vital	30 revive

WORD REVIEW

01 sponsor	02 bandage	03 alleviate	04 elevate	05 relevant
06 relieve	07 prime	08 prior	09 principle	10 primitive
11 metropolis	12 political	13 policy	14 politics	15 expire
16 inspire	17 aspire	18 spirit	19 donate	20 endow
21 dose	22 anecdote	23 hospitality	24 hostile	25 host
26 hospitalize	27 defy	28 federal	29 faith	30 confident

WORD REVIEW

01 bind	02 bundle	03 bond	04 tone	05 intonation
06 monotonous	07 tune	08 domain	09 predominant	10 dominate
11 domestic	12 impede	13 pedestrian	14 expedition	15 pedal
16 social	17 associate	18 society	19 assault	20 insult
21 result	22 cause	23 accuse	24 excuse	25 colony
26 cultivate	27 culture	28 enroll	29 control	30 rotate

DAY 33

WORD REVIEW

01 common	02 communicate	03 community	04 break	05 brick
06 breakthrough	07 preliminary	08 eliminate	09 limit	10 notion
11 notice	12 notify	13 allocate	14 locate	15 local
16 cite	17 recite	18 excite	19 potential	20 possess
21 possible	22 avoid	23 vanish	24 vain	25 experience
26 expert	27 experiment	28 encourage	29 accord	30 core

DAY 34

WORD REVIEW

01 immense	02 dimension	03 measure	04 fail	05 false
06 fault	07 duty	08 due	09 debt	10 pattern
11 patriot	12 patron	13 garment	14 guarantee	15 regard
16 maintain	17 manuscript	18 manipulate	19 context	20 textile
21 texture	22 enormous	23 normal	24 norm	25 adopt
26 option	27 opinion	28 attitude	29 adapt	30 apt

DAY 35

WORD REVIEW

01 appreciate	02 precious	03 praise	04 equivalent	05 adequate
06 equal	07 climate	08 decline	09 clinic	10 delay
11 release	12 relax	13 mandate	14 command	15 recommend
16 arrange	17 range	18 rank	19 renew	20 innovate
21 novel	22 claim	23 exclaim	24 proclaim	25 reward
26 warn	27 award	28 deliver	29 liberate	30 liberal

DAY 36

WORD REVIEW

01 remedy	02 medicine	03 medical	04 distribute	05 contribute
06 attribute	07 credit	08 credential	09 incredible	10 curious
11 accurate	12 cure	13 coordinate	14 ordinary	15 subordinate
16 organize	17 organism	18 organ	19 appropriate	20 proper
21 property	22 attack	23 attach	24 stake	25 refund
26 refuse	27 confuse	28 threat	29 intrude	30 thrust

WORD REVIEW

01 collaborate	02 elaborate	03 laboratory	04 theme	05 hypothesis
06 thesis	07 circulate	08 circumstance	09 circuit	10 literature
11 literal	12 literate	13 hemisphere	14 atmosphere	15 sphere
16 esteem	17 overestimate	18 estimate	19 phase	20 phenomenon
21 emphasize	22 emerge	23 merge	24 submerge	25 insert
26 desert	27 exert	28 grasp	29 grab	30 grip

WORD REVIEW

01 heir	02 inherit	03 heritage	04 machinery	05 mechanism
06 mechanic	07 devote	08 vote	09 vow	10 prolong
11 belong	12 linger	13 compute	14 dispute	15 reputation
16 flood	17 flee	18 float	19 barn	20 barrier
21 barrel	22 temporary	23 contemporary	24 temporal	25 desperate
26 prosper	27 despair	28 forecast	29 broadcast	30 cast

WORD REVIEW

01 discriminate	02 criticize	03 discern	04 marvelous	05 admire
06 miracle	07 commerce	08 merchant	09 mercy	10 corporate
11 incorporate	12 corpse	13 gesture	14 exaggerate	15 digest
16 fence	17 offend	18 defend	19 sacrifice	20 sacred
21 saint	22 confront	23 frontal	24 frontier	25 erupt
26 disrupt	27 interrupt	28 mutual	29 mutation	30 commute

WORD REVIEW

01 farewell	02 welfare	03 fare	04 terrace	05 terrestrial
06 territory	07 guideline	08 linear	09 outline	10 grave
11 grief	12 aggravate	13 solitary	14 sole	15 solitude
16 mortal	17 murder	18 mortgage	19 abolish	20 adolescent
21 altitude	22 invade	23 evade	24 pervade	25 fragment
26 fragile	27 fraction	28 humility	29 humble	30 humiliate

INDEX

어원

표제어

Memo

Memo

전선우 IS입시전문학원	홍승완 전문과외	**경북**	윤상혁 하이엔드 영어 학원
전성훈 훈산생영어학원	홍은화 라라영어수학	Kailey Pak 케일리 영어	이남주 장원학원
전수진 어센틱 영어학원	홍희섭 조이 영어공부방	강민표 현일고등학교	이민정 롱맨어학원
전영인 전문과외	황은진 더에듀영어	강유진 지나쌤영어	이현창 진월유엔아이학원
전주용 필업다과전문학원	황인아 고래영어학원	강은석 미래인재학원	임자상 외대학원
정다운 전문과외	황인옥 하이탑 학원	강혜성 EIE 고려대 어학원	전술 서강고등학교
정다움 카인드학원		계지숙 Happy Helen English	정지선 이지스터디
정미영 미쉘영어과외	**경남**	김광현 그린빌	채성문 마하나임 영수학원
정보경 블룸영어학원	고성관 T.O.P EDU학원	김도랑 다이너마이트잉글리쉬	한기석 이(E)영어교습소
정성봉 한강미래인재	김루 상승영수전문학원	김도영 김도영영어학원	한방엽 베스트영수학원
정성 JK영어수학전문학원	김문영 생각쑥쑥공부방	김상호 전문과외	
정성태 에이든영어학원	김선우 이해성 김해 의대관 학원	김주혹 아너스영어	**대구**
정아름 필탑학원(용인)	김성은 네오시스템영어전문학원	김지훈 알앤비	강정임 CanTalk English
정연우 최강학원	김소민 창원다올영어수학학원	김혜지 스카이 프라임 에듀	고은진 헬렌영어
정연욱 인크쌤영어학원	김재훈 창원 더케이영어학원	문상현 안동 에이원영어	곽민경 조성애세움영어수학학원
정영선 시퀀트 영수 학원	김주은 더큰샘학원	박경애 포항 대성초이스학원	권보현 씨즈더이어학원
정영훈 채움학원	김준 가우스 SME전문학원	박계민 영광중학교	권오길 공부를 디자인하다
정윤하 전문과외	김태리 전문과외	박규정 베네치아 영어 교습소	권익재 제이슨영어교습소
정인하 뮤엠영어 별가람점	김현우 창녕대성고등학교	박지은 능률주니어랩꿈터학원	권현녀 아너스이엠에스학원
정지연 공부의정석학원	김현주 삼성영어셀레나 프리미엄신명점	배세왕 BK영수전문학원	김근아 블루힐영어학원
정혜윤 공력발전소학원	나현호 팬덕스 어학원 율하센터	변민준 한솔플러스영수학원 약목점	김기목 목샘영어교습소
제정미 제이영어	박영하 네오시스템영어학원	손누리 이든생명수학원	김나래 더베스트영어학원
조민수 프로미스영어학원	박재형 인투잉글리쉬어학원	유진욱 공부의힘 영어수학전문학원	김다영 헬렌영어학원
조승규 제이앤와이I(andy)어학원	박정주 창원 타임영어전문학원	윤재호 이상렬 일등단과학원	김미나 메이쌤 영어
조용환 이티엘영어교습소	배송이 JS어학원	이강정 이룸단과학원	김민재 열공열강 영수학원
조원웅 클라비스 영어전문학원	배승빈 에스영어전문학원	이상원 필즈학원	김병훈 LU영어
조은쌤 조은쌤&장쌤 영어전문학원	배현령 배선생영어	이지연 전문과외	김상완 YEP영어학원
조정휘 유하이에듀 학원	백민경 Michelle	이지은 Izzy English	김연정 유니티영어
조준모 베스트교육 영어	손선영 이화멘토영어학원	장가은 앨리스영어학원	김예지 헬렌 영어
조춘화 뮤엠영어발곡학원	손소희 호이겐스학원	장미 잉글리시아이 원리학원	김유환 잉글리쉬한글
조한나 S4고덕국제점	신형섭 크림슨어학원	전영아 N&K영어학원	김정혜 제니퍼영어
조혜원 탑티어	심정은 제시카영어교습소	정보경 울진고등학교	김종석 에이블영수학원
주명숙 비버영어전문학원	안혜경 티오피에듀학원	정선린 포항항도중학교	김준석 크누KNU입시학원
주지은 JIEUN ENGLISH CLASS 지은영어	양경화 봄영어	최동희 전문과외	김지영 김지영 영어
채희수 전문과외	양기영 다니엘학원	최미선 영천영어전문과외	김진호 강성영어
최광현 포인트학원	우지아 종로엠스쿨		김철우 합격 영어
최명나 수만휘기숙학원	윤지연 에이프릴어학원	**광주**	김하나 하나로영어
최민석 안성 탑클래스 기숙학원	이근호 레이첼 잉글리쉬	김도엽 스카이영어전문학원	김희정 이선생영어학원
최봉제 솔빛나루관 성공학원	이수길 명성학원	김동욱 이룸교육원	노태경 전문과외
최상이 엄마영어아빠수학원	이아현 다름영어	김별나 위즈덤 영어	문창숙 지앤비(GnB)스페셜시학원
최세열 탑스존영수전문단과학원	이연홍 Rhee's English Class	김상연 공감영어학원	민승규 민승규영어학원
최아란 일맹영어학원	이원평 코치클래스 영어학원	김서현 디앤영어	박고은 스테듀입시학원
최유나 최유나 안산영어과외	이인아 인잉글리쉬	김수인 광주 모조링글리쉬	박라율 열공열강영어수학학원
최윤옥 이룸영어	이지훈 엠베스트SE학원 신진주 캠퍼스	김신 와이(Y) 아카데미	박소현 공터영어 테크노폴리스센터
최은진 한라영어	임나영 삼성영어셀레나 남양영어교습소	김영연 전문과외	박연희 좀다른영어
최은호 고래영어	임진희 진해써밍영어학원	김원경 전문과외	박예빈 영재키움영어수학전문학원
최인선 캐써린쌤의슈가영어교습소	장은정 케이트학원	김유경 프라임아카데미	박지환 전문과외
최정아 보라리드인영수학원	장재훈 ASK 배움학원	김유희 김유희 영어학원	방성모 방성모영어학원
최주현 일품 영어	장지영 잉글리시아이 명동사랑채점	김윤희 수프림 영어공부방	배정현 이앤하이공부방
최준혁 S4국어학원 소사벌점	정성락 비상잉글리시아이 대운점 영어교습소	김인화 김인화영어교습소	백재민 에스더피카 영어학원
최진 전문과외	정수정 지탑영어	나혜영 윤선생우리집영어교실	서정인 서울입시학원
최현우 판다교육학원(위례)	최승관 창신고등학교	문상엽 엠제이영어수학전문학원	신혜경 전문과외
최희정 SJ클쌤영어	최지영 시퀀스영수학원	박주형 봉선동 한수위 영어학원	심경아 Shim's English
추정한 추정한영어	최환준 Jun English	봉병주 철수와영수	심유진 대구유신학원
하사랑 덕계한샘학원	최효정 인에이블영수학원	신지수 온에어영어학원	엄재경 하이엔드영어학원
하이디 하이디드림팀	하동권 네오시스템영어학원	양신애 윤당강오름국어영어학원	오다인 헬렌영어 프리미어 1관,2관
한송이 키아트학원	한지용 성민국영수학원	오승리 이지스터디	원현지 원샘영어교습소
한예진 용인필탑학원	허민정 허달영어	오정안 상무 지산한길어학원	위은령 브릿지영어
한지선 G1230문산캠퍼스	황다영 헤럴드어학원	우진일 블루페스 영어학원	유지연 에스피영어학원
현윤아 부천중등그린타운해법영어	황은영 에이블어학원	유현주 유즈영어교습소	윤이강 윤이강 영어

이근성 헬렌영어학원	이성구 청명대입학원	양희주 링구아어학원 해운대	김은영 루시아 잉글리시
이동현 쌤마스터스입시학원	이수미 이수미어학원	오세창 범천반석단과학원	김은정 전문과외
이미경 전문과외	이영란 일인주의 학원	오정안 쏘트	김은진 에이스영어교습소
이수희 EAON 영어학원	이원성 파스칼베스티안학원	오지은 이루다영어	김정미 더블유 영어학원
이승민 KEREC	이재근 이재근영어수학학원	윤경은 쌘드루	김정수 토즈 스터디센터
이승현 학문당입시학원	이홍원 홍T영어	윤지영 잉글리쉬무무영어교습소	김종현 김종현영어
이지민 아이플러스 수학	임혜지 마이더스 손 영어학원	윤진희 리더스 손 영어학원	김지현 다원교육 목동
이지현 대구 지니영어교습소	장유리 테스영어	이기연 미네르바국제아카데미	김태흥 이투스247학원 송파점
이진영 전문과외	정동혁 대성외국어	이미정 탑에듀영어교습소	김하은 전문과외
이헌욱 이헌욱 영어학원	정라라 영어문화원 정라라 영어교습소	이상석 상석영어	김현영 대치웰영어학원
임지민 헬렌영어학원	정예슬 유레카원학원	이순실 종로엠스쿨(하단분원)	김현정 진심영어
임형주 사범대단과학원	정유희 Alex's English	이윤호 메트로 영어	김현지 전문과외
장지연 이지영어	정혜수 쌜리영어	이재우 무한꿈터	김혜림 대치 청담 어학원
장현진 고려대IIE어학원(현풍)	조재형 에듀플렉스	이지현 Serena영어	김혜영 스터디원
전윤애 올링글리쉬	조현 퍼스트학원	이혜정 로엠어학원	김희정 스터디 코치
전윤영 뮤엠영어 경동초점	채송은 위캔영어학원	임정연 침팬지영어학원 마린시티점	나선아 전문과외
전지민 헬렌영어학원	최성호 에이스영어교습소	장민지 탑클래스영어학원	노은경 이은재어학원
정대운 유신학원	최현우 파스칼베스티안학원	정승덕 성균관 영어	노종주 전문과외
정소영 씨즈더데이윌암어학원	한왕호 김태현영어학원	정영훈 J&C영어전문학원(제이엔씨)	노진숙 최선어학원
정연주 대한민국 입시학원	한형식 서대전여자고등학교	조정훈 입시영어전문 THOUGHT	노현희 전문과외
정용희 에스파영어	황지현 공부자존감영어입시학원	채지영 리드앤톡영어도서관학원	노혜정 최강학원
정은경 전문과외		최승빈 다온학원	도선혜 중계동 영어 공부방
조혜연 연쌤영어수학학원	**부산**	최우성 초이IEnglish&Pass	류하영 전문과외
진보라 메이킹학원	강민주 전문과외	최이내 전문과외	맹혜선 휘경여자고등학교
최정임 칼럼비아 영어학원	강하늘 뉴스터디종합학원	최효선 해피트리어학원	명가은 명가은영어학원
최현희 다온수학학원	고경원 JS 영수학원	탁아진 에이블영어.국어학원	문명기 문명기 영어학원
최효진 너를 위한 영어	김도담 도담한영어교실	한영희 미래탐구 해운대	문민아 탄탄대로 입시컨설팅
한정아 능인고등학교	김도윤 코어영어 교습소		문지현 반곡현리학원
황윤슬 사적인영어	김동혁 코어영어수학전문학원	**서울**	박광운 영어교습소
	김동휘 장정호 영어전문학원	kimhyerim 아르테에비뉴	박기열 한진연 입시전략연구소
대전	김미혜 더멘토영어	가혜림 벨쌤.com	박남규 알짜영어교습소
Tony Park 전문과외	김병택 탑으로가는 영어 교습소	강민정 네오 과학학원	박미애 명문지혜학원
강윤혜 노마드국어영어학원	김서영 대치명인학원(해운대)	강보경 크라센어학원	박미정 위드멘토학원
고우리 영어의 꿈	김성미 다올영어	강성호 대원고등학교	박병석 주영학원
권현이 디디샘영어	김소름 엘라영어학원	강정흔 더(the)상승학원	박선경 씨투엠학원
길민주 전문과외	김소연 전문과외	강준수 전문과외	박소영 JOY English
김경이 에버서당학원	김수정 리더스쉬학원	강현숙 토피아어학원 중계캠퍼스	박소아 전문과외
김근범 딱쌤학원	김연주 링구아어학원	공리아 리더스 잠실	박슬윤 SOLE English
김기형 상승학원	김은숙 강동초등학교	구나현 플러스잉글리쉬영어교습소	박수정 YBM잉글루 박수정 영어학원
김영철 빅뱅잉글리시캠퍼스	김재경 부산진구 탑클래스 영어학원	구대만 잇올 스파르타 독재학원	박수규 이지수능교육
김유진 굿티처강남학원	김지애 김지애영어연구소	구민모 키움학원	박은경 서영영어
김주리 위드제이영어	김진규 의문을열다	구지은 DYB최선Mate 본사	박은경 오늘영어교습소
김하나 위드유학원	김효은 김효은 영어전문학원	권혜령 전문과외	박정미 드림영어히어수학학원
나규성 비전21학원	남재호 제니스학원	김경수 탑킴입시앤영어	박정호 성북메가스터디
남영종 엠베스트SE 대전 전민점	류미향 류미향입시영어	김나결 레이쌤영어교습소	박준용 은평 G1230 학원
노현서 앨리잉글리쉬아카데미	박미진 MJ영어학원	김남철 마이티마우스학원	박지연 영어공부연구소
민지원 민쌤영어교습소	박수진 제이엔씨 영어학원	김명열 대치명인학원	박지영 JAYz ENGLISH
박난정 제일영학원	박영주 전문과외	김미은 오늘도맑음 영어교습소	박진경 펜타곤영어학원
박성희 청담프라임학원	박지우 영어를 ON하다	김미정 전문과외	박현정 1등급학원
박효진 박효진 영어	박지은 박지은영어전문과외방	김병준 iLO ENGLISH	반향진 세레나영어수학
박효춘 수잔스튜터링	박창현 오늘도영어그리고수학	김보경 클라우드캐슬영어교습소	배수현 남다른이해
심화령 삼부가람학원	배찬혁 에이플러스 영어교습소	김빛나 뮤엠영어피닉스영어교습소	배현정 전문과외
안수정 궁극의 사고	변혜련 전문과외	김상희 스카이플러스학원	변지예 북두칠성학원
오봉주 새미래영수학원	성장우 전문과외	김선경 대치마크영어	서예은 스터디브릭스학원 내신관
유수민 제일학원	손지안 정관 아슐란학원	김성근 배움자리학원	서은조 방배중학교
윤영숙 전문과외	송석준 비상아이비츠 해랑학원	김성연 대치열린학원	손종민 미즈원어학원
이고은 고은영어	송초롱 과정최상위영어	김소정 브로든 영어	신경훈 탑앤탑 수학영어 학원
이길형 빌드업영어	심혜정 명품수학	김승환 Arnold English Class	신연우 목동 씨앤씨학원
이대희 청명대입학원	안영실 개금국제어학원	김연아 올리비아 영어교습소	신정애 당산점 와와학습코칭학원
이보배 비비영어	안정희 GnB어학원양성캠퍼스	김영삼 YS영어공부방	신지혜 비욘드 어드밴스트

신호현 아로새김학원
신희경 신쌤 영어
심나현 성북메가스터디
안미영 스카이플러스학원
안웅희 이엔앤국영수전문학원
양세희 양세희수능영어 학원
양하나 목동 씨앤씨 바이올렛T
어홍주 이-베스트 영어학원
엄태열 대치차오름학원
오남숙 헬리오 오셈 영어
오은경 전문과외
용혜영 SWEET ENGLISH 영어전문 공부방
우승희 우승희영어학원
유경미 무무&차(천광학원)
윤성 대치동 새움학원
윤은미 CnT 영어학원
윤지인 반포잉글리쉬튜터링
이계흐 이지영어학원
이광희 가온에듀 2관
이국재 공감학원
이남규 신정송현학원
이명순 Top Class English
이미나 위드미영어교습소
이미영 티엔하버드영어학원
이상수 넥서스학원
이석원 숭실중학교
이석호 한샘영재학원
이성택 엠아이씨영어학원
이수정 영생영어
이승미 금천정상학원
이아진 AJ INSTITUTE
이연주 Real_YJ English
이윤형 아만다영어학원
이은선 드림영어하이수학학원
이은영 DNA영어학원
이은정 전문과외
이은주 대치써미트영어학원
이지암 자옴영어교습소
이정인 프레임 학원
이정혜 수시il롬교육
이주희 윌링myu학원
이지민 대치명인학원 은평캠퍼스
이지연 석율학원
이철웅 비상하는 또또학원
이혜숙 사당대성보습학원
이혜정 이루리학원
이희영 이샘영어 아카데미 교습소
이희진 목동씨앤씨
임서은 형설학원
임소례 윤선영어교습소 신내키움
임은희 전문과외
장서희 전문과외
장소당 최선어학원
전계령 신촌 메가스터디학원
전수진 절대영어학원
전지영 탑클래스영수학원
정가람 촘촘영어
정경록 미즈원어학원
정민혜 정민혜밀착영어학원
정성준 팁탑영어

정유하 YNS 열정과신념 영어학원
정재욱 씨알학원
정지희 대치하이영어전문학원
정해림 서울숭의초등학교 영어전담
조미영 튼튼영어 마스터클럽 구로학원
조민석 더원영수학원
조민재 정성학원
조봉현 조셉영어국어학원
조연아 연쌤 영어
조용수 EMC이승환영어전문학원
조용현 바른스터디학원
조은성 종로학원
조인희 가디언 어학원(본원)
진영민 브로드영어학원
채상우 클레영어
채에스더 문래중학교
천수진 메리트영어
천예슬 폴티스 영어학원
최가온 지엔영어
최민주 전문과외
최수린 목동 CNC 국제관
최안나 영어의완성 영어교습소
최유송 목동 씨앤씨학원(CNC)
최유정 강북청솔학원
최정문 한성학원
최형미 전문과외
최희재 SA어학원
편선경 IGSE Academy
표효진 전문과외
하다님 연세마스터스 학원
하제원 더블랙에듀
한인혜 레나잉글리쉬
한혜주 박효학원
함규민 클레어영어교실
허미영 삼성영어 창의교실 학원
현승준 강남종로학원 교대점
홍대균 홍대균 영어
홍영민 성북상상학원
홍희진 이티앨어학원
황상희 어나더레벨 영어전문학원
황선애 앤스영어학원
황혜진 이루다 영어

세종
김보경 더시에나
방종영 세움학원
백숭희 백숭희영어
손대령 강한영어학원
송지나 베이 교육컨설팅
안성주 더타임학원
안호룡 21세기학원
이지현 OEC 올리비아 영어 교습소
이현지 전문과외
허욱 전문과외

울산
강상배 전문과외
김경수 핀포인트영어학원
김경현 에린영어
김광규 EIE 온양학원

김주희 하이디 영어교습소
김한올 스마트영어전문학원
서예화 해법멘토영어수학학원
송회일 꿈꾸는고래
양혜정 양혜정영어
엄예은 준쌤영어교습소
윤주이 인생영어학원
이서경 이서경영어
이수현 제이엘영어교습소
이윤미 제이앤에스 영어수학
임재희 임재희영어전문학원
정은선 한국esl어학원
조충일 YBM잉글루 울산안양 제1캠퍼스
최나비 더오름high-end학원
한건수 한스영어
허부배 비즈단과학원
황희정 장검 앵커영어학원

인천
강재민 스터디워드제이쌤
고미경 쎄리영어학원
김갑헌 카일쌤영어학원
김미경 전문과외
김선나 태풍영어학원
김영태 에듀터학원
김영호 조주석수학&영어클리닉학원
김옥경 잉글리시 베이
김지연 송도탑영어학원
김지이 Jenna's English
김현미 송도탑영어학원
김현린 에이플러스원영수학학원
나일지 두드림하이학원
남미경 뮤엠구월서초영어교습소
문지현 고대학원
박민아 하이영어
박소연 링컨 영어
박정우 영수원칙학원
박주현 Ashley's English Corner
박진영 인천외국어고등학교
배이슬 비상수학학원
서유화 K&C American School
성하융 타이탄 영어
송현민 Kathy's Class
신나리 이루다교육학원
신은주 명문학원
신현경 전문과외
심현정 전문과외
오회정 엠베스트SE논현캐슬
원정연 공합학원
윤선 밀턴 영어학원
윤효주 프렌잉글리시청라레이크블루
윤회영 세실영어
이가희 S&U영어
이동규 인천상아초등학교
이미선 고품격EM EDU
이수진 전문과외
이윤주 Triple One
이은정 인천 논현 고등학교
이주연 레이첼영어
이진희 이진희 영어

이한아 선한영수
장승혁 지엘학원
전혜원 제일고등학교
정도영 대신학원
정춘기 정상어학원 남동분원
조슈아 와이즈에듀학원
조윤정 원당중학교
최민지 빅뱅영어
최수련 업앤업영어교습소
최지우 J(제이)영수전문학원
최창영 학산에듀
한은경 호크마학원
황성현 인천외국어고등학교

전남
강용문 JK영수
강유미 정상어학원 목포남악분원
고경희 에이블 잉글리쉬
곽혜진 H&J ENGLISH
김미선 여수개인교습
김아름 전문과외
김은정 BestnBest
류성준 타임영어학원
박동규 정상학원
박민지 벨라영어
박현아 정상어학원 목포남악분원
서창현 목포백련초등학교
손빛나 프렌잉글리시 여수웅천학원
손성호 아름다운 11월학원
양명승 엠에스어학원
오은주 순천금당고등학교
이상호 스카이입시학원
이영주 재키리 영어학원
임동묵 문향고등학교
조소을 수잉글리쉬
차형진 상아탑학원
황상윤 K&H 중고등 영어 전문학원

전북
길지만 비상잉글리시아이영어학원
김대환 엠베스트SE 전주점
김설아 전주 에듀캠프학원
김수정 베이스탑영어
김예진 카일리영어학원
김주원 애플영어학원
박도희 전문과외
서명인 전북 군산 한림학원
안지은 안지은영어학원
유명욱 유명윤영어전문학원
은장원 의치약한수 학원
이경호 리더스영수선문학원
이미정 토마토영어학원
이수정 씨에이엔 영어학원
이지원 탄탄영수학원
이진주 전문과외
이한결 DNA영어학원
이현준 준영어교습소
이효상 에임하이영수학원
임마차 조아잉글리쉬어학원
조예진 전문과외

학습앱 으로 **단어 암기 효과**
업그레이드

워드마스터 학습앱 How To Use

Step. 1 앱 설치 및 회원가입

» 앱 바로가기

Step. 2 마이룸에서 학습앱 코드 입력

Step. 3 학습관에서 데이터 다운로드

Step. 4 학습관에서 단어/음성 암기부터 TEST까지

헷갈리는 단어는 ⊕를 눌러 단어장에 저장하세요.

Step. 5 단어장에서 헷갈리는 단어 복습

Step. 6 마이룸에서 누적 테스트 결과로 학습 상태 점검

워크북의 학습앱 코드를 입력해서 바로 사용하세요!